PONS

REISE-SPRACHFÜHRER

POLNISCH

Mit vertonten Beispielsätzen zum Anhören

PONS GmbH
Stuttgart

PONS Reise-Sprachführer
Polnisch

Bearbeitet von: Agnieszka Grzesiak, Anette Dralle

PONS verpflichtet sich, den Zugriff auf das Download-Angebot, das zu diesem Buch gehört, mindestens bis Ende 2017 kostenlos zu gewährleisten. Einen Anspruch der Nutzung, der darüber hinausgeht, gibt es nicht. Weitere Informationen entnehmen Sie bitte unseren AGBs.

1. Auflage 2015 (1,01 – 2015)

www.pons.de
E-Mail: info@pons.de

Projektleitung: Gabriela Neumann
Redaktion: Barbara Pflüger, Stuttgart
Umschlaggestaltung: Anne Helbich, Stuttgart
Umschlagfotos: Thinkstock/Dariusz Kuzminski;
Thinkstock/Anna Gontarek-Janicka
Logoentwurf: Erwin Poell, Heidelberg
Satz: Datagroup int. SRL, Timisoara
Logoüberarbeitung: Sabine Redlin, Ludwigsburg
Druck: L.E.G.O. S.p.A., Lavis (TN)
Printed in Italy

ISBN 978-3-12-518154-0

Liebe Leserin, lieber Leser,

Sie reisen nach Polen und Sie freuen sich darauf, in das Land einzutauchen, die Menschen kennenzulernen und die Kultur zu erleben? Mit dem Reise-Sprachführer von PONS haben Sie hierfür immer die richtigen Worte parat.

Ob Sie Konzertkarten besorgen möchten oder eine Reifenpanne haben: In **zehn thematischen Kapiteln** finden Sie den passenden Satz für jede Situation. Und wenn es schnell gehen muss, schlagen Sie einfach im **ausführlichen Wörterbuch** nach.

Sind die nötigsten Dinge geregelt, kann der Genuss beginnen. Schlemmen Sie sich einfach durch das Land – mit der **beiliegenden Speisekarte** finden Sie dafür garantiert die passenden Worte. So erleben Sie das Land noch intensiver.

Als kleines Extra für Sie: Laden Sie die passenden **Sounds** zu den wichtigsten Wörtern und Sätzen von www.pons.de/reise-sprachfuehrer-polnisch runter und trainieren Sie damit Ihre Aussprache.

Ganz egal wie individuell Sie Ihre Reise gestalten: Der Reise-Sprachführer von PONS bietet Ihnen alles, was Sie brauchen, um auch jenseits der Touristenpfade Polen zu entdecken.

Eine schöne Reise wünscht Ihnen

Ihre

PONS Redaktion

Inhalt

Wie spricht man das aus?

Damit Sie jedes Wort und jeden Satz richtig aussprechen, haben wir allen Begriffen und Wendungen eine Lautschrift beigefügt. Die folgende Übersicht zeigt Ihnen, wie Sie die phonetischen Zeichen richtig aussprechen.

Buchstabe	Lautzeichen	Aussprache	Beispiel
	[̃]	bedeutet, dass der Laut nasal ist	
	[ˌ]	bedeutet, dass der vorhergehende Konsonant erweicht wird	
	[‿]	zwischen zwei Wörtern bedeutet, dass man den letzten Buchstaben des ersten Wortes zum nächsten Wort hinüberzieht	w pokoju (im Zimmer) [f‿pɔkɔju]
a	[a]	wie das kurze **a** in B**a**ll	brat (Bruder) [brat]
ą	[ɔ̃]	nasales **o**, wie **on** in Bonb**on**	wąsy (Schnurrbart) [vɔ̃sɨ]
b	[b]	wie **b** in **B**us	bar (Bar) [bar]
c	[ʦ]	wie **z** in **Z**eit	co (was) [ʦɔ]
ć, ci	[ʨ]	weiches **tsch**	robić (machen) [rɔbˌiʨ] ciasny (eng) [ʨasnɨ]
cz	[ʧ]	wie **tsch** in **Tsch**eche	czas (Zeit) [ʧas]
d	[d]	wie **d** in **d**enn	dom (Haus) [dɔm]
dz	[ʣ]	wie eine enge Verbindung von **d** + stimmhaftem **s**	dzwonić (anrufen) [ʣvɔɲiʨ]
dź, dzi	[ʥ]	weiches **dsch**	dzień (Tag) [ʥɛɲ] dźwięk (Laut) [ʥvˌɛ̃k]
dż	[ʤ]	wie **j** im engl. **J**ohn	dżem (Marmelade) [ʤɛm]
e	[ɛ]	wie das kurze offene **e** in **E**cke	krem (Creme) [krɛm]
ę	[ɛ̃]	nasales **e** wie in Cous**in**	często (oft) [ʧɛ̃stɔ]
f	[f]	wie **f** in **f**est	fala (Welle) [fala]

g	[g]	wie **g** in beu**g**en	góra (Berg) [gura]
gi	[ɟ]	weiches **g**	giełda (Börse) [ɟɛwda], drogi (teuer, lieb) [drɔɟi]
h, ch	[x]	wie **ch** in a**ch**	hamulec (Bremse) [xamulɛʦ], choroba (Krankheit) [xɔrɔba]
i	[i]	wie **i** in w**i**r	wino (Wein) [vˌinɔ]
j	[j]	wie **j** in **j**awohl	ja (ich) [ja]
k	[k]	wie **k** in **k**ochen	koło (Rad) [kɔwɔ]
ki	[c]	weiches **k**	kieszeń (Tasche) [cɛʃɛ̃] kino (Kino) [cinɔ]
l	[l]	wie **l** in **l**eicht	lato (Sommer) [latɔ]
ł, u nach Vokal	[w]	wie **u** in A**u**to	ładny (schön) [wadnɨ] auto [awtɔ]
m	[m]	wie **m** in **M**utter	matka (Mutter) [matka]
n	[n]	wie **n** in **N**ord	nos (Nase) [nɔs]
n	[ŋ]	wie **n** in Ba**n**k	bank (Bank) [baŋk]
ń, ni	[ɲ]	wie **gn** in Co**gn**ac	koń (Pferd) [kɔɲ] nie (nein) [ɲɛ]
o	[ɔ]	wie **o** in Bl**o**ck	oko (Auge) [ɔkɔ]
p	[p]	wie **p** in **P**ost	potem (danach) [pɔtɛm]
r	[r]	Zungenspitzen-**r**	rok (Jahr) [rɔk]
s	[s]	wie **s** in Ko**s**t	sen (Traum) [sɛn]
sz	[ʃ]	wie **sch** in **Sch**ule	szafa (Schrank) [ʃafa]
ś, si	[ɕ]	weiches **sch**	śpiew (Gesang) [ɕpˌjɛf], siostra (Schwester) [ɕɔstra]
t	[t]	wie **t** in **T**ag	to (das) [tɔ]
u, ó	[u]	wie **u** in pl**u**s	tu (hier) [tu] góra (Berg) [gura]
w	[v]	wie **w** in **W**esten	wagon (Wagen) [vagɔn]
y	[ɨ]	wie **i** in b**i**n	typ (Typ) [tɨp]

z	[z]	wie **s** in **S**ommer	zamek (Schloss) [zamɛk]
ź, zi	[ʑ]	stimmhafte Entsprechung zu **ś, si**	źle (schlecht) [ʑlɛ] zioło (Kraut) [ʑɔwɔ]
ż, rz	[ʒ]	wie **j** in **J**ournal	może (vielleicht) [mɔʒɛ], morze (Meer) [mɔʒɛ]

DAS POLNISCHE ALPHABET

Können Sie mir das buchstabieren?

In manchen Situationen, z. B. am Telefon, hilft meist nur das Buchstabieren. Damit es dabei zu keinen Missverständnissen kommt, anbei für Sie das Alphabet mit der richtigen Aussprache.

A	a	[a]	J	j	[jɔt]	S	s	[ɛs]
Ą	ą	[ɔ̃]	K	k	[ka]	Ś	ś	[ɛɕ]
B	b	[bɛ]	L	l	[ɛl]	T	t	[tɛ]
C	c	[tsɛ]	Ł	ł	[ɛw]	U	u	[u]
Ć	ć	[tɕɛ]	M	m	[ɛm]	P	p	[pɛ]
D	d	[dɛ]	N	n	[ɛn]	V	v	[faw]
E	e	[ɛ]	Ń	ń	[ɛɲ]	W	w	[vu]
Ę	ę	[ɛ̃]	O	o	[ɔ]	X	x	[iks]
F	f	[ɛf]	Ó	ó	[u]	Y	y	[igrɛk, ɨ]
G	g	[gɛ]	P	p	[pɛ]	Z	z	[zɛt]
H	h	[xa]	Q	q	[ku]	Ź	ź	[ʑ]
I	i	[i]	R	r	[ɛr]	Ż	ż	[ʒ]

„Was bedeutet ...?“

Mit dieser Liste finden Sie sich im PONS Reise-Sprachführer Polnisch schnell zurecht.

acc	Akkusativ (biernik)
adj	Adjektiv (przymiotnik)
adv	Adverb (przyimek)
dat	Dativ (celownik)
f	Femininum, weiblich (rodzaj żeński)
fam	umgangssprachlich, familiär (potocznie)
gen	Genitiv (dopełniacz)
instr	Instrumentalis (narzędnik)
jdm	jemandem (komuś)
jdn	jemanden (kogoś)
lok	Lokativ (miejscownik)
m	Maskulinum, männlich (rodzaj męski)
mp	männlichpersonal (męskoosobowy)
n	Neutrum, sächlich (rodzaj nijaki)
nmp	nichtmännlichpersonal (niemęskoosobowy)
nom	Nominativ (mianownik)
pl	Plural (liczba mnoga)
sg	Singular, Einzahl (liczba pojedyncza)
vok	Vokativ (wołacz)

Das Allernotwendigste

Morgen um 16.00 Uhr an der Bar.

Manche Verabredungen beschränken sich auf das Notwendigste. Dennoch können schon kleinste sprachliche Missverständnisse großes persönliches Unverständnis nach sich ziehen.

Für den leichten Einstieg: Hier finden Sie die nützlichsten Wörter und Ausdrücke auf einen Blick.

DIE BASICS

Ja.
Tak. [tak]

Nein.
Nie. [ɲɛ]

Bitte.
Proszę. [prɔʃɛ̃]

Danke!
Dziękuję. [ʥɛŋkujɛ̃]

Bitte!/Gern geschehen!
Proszę./Z przyjemnością.
[prɔʃɛ̃/s̬pʃɨjemnɔɕtsɔ̃]

Nichts zu danken!
Nie ma za co. [ɲɛ ma za tsɔ]

Wie bitte?
Słucham? [swuxam]

Selbstverständlich!
Oczywiście! [ɔʧɨvˌiɕʨɛ]

Einverstanden!
Zgoda! [zgɔda]

Okay!
Okay! [ɔkɛj]

In Ordnung!
W porządku. [f̬pɔʒɔntku]

Entschuldigung!/Verzeihung!
Przepraszam. [pʃɛpraʃam]

Das reicht jetzt!
Dosyć tego! [dɔsɨʨ tɛgɔ]

Hilfe!
Ratunku! [ratunku]

Ich hätte gern ...
Chciałbym/chciałabym...
[xtɕawbɨm/xtɕawabɨm]

Gibt es ...?
Czy jest/są...? [ʧɨ jɛst/ sɔ̃]

WER? WIE? WAS?

Wer?
Kto? [ktɔ]

Was?
Co? [tsɔ]

Welcher?/Welche?/Welches?
Który/Która/Które?
[kturɨ/ktura/kturɛ]

Wem?
Komu? [kɔmu]

Wen?
Kogo? [kɔgɔ]

Wo?
Gdzie? [gʥɛ]

Wo ist ...?/Wo sind ...?
Gdzie jest/Gdzie są...?
[gʥɛ jɛst/gʥɛ sɔ̃]

Warum?/Weshalb?
Dlaczego? [dlaʧɛgɔ]

Wie?
Jak? [jak]

Wie viel?
Ile? [ilɛ]

Wie lange?
Jak długo? [jag dwugɔ]

Wann?
Kiedy? [cɛdɨ]

ZAHLEN – MASSE – GEWICHTE

0
zero [zɛrɔ]

1
jeden [jɛdɛn]

2
dwa [dva]

3
trzy [tʃɨ]

4
cztery [ʧtɛrɨ]

5
pięć [pjɛɲʨ]

6
sześć [ʃɛɕʨ]

7
siedem [ɕɛdɛm]

8
osiem [ɔɕɛm]

9
dziewięć [ʥɛvjɛɲʨ]

10
dziesięć [ʥɛɕɛɲʨ]

11
jedenaście [jɛdɛnaɕʨɛ]

12
dwanaście [dvanaɕʨɛ]

13
trzynaście [ʧɨnaɕʨɛ]

14
czternaście [ʧtɛrnaɕʨɛ]

15
piętnaście [pjɛtnaɕʨɛ]

16
szesnaście [ʃɛsnaɕʨɛ]

17
siedemnaście [ɕɛdɛmnaɕʨɛ]

18
osiemnaście [ɔɕɛmnaɕʨɛ]

19
dziewiętnaście [ʥɛvjɛtnaɕʨɛ]

20
dwadzieścia [dvaʥɛɕʨa]

21
dwadzieścia jeden
[dvaʥɛɕʨa jɛdɛn]

22
dwadzieścia dwa
[dvaʥɛɕʨa dva]

23
dwadzieścia trzy [dvaʥɛɕʨa tʃɨ]

24
dwadzieścia cztery
[dvaʥɛɕʨa ʧtɛrɨ]

25
dwadzieścia pięć
[dvaʥɛɕʨa pjɛɲʨ]

26
dwadzieścia sześć
[dvaʥɛɕʨa ʃɛɕʨ]

27
dwadzieścia siedem
[dvaʥɛɕʨa ɕɛdɛm]

28
dwadzieścia osiem
[dvaʥɛɕʨa ɔɕɛm]

29
dwadzieścia dziewięć
[dvaʥɛɕʨa ʥɛvjɛɲʨ]

30
trzydzieści [ʧɨʥɛɕʨi]

31
trzydzieści jeden [ʧɨʥɛɕʨi jɛdɛn]

32
trzydzieści dwa [ʧɨʥɛɕʨi dva]

40
czterdzieści [tʃtɛrdʑɛɕtɕi]

50
pięćdziesiąt [pjɛɲdʑɛɕɔnt]

60
sześćdziesiąt [ʃɛɕdʑɛɕɔnt]

70
siedemdziesiąt [ɕɛdɛmdʑɛɕɔnt]

80
osiemdziesiąt [ɔɕɛmdʑɛɕɔnt]

90
dziewięćdziesiąt [dʑɛvjɛɲdʑɛɕɔnt]

100
sto [stɔ]

101
sto jeden [stɔ jɛdɛn]

200
dwieście [dvjɛɕtɕɛ]

300
trzysta [tʃɨsta]

1000
tysiąc [tiɕɔnts]

2000
dwa tysiące [dva tiɕɔntsɛ]

10 000
dziesięć tysięcy
[dʑɛɕɛɲtɕ tiɕɛntsɨ]

100 000
sto tysięcy [stɔ tiɕɛntsɨ]

1 000 000
milion [miljɔn]

1.
pierwszy [pjɛrfʃɨ]

2.
drugi [druɟi]

3.
trzeci [tʃɛtɕi]

4.
czwarty [tʃvartɨ]

5.
piąty [pjɔntɨ]

6.
szósty [ʃustɨ]

7.
siódmy [ɕudmɨ]

8.
ósmy [usmɨ]

9.
dziewiąty [dʑɛvjɔntɨ]

10.
dziesiąty [dʑɛɕɔntɨ]

1/2
jedna druga [jɛdna druga]

1/3
jedna trzecia [jɛdna tʃɛtɕa]

1/4
jedna czwarta [jɛdna tʃvarta]

3/4
trzy czwarte [tʃɨ tʃvartɛ]

3,5 %
trzy i pół procenta
[tʃɨ i puw prɔtsɛnta]

27° C
dwadzieścia siedem stopni Celsjusza
[dvadʑɛɕtɕa ɕɛdɛm stɔpɲi tsɛlsjuʃa]

-5° C
minus pięć stopni Celsjusza
[minus pjɛɲtɕ stɔpɲi tsɛlsjuʃa]

2015
dwa tysiące piętnaście
[dva tiɕɔntsɛ pjɛtnaɕtɕɛ]

2016
dwa tysiące szesnaście
[dva tiɕɔntsɛ ʃɛsnaɕtɕɛ]

Millimeter
milimetr [mʲilʲimɛtr]

Zentimeter
centymetr
[tsɛntɨmɛtr]

Meter
metr [mɛtr]

Kilometer
kilometr [cilɔmɛtr]

Quadratmeter
metr kwadratowy
[mɛtr kvadratɔvɨ]

Liter
litr [lʲitr]

Gramm
gram [gram]

Pfund
funt [funt]

Kilogramm
kilogram
[cilɔgram]

ZEITANGABEN

Uhrzeit und Tageszeiten

Wie viel Uhr ist es bitte?
Która jest godzina? [ktura jɛst gɔʥina]

Es ist (genau/ungefähr) ...
Jest (dokładnie/około)... [jɛst (dɔkwadɲɛ/ɔkɔwɔ)]

- ***3 Uhr.***
  trzecia. [tʃɛtɕa]
- ***5 nach 3.***
  pięć po trzeciej. [pjɛɲtɕ pɔ tʃɛtɕɛj]
- ***Viertel nach 3.***
  kwadrans po trzeciej. [kfadrans pɔ tʃɛtɕɛj]
- ***halb 4.***
  wpół do czwartej. [fpuw dɔ ʧfartɛj]
- ***Viertel vor 4.***
  za kwadrans czwarta. [za kfadrans ʧfarta]
- ***5 vor 4.***
  za pięć czwarta. [za pjɛɲtɕ ʧfarta]
- ***12 Uhr Mittag.***
  dwunasta w południe. [dvunasta f‿pɔwudɲɛ]
- ***Mitternacht.***
  północ. [puwnɔʦ]

Um wie viel Uhr?/Wann?
O której godzinie?/Kiedy? [ɔ kturɛj gɔʥiɲɛ/cɛdɨ]

Um 1 Uhr.
O pierwszej. [ɔ pjɛrfʃɛj]

Um 2 Uhr.
O drugiej. [ɔ druɟɛj]

In einer Stunde.
Za godzinę. [za gɔʥinɛ̃]

In zwei Stunden.
Za dwie godziny. [za dvjɛ gɔʥinɨ]

Nicht vor 9 Uhr morgens.
Nie przed dziewiątą rano. [ɲɛ pʃɛt ʥɛvjɔntɔ̃ ranɔ]

Nach 8 Uhr abends.
Po ósmej wieczorem. [pɔ usmɛj vjɛʧɔrɛm]

Zwischen 3 und 4.
Między trzecią a czwartą. [mjɛnʣɨ tʃɛtɕɔ̃ a ʧfartɔ̃]

Wie lange?
Jak długo? [jak dwugɔ]

Zwei Stunden (lang).
Dwie godziny. [dvjɛ gɔʥinɨ]

Von 10 bis 11.
Od dziesiątej do jedenastej. [ɔd ʥɛɕɔntɛj dɔ jɛdɛnastɛj]

Bis 5 Uhr.
Do piątej. [dɔ pjɔntɛj]

Seit wann?
Od kiedy? [ɔt cɛdɨ]

Seit 8 Uhr morgens.
Od ósmej rano. [ɔd usmɛj ranɔ]

Seit einer halben Stunde.
Od pół godziny. [ɔt puw gɔʥinɨ]

Seit acht Tagen.
Od ośmiu dni. [ɔt ɔɕmju dɲi]

abends	wieczorem [vjɛʧɔrɛm]
am Sonntag	w niedzielę [v‿ɲɛʥɛlɛ̃]
am Wochenende	w weekend [v‿wˌikɛnd]
bald	wkrótce [fkruttsɛ]
diese Woche	w tym tygodniu [f‿tɨm tɨgɔdɲu]
früh	wcześnie [fʧɛɕɲɛ]
früher	wcześniej [fʧɛɕɲɛj]
gegen Mittag	około południa [ɔkɔwɔ pɔwudɲa]
gestern	wczoraj [fʧɔraj]
heute	dzisiaj [ʥiɕaj]
heute Morgen/heute Abend	dzisiaj rano/dzisiaj wieczorem [ʥiɕaj ranɔ/ʥiɕaj vjɛʧɔrɛm]

in einer Woche	za tydzień [za tiʥɛɲ]
jeden Tag	każdego dnia [kaʒdɛgɔ dɲa]
jetzt	teraz [tɛras]
kürzlich	niedawno [ɲɛdavnɔ]
manchmal	czasem [ʧasɛm]
mittags	w południe [f‿pɔwudɲɛ]
morgen	jutro [jutrɔ]
morgen früh/morgen Abend	jutro rano/wieczorem [jutrɔ ranɔ/vjɛʧɔrɛm]
morgens	rankiem [rancɛm]
nachmittags	po południu [pɔ pɔwudɲu]
nächstes Jahr	w przyszłym roku [f‿pʃiʃwɨm rɔku]
nachts	nocą [nɔtsɔ̃]
spät	późno [puʑno]
später	później [puʑɲɛj]
stündlich	co godzinę [cɔ gɔʥinɛ̃]
täglich	codziennie [tsɔʥɛɲɲɛ]
tagsüber	w ciągu dnia [f‿ʨɔŋgu dɲa]
übermorgen	pojutrze [pɔjutʃɛ]
vor zehn Minuten	przed dziesięcioma minutami [pʃɛt ʥɛɕɛɲʨɔma mˌinutamˌi]
vorgestern	przedwczoraj [pʃɛtftʃɔraj]
vormittags	przed południem [pʃɛt pɔwudɲɛm]

RUND UMS JAHR

Wochentage

Montag	poniedziałek [pɔɲɛʥawɛk]
Dienstag	wtorek [ftɔrɛk]
Mittwoch	środa [ɕrɔda]
Donnerstag	czwartek [ʧvartɛk]
Freitag	piątek [pjɔntɛk]
Samstag	sobota [sɔbɔta]
Sonntag	niedziela [ɲɛʥɛla]

Monate

Januar	styczeń [stɨʧɛɲ]
Februar	luty *m* [lutɨ]
März	marzec [maʒɛts]
April	kwiecień [kvjɛʨɛɲ]
Mai	maj [maj]
Juni	czerwiec [ʧɛrvjɛts]
Juli	lipiec [lˌipjɛts]

August	sierpień [ɕɛrpjɛɲ]
September	wrzesień [vʒɛɕɛɲ]
Oktober	październik [paʑʥɛrɲik]
November	listopad [listɔpat]
Dezember	grudzień [gruʥɛɲ]

Jahreszeiten

Frühling	wiosna [vjɔsna]
Sommer	lato [latɔ]
Herbst	jesień *f* [jɛɕɛɲ]
Winter	zima [ʑima]

Traditionen

Lajkonik ist ein Volkfest, das jedes Jahr in Krakau zum Andenken an die Abwehr eines Tatarenüberfalls im 13. Jahrhundert gefeiert wird. Es findet acht Tage nach Fronleichnam statt und ist der Auftakt zum Krakauer Stadtfest. Die zentrale Figur des Festes ist der gleichnamige Steckenpferdreiter, der in Tatarentracht durch die Straßen läuft.
Marzanna ist eine Strohpuppe, die den Winter symbolisiert. Sie wird am ersten Frühlingstag in einem Fluss ertränkt.
Tłusty czwartek ist der letzte Donnerstag des Karnevals. Traditionell isst man an diesem Tag **pączki** – eine Art Berliner Pfannkuchen – und **faworki** oder **chrust** – ein Gebäck in Form sich schlängelnder Bänder.
Śmigus-dyngus bezeichnet den Brauch, sich am Ostermontag gegenseitig mit Wasser zu bespritzen. Dabei wird auch vor Unbeteiligten kein Halt gemacht: Wartende an einer Bushaltestelle können durchaus die Bekanntschaft mit einem Eimer Wasser machen.

Feiertage

Neujahr
Nowy Rok [nɔvɨ rɔk]

Ostern
Wielkanoc [vjɛlkanɔts]

Ostermontag
poniedziałek wielkanocny [pɔɲɛʥawɛk vjɛlkanɔtsnɨ]

1. Mai
Pierwszy Maja [pjɛrfʃɨ maja]

3. Mai (Nationalfeiertag)
Trzeci Maja, Święto Konstytucji 3 Maja (1791)
[tʃɛtɕi maja, ɕfjɛntɔ kɔnstɨtutsji tʃɛtɕɛgɔ maja]

Christi Himmelfahrt
Wniebowstąpienie Pańskie [vɲɛbɔfstɔmpjɛɲɛ paɲscɛ]
in Polen kein gesetzlicher Feiertag und wird in der Kirche am drauffolgenden Sonntag gefeiert

Pfingsten
Zielone Świątki [ʑɛlɔnɛ ɕfjɔntci]

Pfingstmontag
poniedziałek zielonoświątkowy [pɔɲɛdʑawɛk ʑɛlɔnɔɕfjɔntkɔvɨ]

Fronleichnam
Boże Ciało [bɔʒɛ tɕawɔ]

Mariä Himmelfahrt
Wniebowzięcie Najświętszej Marii Panny
[vɲɛbɔvʑɛɲtɕɛ najɕfjɛntʃɛj marji pannɨ]

Allerheiligen
Wszystkich Świętych [fʃɨstix ɕfjɛntɨx]

11. November (Nationalfeiertag)
Jedenasty Listopada, Święto Niepodległości (11.11.1918)
[jɛdɛnastɨ listɔpada, ɕfjɛntɔ ɲɛpɔdlɛgwɔɕtɕi]

Heiliger Abend
Wigilia [viɟilja]

Weihnachten
Boże Narodzenie [bɔʒɛ narɔdʑɛɲɛ]

1. Weihnachtsfeiertag
pierwszy dzień świąt Bożego Narodzenia
[pjɛrfʃɨ dʑɛɲ ɕfjɔnt bɔʒɛgɔ narɔdʑɛɲa]

2. Weihnachtsfeiertag
drugi dzień świąt Bożego Narodzenia [druɟ dʑɛɲ ɕfjɔnt bɔʒɛgɔ narɔdʑɛɲa]

Silvester
wieczór sylwestrowy [vjɛtʃur sɨlvɛstrɔvɨ]

Datum

Können Sie mir bitte sagen, den Wievielten wir heute haben?
Czy może mi pan/pani powiedzieć, którego dzisiaj mamy?
[tʃɨ mɔʒɛ mi pan/paɲi pɔvjɛdʑɛtɕ kturɛgɔ dʑiɕaj mamɨ]

Heute ist der 4. August.
Dzisiaj jest 4 sierpnia. [dʑiɕaj jɛst tʃfartɨ ɕɛrpɲa]

Reiseplanung

Hotel oder Ferienwohnung?

Eine Reise zu planen ist eine organisatorische Meisterleistung. Wenn Ihnen ein Sprachführer zur Seite steht, schmälert das keineswegs Ihre Leistung: es vereinfacht sie.

Keine Zeit, in der Fremdsprache auf die Schnelle Mails zu formulieren? Mit diesen fertigen Texten können Sie sichergehen, dass die Buchung klappt.

HOTELBUCHUNG PER E-MAIL

Sehr geehrte Damen und Herren,

vom 24. bis 26. Juni hätte ich gern für zwei Nächte ein Einzel-/Doppel-/Zweibettzimmer. Bitte teilen Sie mir mit, ob Sie ein Zimmer frei haben und was es pro Nacht, einschließlich Frühstück, kostet.

Mit freundlichen Grüßen

Szanowni Państwo,

chciałbym/chciałabym zarezerwować na dwie noce pokój jednoosobowy/dwuosobowy/z dwoma łóżkami w terminie od 24 do 26 czerwca. Proszę o informację, czy macie Państwo wolny pokój i ile kosztuje on ze śniadaniem.

Z pozdrowieniami

Dear Sir or Madam,

I would like to book a single/double/twin-bedded room for 2 nights on the 24th and 25th June. Please let me know if you have any vacancies and the cost per night plus breakfast.

Yours faithfully,

AUTOVERMIETUNG PER E-MAIL

Sehr geehrte Damen und Herren,

für die Zeit vom 20. - 25. Juli möchte ich gern ab Flughafen Warszawa Okęcie einen Kleinwagen/einen Mittelklassewagen/eine Luxuslimousine/einen Kleinbus mieten. Mein Rückflug geht ab Kraków Balice und deshalb möchte ich das Auto dort zurückgeben. Bitte teilen Sie mir Ihre Tarife mit und welche Unterlagen ich benötige.

Mit freundlichen Grüßen

Szanowni Państwo,

w terminie od 20 do 25 lipca chciałbym/chciałabym wypożyczyć z lotniska Warszawa Okęcie mały samochód/samochód klasy średniej/luksusową limuzynę/busa. Odlatuję z lotniska Kraków Balice, więc chciałbym/chciałabym tam zwrócić samochód. Proszę o cennik i informację, jakie dokumenty są potrzebne.

Z pozdrowieniami

Dear Sir or Madam,

I would like to hire a small/mid-range/luxury saloon car/minibus from July 20 - 25 from Warszawa Okęcie Airport. I depart from Kraków Balice Airport so wish to leave the car there. Please inform me of your rates and what documents I shall require.

Yours faithfully,

ALLGEMEINE FRAGEN

Hotel - Pension - Privatzimmer

Ich suche ein Hotel, jedoch nicht zu teuer - etwas in der mittleren Preislage.
Szukam hotelu, ale nie za drogiego - w średniej klasie cenowej.
[ʃukam xɔtɛlu, alɛ ɲɛ za drɔɟɛgɔ - f͜ ɕrɛdɲɛj klaɕɛ ʦɛnɔvɛj]

Ich suche ein Hotel mit Hallenbad/Golfplatz/Tennisplätzen.
Szukam hotelu z krytym basenem/polem golfowym/kortami tenisowymi.
[ʃukam xɔtɛlu s͜ kritɨm basɛnɛm/pɔlɛm gɔlfɔvɨm/kɔrtami tɛɲisɔwɨmi]

Ist es möglich, ein weiteres Bett in einem der Zimmer aufzustellen?
Czy jest możliwe wstawienie do pokoju dodatkowego łóżka?
[ʧɨ jɛst mɔʒlˌiwɛ fstaviɛɲɛ dɔ pɔkuj dɔdatkɔvɛgɔ wuʃka]

Können Sie mir ein kinderfreundliches Hotel empfehlen?
Czy może mi pan/pani polecić hotel przyjazny dla dzieci?
[tʃɨ mɔʒɛ mˌi pan/paɲi pɔlɛtɕitɕ xɔtɛl pʃɨjazni dla dʑiɛtɕi]

Könnten Sie mir bitte Informationen senden, welche Hotels in ... für Rollstuhlfahrer geeignet sind.
Czy mogliby państwo przesłać mi informacje, które hotele w... są przystosowane dla niepełnosprawnych na wózkach?
[tʃɨ mɔglˌibɨ paɲstfɔ pʃɛswatɕ mˌi infɔmatsjɛ, kturɛ xɔtɛlɛ v... sɔ̃ pʃɨstɔsɔvanɛ dla ɲɛpɛwnɔspravnɨx na vuskax]

Könnten Sie mir bitte sagen, welche Hotels und Campingplätze behindertengerechte Einrichtungen haben?
Proszę mi powiedzieć, które hotele i campingi mają wyposażenie odpowiednie dla niepełnosprawnych? [prɔʃɛ mˌi pɔvjɛdʑɛtɕ, kturɛ xɔtɛl ɛ i kɛmpiŋɟi majɔ̃ vɨpɔsaʒɛɲɛ ɔtpɔvj ɛdɲɛ dla ɲɛpɛwnɔspravnɨx]

Wie viel kostet das pro Woche?
Ile kosztuje to na tydzień? [ilɛ tɔ kɔʃtujɛ na tɨdʑɛɲ]

Ferienhäuser/Ferienwohnungen

Ich suche eine Ferienwohnung oder einen Bungalow.
Szukam mieszkania wakacyjnego lub bungalowu.
[ʃukam miɛʃkaɲa vakatsɨjnɛgɔ lup buŋalɔvu]

Können Sie mir einen kinderfreundlichen Ferienbauernhof empfehlen?
Czy może mi pan/pani polecić przyjazne dla dzieci gospodarstwo agroturystyczne? [tʃɨ mɔʒɛ mi pan/paɲi pɔlɛtɕitɕ pʃɨjaznɛ dla dʑiɛtɕi gɔspɔdarstfɔ agrɔturɨstɨtʃɛ]

Gibt es ...?
Czy jest/są...? [tʃɨ jɛst/sɔ̃]

- ***ein Kinderbett***
  łóżeczko dziecięce [wuʒɛtʃkɔ dʑɛtɕɛntsɛ]
- ***einen Hochstuhl***
  wysokie krzesełko [vɨsocɛ kʃɛsɛwkɔ]
- ***einen Fernseher***
  telewizor [tɛlɛviˌzɔr]
- ***ein Telefon***
  telefon [tɛlɛfon]
- ***eine Waschmaschine***
  pralka [pralka]
- ***eine Spülmaschine***
  zmywarka [zmɨvarka]
- ***eine Mikrowelle***
  kuchenka mikrofalowa [kuxɛnka mˌikrɔfalɔva]

Sind die Stromkosten im Preis eingeschlossen?
Czy cena zawiera koszty zużycia prądu?
[tʃi tsɛna zaviɛra kɔʃtɨ zuʒɨtɕa prɔndu]

Werden Bettwäsche und Handtücher gestellt?
Czy zapewniona jest pościel i ręczniki?
[tʃi zapɛvɲɔna jɛst poɕtʃɛl i rɛntʃɲici]

Wie viel muss ich anzahlen und wann ist die Anzahlung fällig?
Do kiedy muszę wpłacić zaliczkę i w jakiej kwocie?
[dɔ cɛdɨ muʃɛ fpwatɕitɕ zaliˌtʃkɛ i v jacɛj kfɔtɕɛ]

Wo und wann kann ich die Schlüssel abholen?
Gdzie i kiedy mogę odebrać klucze?
[gdʑɛ i cɛdɨ mɔgɛ ɔdɛbratɕ klutʃɛ]

Camping

Gibt es hier auch einen Campingplatz?
Czy jest tutaj kemping? [tʃɨ jɛst tutaj kɛmpˌiŋk]

Ich finde Sie sehr sympathisch.

Es gibt Sätze, bei denen es sich absolut lohnt, sie zu verstehen. Und noch viel mehr, sie aktiv einzusetzen.

Willkommen

In Polen sind Sie als Tourist gern gesehen. Bereitwillig helfen die Einheimischen, zeigen den Weg und geben gute Tipps. Wenn Sie gar den Versuch machen, auf Polnisch zu kommunizieren, werden Sie mit offenen Armen empfangen und herzliche Bekanntschaften schließen.
Polen sind für ihre Gastfreundschaft bekannt. Sie geben sich große Mühe, ihre Gäste mit selbstgebackenem Kuchen oder festlichem Essen zu empfangen und fordern sie mit Nachdruck auf, häufig und reichlich nachzunehmen.

Wie geht's?

Zur offiziellen Begrüßung sagt man tagsüber **dzień dobry** (*Guten Morgen, Guten Tag*) und abends **dobry wieczór** (*Guten Abend*). Freunde und gute Bekannte grüßen sich mit **cześć!** (*Hallo!*) und zum Abschied mit **cześć!** (*Tschüss!*). Offiziell verabschiedet man sich mit **do widzenia** (*Auf Wiedersehen*) und **dobranoc** (*Gute Nacht*).
Eine gebräuchliche Begrüßung ist **co słychać?** (*Wie geht's?*)

Begrüßen

Guten Morgen!
Dzień dobry! [ʥɛɲ dɔbrɨ]

Guten Tag!
Dzień dobry! [ʥɛɲ dɔbrɨ]

Guten Abend!
Dobry wieczór! [dɔbrɨ vjɛʧur]

Hallo!/Grüß dich!
Halo!/Witam! [xalɔ/vˌitam]

Wie geht es Ihnen?
Co słychać u pana/pani/państwa? [tsɔ swɨxaʨ u pana/paɲi/paɲstfa]

Wie geht's?
Co słychać? [tsɔ swɨxaʨ]

Danke. Und Ihnen/dir?
Dziękuję. A u pana/pani/ciebie? [ʥɛ̃kujɛ̃. a u pana/paɲi/ʨɛbjɛ]

Anredeformen

Kennt man sich nicht näher, benutzt man **proszę pana** (*Herr*), **proszę pani** (*Frau*), ohne den Nachnamen zu gebrauchen. Die Anrede mit Nachnamen, etwa **panie Jakubowski** (*Herr Jakubowski*), **pani Jakubowska** (*Frau Jakubowski*), ist sehr offiziell und kann unter Umständen als unangenehm empfunden werden.
Wenn man sich zwar kennt, aber nicht duzt, wird gern die offizielle Form mit dem Vornamen benutzt: **panie Tomku** (*Herr*), **pani Marto** (*Frau*).
Polnische Vornamen haben zahlreiche Verkleinerungsformen, zum Beispiel Julia - Jula - Julka - Julcia.
Die Anredeform **panna** (*Fräulein*) ist veraltet und kaum noch gebräuchlich.

Sich vorstellen

Wie ist Ihr Name, bitte?
Przepraszam, jak się pan/pani nazywa?
[pʃɛpraʃam, jak ɕɛ pan/paɲi nazɨva]

Wie heißt du?
Jak się nazywasz? [jak ɕɛ nazɨvaʃ]

Ich heiße ...
Nazywam się... [nazɨvam ɕɛ̃]

Darf ich bekannt machen?
Wolno mi przedstawić? [vɔlnɔ mˌi pʃɛtstavˌitɕ]

Das ist ...
To jest... [tɔ jɛst]

- ***Frau X.***
  pani X. [paɲi]
- ***Herr X.***
  pan X. [pan]
- ***mein Mann./meine Frau.***
  mój mąż./moja żona. [muj mɔ̃ʃ/mɔja ʒɔna]
- ***mein Partner./meine Partnerin.***
  mój partner./moja partnerka. [muj partnɛr/mɔja partnɛrka]
- ***mein Sohn./meine Tochter.***
  mój syn./moja córka. [muj sɨn/mɔja tsurka]
- ***mein Freund./meine Freundin.***
  mój chłopak./moja dziewczyna. [muj xwɔpak/mɔja dʑɛftʃɨna]

Darf ich Ihnen/dir meine Visitenkarte geben?
Mogę zostawić panu/pani/ci wizytówkę?
[mɔgɛ̃ zɔstavitʃ panu/paɲi/tɕi vˌizɨtufkɛ̃]

Hallo und Tschüss

Denken Sie daran, dass das polnische **cześć** sowohl *tschüss* als auch *hallo* bedeutet.

Verabschieden

Auf Wiedersehen!
Do widzenia! [dɔ vˌidʑɛɲa]

Bis bald!
Do rychłego zobaczenia! [dɔ rɨxwɛgɔ zɔbatʃɛɲa]

Bis später!
Do zobaczenia wkrótce! [dɔ zɔbatʃɛɲa fkruttsɛ]

Bis morgen!
Do jutra! [dɔ jutra]

Mach's gut!
Powodzenia! [pɔvɔdʑɛɲa]

Gute Nacht!
Dobranoc! [dɔbranɔts]

Tschüss!
Serwus!/Cześć! [sɛrvus/ʧɛɕʨ]

Gute Reise!
Szczęśliwej podróży! [ʃʧɛ̃ɕlˌivɛj pɔdruʒɨ]

Es war schön, Sie/dich kennen zu lernen.
Miło było pana/panią/cię poznać.
[mˌiwɔ bɨwɔ pana/paɲɔ/ʨɛ poznatɕ]

HÖFLICHKEIT

Bitte

Bitte.
Proszę. [prɔʃɛ̃]

Ja, bitte.
Tak, proszę. [tak, prɔʃɛ̃]

Nein, danke!
Nie, dziękuję. [ɲɛ, ʥɛ̃kujɛ̃]

Gestatten Sie?
Pozwoli pan/pani? [pɔzvɔlˌi pan/paɲi]

Entschuldigen Sie bitte die Störung.
Przepraszam, że przeszkadzam. [pʃɛpraʃam, ʒɛ pʃɛʃkaʣam]

Entschuldigen Sie bitte, dürfte ich Sie etwas fragen?
Przepraszam, czy mogę o coś zapytać?
[pʃɛpraʃam, ʧɨ mɔgɛ ɔ tsɔɕ zapɨtaʨ]

Können Sie mir bitte helfen?
Czy może mi pan/pani pomóc? [ʧɨ mɔʒɛ mˌi pan/paɲi pɔmuts]

Können Sie mir bitte sagen, ...
Czy może mi pan/pani powiedzieć,...
[ʧɨ mɔʒɛ mˌi pan/paɲi pɔvjɛʥɛʨ]

Können Sie mir bitte ... empfehlen?
Czy może mi pan/pani polecić...?
[ʧɨ mɔʒɛ mˌi pan/paɲi pɔlɛʨiʨ]

Darf/Dürfte ich Sie um einen Gefallen bitten?
Czy mogę prosić pana/panią o przysługę?
[ʧɨ mɔgɛ prɔɕiʨ pana/paɲɔ̃ ɔ pʃɨswugɛ̃]

Dank

Vielen/Tausend Dank, Sie haben mir sehr geholfen.
Wielkie/stokrotne dzięki, bardzo mi pan pomógł/pani pomogła.
[vjɛlcɛ/stɔkrɔtnɛ ʥɛɲci, barʣɔ m͵i pan pɔmukw/paɲi pɔmɔgwa]

Das war sehr lieb von Ihnen.
To bardzo miło z pana/pani strony.
[tɔ barʣɔ m͵iwɔ s͜pana/paɲi strɔnɨ]

Danke!
Dziękuję! [ʥɛɲkujɛ̃]

Danke, sehr gern!
Dziękuję, chętnie. [ʥɛɲkujɛ̃, xɛntɲe]

Das ist nett, danke!
Dziękuję, to miłe. [ʥɛɲkujɛ̃, tɔ m͵iwɛ]

Bitte sehr! Gern geschehen!
Proszę bardzo! Z przyjemnością. [prɔʃɛ barʥɔ s͜pʃɨjemnɔɕʨɔ̃]

Entschuldigung

Entschuldigung!
Przepraszam! [pʃɛpraʃam]

Das tut mir sehr leid!
Bardzo mi przykro. [barʣɔ m͵i pʃɨkrɔ]

Tut mir leid(, dass ich zu spät komme).
Przepraszam (za spóźnienie)! [pʃɛpraʃam (za spuʑɲɛɲɛ)]

Es war nicht so gemeint.
Nie miałem/miałam tego na myśli.
[ɲɛ m͵jawɛm/m͵jawam tɛgɔ na mɨɕl͵i]

Keine Ursache!/Macht nichts!
Nie ma sprawy./Nic nie szkodzi. [ɲɛ ma spravɨ/ɲits ɲɛ ʃkɔʥi]

Das ist leider nicht möglich.
To jest niestety niemożliwe. [tɔ jɛst nɛstɛtɨ ɲɛmɔʒl͵ivɛ]

Alles Gute!

Mit dem Lied „Sto lat“ (*Hundert Jahre*) wird in Polen zum Namenstag und Geburtstag gratuliert. Es lautet:

Sto lat, sto lat,
Niech żyje, żyje nam.
Sto lat, sto lat,
Niech żyje, żyje nam,
Jeszcze raz, jeszcze raz, niech żyje, żyje nam,
Niech żyje nam!

Anders als in Deutschland, feiern die Polen hauptsächlich ihre Namenstage.

Wünsche

Herzlichen Glückwunsch!
Serdeczne gratulacje/życzenia! [sɛrdɛtʃnɛ gratulatsjɛ/ʒɨtʃɛɲa]

Alles Gute zum Geburtstag!
Wszystkiego dobrego z okazji urodzin! [fʃɨstcɛgɔ dɔbrɛgɔ z‿ɔkazji urɔdʑin]

Viel Glück!/Viel Erfolg!
Dużo szczęścia!/Powodzenia! [duʒɔ ʃtʃɛ̃ɕtɕa/pɔvɔdʑɛɲa]

Ich drücke Ihnen die Daumen.
Trzymam kciuki za pana/panią. [tʃɨmam ktɕuci za pana/paɲɔ̃]

Gesundheit! *(nach Niesen)*
Na zdrowie! [na zdrɔvjɛ]

Gute Besserung!
Szybkiego powrotu do zdrowia! [ʃɨpcɛgɔ pɔvrɔtu dɔ zdrɔvja]

Angaben zur Person

Wie alt sind Sie/bist du?
Ile pan/pani ma lat/masz lat? [ilɛ pan/paɲi ma lat/maʃ lat]

Ich bin 39.
Mam trzydzieści dziewięć lat. [mam tʃɨʥɛɕʨi ʥɛvjɛɲʨ lat]

Was machen Sie/machst du beruflich?
Jaki zawód pan/pani wykonuje/wykonujesz?
[jaci zavut pan/paɲi vɨkɔnujɛ/vɨkɔnujɛʃ]

Ich bin ...
Jestem... [jɛstɛm]

- *Lehrer/in.*
  nauczyciel-em/ką [nautʃɨtɕel-ɛm/kɔ̃]
- *Rentner/in.*
  rencist-ą/ką/emeryt em/ką. [rɛnʨist-ɔ̃/kɔ̃/ɛmɛrɨ-tɛm/kɔ̃]
- *arbeitslos.*
  bezrobotny/a. [bɛzrɔbɔtnɨ/a]
- *Freiberufler.*
  wolnym strzelcem. [vɔlnɨm stʃɛltsɛm]

Ich arbeite bei ...
Pracuję w (na)... [pratsujɛ v (na)]

Ich gehe noch zur Schule.
Chodzę jeszcze do szkoły. [xɔʣɛ jɛʃtʃɛ dɔ ʃkɔwɨ]

Ich bin Student/in.
Jestem student-em/ką. [jɛstɛm studɛnt-ɛm/kɔ̃]

Herkunft und Aufenthalt

Sind Sie/Bist du von hier?
Czy jest pan/pani/jesteś stąd? [tʃɨ jɛst pan/paɲi/jɛstɛɕ stɔnt]

Woher kommen Sie/kommst du?
Skąd pan/pani jest?/jesteś? [skɔnt pan/paɲi jɛst/jɛstɛɕ]

Ich komme aus ...
Jestem z... [jɛstɛm z]

- *Deutschland.*
  Niemiec. [ɲɛmˌɛts]
- *der Schweiz.*
  Szwajcarii. [ʃfajtsarˌji]
- *Österreich.*
  Austrii. [awstrˌji]

Sind Sie/Bist du schon lange in ...?
Czy jest pan/pani/czy jesteś już długo w...?
[ʧɨ jɛst pan/paɲi/ʧɨ jɛstɛɕ juʃ dwugɔ v]

Ich bin seit ... hier.
Jestem tutaj od... [jɛstɛm tutaj ɔt]

Wie lange bleiben Sie/bleibst du?
Jak długo pan/pani zostanie/zostaniesz?
[jak dwugɔ pan/paɲi zɔstaɲɛ/zostaɲɛʃ]

Sind Sie/Bist du zum ersten Mal hier?
Czy jest pan/pani/czy jesteś tutaj po raz pierwszy?
[ʧɨ jɛst pan/paɲi/ʧɨ jɛstɛɕ tutaj pɔ ras pˌɛrfʃɨ]

Gefällt es Ihnen?
Czy podoba się panu/pani? [ʧɨ pɔdɔba ɕɛ panu/paɲi]

Hier ist meine ...
To mój/moja/moje... [tɔ muj/mɔja/mɔjɛ]

Wie ist Ihre/deine ...
Jaki jest pana/pani/twój... [jaci jɛst pana/paɲi/tfuj]

- ***Adresse?***
  adres? [adres]
- ***E-Mail-Adresse?***
  adres e-mail? [adres imejl]
- ***Telefonnummer?***
  numer telefonu? [numɛr tɛlɛfɔnu]
- ***Handynummer?***
  numer telefonu komórkowego? [numɛr tɛlɛfɔnu kɔmurkɔvɛgɔ]

Sind Sie/Bist du auf Facebook?
Czy ma pan/pani/masz konto na Facebooku?
[ʧɨ ma pan/paɲi/maʃ konto na fejsbʊku]

Verständigungsschwierigkeiten

Wie bitte?
Słucham? [swuxam]

Ich verstehe Sie nicht.
Nie rozumiem pana/pani. [ɲɛ rɔzumˌɛm pana/paɲi]

Könnten Sie das bitte wiederholen?
Czy może to pan/pani powtórzyć? [ʧɨ mɔʒɛ to pan/paɲi pɔftuʒɨʨ]

Könnten Sie bitte etwas langsamer sprechen?
Czy może pan/pani mówić trochę wolniej?
[ʧɨ mɔʒɛ pan/paɲi muvˌiʨ trɔxɛ vɔlɲɛj]

Ja, ich verstehe.
Tak, rozumiem. [tak, rɔzumˌɛm]

Sprechen Sie/Sprichst du ...
Czy mówi pan/pani/czy mówisz... [tʃɨ muvˌi pan/paɲi/tʃɨ muvˌiʃ]

- *Deutsch?*
  po niemiecku [pɔ ɲɛmˌjɛtsku]
- *Englisch?*
  po angielsku [pɔ anɟɛlsku]
- *Französisch?*
  po francusku [pɔ frantsusku]

Ich spreche nur wenig ...
Mówię tylko trochę... [muvˌjɛ tɨlkɔ trɔxɛ̃]

Könnten Sie es mir bitte aufschreiben?
Czy może mi pan/pani to zapisać? [tʃɨ mɔʒɛ mˌi pan/paɲi tɔ zapˌisatɕ]

SMALLTALK

Die Kunst des Smalltalks

Sei es bei geschäftlichen Terminen, sei es bei privaten Einladungen – fallen Sie in Polen nie mit der Tür ins Haus. Deutsche Direktheit ist nicht angebracht. Plaudern Sie zunächst übers Wetter, erkundigen Sie sich nach dem Wohlbefinden der Familie, lästern Sie über steigende Preise, lausige Politiker und unfähige Fußballer. Polen lieben und pflegen den Smalltalk!

Komplimente

Wie schön!
Ale ładnie! [alɛ wadɲɛ]

Das ist wunderbar!
To jest wspaniałe! [tɔ jɛst fspaɲawɛ]

Das ist sehr nett von Ihnen/dir!
To miło z pana/pani/twojej strony!
[tɔ mˌiwɔ s‿pana/paɲi/tfojɛj strɔnɨ]

Ich finde Sie sehr sympathisch/nett.
Uważam, że jest pan bardzo sympatyczny/miły/pani bardzo sympatyczna/miła. [uvaʒam,ʒɛ jɛst pan bardʑɔ sɨmpatɨtʃnɨ/mˌiwɨ/paɲi bardʑɔ sɨmpatɨtʃna/mˌiwa]

Das Essen hat super geschmeckt!
Jedzenie było znakomite. [jɛdʑɛɲɛ bɨwɔ znakɔmˌitɛ]

Es ist wirklich traumhaft hier!
Tutaj jest rzeczywiście bajecznie. [tutaj jɛst ʒetʃiv,içtɕɛ bajɛtʃɲɛ]

Das sieht gut aus!
To dobrze wygląda. [tɔ dɔbʒɛ vɨglɔñda]

angenehm	przyjemnie [pʃɨjɛmɲɛ]
ausgezeichnet	wspaniale [fspaɲalɛ]
beeindruckend	zachwycająco [zaxvɨtsajɔntsɔ]
freundlich	miło [m,iwɔ]
gemütlich	*(Ort)* przytulnie [pʃɨtulɲɛ]
herrlich	cudownie [tsudovɲɛ]
hübsch	pięknie [p,iɛnkɲɛ]
lecker	smacznie [smatʃɲɛ]
liebenswürdig	uprzejmie [upʃɛjm,iɛ]
schön	ładnie [wadɲɛ]

Wie bezaubernd Sie aussehen!

Vergessen Sie während eines Polenaufenthalts niemals, dass die polnischen Frauen die schönsten der Welt sind. Und vor allem: Sagen Sie es ihnen – ständig und überall und in allen erdenklichen Facetten. Haben Sie mit Frauen zu tun, werden Komplimente Sie immer weiterbringen, sei es in Läden, auf Behörden oder bei Geschäftsterminen. Aber seien Sie darauf gefasst: Äußerst bescheiden und leicht errötend wird die Bewunderte auf das Kompliment „Wie gut Ihnen aber auch der neue Hut steht!“ antworten: „Aber nein, der ist doch schon alt und außerdem habe ich heute Migräne!“ Ach, in Polen darf Frau einfach noch Frau sein!

Familie

Sind Sie verheiratet?
Jest pan żonaty/pani mężatką? [jɛst pan ʒɔnatɨ/paɲi mɛ̃ʒatkɔ̃]

Haben Sie Kinder?
Czy ma pan/pani dzieci? [tʃɨ ma pan/paɲi dʑɛtɕi]

Ja, aber sie sind schon erwachsen.
Tak, ale one są już dorosłe. [tak, alɛ ɔnɛ sɔ̃ juʃ dɔrɔswɛ]

Wie alt sind Ihre Kinder?
W jakim wieku są pana/pani dzieci? [v‿jacim v,ɛku sɔ̃ pana/paɲi dʑɛtɕi]

Meine Tochter ist 8 (Jahre alt) und mein Sohn ist 5 (Jahre alt).
Moja córka ma 8 lat, a mój syn 5.
[mɔja tsurka ma ɔɕɛm lat, a muj sɨn pjɛntɕ]

Freizeit

Haben Sie/Hast du ein Hobby?
Czy ma pan/pani/czy masz jakieś hobby?
[ʧɨ ma pan/paɲi/ʧɨ maʃ jacɛɕ xɔbbɨ]

Was machen Sie/Was machst du in der Freizeit?
Co robi pan/pani w wolnym czasie?
[tsɔ rob,i pan/paɲi/rob,iʃ f vɔlnɨm ʧaɕɛ]

Mögen Sie/Magst du …?
Czy lubi pan/pani/lubisz...? [ʧɨ lub,i pan/paɲi/ub,iʃ]

Hören Sie/Hörst du gerne Musik?
Czy słucha pan/pani/słuchasz chętnie muzyki?
[ʧɨ swuxa pan/paɲi/swuxaʃ xɛntɲɛ muzɨci]

Ich lese sehr gern.
Chętnie czytam. [xɛntɲɛ ʧɨtam]

Ich arbeite gern im Garten.
Chętnie pracuję w ogrodzie. [xɛntɲe pratsujɛ f͜ɔgrɔʥɛ]

Ich male ein wenig.
Trochę maluję. [trɔxɛ malujɛ̃]

Ich sammle Antiquitäten/Briefmarken.
Zbieram antyki/znaczki. [zb,ɛram antyci/znaʧci]

Ich jogge/schwimme/fahre Rad.
Uprawiam jogging/pływam/jeżdżę na rowerze.
[uprav,am ʤɔgɟŋ/pwɨvam/jeʒʤɛ na rɔvɛʒɛ]

Ich spiele einmal die Woche Tennis/Volleyball.
Raz w tygodniu gram w tenisa/siatkówkę.
[ras f͜ tɨgɔdɲu gram f͜ tɛɲisa/ɕatkufkɛ̃]

Ich gehe regelmäßig ins Fitnesscenter.
Regularnie chodzę do fitnessklubu. [rɛgularɲɛ xɔʥɛ dɔ fitnɛsklubu]

Treiben Sie Sport?
Czy uprawia pan/pani sport? [ʧɨ uprav,a pan/paɲi spɔrt]

Ich spiele …
Gram w... [gram v]

Ich bin ein Fan von …
Jestem fanem... [jɛstɛm fanɛm]

Ich gehe gern...
Chodzę chętnie do... [xɔʥɛ xɛntɲɛ dɔ]

Wofür interessieren Sie sich so?
Czym się pan/pani interesuje? [ʧɨm ɕɛ pan/paɲi intɛrɛsujɛ]

Ich interessiere mich für ...
Interesuję się... [intɛrɛsujɛ ɕɛ̃]

Ich bin bei ... aktiv.
Udzielam się w... [uʥɛlam ɕɛ v]

kochen	gotować [gɔtɔvaʨ]
malen	malować [malɔvaʨ]
musizieren	muzykować [muzɨkɔwaʨ]
reisen	podróżować [pɔdruʒɔvaʨ]
Sprachen lernen	uczyć się języków [uʧɨʨ ɕɛ jɛnzɨkuf]
töpfern	lepić z gliny [lɛpˌiʨ z͜glˌinɨ]
zeichnen	rysować [rɨsɔvaʨ]

Wetter

Was für ein herrliches/schreckliches Wetter!
Jaka wspaniała/okropna pogoda! [jaka fspaɲawa/ɔkrɔpna pɔgɔda]

Was sagt der Wetterbericht?
Jaka jest prognoza pogody? [jaka jɛst prɔgnɔza pɔgɔdɨ]

Wie viel Grad haben wir?
Ile mamy stopni? [ilɛ mamɨ stɔpɲi]

Religion und kulturelle Besonderheiten

Welchem Glauben gehören Sie/gehörst du an?
Jakiego jest pan/pani/jesteś wyznania?
[jacɛgɔ jɛst pan/paɲi/jɛstɛɕ vɨznaɲa]

Ich bin ...
Jestem... [jɛstɛm]

- *Buddhist/in.*
  buddystą/buddystką. [bʊˈdɪstɔ̃/bʊˈdɪstkɔ̃]
- *Christ/in.*
  chrześcijaninem/chrześcijanką. [xʃɛɕtɕijaɲinɛm/xʃɛɕtɕijaɲkɔ̃]
- *Katholik/in.*
  katolikiem/katoliczką. [katolicɛm/katoliʧkɔ̃]
- *Protestant/in.*
  protestantem/protestantką. [protestantɛm/protestantkɔ̃]
- *Jude/Jüdin.*
  Żydem/Żydówką. [ʒɨtɛm/ʒɨtufkɔ̃]
- *Muslim/Muslima.*
  muzułmaninem/muzułmanką. [muzuwmaɲinɛm/muzuwmankɔ̃]

Ich bin nicht religiös.
Nie jestem religijny/-a. [ɲɛ jɛstɛm religijnɨ/a]

Entschuldigung, ich wollte Ihnen/dir nicht zu nahe treten.
Przepraszam, nie chciałem/nie chciałam pana/pani/ciebie urazić.
[pʃɛpraʃam, ɲɛ xtɕawɛm/ɲɛ xtɕawam pana/paɲi/tɕɛbˌɛ]

Das ist gegen meine Religion.
To niezgodne z moją religią. [to ɲezgodnɛ z mɔjɔ̃ rɛlˌiɟjɔ̃]

Ich esse kein/e ... Das ist gegen meinen Glauben.
Nie jem... To niezgodnie z moim wyznaniem.
[ɲɛ jɛm... to ɲezgodɲɛ z mɔim vɨznaɲɛm]

MEINUNGEN UND GEFÜHLE

Zustimmen und Kommentieren

Gut.
Dobrze. [dɔbʒɛ]

Richtig.
Zgadza się. [zgadza sɛ̃]

Einverstanden!/Abgemacht!
Zgoda. [zgɔda]

Geht in Ordnung!
W porządku. [f‿pɔʒɔntku]

Okay!
Okej! [ɔkɛj]

Genau!
Właśnie. [vwaɕɲɛ]

Ach!
Ach! [ax]

Ach, so!
Ach, tak! [ax tak]

Wirklich?
Naprawdę? [naprafdɛ]

Interessant!
Interesujące! [intɛrɛsujɔntsɛ]

Wie schön!
Ale ładnie! [alɛ wadɲɛ]

Ich verstehe.
Rozumiem. [rɔzumiɛm]

So ist es eben.
Tak to już jest. [tak tɔ juʃ jɛst]

Ganz Ihrer Meinung.
Zgadzam się z panem/panią. [zgadʑam sɛ̃ s‿panɛm/paɲɔ̃]

Das stimmt.
Zgadza się. [zgadʑa sɛ̃]

Das finde ich (sehr) gut.
To mi się (bardzo) podoba. [tɔ mˌi sɛ (bardʑɔ) pɔdɔba]

Gern.
Chętnie. [xɛntɲɛ]

Ablehnen

Ich habe keine Zeit.
Nie mam czasu. [ɲɛ mam tʃasu]

Dazu habe ich keine Lust.
Nie mam na to ochoty. [ɲɛ mam na tɔ ɔxɔtɨ]

Damit bin ich nicht einverstanden.
Nie zgadzam się z tym. [ɲɛ zgadʑam sɛ s‿tɨm]

Das kommt gar nicht in Frage!
Nie ma mowy! [ɲɛ ma mɔvɨ]

Auf gar keinen Fall!
W żadnym wypadku! [v‿ʒadnɨm vɨpatku]

Ohne mich!
Beze mnie. [bɛzɛ mɲɛ]

Vorlieben

Das gefällt mir./Das gefällt mir nicht.
To mi się podoba./To mi się nie podoba.
[to mˌi ɕɛ pɔdɔba/tɔ mˌi ɕɛ ɲɛ pɔdɔba]

Ich möchte lieber ...
Wolałbym/wolałabym raczej... [vɔlawbɨm/vɔlawabɨm ratʃɛj]

Am liebsten wäre mir ...
Najlepiej byłoby dla mnie... [najlɛpˌɛj bɨwɔbɨ dla mɲɛ]

Darüber würde ich gerne mehr erfahren.
Chętnie dowiedziałbym/dowiedziałabym się o tym więcej.
[xɛntɲɛ dɔvˌɛdʑawbɨm/dɔvˌɛdʑawabɨm ɕɛ ɔ tɨm vˌɛntsɛj]

Nichtwissen ausdrücken

Das weiß ich nicht.
Tego nie wiem. [tɛgɔ ɲɛ vˌɛm]

Keine Ahnung.
Nie mam pojęcia. [ɲɛ mam pojɛɲtɕa]

Unentschlossenheit

Das ist mir egal.
Wszystko mi jedno. [fʃɨstkɔ mˌi jɛdnɔ]

Ich weiß noch nicht.
Jeszcze nie wiem. [jɛʃtʃɛ ɲɛ vˌjɛm]

Vielleicht.
Może. [mɔʒɛ]

Wahrscheinlich.
Prawdopodobnie. [pravdɔpɔdɔbɲɛ]

Nicht verwechseln

fajnie heißt auf Polnisch *schön*, *gut* und nicht **fein** im Sinne von *delikat*, *feinkörnig*, *elegant*. **extra** bedeutet auf Polnisch *ausgezeichnet*, *hervorragend* und ist nicht mit dem deutschen **extra** identisch.

Freude – Begeisterung

Großartig!
Wyśmienicie! [vɨɕmˌiɛɲitɕɛ]

Prima!
Wspaniale! [fspaɲalɛ]

Toll!
Świetnie! [ɕfˌiɛtɲe]

Super!
Super! [supɛr]

Zufriedenheit

Ich bin voll und ganz zufrieden.
Jestem w pełni zadowolon-y/a. [jɛstɛm f‿pɛwɲi zadɔvɔlɔn-ɨ/a]

Ich kann mich nicht beklagen.
Nie mogę się skarżyć. [ɲɛ mɔgẽ ɕɛ skarʒɨtɕ]

Das hat hervorragend geklappt.
Udało się znakomicie. [udawɔ ɕɛ znakɔmˌitɕɛ]

Langeweile

Wie langweilig!
Ale nudno! [alɛ nudno]

... ist total öde.
...to beznadzieja. [tɔ bɛsnadʑɛja]

Erstaunen – Überraschung

Ach so!
Ach tak? [ax tak]

Wirklich?
Naprawdę? [napravdẽ]

Das ist ja nicht zu fassen!
To nie do pojęcia! [tɔ ɲɛ dɔ pɔjɛɲtɕa]

Unglaublich!
Nieprawdopodobne! [ɲɛpravdɔpɔdɔbnɛ]

Erleichterung

Ein Glück, dass ...!
Szczęście, że...! [ʃtʃɛɲɕtɕɛ,ʒɛ]

Gott sei Dank!
Bogu dzięki! [bɔgu dʑɛɲci]

Endlich!
Nareszcie! [narɛʃtɕɛ]

Gelassenheit

Nur keine Panik/Aufregung!
Tylko bez paniki/nerwów! [tɨlkɔ bɛs paɲici/nɛrvuf]

Machen Sie sich keine Sorgen.
Proszę się nie martwić. [prɔʃɛ ɕɛ ɲɛ martfˌitɕ]

Ärger

Das ist aber ärgerlich!
Ale to denerwujące! [alɛ tɔ dɛnɛrvujɔntsɛ]

Verflixt!
Cholera! [xɔlɛra]

Jetzt reicht's!
Dosyć już! [dɔsɨtɕ juʃ]

... geht mir auf den Geist.
...mnie denerwuje/działa mi na nerwy.
[mɲɛ dɛnɛrvujɛ/dʑawa mˌi na nɛrvɨ]

Eine Unverschämtheit ist das!/So eine Frechheit!
Co za bezczelność! [tsɔ za bɛstʃɛlnɔɕtɕ]

Das darf doch wohl nicht wahr sein!
To nie może być prawda! [tɔ ɲɛ mɔʒɛ bɨtɕ pravda]

Zurechtweisung

Was fällt Ihnen ein!
Co też panu/pani przychodzi do głowy!
[tsɔ tɛs panu/paɲi pʃɨxɔdʑi dɔ gwɔvɨ]

Kommen Sie mir bloß nicht zu nahe!
Proszę się do mnie nie zbliżać! [prɔʃɛ ɕɛ dɔ mɲɛ ɲɛ zblˌiʒatɕ]

Das kommt gar nicht in Frage.
Nie ma mowy! [ɲɛ ma mɔvɨ]

Bedauern – Enttäuschung

Oh je!
Ojej! [ɔjɛj]

Es tut mir leid.
Przykro mi. [pʃɨkrɔ mˌi]

Es tut mir richtig leid für ...
Bardzo mi przykro z powodu... [bardzɔ mˌi pʃɨkrɔ s‿pɔvɔdu]

Schade!
Szkoda! [ʃkɔda]

SICH VERABREDEN

Auf die Minute?

In Polen ist Pünktlichkeit ein weites Feld. Sind Sie zum Essen eingeladen, sollten Sie keinesfalls auf die Minute genau kommen, das akademische Viertel ist unbedingt angebracht. Polnische Gäste pflegen wahrscheinlich sogar die „akademische Hälfte". Und kommt jemand unverhofft auf einen Sprung vorbei, dann wundern Sie sich nicht, wenn der Besucher nach drei Stunden immer noch Tee bei Ihnen trinkt. Auch Botschaften an Ladentüren oder Büros wie **zaraz wracam** (*Bin gleich zurück*) sind nicht wörtlich zu verstehen. „Gleich" kann durchaus eine Stunde oder länger bedeuten.

Haben Sie/Hast du morgen Abend schon etwas vor?
Czy ma pan/pani/czy masz już plany na jutrzejszy wieczór?
[tʃɨ ma pan/paɲi/tʃɨ maʃ juʃ planɨ na jutʃɛjʃɨ vˌɛtʃur]

Wollen wir zusammen hingehen?
Pójdziemy razem? [pujʥɛmɨ razɛm]

Wollen wir heute Abend etwas gemeinsam unternehmen?
Czy spędzimy dzisiejszy wieczór wspólnie?
[tʃɨ spɛnʥimɨ ʥiɕɛjʃɨ vˌɛtʃur fspulɲɛ]

Darf ich Sie/dich morgen Abend zum Essen einladen?
Czy mogę pana/panią/ciebie jutro wieczorem zaprosić na kolację?
[tʃɨ mɔgɛ pana/paɲɔ̃/ʨɛbˌɛ jutrɔ vˌɛtʃɔrem naprɔɕiʨ na kɔlatsjɛ]

Wann treffen wir uns?
Kiedy się spotkamy? [cɛdɨ ɕɛ spɔtkamɨ]

Treffen wir uns heute Abend?
Spotkamy się dzisiaj wieczorem? [spɔtkamɨ ɕɛ̃ dʑiɕaj vˌɛtʃɔrem]

Treffen wir uns um 9 Uhr vor .../im ...
Spotkajmy się o godzinie 9 przed .../w ...
[spɔtkajmɨ ɕɛ ɔ gɔdʑiɲɛ dʑɛɕɔntɛj pʃɛt/v]

Ich hole Sie/dich ab.
Przyjadę po pana/panią/ciebie. [pʃɨjadɛ̃ pɔ pana/paɲɔ̃/tɕɛbˌɛ]

Kann ich Sie/dich wieder sehen?
Czy mogę pana/panią/cię znowu zobaczyć?
[tʃɨ mɔgɛ pana/paɲɔ̃/tɕɛ znɔvu zɔbatʃɨtɕ]

Das war wirklich ein netter Abend!
To był naprawdę miły wieczór!
[tɔ bɨw napravdɛ mˌiwɨ vˌɛtʃur]

FLIRTEN

Du hast wunderschöne Augen.
Masz piękne oczy. [maʃ pˌɛ̃knɛ ɔtʃɨ]

Mir gefällt, wie du lachst.
Podoba mi się, jak się śmiejesz. [pɔdɔba mˌi ɕɛ̃ jak ɕɛ̃ ɕmˌɛjɛʃ]

Ich mag dich.
Lubię Cię. [lubˌɛ tɕɛ]

Ich finde dich ganz toll!
Uważam, że jesteś świetn-y/a! [uvaʒam, ʒɛ jɛstɛɕ ɕfˌɛtn-ɨ/a]

Ich liebe dich!
Kocham Cię! [kɔxam tɕɛ̃]

Hast du einen festen Freund/eine feste Freundin?
Czy jesteś z kimś na stałe? [tʃɨ jɛstɛɕ s‿cimɕ na stawɛ]

Lebst du mit jemandem zusammen?
Czy jesteś z kimś związan-y/a? [tʃɨ jɛstɛɕ s‿cimɕ zvˌɔ̃zan-ɨ/a]

Bist du verheiratet?
Jesteś żonaty/mężatką? [jɛstɛɕ ʒɔnatɨ/mɛ̃ʒatkɔ̃]

- *Ich lebe mit jemandem zusammen.*
  Mieszkam z kimś. [mˌɛʃkam s‿cimɕ]
- *Ich bin geschieden.*
  Jestem rozwiedzion-y/a. [jɛstɛm rɔzvˌɛdʑiɔn-ɨ/a]
- *Wir leben getrennt.*
  Mieszkamy osobno. [mˌɛʃkamɨ ɔsɔbnɔ]

Kommst du mit zu mir?
Czy pójdziemy do mnie ? [tʃɨ pujdʑɛmɨ dɔ mɲɛ]

Ich möchte mit dir schlafen.
Chciałbym/Chciałabym się z tobą przespać.
[xtɕawbɨm/xtɕawabɨm ɕɛ z‿tɔbɔ pʃɛspatɕ]

Aber nur mit Kondom!
Ale tylko z kondomem! [alɛ tɨlkɔ z‿kɔndɔmɛm]

Hast du welche?
Czy masz kondomy? [tʃɨ maʃ kɔndɔmɨ]

Wo kann ich welche kaufen?
Gdzie mogę je kupić? [gdʑɛ mɔgɛ jɛ kupˌitɕ]

Nein, das geht mir zu schnell!
Nie, to się dzieje za szybko! [ɲɛ, tɔ ɕɛ dʑɛjɛ za ʃɨpkɔ]

Wir können kuscheln.
Możemy się poprzytulać. [mɔʒɛmɨ ɕɛ pɔpʃɨtulatɕ]

Bitte geh jetzt!
Proszę, idź już! [prɔʃɛ̃, itɕ juʃ]

Lassen Sie mich bitte in Ruhe!
Proszę, niech mnie pan/pani zostawi w spokoju!
[prɔʃɛ̃, ɲɛx mɲɛ pan/paɲi zɔstavˌi f‿spɔkɔju]

Hören Sie sofort damit auf!
Niech pan/pani natychmiast przestanie!
[ɲɛx pan/paɲi natɨxmjast pʃɛstaɲɛ]

Unterwegs

Gibt es hier eine Elektrotankstelle?

Wer eine Reise tut, hat nicht nur viel zu erzählen, sondern erst mal viele Fragen.

Vorsicht geboten

Das Autobahnnetz ist nicht so engmaschig wie etwa in Deutschland, aber insgesamt sechs gut ausgebaute **autostrady** durchziehen das Land. Auf der A2 (Września/Konin) und der A4 (Katowice/Kraków) gibt es gebührenpflichtige Abschnitte.
Polen sind rasante Autofahrer – trotz teilweise schlechter Straßenverhältnisse. Deshalb sollten Sie lieber defensiv fahren und sich an die Vorschriften halten. Personenkraftwagen und Motorräder müssen das ganze Jahr tagsüber mit eingeschaltetem Abblendlicht fahren. Die Geschwindigkeitsbegrenzung ist in Ortschaften 50, auf Landstraßen 90 und seit 2011 auf Autobahnen 140 km/h.
Die Promillegrenze liegt bei 0,2.
Das Telefonieren während des Autofahrens ist nur mit Freisprechanlage erlaubt, und es besteht Anschnallpflicht für alle Autoinsassen.
An Feiertagen wie Fronleichnam und Allerheiligen müssen Sie in der Umgebung von Friedhöfen mit Behinderungen rechnen.

FRAGEN NACH DEM WEG

Ortsangaben

links	na lewo [na lɛvɔ]
rechts	na prawo [na pravɔ]
geradeaus	prosto [prɔstɔ]
vor	przed [pʃɛt]
hinter	za [za]
neben	obok [ɔbɔk]
gegenüber	naprzeciwko [napʃɛtɕifkɔ]
hier	tutaj [tutaj]
dort	tam [tam]
nah	blisko [blˌiskɔ]
weit	daleko [dalɛkɔ]
nach	do *in Richtung* [dɔ]; na *Reihenfolge* [na]; za [za]
Ampel	światła *pl* [ɕvˌjatwa]
Straße	ulica [ulˌitsa]; droga [drɔga]
Straßenecke	róg ulic [ruk ulˌits]
Kreuzung	skrzyżowanie [skʃɨʒɔvaɲɛ]
Kurve	zakręt [zakrɛnt]

Wo geht es lang?

Entschuldigen Sie bitte, wie komme ich nach ...?
Przepraszam, jak dojdę do...? [pʃɛpraʃam, jak dɔjdɛ dɔ]

Immer geradeaus bis ...
Cały czas prosto, aż do... [tsawɨ tʃas prɔstɔ, aʃ dɔ]

Dann ...
Potem... [pɔtɛm]

- ***an der Ampel***
  na światłach [na ɕvˌjatwax]
- ***links/rechts abbiegen.***
  skręcić na lewo/na prawo. [skrɛɲtɕitɕ na lɛvɔ/na pravɔ]

Folgen Sie den Schildern.
Niech pan/pani kieruje się drogowskazami.
[ɲɛx pan/paɲi cɛrujɛ ɕɛ drɔgɔfskazamˌi]

Ist das weit von hier?
Czy to daleko stąd? [tʃɨ tɔ dalɛkɔ stɔnt]

Es ist ganz in der Nähe.
To jest w pobliżu. [tɔ jɛst f̬ pɔblˌiʒu]

Bitte, ist das die Straße nach …?
Przepraszam, czy to droga do…? [pʃɛpraʃam, ʧɨ tɔ drɔga dɔ]

Bitte, wo ist …?
Przepraszam, gdzie jest…? [pʃɛpraʃam, gʥɛ jɛst]

Tut mir leid, das weiß ich nicht.
Przykro mi, nie wiem. [pʃɨkrɔ mˌi, ɲɛ vjɛm]

Ich bin nicht von hier.
Nie jestem stąd. [ɲɛ jɛstɛm stɔnt]

Gehen Sie geradeaus/nach links/nach rechts.
Niech pan/pani idzie prosto/na lewo/na prawo.
[ɲɛx pan/paɲi iʥɛ prɔstɔ/na lɛvɔ/na pravɔ]

Erste/zweite Straße links/rechts.
Pierwsza/druga ulica na lewo/na prawo.
[pˌɛrfʃa/druga ulˌitsa na lɛvɔ/na pravɔ]

Überqueren Sie …
Niech pan/pani przejdzie… [ɲɛx pan/paɲi pʃɛjʥɛ]

- ***die Brücke.***
  przez most. [pʃɛs mɔst]
- ***den Platz.***
  przez plac. [pʃɛs plaʦ]
- ***die Straße.***
  na drugą stronę ulicy. [na drugɔ̃ strɔnɛ ulˌiʦɨ]

Sie nehmen am besten den Bus Nr. …
Najlepiej proszę pojechać autobusem numer…
[najlɛpˌɛj prɔʃɛ pɔjɛxaʨ awtɔbusɛm numɛr]

Grenzverkehr

Seit dem 1. Mai 2004 genügt bei der Einreise nach Polen der Personalausweis, und Grenzkontrollen entfallen seit dem Beitritt Polens zum Schengener Abkommen am 21.12.2007.
Wichtig für Autofahrer: Ist der Fahrer eines Fahrzeugs nicht der Halter, muss er per Vollmacht nachweisen, dass er das Fahrzeug mit der Genehmigung des Halters führt, sollte dieser nicht selbst mit im Fahrzeug sitzen. Die Vollmacht muss nicht beglaubigt sein und kann in der Landessprache des Halters ausgestellt sein. Ohne Vollmacht kann ein Bußgeld erhoben oder sogar das Fahrzeug beschlagnahmt werden. Das Mitführen der Grünen Versicherungskarte ist nicht mehr Pflicht.

Ihren Pass/Personalausweis, bitte!
Proszę pana/pani paszport/dowód osobisty!
[prɔʃɛ pana/paɲi paʃpɔrt/dɔvut ɔsɔbˌisti]

Haben Sie ein Visum?
Czy ma pan/pani wizę? [ʧɨ ma pan/paɲi vˌizɛ̃]

Kann ich das Visum hier bekommen?
Czy otrzymam tutaj wizę? [ʧɨ ɔtʃɨmam tutaj vˌizɛ̃]

Haben Sie etwas zu verzollen?
Czy ma pan/pani coś do oclenia? [ʧɨ ma pan/paɲi tsɔɕ dɔ ɔtslɛɲa]

Öffnen Sie bitte den Kofferraum/diesen Koffer!
Proszę otworzyć bagażnik/tę walizkę.
[prɔʃɛ ɔtfɔʒɨʨ bagaʒɲik/tɛ valˌiskɛ̃]

Muss ich das verzollen?
Czy muszę to oclić? [ʧɨ muʃɛ tɔ ɔtslˌiʨ]

Personalien

Familienname	nazwisko [nazvˌiskɔ]
Familienstand	stan cywilny [stan tsɨvˌilnɨ]
– ledig	stan wolny [stan vɔlnɨ]
– verheiratet	żonaty/zamężna [ʒɔnatɨ/zamɛ̃ʒna]
– verwitwet	wdowiec/wdowa [vdɔvˌɛts/vdɔva]
Geburtsdatum	data urodzenia [data urɔʥɛɲa]
Geburtsname	nazwisko panieńskie [nazvˌiskɔ paɲɛɲscɛ]
Geburtsort	miejsce urodzenia [mˌɛjstsɛ urɔʥɛɲa]
Personalien	dane osobowe [danɛ ɔsɔbɔvɛ]
Staatsangehörigkeit	obywatelstwo [ɔbɨvatɛlstvɔ]
Vorname	imię [imˌjɛ̃]
Wohnort	miejsce zamieszkania [mˌɛjstsɛ zamˌɛʃkaɲa]

An der Grenze

Ausreise	wyjazd [vɨjast]
Einreise	wjazd [vjast]
EU-Bürger	obywatel Unii Europejskiej [ɔbɨvatɛl uɲi ɛwrɔpɛjscɛj]
Führerschein	prawo jazdy [pravɔ jazdɨ]
Grenze	granica [graɲitsa]
Grenzübergang	przejście graniczne [pʃɛjɕʨɛ graɲiʧnɛ]
gültig	ważny [vaʒnɨ]
internationaler Impfpass	międzynarodowa książeczka szczepień [mˌjɛ̃ʥɨnarɔdɔva kɕɔ̃ʒɛʧka ʃʧɛpˌɛɲ]

Nationalitäts-kennzeichen	znak rozpoznawczy państwa [znak rɔspɔznaftʃɨ paɲstfa]
Nummernschild	tablica rejestracyjna [tablˌitsa rɛjɛstratsɨjna]
Passkontrolle	kontrola paszportowa [kɔntrɔla paʃpɔrtɔva]
Personalausweis	dowód osobisty [dɔvut ɔsɔbˌistɨ]
Reisepass	paszport [paʃpɔrt]
grüne Versicherungs-karte	zielona karta [ʑɛlɔna karta]
Visum	wiza [vˌiza]
Zoll	cło [tswɔ]
zollfrei	bez cła [bɛs tswa]
Zollgebühren	opłata celna [ɔpwata tsɛlna]
zollpflichtig	podlegający ocleniu [pɔdlɛgajɔ̃tsɨ ɔtslɛɲu]

AUF ZWEI- UND VIERRÄDERN

Einige Abschnitte der Autobahnen A1, A2 und A4 sind gebührenpflichtig. Die Bezahlung erfolgt manuell an den jeweiligen Mautstellen.

A bis Z für Fahrer

Auf-/Abfahrt	dojazd/zjazd [dɔjast/zjast]
Ausfahrt	wyjazd [vɨjast]
Autobahn	autostrada [awtɔstrada]
Autobahngebühr	opłata za autostradę [ɔpwata za awtostradɛ̃]
Bußgeld	mandat [mandat]
Einfahrt	wjazd [vjast]
Hauptstraße	główna ulica [gwuvna ulˌitsa]
Landstraße	droga [drɔga]; szosa [ʃɔsa]
Maut	myto [mɨto]
Nebenstraße	droga boczna [drɔga bɔtʃna]
Promillegrenze	dopuszczalne stężenie alkoholu we krwi [dɔpuʃtʃalnɛ stɛ̃ʒɛɲɛ alkɔxɔlu vɛ krfi]
Radarkontrolle	kontrola radarowa [kɔntrɔla radarɔva]
Rastplatz	parking [parciŋ]
Raststätte	zajazd [zajast]
Schnellstraße	trasa szybkiego ruchu [trasa ʃɨpcɛgɔ ruxu]
Stau	korek [kɔrɛk]
trampen	podróżować autostopem [pɔdruʒɔvatɕ awtɔstɔpɛm]
Tramper	autostopowicz [awtɔstɔpɔvˌitʃ]
Wegweiser	drogowskaz [drɔgɔfskas]

An der Tankstelle/Raststätte

Wo ist bitte die nächste Tankstelle?
Przepraszam, gdzie jest najbliższa stacja benzynowa?
[pʃɛpraʃam, gdʑɛ jɛst najblˌiʃʃa statsja bɛnzɨnɔva]

Gibt es hier eine Elektrotankstelle?
Czy jest tutaj stacja do ładowania pojazdów elektrycznych?
[tʃɨ jɛst tutaj statsja dɔ wadɔvaɲa pɔjastuf ɛlɛktrɨtʃnɨx]

Ich möchte ... Liter ...
Chciałbym/chciałabym... litrów... [xtɕawbɨm/xtɕawabɨm... lˌitruf]

- ***Benzin (bleifrei).***
  benzyny (bezołowiowej). [bɛnzɨnɨ (bɛsɔwɔvˌiɔvej)]
- ***Super.***
  super (95). [supɛr (dʑɛvjɛɲtɕdʑɛɕɔnt pjɛɲtɕ)]
- ***Superplus.***
  superplus (98). [supɛrplus (dʑɛvjɛɲtɕdʑɛɕɔnt ɔɕɛm)]
- ***Diesel.***
  ropy. [rɔpɨ]

Super bitte, für 200 Zloty.
Proszę benzynę super za dwieście złotych.
[prɔʃɛ bɛnzɨnɛ supɛr za dvjɛɕtɕɛ zwɔtɨx]

Voll tanken, bitte!
Proszę do pełna. [prɔʃɛ dɔ pɛwna]

Würden Sie bitte den Ölstand prüfen?
Proszę sprawdzić poziom oleju. [prɔʃɛ spravdʑitɕ pɔʑɔm ɔlɛju]

Ich hätte gern eine Straßenkarte dieser Gegend.
Poproszę mapę samochodową tej okolicy.
[pɔprɔʃɛ mapɛ samɔxɔdɔvɔ̃ tɛj ɔkɔlˌitsɨ]

Wo sind bitte die Toiletten?
Przepraszam, gdzie są toalety? [pʃɛpraʃam, gdʑɛ sɔ̃ tɔalɛtɨ]

Gibt es eine Behindertentoilette?
Czy jest toaleta dla niepełnosprawnych?
[tʃɨ jɛst tɔalɛta dla ɲɛpɛwnɔspravnɨx]

Gibt es hier einen Wickelraum?
Czy jest tu pomieszczenie do przewijania?
[tʃɨ jɛst tu pɔmjɛʃtʃɛɲɛ dɔ pʃɛvˌijaɲa]

Hinweise und Informationen

budowa	Baustelle
droga objazdowa	Umgehungsstraße
jechać prawą (lewą) stroną	Rechts (Links) fahren
jechać wolniej	Langsamer fahren
przypomnienie poprzedniego znaku nakazu lub zakazu	Erinnerung an ein vorausgegangenes Gebots- oder Verbotsschild
niebezpieczeństwo	Gefahr
niebezpieczeństwo poślizgu	Schleudergefahr
niebezpieczny zakręt	Gefährliche Kurve
nie zastawiać wyjazdu	Ausfahrt frei halten
objazd	Umleitung
pierwszeństwo z prawej strony	Rechtsvorfahrt
pomoc drogowa, nadzór drogowy	Pannenhilfe, Straßenwacht
samochód ciężarowy	Lastwagen
strefa krótkiego parkowania	Kurzparkzone
stromy zjazd	Starkes Gefälle

szpital	Krankenhaus
uszkodzona nawierzchnia	Schlechte Fahrbahn
uwaga	Vorsicht
uwaga na dzieci	Auf Schulkinder achten
wyjazd z autostrady	Autobahnausfahrt
wysokie napięcie	Hochspannung
zakaz parkowania	Parkverbot
zakaz wjazdu	Einfahrt verboten
zakaz zatrzymywania się	Halteverbot
zielona strzałka nie oznacza pierwszeństwa	Der grüne Pfeil bedeutet keine Vorfahrt
żwir	Rollsplitt

Parken

Gut sichtbar

In den meisten Städten gibt es Parkzonen. Das Parken ist gebührenpflichtig. Parkscheine kann man am Kiosk, am Automaten oder direkt beim Parkwächter kaufen, und sie sind im Auto an gut sichtbarer Stelle zu platzieren. Es gibt auch bewachte Parkplätze (**parking strzeżony**).

Entschuldigen Sie bitte, gibt es hier in der Nähe eine Parkmöglichkeit?
Przepraszam, czy jest tu w pobliżu możliwość zaparkowania?
[pʃepraʃam, ʧɨ jɛst tu f͜ pɔblˌiʒu mɔʒlˌivɔɕʨ zaparkɔvaɲa]

Kann ich den Wagen hier abstellen?
Czy mogę tutaj zaparkować samochód?
[ʧɨ mɔgɛ tutaj zaparkɔvaʨ samɔxut]

Ist der Parkplatz bewacht?
Czy ten parking jest strzeżony? [ʧɨ tɛn parciŋg jɛst stʃɛʒɔnɨ]

Wie hoch ist die Parkgebühr pro Stunde?
Ile kosztuje godzina parkowania? [ilɛ kɔʃtujɛ gɔʥina parkɔvaɲa]

Ist das Parkhaus die ganze Nacht geöffnet?
Czy parking jest czynny całą noc? [ʧɨ parkiŋ jɛst ʧɨnnɨ tsawɔ̃ nɔts]

Eine Panne

Ich habe eine Panne.
Mam awarię. [mam avarjɛ̃]

Ich habe einen Platten.
Złapałem/-am gumę. [zwapawɛm/-am gumɛ̃]

Ich habe kein Benzin mehr.
Zabrakło mi benzyny. [zabrakwo mi bɛnzɨnɨ]

Die Batterie ist leer.
Akumulator się wyładował. [akumulatɔr ɕɛ̃ vɨwadɔvaw]

Können Sie mir Starthilfe geben?
Czy może mi pan/pani pomóc odpalić samochód?
[ʧɨ mɔʒɛ mi pan/paɲi pɔmuts ɔtpalˌitɕ samɔxut]

Gibt es hier in der Nähe eine Werkstatt?
Czy w pobliżu jest jakiś warsztat samochodowy?
[ʧɨ f‿pɔblˌiʒu jɛst jaciɕ varʃtat naprafʧɨ]

Könnten Sie bitte für mich den Pannendienst anrufen?
Czy mógłby pan/mogłaby pani zadzwonić po pomoc drogową?
[ʧɨ mugwbɨ pan/mɔgwabɨ paɲi zaʣvɔɲitɕ pɔ pɔmɔts drɔgɔvɔ̃]

Würden Sie mir bitte einen Mechaniker/einen Abschleppwagen schicken?
Czy mógłby pan/mogłaby pani przysłać mi mechanika/samochód holowniczy? [ʧɨ mugwbɨ pan/mɔgwabɨ paɲi pʃɨswatɕ mˌi mɛxaɲika/samɔxut hɔlɔvɲiʧɨ]

Könnten Sie mir mit etwas Benzin aushelfen?
Czy mógłby mnie pan/mogłaby mnie pani poratować benzyną?
[ʧɨ mugwbɨ mɲɛ pan/mɔgwabɨ mɲɛ paɲi pɔratɔvatɕ bɛnzɨnɔ̃]

Könnten Sie mir beim Reifenwechsel helfen?
Czy mógłby mi pan/mogłaby mi pani pomóc przy zmianie koła?
[ʧɨ mugwbɨ mˌi pan/mɔgwabɨ mˌi paɲi pɔmuts pʃɨ zmˌjaɲɛ kɔwa]

Würden Sie mich bis zur nächsten Werkstatt mitnehmen?
Wziąłby mnie pan/wzięłaby mnie pani do najbliższego warsztatu samochodowego? [vʑˌɔwbɨ mɲɛ pan/vʑɛwabɨ mɲɛ paɲi dɔ najblˌiʃʃɛgo varʃtatu samɔxɔdɔvɛgɔ]

Abschleppdienst	pomoc drogowa [pɔmɔʦ drɔgɔva]
abschleppen	odholować [otxɔlɔvaʨ]
Abschleppseil	linka holownicza [lˌinka xɔlɔvɲiʧa]
Abschleppwagen	samochód holujący [samɔxut xɔlujɔ̃ʦɨ]
Benzinkanister	kanister na benzynę [kaɲistɛr na bɛnzɨnɛ̃]
Benzinpumpe	pompa benzynowa [pɔmpa bɛnzɨnɔva]
Blinklicht	kierunkowskaz [cɛrunkɔfskaz]
Ersatzrad	koło zapasowe [kɔwɔ zapasovɛ]
Flickzeug	łatki do opon [watci dɔ ɔpɔn]
Luftpumpe	pompka [pɔmpka]
Notrufsäule	telefon pierwszej pomocy na autostradzie [tɛlɛfɔn pˌɛrfʃɛj pɔmɔʦɨ na awtɔstraʥɛ]
Panne	awaria [avarˌja]
Pannendienst	pomoc drogowa [pɔmɔʦ drɔgɔva]
Platten	przebita opona [pʃɛbˌita ɔpɔna]
Starthilfekabel	kabel pomocniczy do rozruchu [kabɛl pɔmɔʦɲiʧɨ dɔ rɔzruxu]
Wagenheber	lewarek do samochodu [lɛvarɛk dɔ samɔxɔdu]
Warnblinkanlage	światła awaryjne *pl* [ɕfjatwa avarɨjnɛ]
Warndreieck	trójkąt ostrzegawczy [trujkɔnt ostʃɛgafʧɨ]
Werkzeug	narzędzia *pl* [naʒɛɲʥa]

In der Werkstatt

Der Motor springt nicht an.
Silnik nie zapala. [ɕilɲik ɲɛ zapala]

Mit dem Motor stimmt was nicht.
Z silnikiem jest coś nie w porządku. [s‿ɕilɲicɛm jɛst ʦɔɕ ɲɛ f‿ pɔʒɔ̃tku]

... ist/sind defekt.
... jest/są zepsute. [jɛst/sɔ̃ zɛpsutɛ]

Der Wagen verliert Öl.
Samochód traci olej. [samɔxut traʨi ɔlɛj]

Wann ist der Wagen/das Motorrad fertig?
Kiedy samochód/motor będzie gotowy?
[cɛdɨ samɔxut/mɔtɔr bɛɲʥɛ gɔtɔvɨ]

Was wird es ungefähr kosten?
Ile to będzie mniej więcej kosztować?
[ilɛ tɔ bɛɲʥɛ mɲɛj vjɛncɛj koʃtɔvaʨ]

Abblendlicht	światła mijania *pl* [ɕvʲjatwa mʲijaɲa]
Alarmanlage	system alarmowy [sɨstɛm alarmɔvɨ]
Anlasser	rozrusznik [rɔzruʃɲik]
Auspuff	rura wydechowa [rura vɨdɛxɔva]; tłumik [twumʲik]
Automatik(getriebe)	automatyczna skrzynia biegów [awtɔmatɨʧna skʃɨɲa bʲjɛguf]
Bremse	hamulec [xamulets]
Bremsflüssigkeit	płyn hamulcowy [pwɨn xamultsɔvɨ]
Bremslichter	światła hamulcowe *pl* [ɕvʲjatwa xamultsɔvɛ]
Defekt	defekt [dɛfɛkt]
Delle	wgniecenie [vgɲɛtsɛɲɛ]
Erdgas-/Elektro-tankstelle	autogaz/stacja do ładowania samochodów elektrycznych [awtɔgas/statsja dɔ wadɔvaɲa samɔxɔduf ɛlɛktrɨʧnɨx]
Fernlicht	światła drogowe *pl* [ɕvʲjatwa drɔgɔvɛ]
Frostschutzmittel	odmrażacz [ɔdmraʒaʧ]
Gang	bieg [bʲjɛk]
– *erster Gang*	pierwszy bieg [pʲɛrfʃɨ bʲjɛk]
– *Leerlauf*	bieg jałowy [bjɛk jawɔvɨ]; na luzie [na luʑie]
– *Rückwärtsgang*	wsteczny bieg [fstɛʧnɨ bʲjɛk]
Gaspedal	pedał gazu [pɛdaw gazu]
Getriebe	skrzynia biegów [skʃɨɲa bʲjɛguf]
Handbremse	hamulec ręczny [xamulets rɛ̃ʧnɨ]
Hupe	klakson [klaksɔn]
Kofferraum	bagażnik samochodu [bagaʒɲik samɔxɔdu]
Kratzer	rysa [rɨsa]
Kühler	chłodnica [xwɔdɲitsa]
Kühlwasser	płyn chłodniczy [pwɨn xwɔdɲiʧɨ]
Kupplung	sprzęgło [spʃɛ̃gwɔ]
Kurzschluss	zwarcie [zvarʨɛ]
Lichtmaschine	alternator [altɛrnatɔr]
Luftfilter	filtr powietrza [fʲiltr pɔvʲjɛtʃa]
Motor	silnik [ɕilɲik]
Motorhaube	maska silnika [maska ɕilɲika]
Öl	olej [ɔlɛj]
Ölwechsel	wymiana oleju [vɨmʲjana ɔlɛju]
Rad	koło [kɔwɔ]
Reifen	opona [ɔpɔna]
Rücklicht	światło wsteczne [ɕvʲjatwɔ fstɛʧnɛ]
Rückspiegel	lusterko wsteczne [lustɛrkɔ fstɛʧnɛ]
Schaden	szkoda [ʃkɔda]

Scheibenwischer	wycieraczka szyby [vɨtɕɛratʃka ʃɨbɨ]
Scheinwerfer	reflektor [rɛflɛktɔr]
Schraube	śruba [ɕruba]
Sicherheitsgurt	pas bezpieczeństwa [pas bɛspˌɛtʃɛɲstfa]
Standlicht	światło postojowe [ɕfʲjatwɔ pɔstɔjɔvɛ]
Stoßstange	zderzak [zdɛʒak]
Tachometer	szybkościomierz [ʃɨpkɔɕtɕɔmʲjɛʃ]
Tank	bak [bak]
Verbandskasten	podręczna apteczka [pɔdrɛntʃna aptɛtʃka]
Warnblinkanlage	światła awaryjne *pl* [ɕfjatwa avarɨjnɛ]
Warndreieck	trójkąt ostrzegawczy [trujkɔnt ɔstʃɛgaftʃɨ]
elektronische Wegfahrsperre	immobilizer [immɔbˌilajzɛr]
Werkstatt	warsztat naprawczy [varʃtat napraftʃɨ]
Windschutzscheibe	przednia szyba w aucie [pʃɛdɲa ʃɨba v awtɕɛ]
Winterreifen	opona zimowa [ɔpɔna ʑimɔva]
Zündkerze	świeca zapłonowa [ɕfʲjɛtsa zapwɔnɔva]
Zündung	zapłon [zapwɔn]

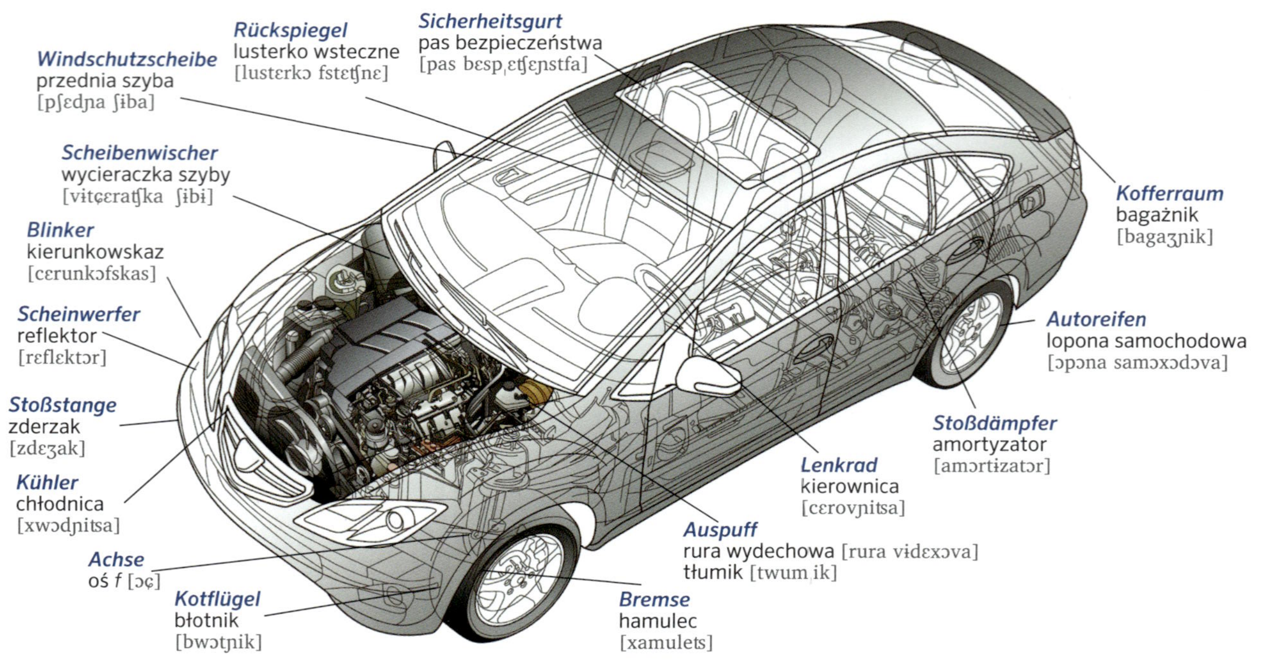

Windschutzscheibe
przednia szyba
[pʃɛdɲa ʃɨba]
Rückspiegel
lusterko wsteczne
[lustɛrkɔ fstɛtʃnɛ]
Sicherheitsgurt
pas bezpieczeństwa
[pas bɛspˌɛtʃɛɲstfa]
Scheibenwischer
wycieraczka szyby
[vɨtɕɛratʃka ʃɨbɨ]
Blinker
kierunkowskaz
[cɛrunkɔfskas]
Scheinwerfer
reflektor
[rɛflɛktɔr]
Stoßstange
zderzak
[zdɛʒak]
Kühler
chłodnica
[xwɔdɲitsa]
Achse
oś *f* [ɔɕ]
Kotflügel
błotnik
[bwɔtɲik]
Bremse
hamulec
[xamulɛts]
Auspuff
rura wydechowa [rura vɨdɛxɔva]
tłumik [twumˌik]
Lenkrad
kierownica
[cɛrovɲitsa]
Stoßdämpfer
amortyzator
[amɔrtɨzatɔr]
Autoreifen
lopona samochodowa
[ɔpɔna samɔxɔdɔva]
Kofferraum
bagażnik
[bagaʒɲik]

Verkehrsunfall

Ein Unfall ist passiert!
Zdarzył się wypadek! [zdaʒɨw ɕɛ vɨpadɛk]

Rufen Sie bitte schnell ...
Proszę wezwać szybko... [prɔʃɛ vɛzvatɕ ʃɨpkɔ]

- ***einen Krankenwagen!***
  karetkę pogotowia! [karɛtkɛ pɔgɔtɔvˌa]
- ***die Polizei!***
  policję! [pɔlˌitsjɛ̃]
- ***die Feuerwehr!***
  straż pożarną! [straʃ pɔʒarnɔ̃]

Haben Sie Verbandszeug?
Czy ma pan/pani bandaże? [tʃɨ ma pan/paɲi bandaʒɛ]

Się haben die Vorfahrt nicht beachtet.
Nie przestrzegał/a pan/pani pierwszeństwa przejazdu.
[ɲɛ pʃɛstʃɛgaw/a pan/paɲi pˌɛrfʃɛɲstfa pʃɛjazdu]

Sie haben nicht geblinkt.
Nie włączył/a pan/pani kierunkowskazu.
[ɲɛ vwɔntʃɨw/a pan/paɲi cɛruŋɔfskazu]

Sie sind zu schnell gefahren.
Jechał/a pan/pani za szybko. [jɛxaw/a pan/paɲi za ʃɨpkɔ]

Sie sind bei Rot über die Kreuzung gefahren.
Przejechał/a pan/pani skrzyżowanie na czerwonych światłach.
[pʃɛjɛxaw/a pan/paɲi skʃɨʒɔvaɲɛ na tʃɛrvɔnɨx ɕvjatwax]

Können Sie als Zeuge aussagen?
Czy mógłby/mogłaby pan/pani złożyć zeznanie?
[tʃɨ mugwbɨ/mɔgwabɨ pan/paɲi zwɔʒɨɕ zɛznaɲɛ]

Geben Sie mir bitte Ihren Namen und Ihre Anschrift.
Proszę mi podać pana/pani nazwisko i adres.
[prɔʃɛ mˌi pɔdatɕ pana/paɲi nazvˌiskɔ i adrɛs]

Bei welcher Versicherung sind Sie?
W jakiej ubezpieczalni ma pan/pani polisę?
[v‿jacɛj ubɛspˌɛtʃalɲi ma pan/paɲi pɔlˌisɛ̃]

Vielen Dank für Ihre Hilfe!
Bardzo dziękuję za pana/pani pomoc.
[bardzɔ dʑɛ̃kujɛ za pana/paɲi pɔmɔts]

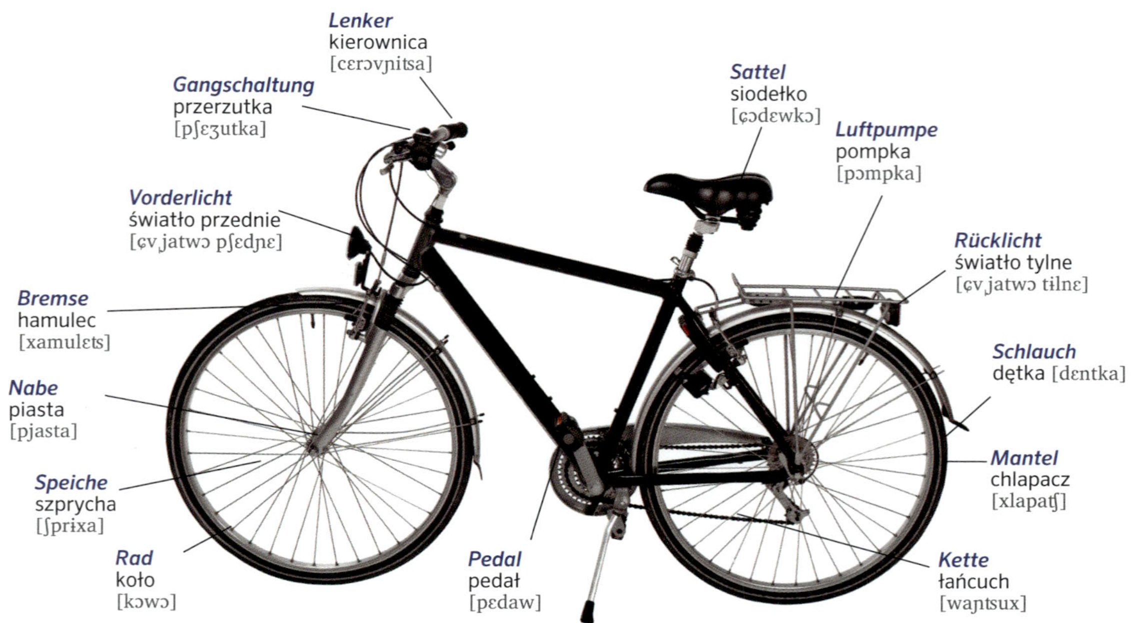

Lenker
kierownica
[cɛrɔvɲitsa]
Gangschaltung
przerzutka
[pʃɛʒutka]
Vorderlicht
światło przednie
[ɕvʲjatwɔ pʃɛdɲɛ]
Bremse
hamulec
[xamulɛts]
Nabe
piasta
[pjasta]
Speiche
szprycha
[ʃprɨxa]
Rad
koło
[kɔwɔ]
Pedal
pedał
[pɛdaw]
Sattel
siodełko
[ɕɔdɛwkɔ]
Luftpumpe
pompka
[pɔmpka]
Rücklicht
światło tylne
[ɕvʲjatwɔ tɨlnɛ]
Schlauch
dętka [dɛntka]
Mantel
chlapacz
[xlapatʃ]
Kette
łańcuch
[waɲtsux]

Auto-, Motorrad- und Fahrradvermietung

Ich möchte für zwei Tage/eine Woche ... mieten.
Chciałbym/chciałabym wypożyczyć na dwa dni/tydzień...
[xtɕawbɨm/xtɕawabɨm vɨpɔʒɨtʃɨtɕ na dva dɲi/tɨdʑɛɲ]

- ***einen (Gelände-)Wagen***
  samochód (terenowy). [samɔxut tɛrɛnɔvɨ]
- ***ein Motorrad***
  motocykl. [mɔtɔtsɨkl]
- ***einen Motorroller***
  motorower. [mɔtɔrɔvɛr]
- ***ein Fahrrad***
  rower. [rɔvɛr]

Bitte mit ...
Proszę z... [prɔʃɛ̃ z]

- ***Automatik.***
  automatyczną skrzynią biegów. [awtɔmatɨtʃnɔ̃ skʃɨɲɔ̃ bjɛguf]
- ***Klimaanlage.***
  klimatyzacją. [klimatɨzatsjɔ̃]
- ***Navigationsgerät.***
  nawigacją. [navigatʃɨjɔ̃]

Gibt es für Körperbehinderte Leihwagen mit Handgas?
Czy są do wypożyczenia samochody dla niepełnosprawnych z ręcznym pedałem gazu? [tʃɨ sɔ̃ dɔ vɨpɔʒɨtʃɛɲa samɔxɔdɨ dla ɲɛpɛwnɔspravnɨx z‿rɛntʃnɨm pɛdawɛm gazu]

Kann man hier irgendwo Behindertenfahrräder leihen?
Czy można gdzieś wypożyczyć rowery dla niepełnosprawnych?
[tʃɨ mɔʒna dʑɛɕ vɨpɔʒɨtʃɨtɕ rɔwɛrɨ dla ɲɛpɛwnɔspravnɨx]

Wie viel kostet es pro Tag/Woche?
Ile to kosztuje na dzień/tydzień? [ilɛ tɔ kɔʃtujɛ na dʑɛɲ/tɨdʑɛɲ]

Ist das einschließlich unbegrenzter Kilometerzahl?
Czy jest to niezależne od ilości kilometrów?
[tʃɨ jɛst tɔ ɲɛzalɛʒnɛ ɔt ilɔɕtɕi cilɔmɛtruf]

Wie viel verlangen Sie pro gefahrenen Kilometer?
Jaka jest cena za przejechany kilometr?
[jaka jɛst tsɛna za pʃɛjɛxanɨ cilɔmɛtr]

Ist das Fahrzeug vollkaskoversichert?
Czy pojazd ma autokasko? [tʃɨ pɔjast ma awtɔkaskɔ]

Sicher ist sicher

Autobesitzern wird der Abschluss einer Vollkaskoversicherung empfohlen.

Ist es möglich, das Fahrzeug in … abzugeben?
Czy można oddać pojazd w…? [tʃɨ mɔʒna ɔddatɕ pɔjast v]

Haben Sie eine Straßenkarte?
Czy ma pan/pani plan miasta? [tʃɨ ma pan/paɲi plan mʲjasta]

Ich möchte auch einen Schutzhelm leihen.
Chciałbym/Chciałabym wypożyczyć hełm ochronny.
[xtɕawbɨm/xtɕawabɨm vɨpɔʒɨtʃɨtɕ xɛwm ɔxrɔnnɨ]

Verleihen Sie Kinderautositze?
Czy wypożycza pan/pani foteliki samochodowe?
[tʃɨ vɨpoʒɨtʃa pan/paɲi fɔtɛlʲiki samɔxɔdɔvɛ]

Babyschale	nosidełko [nɔɕidɛwkɔ]
Führerschein	prawo jazdy [pravɔ jazdɨ]
Handgas	ręczny pedał gazu [rɛntsnɨ pɛdaw gazu]
hinterlegen	zdeponować [zdɛpɔnɔvtɕ]
Kaution	kaucja [kawtsja]
Kindersitz	fotelik dla dziecka [fɔtɛlʲik dla dʑɛtska]
Kindersitzkissen	podstawka samochodowa [pɔtstafka samɔxɔdɔva]
Nierengurt	pas biodrowy [pas bjɔdrɔvɨ]
Papiere	dokumenty *pl* [dɔkumɛntɨ]
Schiebedach	szyberdach [ʃɨbɛrdax]
Sturzhelm	kask [kask]
Tellkasko	kasko z wkładem własnym [kaskɔ s‿fkwadɛm vwasnɨm]
grüne Versicherungskarte	polisa ubezpieczeniowa [pɔlʲisa ubɛspʲɛtʃɛɲɔva]
Vollkasko	autokasko [awtɔkaskɔ]
Wochenendpauschale	ryczałt weekendowy [rɨtʃawt wʲikɛndɔvɨ]
Zündschlüssel	kluczyk zapłonowy [klutʃɨk zapwɔnɔvɨ]

IN DER LUFT

Einen Flug buchen

Könnten Sie mir bitte sagen, wann die nächste Maschine nach … fliegt ?
Proszę mi powiedzieć, kiedy odlatuje następny samolot do…?
[prɔʃɛ mʲi pɔvʲɛdʑɛtɕ, cɛdɨ ɔdlatujɛ nastɛmpnɨ samɔlɔt dɔ]

Sind noch Plätze frei?
Czy są jeszcze wolne miejsca? [tʃɨ sɔ̃ jɛʃtʃɛ vɔlnɛ mˌɛjstsa]

Ich möchte einen einfachen Flug nach ...
Chciałbym/chciałabym zarezerwować lot do...
[xtɕawbɨm/xtɕawabɨm zarɛzɛrvɔvatɕ lɔt dɔ]

Ich möchte einen Hin- und Rückflug nach ... buchen.
Chciałbym/chciałabym zarezerwować lot w obie strony do ...
[xtɕawbɨm/xtɕawabɨm zarɛzɛrvɔvatɕ lɔt v‿ɔbˌɛ strɔnɨ dɔ]

Was kostet bitte der Flug Touristenklasse/1. Klasse?
Ile kosztuje lot klasą turystyczną/pierwszą klasą?
[ilɛ kɔʃtujɛ lɔt klasɔ̃ turɨstɨtʃnɔ̃/pˌɛrfʃɔ̃ klasɔ̃]

Raucher oder Nichtraucher?
Dla palących czy niepalących? [dla palɔntsɨx tʃɨ ɲɛpalɔntsɨx]

Ich möchte bitte ...
Chciałbym/chciałabym... [xtɕawbɨm/xtɕawabɨm]

- ***einen Fensterplatz.***
  miejsce przy oknie. [mjejstsɛ pʃɨ ɔkɲɛ]
- ***einen Platz am Gang.***
  miejsce przy przejściu. [mjɛjstsɛ pʃɨ pʃɛjɕtɕu]

Wir reisen mit einem Kleinkind. Könnten wir Plätze ganz vorn bekommen?
Podróżujemy z małym dzieckiem. Czy moglibyśmy dostać miejsca całkiem z przodu? [pɔdruʒujɛmɨ z‿dʑɛtscɛm. tʃɨ mɔglˌibɨɕmɨ dɔstatɕ mˌiɛjstsa tsawcɛm s‿pʃɔdu]

Ich möchte diesen Flug stornieren.
Chciałbym/chciałabym anulować ten lot.
[xtɕawbɨm/xtɕawabɨm anulɔvatɕ tɛn lɔt]

Ich möchte diesen Flug umbuchen.
Chciałbym/chciałabym zmienić rezerwację.
[xtɕawbɨm/xtɕawabɨm zmˌɛɲitɕ rɛzɛrvatsjɛ̃]

Am Flughafen

Wo ist bitte ...
Gdzie jest... [gdʑɛ jɛst]

- ***... der Schalter der ...-Fluggesellschaft?***
  ...okienko linii lotniczych? [ɔcɛnkɔ lˌiɲi lɔtɲitʃɨx]
- ***... Halle/Terminal ...?***
  ...hala/terminal...? [xala/tɛrmˌinal]
- ***... der Check-in-Automat?***
  ...automat do samodzielnej odprawy?
  [awtɔmat dɔ samɔdʑɛlnɛj ɔtpravɨ]

Gibt es für den Flug einen Vorabend-/Telefon-/Internet-Check-in?
Czy na ten lot można dokonać odprawy wieczorem przed lotem/ telefonicznie/poprzez internet? [tʃɨ na tɛn lɔt mɔʒna dɔkɔnatɕ ɔtpravɨ vˌɛtʃɔrɛm pʃɛt lɔtɛm/tɛlɛfɔɲitʃɲɛ/pʃɛs intɛrnɛt]

Könnte ich bitte Ihren Flugschein sehen?
Czy mogę zobaczyć pana/pani bilet?
[tʃɨ mɔgɛ zɔbatʃitɕ pana/paɲi bˌilɛt]

Kann ich das/diese Flüssigkeit als Handgepäck mitnehmen?
Czy mogę wziąć to/ten płyn ze sobą jako bagaż podręczny?
[tʃɨ mɔgɛ̃ vʑɔntɕ tɔ/tɛn pwɨn zɛ sɔbɔ̃ jakɔ bagaʒ pɔdrɛntʃnɨ]

Ich habe einen Laptop im Handgepäck.
W bagażu podręcznym mam laptopa.
[v‿bagaʒu pɔdrɛntʃnɨm mam lɛptɔpa]

Kann ich einen eigenen (faltbaren) Rollstuhl/einen Buggy im Flugzeug mitnehmen?
Czy mogę wziąć własny (składany) wózek inwalidzki/spacerówkę do samolotu? [tʃɨ mɔgɛ̃ vʑɔ̃tɕ vwasnɨ (skwadanɨ) vuzɛk invalˌitsci/ spatsɛrufkɛ̃ dɔ samɔlɔtu]

Wird ein Rollstuhl am Abflug-/Zielflughafen bereitgestellt?
Czy w miejscu odlotu/w miejscu przylotu będzie do dyspozycji wózek inwalidzki? [tʃɨ f‿mˌɛjstsu ɔdlɔtu/f‿mˌɛjstsu pʃɨlɔtu bɛɲdʑɛ dɔ dɨspɔzɨtsji vuzɛk invalˌitsci]

Wann landet die Maschine aus ...?
Kiedy ląduje samolot z...? [cɛdɨ lɔnduje samɔlɔt z...]

An Bord

Könnten Sie mir bitte ein Glas Wasser bringen?
Poproszę szklankę wody. [pɔprɔʃɛ ʃklaŋɛ vɔdɨ]

Könnte ich bitte noch ein Kissen/eine Decke haben?
Poproszę jeszcze jedną poduszkę/jeden koc.
[pɔprɔʃɛ jɛʃtʃɛ jɛdnɔ̃ pɔduʃkɛ̃/jɛdɛn kɔts]

Würde es Ihnen etwas ausmachen, mit mir den Platz zu tauschen?
Nie ma pan/pani nic przeciwko temu, abyśmy zamienili się miejscami?
[ɲɛ ma pan/paɲi ɲits pʃɛtɕifkɔ tɛmu, abɨɕmɨ zamˌɛɲilˌi ɕɛ̃ mˌɛjstsamˌi]

Ankunft

Mein Gepäck ist verloren gegangen.
Zginął mój bagaż. [zaɟinɔw muj bagaʃ]

Mein Koffer ist beschädigt worden.
Moja walizka została uszkodzona. [mɔja valˌiska zɔstawa uʃkɔʥɔna]

Wo fährt der Bus in Richtung ... ab?
Skąd odjeżdża autobus w kierunku...? [skɔnt ɔdjɛʒʤa awtɔbus f͜ cɛrunku]

Abflug odlot [ɔdlɔt]
Ankunft przyjazd [pʃɨjast]; przylot [pʃɨlɔt]
Ankunftszeit czas przyjazdu/przylotu [ʧas pʃɨjazdu/pʃɨlɔtu]
Anschluss połączenie [pɔwɔnʧɛɲɛ]
Auslandsflug lot zagraniczny [lɔt zagraɲiʧnɨ]
Bordkarte karta pokładowa [karta pɔkwadɔva]
einchecken odprawiać się przed odlotem [ɔtpravˌjaʨ ɕɛ pʃɛd ɔdlɔtɛm]
elektronisches Ticket bilet elektroniczny [bˌilɛt ɛlɛktrɔniʧnɨ]
Flug lot [lɔt]
Flugbegleiter/in steward/stewardessa [stjuart/stjuardɛsa]
Fluggesellschaft linie lotnicze [lˌiɲɛ lɔtɲiʧɛ]
Flughafen lotnisko [lɔtɲiskɔ]
Flughafenbus autobus lotniskowy [awtɔbus lɔtɲiskɔvɨ]
Flughafengebühr opłata lotniskowa [ɔpwata lɔtɲiskɔva]
Flugsteig, Gate wyjście do samolotu [vɨjɕʨɛ dɔ samɔlɔtu]
Gepäck bagaż [bagaʃ]
Gepäckabfertigung odprawa bagażu [ɔtprava bagaʒu]
Gepäckausgabe wydawanie bagażu [vɨdavaɲɛ bagaʒu]
Gepäckwagen wózek bagażowy [vuzek bagaʒɔvˌi]
Inlandsflug lot krajowy [lɔt krajɔvɨ]
Internetbuchung rezerwacja internetowa [rɛzɛrvatsja intɛrnɛtɔva]
Landung lądowanie [lɔndɔvaɲɛ]
Notausgang wyjście zapasowe [vɨjɕʨɛ zapasɔvɛ]
Notlandung lądowanie awaryjne [lɔ̃dɔvaɲɛ avarɨjnɛ]
Notrutsche trap awaryjny [trap avarɨjnɨ]
Passagier pasażer [pasaʒɛr]
Pilot pilot [pˌilɔt]
Schwimmweste kamizelka ratunkowa [kamˌizɛlka ratunkɔva]
Sicherheitsgebühr security tax [sɛkjuritɨ taks]
Sicherheitskontrolle kontrola bezpieczeństwa [kɔntrɔla bɛspˌɛʧɛɲstfa]
Spucktüte torebka chorobowa [tɔrɛpka xɔrɔbɔva]
Stornieren anulować [anulɔvaʨ]

Terminal	terminal [tɛrmˌinal]
Übergewicht	nadbagaż [natbagaʃ]
Umbuchen	zmienić rezerwację [zmˌɛɲitɕ rɛzɛrvatsjɛ̃]
Verspätung	spóźnienie [spuʑɲɛɲɛ]
zollfreier Laden	sklep wolnocłowy [sklɛp vɔlnɔtswɔvɨ]
Zwischenlandung	międzylądowanie [mˌɛ̃dʑɨlɔ̃dɔvaɲɛ]

AUF SCHIENEN

Tickets

Wenn Sie an einem kleinen Bahnhof ohne Fahrkartenschalter in den Zug steigen, so gehen Sie in den Waggon, in den auch der Schaffner einsteigt, und sagen Sie ihm, dass Sie noch keine Karte haben. Er stellt Ihnen eine aus, meist ohne zusätzliche Gebühren. Auch wenn am Fahrkartenschalter viele Reisegäste anstehen und Sie ihren Zug nicht verpassen wollen, können Sie sich auf dem Bahnsteig beim Schaffner melden.

Fahrkarten kaufen

Zwei Karten nach ..., einfach bitte.
Proszę dwa bilety do... [prɔʃɛ dva bˌiletɨ dɔ]

2. Klasse/1. Klasse
druga klasa/pierwsza klasa [druga klasa/pˌɛrfʃa klasa]

Nichtraucher/Raucher
niepalący/palący [ɲɛpalɔntsɨ/palɔntsɨ]

Bitte eine Rückfahrkarte nach ...
Poproszę bilet powrotny do... [pɔprɔʃɛ bˌilɛt pɔvrɔtnɨ dɔ]

Gibt es eine Ermäßigung für Kinder/Studenten/Senioren?
Czy jest zniżka dla dzieci/studentów/emerytów?
[tʃɨ jɛst zɲiʃka dla dʑɛtɕi/studɛntuf/ɛmɛrɨtuf]

Gibt es einen Spartarif?
Czy jest taryfa ulgowa? [tʃɨ jɛst tarɨfa ulgɔva]

Muss ich einen Platz reservieren?
Czy konieczna jest rezerwacja? [tʃɨ kɔɲɛtʃna jɛst rɛzɛrvatsja]

Ich möchte gern zwei Plätze reservieren:
Chciałbym/chciałabym zrobić rezerwację dla dwóch osób.
[xtɕawbɨm/xtɕawabɨm zrɔbˌitɕ rɛzɛrvatsjɛ̃ dla dvux ɔsub]

- *für den IC nach ...*
  na Intercity do... [na intersitɨ dɔ]
- *am ... um ... Uhr*
  na... o godzinie... [na ɔ gɔdʑiɲɛ]
- *im Liegewagen*
  w kuszetce [f͜kuʃɛttsɛ]
- *im Schlafwagen*
  w wagonie sypialnym [v͜vagɔɲɛ sɨpjalnɨm]
- *im Speisewagen*
  w wagonie restauracyjnym [v͜vagɔɲɛ rɛstawratsɨjnɨm]

Um wie viel Uhr habe ich in ... Anschluss nach ...?
O której godzinie mam w ... połączenie do?
[ɔ kturɛj gɔdʑiɲɛ mam v... pɔwɔ̃tʃɛɲe dɔ]

Wie oft muss ich da umsteigen?
Jak często muszę się przesiadać? [jak tʃɛnstɔ muʃɛ ɕɛ pʃɛɕadatɕ]

Im Bahnhof

Wo kann ich eine Fahrkarte kaufen?
Gdzie mogę kupić bilet? [gdʑɛ mɔgɛ̃ kupˌitɕ bˌilɛt]

Ich möchte diesen Koffer als Reisegepäck aufgeben.
Chciałbym/chciałabym nadać tę walizkę na bagaż.
[xtɕawbɨm/xtɕawabɨm nadatɕ tɛ valˌiskɛ na bagaʃ]

Wo kann ich mein Fahrrad aufgeben?
Gdzie mogę nadać rower? [gdʑɛ mɔgɛ nadatɕ rɔvɛr]

Ist der Einstieg in den Wagen ebenerdig?
Czy pojazd ma wejście bezprogowe? [tʃɨ pɔjast ma vɛjɕtɕɛ bɛsprɔgɔvɛ]

Entschuldigen Sie bitte, von welchem Gleis fährt der Zug nach ... ab?
Przepraszam, z którego toru odjeżdża pociąg do...?
[pʃɛpraʃam, s͜kturɛgɔ tɔru ɔdjɛʒdʒa pɔtɕɔ̃ŋk dɔ]

Mit der Bahn ans Ziel

Im Fernverkehr können die Reisenden zwischen zahlreichen Intercity-Zügen der polnischen Bahn (**PKP**) wählen. Die günstigen **TLK**-Züge (**Twoje Linie Kolejowe**) sind auch in der 2. Klasse reservierungspflichtig. Im Regional- und Nahverkehr fahren verschiedene Regio-Züge, betrieben von der Eisenbahngesellschaft **Przewozy Regionalne**.

Im Zug

Verzeihung, ist dieser Platz noch frei?
Przepraszam, czy to miejsce jest jeszcze wolne?
[pʃɛpraʃam, ʧɨ tɔ mˌɛjstsɛ jɛst jɛʃʧɛ vɔlnɛ]

Darf ich bitte das Fenster aufmachen/schließen?
Przepraszam, czy mogę otworzyć/zamknąć okno?
[pʃɛpraʃam, ʧɨ mɔgɛ ɔtfɔʒɨʨ/zamknɔ̃ʨ ɔknɔ]

Entschuldigen Sie, ich glaube, das ist mein Platz.
Przepraszam, to jest moje miejsce. [pʃɛpraʃam, tɔ jɛst mɔjɛ mˌɛjstsɛ]

Hier ist meine Platzreservierung.
Tutaj jest moja rezerwacja/miejscówka.
[tutaj jɛst mɔja rɛzɛrvatsja/mˌɛjstsufka]

Könnte mir jemand beim Umsteigen behilflich sein?
Czy ktoś mógłby mi pomóc przy przesiadce?
[ʧɨ ktɔɕ mugwbɨ mˌi pɔmuts pʃɨ pʃɛɕattsɛ]

Abfahrt	odjazd [ɔdjast]
Abteil	przedział [pʃɛdɕaw]
Ankunft	przyjazd [pʃɨjast]; przylot [pʃɨlɔt]
Aufenthalt	pobyt [pɔbɨt]
Ausdruck	wydruk [vɨdruk]
aussteigen	wysiadać [vɨɕadaʨ]
Autoreisezug	pociąg samochodowy [pɔʨɔ̃ŋk samɔxɔdɔvɨ]
Bahnhof	dworzec [dvɔʒɛts]
Begleitperson	osoba towarzysząca [ɔsɔba tɔvaʒɨʃɔntsa]
Bistrowagen	wagon barowy [vagɔn barɔvɨ]
einsteigen	wsiadać [fɕadaʨ]
entwerten	skasować [skasɔvaʨ]
Ermäßigung	zniżka [zɲiʃka]
Fahrkarte	bilet [bˌilɛt]
Fahrkartenkontrolle	kontrola biletów [kɔntrɔla bˌilɛtuf]
Fahrkartenschalter	okienko biletowe [ɔcɛnkɔ bˌilɛtɔvɛ]
Fahrplan	rozkład jazdy [rɔskwat jazdɨ]
Fahrpreis	cena biletu [tsɛna bˌilɛtu]
Fensterplatz	miejsce przy oknie [mˌjɛjstsɛ pʃɨ ɔkɲɛ]
Gang	przejście [pʃɛjɕʨɛ]
Gepäck	bagaż [bagaʃ]
Gepäckaufbewahrung	przechowalnia bagażu [pʃɛxɔvalɲa bagaʒu]
Gepäckschalter	okienko bagażowe [ɔcɛnkɔ bagaʒɔvɛ]
Gleis	tor [tɔr]
Großraumwagen	wagon bez przedziałów [vagɔn bɛs pʃɛʥawuf]

Hauptbahnhof	dworzec główny [dvɔʒɛts gwuvnɨ]
Internetbuchung	rezerwacja internetowa [rɛzɛrvatsja intɛrnɛtɔva]
Interrail	Interrail [intɛrrɛjl]
Kinderfahrkarte	bilet dla dziecka [bˌilɛt dla dʑɛtska]
Liegewagenplatz	miejsce w kuszetce [mˌɛjstsɛ f‿kuʃɛttsɛ]
Minibar	mały barek [mawɨ barɛk]
Nichtraucherabteil	przedział dla niepalących [pʃɛdʑaw dla ɲɛpalɔ̃tsɨx]
Platzreservierung	miejscówka [mˌɛjstsufka]
Reservierung	rezerwacja [rɛzɛrvatsja]
Rollstuhlfahrer/in	niepełnosprawn-y/a na wózku inwalidzkim [ɲɛpɛwnɔspravn-ɨ/a na vusku invalitscim]
Rückfahrkarte	bilet powrotny [bˌilɛt pɔvrɔtnɨ]
Schaffner/in	konduktor/ka [kɔnduktɔr/ka]
Schließfach	skrytka na bagaż [skrɨtka na bagaʃ]
Schwerbehinderte	inwalida [invalˌida]
Speisewagen	wagon restauracyjny [vagɔn rɛstawratsɨjnɨ]
Wagennummer	numer wagonu [numɛr vagɔnu]
Wartesaal	poczekalnia [pɔtʃɛkalɲa]
Werktag	dzień roboczy [dʑɛɲ rɔbɔtʃɨ]
Zug	pociąg [pɔtɕɔ̃ŋk]
Zugbegleitpersonal	personel/obsługa pociągu [pɛrsɔnɛl/ɔpswuga pɔtɕɔ̃ŋu]
Zugchef/in	kierownik/kierowniczka pociągu [cɛrɔvɲik/cɛrɔvɲitʃka pɔtɕɔ̃ŋu]
Zuschlag	dopłata [dɔpwata]

Hinweise und Informationen

Centrum	Zentrum
Dla palących	Raucher
Dla niepalących	Nichtraucher
Dworzec	Bahnhof
Hamulec bezpieczeństwa	Notbremse
Informacja	Auskunft
Objazd	Umleitung
Odjazd	Abfahrt
Palenie wzbronione	Rauchen nicht gestattet
Przyjazd	Ankunft
Poczekalnia	Wartesaal
Postój taksówek	Taxistand

Rozkład jazdy	Fahrplan
Wagon sypialny	Schlafwagen
Wagon z kuszetkami	Liegewagen
Wejście	Eingang
Wyjście	Ausgang
Woln-y/-a/-e	frei
Woda niezdatna do picia	kein Trinkwasser
Zajęte	besetzt
Zawiadowca stacji	Stationsvorsteher

AUF DEM WASSER

Eine Schiffsfahrt buchen

Könnten Sie mir bitte sagen, wann das nächste Schiff/die nächste Fähre nach ... abfährt?
Czy może mi pan/pani powiedzieć, kiedy odpływa najbliższy statek/prom do...?
[tʃɨ mɔʒɛ mˌi pan/paɲi povjɛʥɛʨ, cɛdɨ ɔtpwɨva najblˌiʃʃɨ statɛk/prɔm dɔ]

Wie lange dauert die Überfahrt?
Jak długo trwa przeprawa? [jak dwugɔ trfa pʃɛprava]

Wann legen wir in ... an?
Kiedy przybijemy do...? [cɛdɨ pʃɨbˌijɛmɨ dɔ]

Wie lange haben wir in ... Aufenthalt?
Jak długo mamy postój w...? [jak dwugɔ mamɨ pɔstuj v]

Ich möchte bitte ...
Poproszę... [pɔprɔʃɛ̃]

- ***eine Schiffskarte nach ...***
  bilet na statek do... [bˌilɛt na statɛk dɔ]
- ***1. Klasse***
  pierwszą klasę [pjerfsɔ̃ klasɛ̃]
- ***Touristenklasse***
  klasę turystyczną [klasɛ turɨstɨtʃnɔ̃]
- ***eine Einzelkabine***
  kabinę jednoosobową [kabˌiɲɛ jɛdnɔɔsɔbɔvɔ̃]
- ***eine Zweibettkabine***
  kabinę z dwoma łóżkami [kabˌinɛ z͜dvɔma wuʃkamˌi]

Ich möchte eine Karte für die Rundfahrt um ... Uhr.
Poproszę bilet na wycieczkę o godzinie...
[pɔprɔʃɛ bˌilɛt na vɨʨɛtʃkɛ ɔ gɔʥiɲɛ]

An Bord

Ich suche Kabine Nr. ...
Szukam kabiny z numerem... [ʃukam kabinɨ z‿numɛrɛm]

Wo ist bitte der Speisesaal/der Aufenthaltsraum?
Przepraszam, gdzie jest restauracja/świetlica?
[pʃɛpraʃam, gdʑɛ jɛst rɛstawratsja/ɕvˌjɛtlˌitsa]

Ich fühle mich nicht wohl.
Nie czuję sie dobrze. [ɲɛ tʃujɛ ɕɛ dɔbʒɛ]

Könnten Sie bitte den Schiffsarzt rufen?
Proszę zawołać lekarza okrętowego!
[prɔʃɛ zavɔwatɕ lɛkaʒa ɔkrɛntɔvɛgɔ]

Könnten Sie mir bitte ein Mittel gegen Seekrankheit geben?
Proszę mi dać środek przeciw chorobie morskiej.
[prɔʃɛ mˌi datɕ ɕrɔdɛk pʃɛtɕif xɔrɔbˌɛ mɔrscɛj]

anlegen in .... przybić do [pʃɨbˌitɕ dɔ]
Anlegestelle .... przystań [pʃɨstaɲ]
Buchung .... rezerwacja [rɛzɛrvatsja]
Dampfer .... parowiec [parɔvˌɛts]
Deck .... pokład [pɔkwat]
Fähre .... prom [prɔm]
Fahrkarte .... bilet [bˌilɛt]
Festland .... ląd [lɔnt]
Hafen .... port [pɔrt]
Kabine .... kabina [kabˌina]
Kai .... nabrzeże [nabʒɛʒɛ]
Kapitän .... kapitan [kapˌitan]
Klimaanlage .... klimatyzacja [klimatɨzatsja]
Kreuzfahrt .... wycieczka statkiem po morzu [vɨtɕɛtʃka statcɛm pɔ mɔʒu]
Küste .... wybrzeże [vɨbʒɛʒɛ]; brzeg [bʒɛk]
Landausflug .... wycieczka na ląd [vɨtɕɛtʃka na lɔ̃t]
Luftkissenboot .... poduszkowiec [pɔduʃkɔvjɛts]
Rettungsboot .... łódka ratownicza [wutka ratɔvɲitʃa]
Rettungsring .... koło ratunkowe [kɔwɔ ratunkɔvɛ]
Rundfahrt .... wycieczka po morzu [vɨtɕɛtʃka pɔ mɔʒu]
Schwimmweste .... kamizelka ratunkowa [kamˌizɛlka ratunkɔva]
Seegang .... fala [fala]
seekrank sein .... mieć chorobę morską [mˌɛtɕ xɔrɔbɛ̃ mɔrskɔ̃]
Tragflügelboot .... wodolot [vɔdɔlɔt]

Mit „Öffis“

U-Bahn- (nur Warschau), Straßenbahn- oder Buskarten kaufen Sie am Kiosk oder Automaten. An Feiertagen und nachts geben auch die Fahrer die Karten aus. Sie müssen die Tickets gleich nach dem Einsteigen entwerten.

Bitte, wo ist die nächste ...
Przepraszam, gdzie tu jest najbliższy... [pʃɛpraʃam, gʥɛ tu jɛst najblˌiʃʃɨ]

- ***Bushaltestelle?***
  przystanek autobusowy? [pʃɨstanɛk awtɔbusɔvɨ]
- ***Straßenbahnhaltestelle?***
  przystanek tramwajowy? [pʃɨstanɛk tramvajɔvɨ]
- ***U-Bahnstation?***
  przystanek metra? [pʃɨstanɛk mɛtra]

Gibt es Niederflurbusse?
Czy są autobusy niskopokładowe? [ʧɨ sɔ̃ awtɔbusɨ ɲiskɔpɔkwadovɛ]

Welche Linie fährt nach ...?
Która linia jedzie do...? [ktura lˌiɲa jɛʥɛ dɔ]

Wann fährt die erste/letzte U-Bahn nach ...?
Kiedy jedzie pierwsze/ostatnie metro do...?
[cɛdɨ jɛʥɛ pˌɛrfʃɛ/ɔstatɲɛ mɛtrɔ dɔ]

Entschuldigen Sie, ist das der Bus nach ...?
Przepraszam, czy to jest autobus do...?
[pʃɛpraʃam, ʧɨ tɔ jɛst awtɔbus dɔ]

Wie viele Haltestellen sind es bis ...?
Ile jest przystanków do ...? [ilɛ jɛst pʃɨstankuf do]

Entschuldigen Sie, wo muss ich aussteigen/umsteigen?
Przepraszam, gdzie muszę wysiąść/się przesiąść?
[pʃɛpraʃam, gʥɛ muʃɛ vɨɕɔ̃ɕʨ/ɕɛ pʃɛɕɔ̃ɕʨ]

Könnten Sie mir bitte Bescheid geben, wenn ich aussteigen muss?
Może mi pan/pani powiedzieć, kiedy mam wysiąść?
[mɔʒɛ mˌi pan/paɲi pɔvˌɛʥɛʨ, cɛdɨ mam vɨɕɔ̃ɕʨ]

Gibt es ...
Czy dostępne są... [ʧɨ dɔstɛmpnɛ sɔ̃]

- ***Tageskarten?***
  bilety całodzienne? [bˌilɛtɨ tsawɔʥɛnnɛ]
- ***Wochenkarten?***
  bilety tygodniowe? [bˌilɛtɨ tɨgɔdɲɔvɛ]
- ***Touristentickets?***
  bilety turystyczne? [bˌilɛtɨ turɨstɨtʃnɛ]

Bitte, einen Fahrschein nach ...
Poproszę bilet do... [pɔprɔʃɛ bˌilɛt dɔ]

Der Fahrkartenautomat ist defekt.
Automat biletowy jest zepsuty. [awtɔmat bˌilɛtɔvɨ jɛst zɛpsutɨ]

Der Automat nimmt keine Geldscheine an.
Automat nie przyjmuje banknotów. [awtɔmat ɲɛ pʃɨjmujɛ baŋnɔtuf]

Abfahrt ... odjazd [ɔdjast]
Bus ... autobus [awtɔbus]
Busbahnhof ... dworzec autobusowy [dvɔʒɛts awtɔbusɔvɨ]
einsteigen ... wsiadać [fɕadatɕ]
Endstation ... stacja końcowa [statsja kɔɲtsɔva]
entwerten ... skasować [skasɔvatɕ]
Fahrkartenautomat ... automat biletowy [awtɔmat bˌilɛtɔvɨ]
Fahrplan ... rozkład jazdy [rɔskwat jazdɨ]
Fahrpreis ... cena biletu [tsɛna bˌilɛtu]
Fahrschein ... bilet [bˌilɛt]
Fahrscheinentwerter ... kasownik [kasɔvɲik]
Haltestelle ... przystanek [pʃɨstanɛk]
Kontrolleur ... kontroler [kɔntrɔlɛr]
Mehrfahrtenkarte ... karnet [karnɛt]
Nahverkehrszug ... pociąg podmiejski [pɔtɕɔ̃ŋk pɔdmˌɛjsci]
Obus ... trolejbus [trɔlɛjbus]
Richtung ... kierunek [cɛrunɛk]
S-Bahn ... kolejka miejska [kɔlɛjka mˌɛjska]
Schaffner ... konduktor [kɔnduktɔr]
Stadtbus ... autobus miejski [awtɔbus mˌɛjsci]
Straßenbahn ... tramwaj [tramvaj]
Tageskarte ... bilet całodzienny [bˌilɛt tsawɔʥɛnnɨ]
U-Bahn ... metro [mɛtrɔ]
Überlandbus ... autobus dalekobieżny [awtɔbus dalɛkɔbjɛʒnɨ]
Wochenkarte ... bilet tygodniowy [bˌilɛt tɨgɔdɲɔvɨ]
Zahnradbahn ... kolejka zębata [kɔlɛjka zɛmbata]

MIT DEM TAXI

Service garantiert

Telefonisch vorbestellte Taxis sind preiswerter als auf der Straße angehaltene. Die Telefonnummern sind unübersehbar auf den Funktaxis (**radiotaxi**) angeschrieben.
Taxifahrer übernehmen auch gerne den nächtlichen Einkaufsservice. Ordern Sie bei einer Taxizentrale die nötigen Lebensmittel – ein Fahrer besorgt sie in einem der rund um die Uhr geöffneten Läden. Kostenpunkt: der normale Fahrpreis und natürlich der Einkauf!

Hallo! Bitte ein Taxi an die Adresse ... für jetzt gleich/für morgen ... Uhr.
Halo! Proszę o taksówkę na adres... natychmiast/na jutro na godzinę...
[xalɔ! prɔʃɛ ɔ taksufkɛ na adrɛs… natɨxmjast/na jutrɔ na gɔdʑinɛ̃]

Entschuldigen Sie bitte, wo ist denn der nächste Taxistand?
Przepraszam, gdzie jest najbliższy postój taksówek?
[pʃɛpraʃam, gdʑɛ jɛst najbl͵iʃʃɨ pɔstuj taksuvɛk]

Bringen Sie mich bitte zu (dieser Adresse).
Proszę mnie zawieźć do (pod ten adres).
[prɔʃɛ̃ mɲɛ zaviɛɕtɕ dɔ (pɔt tɛn adrɛs)]

Zum Bahnhof, bitte.
Na dworzec, proszę. [na dvɔʒɛts, prɔʃɛ̃]

Zum ... Hotel, bitte.
Do hotelu..., proszę. [dɔ xɔtɛlu prɔʃɛ̃]

In die ...-Straße, bitte.
Na ulicę... proszę. [na ul͵itsɛ̃ prɔʃɛ̃]

Nach ..., bitte.
Poproszę do... [pɔprɔʃɛ dɔ]

Wie viel kostet es nach ...?
Ile kosztuje do...? [ilɛ kɔʃtujɛ dɔ]

Das ist zu viel.
To jest za dużo. [Tɔ jɛst za duʒɔ.]

Könnten Sie bitte hier halten?
Proszę się tutaj zatrzymać. [prɔʃɛ ɕɛ tutaj zatʃɨmatɕ]

Könnten Sie mir bitte eine Quittung ausstellen?
Czy mógłby pan/mogłaby pani wystawić mi pokwitowanie?
[tʃɨ mugwbɨ pan/mɔgwabɨ paɲi vɨstav͵itɕ m͵i pokfitɔvanɛ]

Das ist für Sie.
To dla pana/pani. [tɔ dla pana/paɲi]

anhalten	zatrzymywać [zatʃɨmɨvatɕ]
anschnallen	zapiąć pasy [zap͵ɔ̃tɕ pasɨ]
Hausnummer	numer domu [numɛr dɔmu]
Kilometerpreis	cena za kilometr [tsɛna za cilɔmɛtr]
Pauschalpreis	cena umowna [tsɛna umɔvna]
Quittung	pokwitowanie [pɔkv͵itɔvaɲɛ]
Sicherheitsgurt	pas bezpieczeństwa [pas bɛsp͵ɛtʃɛɲstfa]
Taxifahrer/in	taksówkarz [taksufkaʃ]
Taxistand	postój taksówek [pɔstuj taksuvɛk]
Trinkgeld	napiwek [nap͵ivɛk]

Übernachtung

Wir möchten ein Zimmer mit Meerblick.

Sie können Ihre Übernachtungswünsche selbstverständlich auch pantomimisch darstellen – aber die sprachliche Variante erleichtert doch Vieles.

Wie man sich bettet ...

Unterkunft finden Sie in Hotels, Ferienhäusern und Privatzimmern. Letztere sind meist preiswert und gut ausgestattet. Wachsender Popularität erfreuen sich auch zahlreiche Bauernhöfe (**gospodarstwo agroturystyczne**).
In Touristengebieten, etwa an der Ostsee und in Masuren, gibt es viele kleinere Pensionen und Ferienhäuser. Eine preiswerte Alternative sind auch ehemalige Betriebsferienheime (**dom wczasowy/DW**).
Für die polnischen Ferienmonate Juli und August sollten Sie rechtzeitig buchen. Auskünfte erteilen Reisebüros sowie Fremdenverkehrsämter (**informacja turystyczna**), und viele Anbieter sind auch im Internet mit deutsch- oder englischsprachigen Seiten vertreten.

AN DER TOURISTENINFORMATION

Können Sie mir bitte ... empfehlen?
Może mi pan/pani polecić...? [mɔʒɛ mʲi pan/paɲi pɔlɛtɕitɕ]

- ***ein gutes Hotel***
  dobry hotel [dɔbrɨ xɔtɛl]
- ***ein einfaches Hotel***
  zwykły hotel [zvɨkwɨ xɔtɛl]
- ***eine Pension***
  pensjonat [pɛnsjɔnat]
- ***ein Privatzimmer***
  pokój prywatny [pɔkuj prɨvatnɨ]

Ist es zentral/ruhig/in Strandnähe gelegen?
Czy jest on położony centralnie/zacisznie/w pobliżu plaży?
[tʃɨ jɛst ɔn pɔwɔʒɔnɨ tsɛntralɲɛ/zatɕiʃɲɛ/f͜ pɔbl͏ʲiʒu plaʒɨ]

Können Sie mir etwas in der Nähe empfehlen?
Czy może mi pan/pani polecić coś w okolicy?
[tʃɨ mɔʒɛ mʲi pan/paɲi pɔlɛtɕitɕ tsɔɕ v͜ ɔkɔlʲitsɨ]

Gibt es hier auch ...
Czy jest tutaj... [tʃɨ jɛst tutaj]

- ***einen Campingplatz?***
  kemping? [kɛmpʲiŋk]
- ***eine Jugendherberge?***
  schronisko młodzieżowe? [sxrɔɲiskɔ mwɔdʑɛʒɔvɛ]

HOTEL – PENSION – PRIVATZIMMER

Im Hotel angekommen

Ich habe ein Zimmer reserviert. Mein Name ist ...
Zarezerwował-em/am u Państwa pokój. Nazywam się...
[zarɛzɛrvɔvaw-ɛm/wam u paɲstva pɔkuj. nazɨvam ɕɛ̃]

Wir haben reserviert.
Mamy rezerwację. [mamɨ rɛzɛrvatsjɛ̃]

Haben Sie noch ein Zimmer frei ...?
Czy ma pan/pani jeszcze wolny pokój...?
[tʃɨ ma pan/paɲi jɛʃtʃɛ vɔlnɨ pɔkuj]

- ***... für eine Nacht***
  na jedną noc [na jɛdnɔ̃ nɔts]
- ***... für zwei Tage***
  na dwa dni [na dva dɲi]
- ***... für eine Woche***
  na tydzień [na tɨdʑɛɲ]

Haben Sie Familienzimmer?
Czy ma pan/pani pokój rodzinny? [tʃɨ ma pan/paɲi pɔkuj rɔdʑinnɨ]

Nein, leider nicht.
Niestety, nie. [ɲɛstɛtɨ ɲɛ]

Ja, was für ein Zimmer wünschen Sie?
Tak, jaki pokój pan/pani sobie życzy? [tak, jaci pɔkuj pan/paɲi sɔbʲɛ ʒɨtʃɨ]

Ich hätte gern ...
Proszę... [prɔʃɛ̃]

- ***ein Einzelzimmer.***
  pokój jednoosobowy. [pɔkuj jɛdnɔɔsɔbɔvɨ]

- *ein Doppelzimmer...*
  pokój dwuosobowy... [pɔkuj dvuɔsɔbɔvɨ]
- *ein ruhiges Zimmer...*
  zaciszny pokój... [zatɕiʃnɨ pɔkuj]
- *mit Dusche.*
  z prysznicem. [s‿prɨʃɲitsɛm]
- *mit Bad.*
  z łazienką. [z‿waʑɛɲkɔ̃]
- *mit Balkon/Terrasse.*
  z balkonem/tarasem. [z‿balkɔnɛm/tarasɛm]

Kann ich das Zimmer ansehen?
Mogę ten pokój obejrzeć? [mɔgɛ tɛn pɔkuj ɔbɛjʒɛtɕ]

Es ist gut, ich nehme es.
To mi się podoba. Wezmę to. [tɔ mʲi ɕɛ̃ pɔdɔba. vɛzmɛ̃ tɔ]

Kann ich bitte noch ein anderes sehen?
Mogę zobaczyć jeszcze jakiś inny? [mɔgɛ zɔbatʃɨtɕ jɛʃtʃɛ jaciɕ innɨ]

Könnten Sie bitte noch ein drittes Bett/ein Kinderbett dazustellen?
Czy mógłby pan/mogłaby pani dostawić trzecie łóżko/łóżeczko dla dziecka? [tʃɨ mugwbɨ pan/mɔgwabɨ paɲi dɔstavʲitɕ tʃɛtɕɛ wuʃkɔ/wuʒɛtʃkɔ dla dʑɛtska]

Ist das Frühstück inklusive?
Czy w cenie zawarte jest śniadanie? [tʃɨ f‿tsɛɲɛ zavartɛ jɛst ɕɲadaɲɛ]

Gibt es eine Ermäßigung für Kinder?
Czy jest zniżka dla dzieci? [tʃɨ jɛst ʒɲiʃka dla dʑɛtɕi]

Was kostet das Zimmer mit ..., bitte?
Ile kosztuje pokój... [ilɛ kɔʃtujɛ pɔkuj]

- *Frühstück*
  ze śniadaniem? [zɛ ɕɲadaɲɛm]
- *Halbpension*
  ze śniadaniem i kolacją? [zɛ ɕɲadaɲɛm i kɔlatsjɔ̃]
- *Vollpension*
  z całodziennym wyżywieniem? [s‿tsawɔdʑɛnnɨm vɨʒɨvjɛɲɛm]

Könnten Sie bitte mein Gepäck auf das Zimmer bringen lassen?
Proszę kazać zanieść mój bagaż do pokoju.
[prɔʃɛ kazatɕ zaɲɛɕtɕ muj bagaʃ dɔ pɔkɔju]

Wo kann ich den Wagen abstellen?
Gdzie mogę zaparkować samochód? [gdʑɛ mɔgɛ zaparkɔvatɕ samɔxut]

- *In unserer Garage.*
  W naszym garażu. [v‿naʃɨm garaʒu]
- *Auf unserem Parkplatz.*
  Na naszym parkingu. [na naʃɨm parciŋgu]

Fragen und Bitten

Ab wann gibt es Frühstück?
Od której jest śniadanie? [ɔt kturɛj jɛst ɕɲadaɲɛ]

Wann sind die Essenszeiten?
Jakie są pory posiłków? [jacɛ sɔ̃ pɔrɨ pɔɕiwkuf]

Wo ist der Speisesaal?
Gdzie jest jadalnia? [gʥɛ jɛst jadalɲa]

Wo ist der Frühstücksraum?
Gdzie jest sala śniadaniowa? [gʥɛ jɛst sala ɕɲadaɲɔva]

Könnten Sie mich bitte morgen früh um 7 Uhr wecken?
Proszę obudzić mnie jutro rano o 7.
[prɔʃɛ ɔbuʥiʨ mɲɛ jutrɔ ranɔ ɔ ɕudmɛj]

Würden Sie mir bitte ... bringen?
Czy mogę prosić o przyniesienie... [ʧɨ mɔgɛ̃ prɔɕiʨ ɔ pʃɨɲɛɕɛɲɛ]

- ***ein Badetuch***
  ręcznika kąpielowego? [rɛnʧɲika kɔ̃pjɛlɔvɛgɔ]
- ***noch eine Decke***
  jeszcze jednego koca? [jɛʃʧɛ jɛdnɛgɔ kɔtsa]

Wie funktioniert ...?
Jak działa...? [jak ʥawa]

Zimmernummer 24, bitte!
Proszę, numer pokoju 24. [prɔʃɛ̃, numɛr pɔkɔju dvaʥɛɕʨa ʧtɛrɨ]

Gibt es ... im Zimmer?
Czy w pokoju jest... [ʧɨ [f‿pɔkɔju jɛst]

- ***Internetanschluss***
  gniazdko internetowe? [gɲastkɔ intɛrnɛtɔvɛ]
- ***Fernsehen***
  telewizor? [tɛlɛvˌizɔr]

Haben Sie WLAN?
Czy jest tu Wi-Fi? [ʧɨ jɛst tu vi fi]

Wo kann ich ...
Gdzie mogę... [gʥɛ mɔgɛ̃]

- ***hier etwas trinken?***
  się tutaj czegoś napić? [ɕɛ tutaj ʧɛgɔɕ napˌiʨ]
- ***ein Auto mieten?***
  wypożyczyć samochód? [vɨpɔʒɨʧɨʨ samɔxut]
- ***das Auto abstellen?***
  zostawić samochód? [zɔstavˌiʨ samɔxut]
- ***hier telefonieren?***
  tutaj zadzwonić? [tutaj zaʥvɔɲiʨ]

Wo kann ich ins Internet gehen?
Gdzie mogę podłączyć się do internetu?
[gʥɛ mɔgɛ pɔtwɔnʧɨʨ ɕɛ dɔ intɛrnɛtu]

Kann ich meine Wertsachen bei Ihnen in den Safe geben?
Czy mogę zdeponować moje rzeczy wartościowe u państwa w sejfie?
[ʧɨ mɔgɛ zdɛpɔnɔvaʨ mɔjɛ ʒɛʧɨ vartɔɕʨɔvɛ u paɲstfa f͜ sɛjfˌɛ]

Haben Sie eine Nachricht für mich?
Czy jest dla mnie wiadomość? [ʧɨ jɛst dla mɲɛ vjadɔmɔɕʨ]

Gibt es hier eine Kinderbetreuung?
Czy jest tutaj opieka nad dziećmi? [ʧi jɛst tutaj ɔpˌiɛka nat ʥɛʨmˌi]

Ab welchem Alter?
Od ilu lat? [ɔt ilu lat]

Haben Sie ein Babyfon?
Czy ma pan/pani babyfon? [ʧɨ ma pan/paɲi bɛjbɨfɔn]

Alles in Ordnung?

Das Zimmer ist heute nicht geputzt worden.
Pokój nie został dzisiaj sprzątnięty. [pɔkuj ɲɛ zɔstaw ʥiɕaj spʃɔ̃tɲɛ̃tɨ]

Die Klimaanlage funktioniert nicht.
Klimatyzacja nie działa. [klˌimatɨzatsja ɲɛ ʥawa]

Der Wasserhahn tropft.
Z kranu kapie woda. [s͜ kranu kapjɛ vɔda]

Es kommt kein (warmes) Wasser.
Nie leci (ciepła) woda. [ɲɛ lɛʨi (ʨɛpwa) vɔda]

Die Toilette/Das Waschbecken ist verstopft.
Toaleta/umywalka jest zapchana. [tɔalɛta/umɨvalka jɛst zapxana]

Ich hätte gern ein anderes Zimmer.
Chciałbym/chciałabym inny pokój. [xtɕawbɨm/xtɕawabɨm innɨ pɔkuj]

Auschecken und Bezahlen

Ich reise heute Abend/morgen um ... Uhr ab.
Wyjeżdżam dzisiaj wieczorem/jutro o godzinie...
[vɨjɛʒʤam ʥiɕaj vjɛʧɔrɛm/jutrɔ ɔ gɔʥiɲɛ]

Kann ich mein Gepäck (bis heute Abend) hier lassen?
Czy mogę tutaj zostawić bagaż (do dzisiaj wieczorem)?
[ʧɨ mɔgɛ̃ tutaj zɔstavˌiʨ bagaʒ (dɔ ʥiɕaj vjɛʧɔrɛm)]

Könnten Sie bitte die Rechnung fertig machen?
Czy mógłby pan/mogłaby pani przygotować rachunek?
[ʧɨ mugwbɨ pan/mɔgwabɨ paɲi pʃɨgɔtɔvaʨ raxunɛk]

Kann ich bitte meinen Pass zurückhaben?
Poproszę o zwrot paszportu. [pɔprɔʃɛ̃ ɔ zvrɔt paʃpɔrtu]

Nehmen Sie Kreditkarten?
Czy przyjmujecie państwo karty kredytowe?
[tʃɨ pʃɨjmujɛtɕɛ paɲstfɔ kartɨ krɛdɨtɔvɛ]

Könnten Sie mir bitte ein Taxi rufen?
Czy mógłby pan/mogłaby pani zamówić mi taksówkę?
[tʃɨ mugwbɨ pan/mɔgwabɨ paɲi zamuvˌitɕ mˌi taksufkɛ̃]

Vielen Dank für alles! Auf Wiedersehen!
Bardzo dziękuję za wszystko! Do widzenia!
[bardzɔ dʑɛ̃kujɛ za fʃɨstkɔ. dɔ vˌidzɛɲa]

Abendessen	kolacja [kɔlatsja]
Abfalleimer	kosz na śmieci [kɔʃ na ɕmˌɛtɕi]
Anmeldung	zameldowanie [zamɛldɔvaɲɛ]
Aschenbecher	popielniczka [pɔpˌɛlɲitʃka]
Aufenthaltsraum	świetlica [ɕvˌɛtlˌitsa]
Auffahrtrampe	rampa wjazdowa [rampa vˬjazdɔva]
Aufzug	winda [vˌinda]
Babyfon	babyfon [bɛjbɨfɔn]
Babysitter	opiekun do dzieci [ɔpjɛkun dɔ dʑɛtɕi]
Badetuch	ręcznik kąpielowy [rɛntʃɲik kɔ̃pˌɛlɔvɨ]
Badewanne	wanna [vanna]
Badezimmer	łazienka [waʑɛnka]
Balkon	balkon [balkɔn]
barrierefrei	bez barier [bɛsˬbarjɛr]
Becher	kubek [kubɛk]
Bett	łóżko [wuʃkɔ]
Bettdecke	kołdra [kɔwdra]
Bettwäsche	pościel *f* [pɔɕtɕɛl]
Bidet	bidet [bˌidɛt]
Brausenkopf	głowica natrysku [gwɔvˌitsa natrɨsku]
Briefpapier	papier listowy [papˌɛr lˌistɔvɨ]
Dusche	prysznic [prɨʃɲits]
Duschsitz	krzesło do prysznica [kʃɛswɔ dɔ prɨʃɲitsa]
ebenerdig	bezprogowy [bɛsprɔgɔvɨ]
Empfangshalle	hol [xɔl]
Etage	piętro [pˌɛ̃trɔ]
Fenster	okno [ɔknɔ]
Fernseher	telewizor [tɛlɛvˌizɔr]
Fernsehraum	sala telewizyjna [sala tɛlɛvˌiz ɨjna]
Frühstück	śniadanie [ɕɲadaɲɛ]
Frühstücksbüfett	śniadanie w formie bufetu [ɕɲadaɲɛ fˬfɔrmˌɛ bufɛtu]
Frühstücksraum	jadalnia [jadalɲa]

Garage garaż [garaʃ]
Gedeck *(für das Frühstück)* nakrycie [nakrɨtɕɛ]
Glas szklanka [ʃklaɲka]
Glühbirne żarówka [ʒarufka]
Halbpension nocleg ze śniadaniem i kolacją [nɔtslɛk zɛ ɕɲadaɲɛm i kɔlatsjɔ̃]
Handbrause natrysk ręczny [natrɨsk rɛ̃tʃnɨ]
Handtuch ręcznik [rɛ̃tʃɲik]
Hauptsaison szczyt sezonu [ʃtʃɨt sɛzɔnu]
Heizung ogrzewanie [ɔgʒɛvaɲɛ]
Kinderbecken basen dla dzieci [basɛn dla dʑɛtɕi]
Kinderbetreuung opieka nad dziećmi [ɔpʲɛka nat dʑɛtɕmʲi]
Kinderbett łóżko dziecięce [wuʃkɔ dʑɛtɕɛ̃tsɛ]
Kleiderbügel wieszak [vʲɛʃak]
Klimaanlage klimatyzacja [klʲimatɨzatsja]
Kopfkissen poduszka [pɔduʃka]
Lampe lampa [lampa]
Licht światło [ɕfjatwɔ]
Lichtschalter kontakt [kɔntakt]
Matratze materac [matɛrats]
Minibar barek [barɛk]
Mittagessen obiad [ɔbʲat]
Motel motel [mɔtɛl]
Nachsaison po sezonie [pɔ sɛzɔɲɛ]
Nachttisch stolik nocny [stɔlʲik nɔtsnɨ]
Nachttischlampe lampka nocna [lampka nɔtsna]
Notizblock notatnik [nɔtatɲik]; notes [nɔtɛs]
Parkplatz parking [parciŋg]
Pension pensjonat [pɛnsjɔnat]
Portier portier [pɔrtʲɛr]
Preisliste *(z.B. für die Minibar)* cennik [tsɛnɲik]
Radio radio [radʲjɔ]
reinigen sprzątać [spʃɔ̃tatɕ]
reparieren naprawiać [napravjatɕ]
Reservierung rezerwacja [rɛzɛrvatsja]
Restaurant restauracja [rɛstawratsja]
Rezeption recepcja [rɛtsɛptsja]
rollstuhlgerecht przystosowany do wózka inwalidzkiego [pʃɨstɔsɔvanɨ dɔ vuska invalʲitscɛgɔ]
Safe sejf [sɛjf]
Schlüssel klucz [klutʃ]
Schrank szafa [ʃafa]
Schuhputzzeug zestaw do czyszczenia butów [zɛstaf dɔ tʃɨʃtʃɛɲa butuf]
Sessel fotel [fɔtɛl]
Speisesaal jadalnia [jadalɲa]

Spiegel	lustro [lustrɔ]
Steckdose	gniazdko wtykowe [gɲastkɔ ftɨkɔvɛ]
Stecker	wtyczka [ftɨʧka]
stufenloser Zugang	dostęp bez stopni [dɔstɛmp bɛs stɔpɲi]
Stuhl	krzesło [kʃɛswɔ]
Swimmingpool	basen [basɛn]
Terrasse	taras [taras]
Tisch	stół [stuw]
Toilette	toaleta [tɔalɛta]
Toilettenpapier	papier toaletowy [papʲɛr tɔalɛtɔvɨ]
Transferbus	autobus transferowy [awtɔbus transfɛrɔvɨ]
Türcode	kod otwierający drzwi [kɔt ɔtfjɛrajɔ̃tsɨ dʒvˌi]
Übernachtung	nocleg [nɔtslɛg]
Ventilator	wentylator [vɛntɨlatɔr]
Verlängerungswoche	przedłużenie o tydzień [pʃɛdwuʒɛɲɛ ɔ tɨʥɛɲ]
Vollpension	całodzienne wyżywienie [tsawɔʥɛnnɛ vɨʒɨvˌɛɲɛ]
Vorsaison	przed sezonem [pʃɛt sɛzɔnɛm]
Waschbecken	umywalka [umɨvalka]
Wäschewechsel	zmiana pościeli [zmˌana pɔɕʨɛlˌi]
Wasser	woda [vɔda]
– ***kaltes Wasser***	zimna woda [ʑimna vɔda]
– ***warmes Wasser***	ciepła woda [ʨɛpwa vɔda]
Wasserglas	szklanka do wody [ʃklanka dɔ vɔdɨ]
Wasserhahn	kurek [kurɛk]
WLAN	Wi-Fi [vi fi]
Wolldecke	kołdra wełniana [kɔwdra vɛwɲana]
Zimmer	pokój [pɔkuj]
Zimmermädchen	pokojówka [pɔkɔjufka]
Zimmertelefon	telefon pokojowy [tɛlɛfɔn pɔkɔjɔvɨ]
Zwischenstecker	rozgałęźnik [rosgawɛ̃ʑɲik]

FERIENHÄUSER UND FERIENWOHNUNGEN

Ich habe bei Ihnen ... gebucht/gemietet.
Zarezerwowałem/-am u Państwa...
[zarɛzɛrvɔvawɛm/-wam u paɲstva]

- ***die Wohnung ...***
  mieszkanie. [mˌɛʃkaɲɛ]
- ***das Haus ...***
  dom. [dɔm]

Wo bekommen wir die Schlüssel?
Gdzie dostaniemy klucze? [gʥɛ dɔstaɲɛmɨ klutʃɛ]

Ist der Strom-/Wasserverbrauch im Mietpreis enthalten?
Czy zużycie prądu/wody jest zawarte w cenie wynajmu?
[tʃɨ zuʒɨʨɛ prɔ̃du/vɔdɨ jɛst zavartɛ f͜ tsɛɲɛ vɨnajmu]

Sind Haustiere erlaubt?
Czy można wziąć ze sobą zwierzę domowe?
[tʃɨ mɔʒna vʑɔnʨ zɛ sɔbɔ̃ zvɛʒɛ dɔmɔvɛ]

Wo befinden sich die Mülltonnen?
Gdzie znajdują się kontenery na śmieci?
[gʥɛ znajdujɔ̃ ɕɛ kɔntɛnɛrɨ na ɕmˌɛʨi]

Müssen wir die Endreinigung selbst übernehmen?
Czy musimy sami na koniec wysprzątać?
[tʃɨ muɕimɨ samˌi na kɔɲɛts vɨspʃɔ̃taʨ]

Wohin kommt der Müll?
Dokąd odnieść śmieci? [dɔkɔnt ɔdɲɛɕʨ ɕmˌɛʨi]

Bekomme ich die Kaution zurück?
Poproszę o zwrot kaucji. [pɔprɔʃɛ̃ ɔ zvrɔt kawtsji]

Wo gibt es hier ein Lebensmittelgeschäft?
Gdzie w okolicy jest sklep spożywczy?
[gʥɛ v͜ ɔkɔliˌtsɨ jɛst sklɛp spɔʒɨftʃɨ]

Die wichtigsten Wörter

Anreisetag	dzień przyjazdu [ʥɛɲ pʃɨjazdu]
Anzahlung	zaliczka [zalitʃka]
Apartment	apartament [apartamɛnt]
Bungalow	bungalow [bungalɔw]
Endreinigung	sprzątanie końcowe [spʃɔ̃taɲɛ kɔɲtsɔvɛ]
Ferienanlage	ośrodek wypoczynkowy [ɔɕrɔdɛk vɨpɔtʃɨnkɔvɨ]
Ferienhaus	dom wczasowy [dɔm ftʃasɔvɨ]
Hausbesitzer	właściciel domu [vwaɕʨiʨɛl dɔmu]
Haustiere	zwierzęta domowe [zvˌjɛʒɛ̃ta dɔmɔvɛ]
Kaution	kaucja [kawtsja]
Kochnische	wnęka kuchenna [vnɛ̃ka kuxɛnna]
Küche	kuchnia [kuxɲa]
Miete	cena wynajmu [tsɛna v ɨnajmu]
Müll	śmieci *pl* [ɕmˌɛʨi]
Mülltrennung	segregacja śmieci [sɛgrɛgatsja ɕmˌɛʨi]
Nebenkosten	koszty dodatkowe [kɔʃtɨ dɔdatkɔvɛ]
Schlafzimmer	sypialnia [sɨpˌjalɲa]

Schlüsselübergabe	przekazanie kluczy [pʃɛkazaɲɛ klutʃɨ]
Strom	prąd [prɔnt]
Strompauschale	ryczałt za prąd [rɨtʃawt za prɔnt]
Stromspannung	napięcie prądu [napˌɛɲtɕɛ prɔndu]
vermieten	wynajmować [vɨnajmɔvatɕ]
Waschmaschine	pralka [pralka]
Wasserverbrauch	zużycie wody [zuʒɨtɕɛ vɔdɨ]
Wohnzimmer	pokój stołowy [pɔkuj stɔwɔvɨ]
Zentralheizung	ogrzewanie centralne [ɔgʒɛvaɲɛ tsɛntralnɛ]

Was man so braucht

Backofen	piekarnik [pˌɛkarɲik]
Besen	miotła [mjɔtwa]
Bräter	garnek do pieczenia [garnɛk dɔ pˌɛtʃɛɲa]
Bügeleisen	żelazko [ʒɛlaskɔ]
Eierbecher	kieliszek do jaj [cɛlˌiʃɛk dɔ jaj]
Etagenbett	łóżko piętrowe [wuʃkɔ pˌɛ̃trɔvɛ]
Eimer	wiadro [vjadrɔ]
Geschirr	naczynia *pl* [natʃɨɲa]
Geschirrtuch	ścierka do naczyń [ɕtɕɛrka dɔ natʃɨɲ]
Geschirrspülmaschine	zmywarka do naczyń [zmɨvarka dɔ natʃɨɲ]
Glas/Gläser	szklanka/szklanki [ʃklaŋka/ʃklaŋci]
Herd	kuchenka [kuxɛnka]
– Elektroherd	kuchenka elektryczna [kuxɛnka ɛlɛktrɨtʃna]
– Gasherd	kuchenka gazowa [kuxɛnka gazɔva]
Kaffeefilter	filtr do kawy [fˌiltr dɔ kavɨ]
Kaffeelöffel	łyżka do kawy [wɨʃka dɔ kavɨ]
Kaffeemaschine	automat do kawy [awtɔmat dɔ kavɨ]
Kehrschaufel	szufelka [ʃufɛlka]
Küchensieb	sito [ɕitɔ]
Kühlschrank	lodówka [lɔdufka]
Mikrowelle	mikrofalówka [mˌikrɔfalufka]
Mixer	mikser [mˌiksɛr]
Pfanne	patelnia [patɛlɲa]
Putzmittel	środki czystości [ɕrɔtci tʃɨɕtɔɕtɕi]
Reibe	tarka [tarka]
Rührlöffel	łyżka do mieszania [wɨʃka dɔ mˌjɛʃaɲɛ]
Schlafcouch	tapczan [taptʃan]
Schneebesen	trzepaczka [tʃɛpatʃka]
Schneidebrett	deska do krojenia [dɛska dɔ krɔjɛɲa]
Schöpfkelle	łyżka wazowa [wɨʃka vazɔva]
Schüssel/n	miska/miski [mˌiska/mˌisci]
Staubsauger	odkurzacz [ɔtkuʒatʃ]

Tasse/Tassen	filiżanka/filiżanki [fˌilˌiʒaŋka/fˌilˌiʒaŋci]
Toaster	toster [tɔstɛr]
Trockner	suszarka [suʃarka]
Wasserkocher	czajnik elektryczny [ʧajɲik ɛlɛktrɨʧnɨ]
Wischmopp	mop [mɔp]

CAMPING

Haben Sie noch Platz für einen Wohnwagen/ein Zelt?
Czy ma pan/pani jeszcze miejsce na jedną przyczepę kempingową/ jeden namiot? [ʧɨ ma pan/paɲi jɛʃʧɛ mˌɛjstsɛ na jɛdnɔ̃ pʃɨʧɛpɛ kɛmpˌiŋgɔvɔ̃/jɛdɛn namjɔt]

Wie hoch ist die Gebühr pro Tag und Person?
Ile wynosi opłata za osobodzień? [ilɛ vɨnɔɕi ɔpwata za ɔsɔbɔʥɛɲ]

Wie hoch ist die Gebühr ...
Ile wynosi opłata... [ilɛ vɨnɔɕi ɔpwata]

- ***für das Auto?***
  za samochód? [za samɔxut]
- ***für den Wohnwagen?***
  za przyczepę kempingową? [za pʃɨʧɛpɛ kɛmpˌiŋgɔvɔ̃]
- ***für das Wohnmobil?***
  za samochód kempingowy? [za samɔxut kɛmpˌiŋgɔvɨ]
- ***für das Zelt?***
  za namiot? [za namˌjɔt]

Vermieten Sie stationäre Wohnwagen?
Czy wynajmuje pan/pani stacjonarne przyczepy kempingowe? [ʧɨ vɨnajmujɛ pan/paɲi statsjɔnarnɛ pʃɨʧɛpɨ kɛmpˌiŋgɔvɛ]

Wir bleiben ... Tage/Wochen.
Zostaniemy... dni/tygodnie. [zɔstaɲɛmɨ dɲi/tɨgɔdɲɛ]

Wo sind ...
Gdzie są... [gʥɛ sɔ̃]

- ***die Toiletten?***
  toalety? [tɔalɛtɨ]
- ***die Waschräume?***
  umywalnie? [umɨvalɲɛ]
- ***die Duschen?***
  prysznice? [priʃɲitsɛ]

Gibt es hier Stromanschluss?
Czy jest tu przyłączenie do sieci elektrycznej? [ʧɨ jɛst tu pʃɨwɔ̃ʧɛɲɛ dɔ ɕɛʨi ɛlɛktrɨʧnɛj]

Wo kann ich Gasflaschen umtauschen?
Gdzie mogę wymienić butle gazowe? [ʥɛ mɔgɛ vɨmjɛɲiʨ butlɛ gazɔvɛ]

Ist der Campingplatz bei Nacht bewacht?
Czy to pole kempingowe jest w nocy strzeżone?
[ʧɨ tɔ pɔlɛ kɛmpˌiŋgɔvɛ jɛst v‿nɔʦɨ stʃɛʒɔnɛ]

Camping	kemping [kɛmpˌiŋk]
Campingausweis	wejściówka na kemping [vɛjɕʨufka na kɛmpˌiŋk]
Campingführer	przewodnik po kempingach [pʃɛvɔdɲik pɔ kɛmpˌiŋgax]
Campingplatz	pole kempingowe [pɔlɛ kɛmpˌiŋgɔvɛ]
Gasflasche	butla gazowa [butla gazɔva]
Gaskartusche	jednorazowa butla gazowa [jɛdnɔrazɔva butla gazɔva]
Gaskocher	kocher gazowy [kɔxɛr gazɔvɨ]
Geschirrspülbecken	zlewozmywak [zlɛvɔzmɨvak]
Hammer	młotek [mwɔtɛk]
Hering	śledź [ɕlɛʨ]; kołek do namiotu [kɔwɛk dɔ namˌjɔtu]
Kocher	kocher [kɔxɛr]; kuchenka [kuxɛnka]
Petroleumlampe	lampa naftowa [lampa naftɔva]
Propangas	gaz propanowy [gas prɔpanɔvɨ]
Schlafsack	śpiwór [ɕpivur]
Spaten	łopatka [wɔpatka]
Steckdose	gniazdko wtykowe [gɲastkɔ ftɨkɔvɛ]
Stecker	wtyczka [ftɨʧka]
Strom	prąd [prɔnt]
Stromanschluss	przyłączenie do sieci elektrycznej [pʃɨwɔ̃ʧɛɲɛ dɔ ɕɛʨi ɛlɛktrɨʧnɛj]
Taschenlampe	latarka [latarka]
Trinkwasser	woda pitna [vɔda pˌitna]
Voranmeldung	uprzednie zgłoszenie [upʃɛdɲɛ zgwɔʃɛɲɛ]
Waschraum	umywalnia [umɨvalɲa]
Wäschetrockner	suszarka do bielizny [suʃarka dɔ bˌɛlˌiznɨ]
Wasser	woda [vɔda]
Wasserkanister	kanister na wodę [kaɲistɛr na vɔdɛ̃]
Wohnmobil	samochód kempingowy [samɔxut kɛmpˌiŋgɔvɨ]
Wohnwagen	przyczepa kempingowa [pʃɨʧɛpa kɛmpˌiŋgɔva]
Zelt	namiot [namˌjɔt]
zelten	mieszkać w namiocie [mˌɛʃkaʨ v‿namˌjɔʨɛ]
Zeltschnur	sznur od namiotu [ʃnur ɔd namˌjɔtu]
Zeltstange	podpora namiotu [pɔtpɔra namˌjɔtu]; drążek [drɔ̃ʒɛk]

Essen und Trinken

Habe ich *das* bestellt?

Man muss nicht unbedingt jeden Menschen verstehen, aber bei einer Speisekarte ist es von großem Vorteil.

Guten Appetit!

Größere Städte bieten zahlreiche Restaurants, in denen Sie die polnische und internationale Küche genießen können. Oft ist die Speisekarte auch auf Deutsch und/oder Englisch. Sie sollten unbedingt einmal ein Restaurant aufsuchen, das altpolnische Gerichte serviert.
Einige "Musts":
Barszcz - Rotebetesuppe, mit Sahne eingesäuert und anderem Gemüse (etwa Bohnen, Kartoffeln) serviert. Außerdem gibt es die klare Borschtsch-Suppe mit kleinen Teigtaschen oder Kroketten als Beilage.
Bigos - besteht aus gedämpftem Sauerkraut (oft mit Weißkohl gemischt) und verschiedenen Fleisch- und Wurststücken.
Zur Verfeinerung werden getrocknete Pilze, Speck, Zwiebeln und Wein hinzugegeben.
Flaki - auch **flaczki** genannt - eingedickte Suppe mit Kutteln.
Sie sind in dünne Streifen geschnitten und in Gemüsebrühe gekocht.
Gołąbki - mit Reis, Fleisch und Pilzen gefüllte Kohlrouladen, mit Brot oder Kartoffeln und sehr oft mit Tomatensoße serviert.
Pierogi - kleine Teigtaschen mit verschiedenen Füllungen, zum Beispiel Fleisch, Obst, Grütze, Sauerkraut mit Pilzen. Besonders beliebt sind die sogenannten „russischen Piroggen“ mit einer Füllung aus Quark, Kartoffeln und gebratenen Zwiebeln.
Żurek - eine Sauerteigsuppe, die kräftig mit Majoran gewürzt und mit Kartoffeln, Wurst- und Eierstücken angereichert ist.

ESSEN GEHEN

Wo gibt es hier …
Gdzie jest tu w pobliżu… [gʥɛ jɛst tu f‿pɔblʲiʒu]

- ***ein gutes Restaurant?***
  dobra restauracja? [dɔbra rɛstawratsja]
- ***ein nicht zu teures Restaurant?***
  nie za droga restauracja? [ɲɛ za drɔga rɛstawratsja]

Essen unterwegs

Achten Sie bei Überlandfahrten auf Schilder mit der Aufschrift **obiady domowe**. In den kleinen, privaten Raststätten servieren Hausfrauen gute und preiswerte Hausmannskost.

Ist dieser Tisch noch frei?
Czy ten stolik jest jeszcze wolny? [ʧɨ tɛn stɔlˌik jɛst jɛʃʧɛ vɔlnɨ]

Einen Tisch für zwei/drei Personen, bitte.
Poproszę stolik na dwie/trzy osoby. [pɔprɔʃɛ stɔlˌik na dvjɛ/tʃɨ ɔsɔbɨ]

Wo sind bitte die Toiletten?
Przepraszam, gdzie są toalety? [pʃɛpraʃam, gʥɛ sɔ̃ tɔalɛtɨ]

Gibt es hier einen Wickelraum?
Czy jest tu pomieszczenie do przewijania?
[ʧɨ jɛst tu pɔmjɛʃʧɛɲɛ dɔ pʃɛvˌijaɲa]

Haben Sie einen (Nicht-)Raucherbereich?
Czy jest tutaj pomieszczenie dla (nie)palących?
[ʧɨ jɛst tutaj pɔmˌɛʃʧɛɲɛ dla(ɲɛ)palɔntsɨx]

Gewusst wo

Bar - (Schnell-)Imbiss.
Bar mleczny - Milchbar, preiswertes Speiselokal mit Selbstbedienung.
Bistro - Café, in dem es auch Bier und Schnaps gibt.
Gospoda - Kneipe mit hausgemachten Speisen.
Karczma - rustikales Restaurant mit hausgemachten Speisen.
Kawiarnia - entspricht dem deutschen Café.
Lody - Eisdiele.
Piwiarnia, pub - Bierlokal.
Winiarnia - Weinlokal, Weinkeller.
Restauracja - Restaurant.
Rożen - an Landstraßen gelegene Imbissbude mit Gegrilltem.
Zajazd oder **gościniec** - Raststätte: an Landstraßen gelegenes Lokal mit umfangreichem Angebot an Speisen und Getränken.

BESTELLEN

Für umsonst

In manchen Lokalen reicht man zu den Getränken unaufgefordert eine Kleinigkeit zu essen. Die erste Portion ist meist gratis. Bekommen Sie zum Bier etwa dunkles Brot und Gänseschmalz, greifen Sie unbedingt zu: Es schmeckt wunderbar. Oder probieren Sie saure Gurken dazu.

Ich möchte ...
Chciałbym/Chciałabym... [xtɕawbɨm/xtɕawabɨm]

- *die Speisekarte.*
  jadłospis. [jadwɔsp,is]
- *die Getränkekarte.*
  kartę napojów. [kartɛ napɔjuf]

Was können Sie mir empfehlen?
Co może mi pan/pani polecić? [tsɔ mɔʒɛ m,i pan/paɲi pɔlɛtɕitɕ]

Ich hätte gerne etwas Typisches aus der Region.
Poproszę coś typowego z regionalnej kuchni.
[pɔprɔʃɛ̃ tsɔɕ tɨpɔvɛgɔ z rɛɟɔnalnɛj kuxɲi]

Traditionen

Am Heiligen Abend (**Wigilia**) kommt die ganze polnische Familie zum Weihnachtessen zusammen. Es werden zwölf Gerichte serviert und es gehört sich, von jedem Gericht zu kosten.
Typische Weihnachtsspeisen sind: Piroggen mit Sauerkraut und Pilzen, Karpfen, klare Rotebetesuppe, dazu Maultaschen mit Pilzfüllung.
Auf dem Tisch wird ein Gedeck mehr für einen zufällig vorbeikommenden bedürftigen Gast aufgelegt. Nach dem Essen legen sich viele eine Fischschuppe in den Geldbeutel, die für Wohlstand sorgen soll.

Haben Sie vegetarische Gerichte/Diätkost?
Czy są dania jarskie/dietetyczne? [tʃɨ sɔ̃ daɲa jarscɛ/djɛtɛtɨtʃnɛ]

Gibt es auch Kinderportionen?
Czy są też porcje dla dzieci? [tʃɨ sɔ̃ tɛʃ portsjɛ dla ʥɛtɕi]

Haben Sie schon gewählt?
Czy pan/pani już wybrał/a? [tʃi pan/paɲi juʃ vɨbraw/a]

Ich nehme ...
Wezmę... [vɛzmɛ̃]

Als Vorspeise/Hauptgericht/Nachtisch nehme ich ...
Na przystawkę/danie główne/deser wezmę...
[na pʃɨtstafkɛ̃/daɲɛ gwuvnɛ/dɛsɛr vɛzmɛ̃]

Ich möchte keine Vorspeise, danke.
Z przystawki/zakąski zrezygnuję, dziękuję.
[s͜pʃɨtstafki/z͜zakɔ̃sci zrɛzɨgnujɛ̃, ʥɛ̃kujɛ̃]

Wir haben leider kein/e ... (mehr).
Niestety (już) nie mamy... [ɲɛstɛtɨ (juʃ) ɲɛ mamɨ]

Ich esse kein ...
Nie jadam... [ɲɛ jadam]

Ich bin ...
Jestem... [jɛstɛm]

- *Diabetiker/Diabetikerin.*
  diabetykiem/diabetyczką. [dʲjabɛtɨcɛm/dʲjabɛtɨʧkɔ̃]
- *Vegetarier/Vegetarierin.*
  wegetarianinem/wegetarianką.
  [vegetarjaɲinɛm/vegetarjankɔ̃]
- *Veganer/Veganerin.*
  weganinem/weganką. [vegaɲinɛm/vegankɔ̃]

Ich bin allergisch gegen ...
Mam alergię na... [mam alɛrɟɛ̃ na]

- *Eier.*
  jaja. [jaja]
- *Gluten.*
  gluten. [glutɛn]
- *Milchprodukte.*
  produkty mleczne. [prɔduktɨ mlɛʧnɛ]
- *Natriumglutamat.*
  glutaminian sodu. [glutamʲiɲan sɔdu]
- *Nüsse.*
  orzechy. [ɔʒɛxɨ]

Wie möchten Sie Ihr Steak haben?
Jaki befsztyk pan/pani sobie życzy?
[jaci bɛfʃtɨk pan/paɲi sɔbʲɛ ʒɨʧɨ]

- *gut durch*
  dobrze wysmażony [dɔbʒɛ vɨsmaʒɔnɨ]
- *halb durch*
  lekko przesmażony [lɛkkɔ pʃɛsmaʒɔnɨ]
- *Englisch*
  po angielsku [pɔ aŋɟɛlsku]

Was möchten Sie trinken?
Czego się pan/pani napije? [ʧɛgɔ ɕɛ pan/paɲi napʲijɛ]

Wer die Wahl hat ...

Wenn Sie gerne Bier trinken, haben Sie die Wahl zwischen weltweit verbreiteten Marken wie Heineken oder Carlsberg, dem in Polen sehr geschätzten tschechischen Bier, etwa Pilsner, oder einheimischen Bieren. Empfehlenswert sind folgende, überregionale polnische Marken: **Żywiec**, **Okocim**, **Lech**, **EB** und **Tyskie**. Nicht zu verachten sind auch regionale Biersorten wie **Brok** an der Ostsee oder **Dojlidy** in Ostpolen.
Wenn Sie Wodka trinken, sind zum Essen vor allem weiße Sorten wie **Żytnia**, **Wyborowa**, **Pan Tadeusz** oder **Chopin** zu empfehlen. Abends sollten Sie auf jeden Fall ein Gläschen **Żubrówka** (Wodka mit Mariengras) probieren. Lassen Sie sich auch nicht die altpolnische Spezialität **miód pitny** (*Met*) entgehen.

Bitte ein Glas ...
Poproszę szklankę... [pɔprɔʃɛ ʃklaɲkɛ̃]

Bitte eine Flasche/eine halbe Flasche ...
Poproszę butelkę/pół butelki... [pɔprɔʃɛ butɛlkɛ̃/puw butɛlci]

Mit Eis, bitte.
Z lodem, proszę. [z lɔdɛm, prɔʃɛ̃]

Guten Appetit!
Smacznego! [smatʃnɛgɔ]

Zum Wohl!
Na zdrowie! [na zdrɔvʲjɛ]

Prosit!

In Polen gehört zu einem guten Essen mit Freunden oder Verwandten unbedingt Wodka, für dessen Genuss es natürlich auch ohne besonderen Anlass immer Gründe gibt. Keinesfalls darf das kostbare Nass aber einfach so, ohne literarische Untermalung, getrunken werden. Ein saloppper Toast, etwa **Chluśniem, bo uśniem** (*Lass uns noch schnell einen trinken, sonst schlafen wir ein*), muss mindestens sein.

Haben Sie noch einen Wunsch?
Czy ma pan/pani jeszcze jakieś życzenie?
[tʃɨ ma pan/paɲi jɛʃtʃɛ jacɛɕ ʒɨtʃɛɲɛ]

Bitte bringen Sie uns ...
Proszę przynieść nam ... [prɔʃɛ pʃɨɲɛɕtɕ nam]

Könnten Sie uns noch etwas Brot/Wasser/Wein bringen?
Moglibyśmy dostać jeszcze trochę chleba/wody/wina?
[mɔglˌibɨɕmɨ dɔstaʨ jɛʃtʃɛ trɔxɛ xlɛba/vɔdɨ/vˌina]

Könnten Sie bitte noch einen Kinderstuhl bringen?
Czy mógłby pan/mogłaby pani przynieść krzesełko dla dziecka?
[tʃɨ mugwbɨ pan/mɔgwabɨ paɲi pʃɨɲɛɕʨ kʃɛsɛwkɔ dla ʥɛtska]

Könnten Sie mir bitte das Fläschchen warm machen?
Czy mógłby pan/czy mogłaby pani podgrzać mi butelkę?
[tʃɨ mugwbɨ pan/mɔgwabɨ paɲi pɔdgʒaʨ mˌi butɛlkɛ̃]

SICH BESCHWEREN

Hier fehlt ein/e ...
Tu brakuje jednego/jednej... [tu brakujɛ jɛdnɛgɔ/jɛdnɛj]

Haben Sie mein/e ... vergessen?
Czy pan zapomniał/pani zapomniała mój/moją/moje...?
[tʃɨ pan zapɔmɲaw/paɲi zapɔmɲawa muj/mɔjɔ̃/mɔjɛ]

Das habe ich nicht bestellt.
Ja tego nie zamawiał-em/am. [ja tɛgɔ ɲɛ zamavˌjaw-ɛm/am]

Die Suppe ist kalt/versalzen.
Ta zupa jest zimna/za słona. [ta zupa jɛst ʑimna/za swɔna]

Das Fleisch ist zäh/zu fett.
Mięso jest żylaste/za tłuste. [mˌjɛ̃sɔ jɛst ʒɨlastɛ/za twustɛ]

Der Fisch ist nicht frisch.
Ta ryba jest nieświeża. [ta rɨba jɛst ɲɛɕfˌɛʒa]

Nehmen Sie es bitte zurück.
Proszę to wziąć z powrotem. [prɔʃɛ tɔ vʑɔ̃ʨ s‿pɔvrɔtɛm]

Holen Sie bitte den Chef.
Proszę zawołać szefa. [prɔʃɛ zavɔwaʨ ʃɛfa]

BEZAHLEN

Die Rechnung/bezahlen, bitte!
Poproszę rachunek./Chciałbym/chciałabym zapłacić.
[pɔprɔʃɛ raxunɛk/xtɕawbɨm/xtɕawabɨm zapwaʨiʨ]

Bitte alles zusammen.
Proszę wszystko razem. [prɔʃɛ fʃɨstkɔ razɛm]

Die Rechnung scheint mir nicht zu stimmen.
Wydaje mi się, że rachunek się nie zgadza.
[vɨdajɛ mˌi ɕɛ̃, ʒɛ raxunɛk ɕɛ ɲɛ zgadza]

Das habe ich nicht gehabt. Ich hatte ...
Tego nie miał-em/am. Miał-em/am...
[tɛgɔ ɲɛ mˌaw-ɛm/am. mˌaw-ɛm/am]

Hat es geschmeckt?
Czy smakowało? [ʧɨmakɔvawɔ]

Das Essen war ausgezeichnet.
Jedzenie było znakomite. [jɛʥɛɲɛ bɨwɔ znakɔmˌitɛ]

Das ist für Sie.
To dla pana/pani. [tɔ dla pana/paɲi]

Es stimmt so.
Zgadza się. [zgaʥa ɕɛ̃]

CAFÉ

Süßes Muss

Halten Sie sich an Ostern in Polen auf, sollten Sie unbedingt **mazurek** probieren: ein dünner Mürbeteigkuchen mit süßer Masse bestrichen und mit Nüssen, Mandeln und Kandisfrüchten garniert. Köstlich!

Was trinken Sie?
Czego się pan/pani napije? [ʧɛgɔ sɛ pan/paɲi napˌijɛ]

Einen frisch gepressten Orangensaft.
Sok ze świeżo wyciśniętych pomarańczy.
[sɔk zɛ ɕfjɛʒɔ vɨʨiɕɲɛ̃tix pɔmaraɲʧi]

Ich hätte gern einen Tee/mit Milch/mit Zitrone.
Poproszę herbatę/z mlekiem/z cytryną.
[pɔprɔʃɛ xɛrbatɛ̃/z͜ mlɛcɛm/s͜ tsɨtrɨnɔ̃]

Ich möchte einen Kaffee, bitte.
Poproszę kawę. [pɔprɔʃɛ kavɛ̃]

- *... einen schwarzen Kaffee*
  ... czarną kawę [tʃarnɔ̃ kavɛ̃]
- *... einen Espresso*
  ... espresso [ɛsprɛsɔ]
- *... einen Milchkaffee*
  ... cafè au lait [kafɛ ɔ lɛ]
- *... einen Kaffee mit Sahne*
  ... kawę ze śmietanką [kavɛ zɛ ɕmjɛtaŋkɔ̃]

Kuchen satt

In Warschau befindet sich das älteste Cafehaus Polens – **Cafe Blikle**. Bereits seit 1869 werden hier verschiedenste Berliner, Strudel, Kuchen, Torten, Pralinen und andere Süßigkeiten in angenehmer Atmosphäre serviert.
In Polen trinkt man gerne und viel Tee. Beim Kaffee werden Sie eventuell gefragt, ob Sie ihn aus der Kaffeemaschine möchten oder den „türkischen“ mit Kaffeesatz vorziehen.

Ein Bier vom Fass, bitte.
Piwo z beczki, proszę. [pˌivɔ z͜ bɛtʃci, prɔʃɛ̃]

Das ist meine Runde.
Ja stawiam. [ja stavˌiam]

Das Gleiche noch einmal, bitte.
To samo jeszcze raz, proszę. [tɔ samɔ jɛʃtʃɛ ras, prɔʃɛ̃]

Was gibt es bei Ihnen zu essen?
Co można u państwa zjeść? [tʃɔ mɔʒna u paɲstfa zjɛɕtɕ]

Abendessen	kolacja [kɔlatsja]
alkoholfrei	bezalkoholowy [bɛzalkɔxɔlɔvɨ]
Aschenbecher	popielniczka [pɔp͵ɛlɲiʧka]
Besteck	sztućce *pl* [ʃtuʨtsɛ]
Bestellung	zamówienie [zamuv͵jɛɲɛ]
Diabetiker	diabetyk [djabɛtɨk]
Essig	ocet [ɔtsɛt]
vom Fass	z beczki [z͜ bɛʧci]
fettarm	niskotłuszczowy [ɲiskɔtwuʃʧɔvɨ]
Fläschchenwärmer	podgrzewacz do butelek [pɔdgʒɛvaʧ dɔ butɛlɛk]
Frühstück	śniadanie [ɕɲadaɲɛ]
Gabel	widelec [v͵idɛlɛts]
Gang	danie [daɲɛ]
Gedeck	nakrycie [nakrɨʨɛ]
Gericht	danie [daɲɛ]; potrawa [pɔtrava]
Getränk	napój [napuj]
Gewürz	przyprawa [pʃɨprava]
Glas	szklanka [ʃklaŋka]
– Wasserglas	szklanka do wody [ʃklaŋka dɔ vɔdɨ]
– Weinglas	kieliszek do wina [cɛl͵iʃɛk dɔ v͵ina]
glutenfrei	bezglutenowy [bɛzglutɛnovɨ]
Gräte	ość *f* [ɔɕʨ]
hart	twardy [tfardɨ]
Hauptspeise	danie główne [daɲɛ gwuvnɛ]
hausgemacht	wyrób własny [vɨrup vwasnɨ]
heiß	gorący [gɔrɔntsɨ]
hungrig sein	być głodnym [bɨʨ gwɔdnɨm]
kalorienarm	niskokaloryczny [ɲiskɔkalɔrɨʧnɨ]
Kellner/in	kelner/ka [kɛlnɛr/ka]
Kinderteller	porcja dziecięca [pɔrtsja ʥɛʨɛ̃tsa]
Knochen	kość *f* [kɔɕʨ]
Koch	kucharz [kuxaʃ]
Korkenzieher	korkociąg [kɔrkɔʨɔŋk]
lieblich	*(Wein)* słodkie [swɔtcɛ]
Löffel	łyżka [wɨʃka]
– Teelöffel	łyżeczka do herbaty [wɨʒɛʧka dɔ xɛrbatɨ]
Menü	menu *nt* [mɛɲi]

Messer nóż [nuʃ]
Mittagessen obiad [ɔbˌjat]
Nachtisch deser [dɛsɛr]
Ober kelner [kɛlnɛr]
Öl olej [ɔlɛj]
Pfeffer pieprz [pˌɛpʃ]
Portion porcja [pˌɔrtsja]
Salz sól *f* [sul]
Schonkost dieta [djɛta]
Schüssel miska [mˌiska]
Senf musztarda [muʃtarda]
Serviette serwetka [sɛrvɛtka]
Soße sos [sɔs]
Speisekarte jadłospis [jadwɔspˌis]
Spezialität specjalność *f* [spɛtsjalnɔɕtɕ]
Strohhalm słomka [swɔmka]
Suppe zupa [zupa]
Suppenteller talerz do zupy [talɛʃ dɔ zupɨ]
Süßstoff słodzik [swɔdʑik]
Tagesgericht potrawa dnia [pɔtrava dɲa]
Tasse filiżanka [fˌilˌiʒanka]
Teller talerz [talɛʃ]
Trinkgeld napiwek [napˌivɛk]
trocken *(Wein)* wytrawne [vɨtravnɛ]
Untertasse spodek [spɔdɛk]
vegetarisch jarskie [jarscɛ]
Vorspeise przystawka [pʃɨstafka]
Wasser woda [vɔda]
Wickeltisch stół do przewijania [stuw do pʃɛvˌijaɲa]
würzen przyprawić [pʃɨpravˌitɕ]
Zahnstocher wykałaczka [vɨkawatʃka]
Zucker cukier [tsucɛr]

Zubereitung

durchgebraten	wysmażony [vɨsmaʒɔnɨ]
frittiert	smażony na głębokim tłuszczu [smaʒɔnɨ na gwɛmbɔcim twuʃtʃu]
gar	ugotowany [ugɔtɔvanɨ]
gebacken	pieczony [pˌɛtʃɔnɨ]
gebraten	smażony [smaʒɔnɨ]
– am Spieß	na rożnie [na rɔʒɲɛ]
– vom Grill	z rusztu/grilla [z͜ruʃtu/grila]
– in der Pfanne	na patelni [na patɛlɲi]
gedämpft	gotowany na parze [gɔtɔvanɨ na paʒɛ]
gedünstet	duszony [duʃɔnɨ]
gefüllt	nadziewany [nadʑɛvanɨ]
gegart	gotowany na wolnym ogniu [gɔtɔvanɨ na vɔlnɨm ɔgɲu]
gegrillt	grillowany [grillɔvanɨ]
gekocht	gotowany [gɔtɔvanɨ]
geräuchert	wędzony [vɛ̃dzɔnɨ]
geröstet	opiekany [ɔpjɛkanɨ]
geschmort	duszony [duʃɔnɨ]
mager	chudy [xudɨ]
roh	surowy [surɔvɨ]
saftig	soczysty [sɔtʃɨstɨ]
sauer	kwaśny [kvaɕnɨ]
scharf	ostry [ɔstrɨ]
süß	słodki [swɔtci]
überbacken	zapiekany [zapˌɛkanɨ]
im Wasserbad	w kąpieli wodnej [f͜kɔ̃pˌɛli vɔdnɛj]
zäh	żylasty [ʒɨlastɨ]
zart	delikatny [dɛlˌikatnɨ]

Spis potraw
Speisekarte

Śniadanie — Frühstück

czarna kawa [tʃarna kava]	schwarzer Kaffee
cafè au lait [kafɛ ɔ lɛ]	Milchkaffee
kawa ze śmietanką [kava zɛ ɕmjɛtaŋkɔ̃]	Kaffee mit Sahne
kawa bezkofeinowa [kava bɛskɔfɛinɔva]	koffeinfreier Kaffee
herbata z mlekiem/z cytryną [xɛrbata z‿mlɛcɛm/s‿tsɨtrɨnɔ̃]	Tee mit Milch/mit Zitrone
herbata ziołowa [xɛrbata ʑɔwɔva]	Kräutertee
czekolada [tʃɛkɔlada]	Schokolade
sok owocowy [sɔk ɔvɔtsɔvɨ]	Fruchtsaft
jajko na miękko [jajkɔ na mʲɛ̃kɔ]	weich gekochtes Ei
jajko na twardo [jajkɔ na tfardɔ]	hart gekochtes Ei
jajko sadzone [jajkɔ sadzɔnɛ]	Spiegelei
jajecznica na szynce [jajɛtʃɲitsa na ʃɨntsɛ]	Rührei mit Schinken
omlet [ɔmlɛt]	Omelette
chleb/bułka/tost [xlɛp/buwka/tɔst]	Brot/Brötchen/Toast
rogalik [rɔgalʲik]	Hörnchen
masło [maswɔ]	Butter
ser [sɛr]	Käse
wędlina [vɛndlʲina]	Wurst
szynka gotowana [ʃɨnka gɔtɔvana]	gekochter Schinken
szynka wędzona [ʃɨnka vɛndʑɔna]	roher Schinken
miód [mʲjut]	Honig
marmolada [marmɔlada]	Marmelade
dżem [dʒɛm]	Marmelade
***musli** (nt)* [muslʲi]	Müsli
jogurt [jɔgurt]	Joghurt

Przystawki — Vorspeisen

befsztyk tatarski [bɛfʃtɨk tatarsci]	Tatar
gotowana szynka [gɔtɔvana ʃɨnka]	gekochter Schinken
jaja w majonezie [jaja v majɔnɛʑɛ]	Eier in Majonäse
kaczka w galarecie [katʃka v͜ galarɛtɕɛ]	Ente in Aspik
śledź w oleju [ɕlɛtɕ v͜ ɔlɛju]	Hering in Öl
śledź w śmietanie [ɕlɛtɕ f͜ ɕmˌɛtaɲɛ]	Hering in Sahne
węgorz wędzony [vɛŋgɔʃ vɛndʑɔnɨ]	Räucheraal
węgorz w galarecie [vɛŋgɔʃ v͜ galarɛtɕɛ]	Aal in Gelee

Zupy — Suppen

barszcz z pasztecikiem [barʃtʃ s͜ paʃtɛtɕicɛm]	Rotebetesuppe mit Pastete
krupnik [krupɲik]	Graupensuppe
ogórkowa z ryżem [ɔgurkɔva z͜ rɨʒɛm]	Gurkensuppe mit Reis
pieczarkowa [pˌɛtʃarkɔva]	Champignonsuppe
pomidorowa z makaronem [pɔmˌidɔrɔva z͜ makarɔnɛm]	Tomatensuppe mit Nudeln
rosół z makaronem [rɔsuw z͜ makarɔnɛm]	Fleischbrühe mit Nudeln
rybna [rɨbna]	Fischsuppe
żurek [ʒurɛk]	Sauerteigsuppe

Ryby — Fischgerichte

filet z dorsza [fˌilɛt z‿dɔrʃa]	Kabeljaufilet
filet z halibuta [fˌilɛt s‿xalˌibuta]	Heilbuttfilet
karp [karp]	Karpfen
łosoś z grilla [wɔsɔɕ z‿grˌila]	Lachs vom Rost
pstrąg [pstrɔŋg]	Forelle
sandacz [sandatʃ]	Zander
szczupak [ʃtʃupak]	Hecht
śledź [ɕlɛtɕ]	Hering
węgorz [vɛŋgɔʃ]	Aal

Dania mięsne — Fleischgerichte

antrykot [antrɨkɔt]	Entrecote
baranina [baraɲina]	Hammelfleisch
befsztyk z polędwicy [bɛfʃtɨk s‿pɔlɛndvˌitsɨ]	Rinderfilet
boef stroganow [bɛf strɔganɔf]	Boeuf Stroganoff
bryzol wieprzowy [brɨzɔl vˌɛpʃɔvɨ]	Schweineschnitzel
bryzol wołowy [brɨzɔl vɔwɔvɨ]	Rinderschnitzel
cielęcina [tɕɛlɛ̃tɕina]	Kalbfleisch
golonka [gɔlɔnka]	Eisbein
gulasz [gulaʃ]	Gulasch
kotlet mielony [kɔtlɛt mˌɛlɔnɨ]	Frikadelle
kotlet schabowy [kɔtlɛt sxabɔvɨ]	Schweinskotelett
pieczeń cielęca *(f)* [pˌɛtʃɛɲ tɕɛlɛntsa]	Kalbsbraten
pieczeń wieprzowa *(f)* [pˌɛtʃɛɲ vˌɛpʃɔva]	Schweinebraten
pieczeń wołowa *(f)* [pˌɛtʃɛɲ vɔwɔva]	Rinderbraten
szaszłyk [ʃaʃwɨk]	Schaschlik
sznycel po wiedeńsku [ʃnɨtʃɛl pɔ vˌɛdɛɲsku]	Wiener Schnitzel
wieprzowina [vˌjɛpʃɔvˌina]	Schweinefleisch
wątróbka [vɔntrupka]	Leber
zrazy [zrazɨ]	Rinderrouladen

Dziczyzna i drób — Wild und Geflügel

dzik [ʥik]	Wildschwein
dzika kaczka [ʥika katʃka]	Wildente
gęś *(f)* [gɛ̃ɕ]	Gans
indyk [indɨk]	Pute
jeleń [jɛlɛɲ]	Hirsch
kaczka [katʃka]	Ente
królik [krulˌik]	Kaninchen
kurczak [kurtʃak]	Hähnchen
sarna [sarna]	Reh
zając [zaˬjɔnts]	Hase

Dania z jaj — Eierspeisen

jajecznica na maśle [jajɛtʃɲitsa na maɕlɛ]	Rührei auf Butter
jajecznica na szynce [jajɛtʃɲitsa na ʃɨntsɛ]	Rührei mit Schinken
jajko na miękko [jajkɔ na mˌɛ̃kɔ]	weich gekochtes Ei
jajko na twardo [jajkɔ na tfardɔ]	hart gekochtes Ei
jajko sadzone [jajkɔ sadzɔnɛ]	Spiegelei
omlet [ɔmlɛt]	Omelette

Dodatki — Beilagen

fasolka szparagowa [fasɔlka ʃparagɔva]	Schnittbohnen
fasolka zielona [fasɔlka ʑɛlɔna]	grüne Bohnen
frytki [frɨtci]	Pommes frites
kalafior [kalafˌɔr]	Blumenkohl
makaron [makarɔn]	Nudeln
mizeria [mˌizɛrˌja]	Gurkensalat
pieczarki [pˌɛtʃarci]	Champignons
ryż [rɨʃ]	Reis
surówka [surufka]	Rohkostsalat
~ z czerwonej kapusty [sˬtʃɛrvɔnɛj kapustɨ]	Rotkrautsalat
~ z czerwonych buraczków [sˬtʃɛrvɔnɨx buratʃkuf]	Rotebete-Salat
~ z kapusty kiszonej [sˬkapustɨ ciʃɔnɛj]	Sauerkrautsalat

~ z marchwi [z͜ marxfˌi]	Karottensalat
~ z pomidorów [s͜pɔmˌidɔruf]	Tomatensalat
szparagi [ʃparaɟi]	Spargel
szpinak [ʃpˌinak]	Spinat
zielona sałata [ʑɛlɔna sawata]	grüner Salat
ziemniaki [ʑɛmɲaci]	Kartoffeln
~ purée [pˌirɛ]	Kartoffelpüree
~ smażone [smaʒɔnɛ]	Bratkartoffeln

Unbedingt probieren

Als Beilage zum Fleisch sollten Sie mal Buchweizengrütze (**kasza gryczana**) oder Kartoffelpuffer (**placki ziemniaczane**) probieren. Empfehlenswert ist auch eine Spezialität der Tatra-Region: **oscypek** – geräucherter Schafskäse.

Potrawy narodowe — Nationalgerichte

barszcz czerwony czysty [barʃʧ ʧɛrvɔnɨ ʧɨstɨ]	klare Rote-Bete-Suppe
bigos [bˌigɔs]	Bigos (Sauerkraut mit Wurst und Fleisch, gedünstet)
flaczki wołowe (pl) [flaʧci vɔwɔvɛ]	Pansensuppe
gołąbki [gɔwɔmpci]	Kohlrouladen
grochówka [grɔxufka]	Erbsensuppe
kapuśniak [kapuɕɲak]	Kohlsuppe
naleśniki [nalɛɕɲici]	Crêpes/Pfannkuchen
pierogi [pˌɛrɔɟi]	Piroggen (gefüllte Teigtaschen)

Desery — Nachspeisen

bita śmietana [bˌita ɕmˌɛtana]	Schlagsahne
budyń [budiɲ]	Pudding
galaretka owocowa [galarɛtka ɔvɔtsɔva]	Obstgelee
gruszka [gruʃka]	Birne
jabłko [japkɔ]	Apfel
kisiel [ciɕɛl]	geleeartige Obstnachspeise
krem czekoladowy [krɛm tʃɛkɔladɔvɨ]	Schokoladencreme
lody *(pl)* [lɔdɨ]	Eis
pomarańcza [pɔmaraɲtʃa]	Orange
truskawki [truskafci]	Erdbeeren

Kawiarnia	Café
herbata [xɛrbata]	Tee
herbata z cytryną [xɛrbata s‿tsɨtrɨnɔ̃]	Tee mit Zitrone
kawa czarna [kava tʃarna]	schwarzer Kaffee
kawa mrożona [kava mrɔʒɔna]	Eiskaffee
kawa z mlekiem [kava z‿mlɛcɛm]	Kaffee mit Milch

Lody	Eis
cytrynowe [tsɨtrɨnɔvɛ]	Zitroneneis
czekoladowe [tʃɛkɔladɔvɛ]	Schokoladeneis
malinowe [malˌinɔvɛ]	Himbeereis
truskawkowe [truskafkɔvɛ]	Erdbeereis
waniliowe [vaɲilˌɔvɛ]	Vanilleeis

Ciasto	Kuchen
drożdżówka [drɔʒdʒufka]	Hefekuchen
makowiec [makɔvˌɛts]	Mohnkuchen
pączki [pɔñtʃci]	Berliner
tort [tɔrt]	Torte

Spis napojów
Getränkekarte

Napoje bezalkoholowe — Alkoholfreie Getränke

sok [sɔk]	Saft
~ jabłkowy [japkɔvɨ]	Apfelsaft
~ pomarańczowy [pɔmaraɲtʃɔvɨ]	Orangensaft
~ z czarnej porzeczki [s̮tʃarnɛj pɔʒɛtʃci]	Saft aus schwarzen Johannisbeeren
tonic [tɔɲik]	Tonicwater
woda mineralna [vɔda mˌinɛralna]	Mineralwasser

Napoje alkoholowe — Alkoholische Getränke

koniak [kɔɲjak]	Kognak
likier [lˌicɛr]	Likör
piwo [pˌivɔ]	Bier
szampan [ʃampan]	Champagner, Sekt
winiak [vˌiɲak]	Weinbrand
wino [vˌinɔ]	Wein
~ białe [bˌjawɛ]	Weißwein
~ czerwone [tʃɛrvɔnɛ]	Rotwein
~ słodkie [swɔtcɛ]	lieblich
~ wytrawne [vɨtravnɛ]	trocken
~ półwytrawne [puwvɨtravnɛ]	halbtrocken
wódka [vutka]	Wodka

Auster ostryga [ɔstrɨga]	***Dosenfisch*** ryba w puszce [rɨba f puʃtce]	***Fischfilet*** filet [filet]	***Flusskrebs*** rak [rak]

Forelle pstrąg [pstrɔŋk]	***Garnele*** krewetka [krɛvɛtka]	***Heilbutt*** halibut [xalibut]	***Herzmuschel*** sercówka [sɛrtsufka]

Hummer homar [xɔmar]	***Kabeljau*** dorsz [dɔrʃ]	***Karpfen*** karp [karp]	***Krake*** ośmiornica [ɔɕmjɔrɲitsa]

Krebs rak [rak]	***Lachssteak*** stek z łososia [stɛk z wɔsɔɕa]	***Makrele*** makrela [makrela]	***Miesmuschel*** mule [mulɛ]

Sardine sardynka [sardɨnka]	***Scholle*** gładzica [gwadʑitsa]	***Seeteufel*** żabnica [ʒabɲitsa]	***Seezunge*** sola [sɔla]

Tintenfisch mątwa [mɔntfa]	***Tunfisch*** tuńczyk [tuɲtʃɨk]	***Venusmuschel*** muszla Wenus [muʃla vɛnus]	***Zander*** sandacz [sandatʃ]

FRÜHSTÜCK

Ahornsirup
syrop klonowy
[sɨrɔp klɔnɔvɨ]

Baguette
bagietka
[bagjɛtka]

Brezel
precel
[prɛtsɛl]

Butter
masło
[maswɔ]

Cornflakes
płatki kukurydziane
[pwatki kukurɨdʑiɲɛ]

Croissant
croissant
[kruasaw̃]

Erdnussbutter
masło orzechowe
[maswɔ ɔʒɛxɔvɛ]

gekochtes Ei
ugotowane jajko
[ugɔtɔvane jajkɔ]

Honig
miód
[mjut]

Joghurt
jogurt
[jɔgurt]

Kaffee
kawa
[kava]

Käse
ser
[sɛr]

Knäckebrot
pieczywo chrupkie
[pjɛtʃɨvɔ xrupkjɛ]

Marmelade
marmolada
[marmɔlada]

Omelett
omlet
[ɔmlɛt]

Milch
mleko
[mleko]

Pfannkuchen
naleśnik
[nalɛɕɲik]

Rührei
jajecznica
[jajɛtʃnitsa]

Saft
sok
[sɔk]

Schokoladen-aufstrich
masło czekoladowe
[maswɔ tʃɛkɔladɔvɛ]

Schwarzbrot
chleb razowy
[xlɛp razɔvɨ]

Spiegelei
jajko sadzone
[jajkɔ sadzɔnɛ]

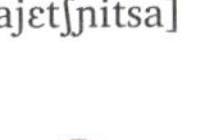

Tee
herbata
[xerbata]

Toast
tost
[tɔst]

GEMÜSE

Artischocke
karczoch
[kartʃɔx]

Aubergine
bakłażan
[bakwaʒan]

Avocado
awokado
[avɔkadɔ]

Blumenkohl
kalafior
[kalafjɔr]

Brokkoli
brokuł
[brɔkuw]

Champignons
pieczarka
[pjɛtʃarka]

Chilischote
chili
[tʃili]

Erbsen
groch
[grɔx]

Gurken
ogórek
[ɔgurɛk]

Karotten
marchew
[marxɛf]

Kartoffeln
zimniaki
[ʑɛmɲaki]

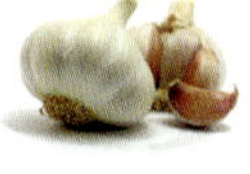

Knoblauch
czosnek
[tʃɔsnɛk]

Kopfsalat
sałata
[sawata]

Kürbis
dynia
[dɨɲa]

Lauch
por
[pɔr]

Oliven
oliwki
[ɔlˌifci]

Paprika
papryka
[paprɨka]

Radieschen
rzodkiewka
[ʒɔtkjɛfka]

Ruccola
rukola
[rukɔla]

Spargel
szparagi
[ʃparaɟi]

Spinat
szpinak
[ʃpˌinak]

Tomate
pomidor
[pɔmˌidɔr]

Zucchini
cukinia
[tsukiɲa]

Zwiebel
cebula
[tsɛbula]

OBST

Ananas
ananas
[ananas]

Äpfel
jabłko
[japkɔ]

Aprikose
morela
[mɔrɛla]

Bananen
banan
[banan]

Birne
gruszka
[gruʃka]

Cashewnüsse
orzech nerkowca
[ɔʒɛxɨ nɛrkɔftsa]

Erdbeere
truskawka
[truskafka]

Feige
figa
[figa]

Grapefruit
grejpfrut
[grɛjfrut]

Haselnüsse
orzechy laskowe
[ɔʒɛxɨ laskɔvɛ]

Himbeere
malina
[malina]

Kirsche
wiśnia
[viɕɲa]

Kiwis
kiwi
[kivi]

Kokosnuss
orzech kokosowy
[ɔʒɛx kɔkɔsɔvɨ]

Limette
lima
[lima]

Mango
mango
[maŋgɔ]

Melone
melon
[mɛlɔn]

Nektarine
nektarynka
[nɛktarɨnka]

Orange
pomarańcza
[pɔmaraɲtʃa]

Papaya
papaja
[papaja]

Pfirsiche
brzoskwinia
[bʒɔskfiɲa]

Pflaume
śliwka
[ɕlifka]

Weintrauben
winogrono
[vinɔgrɔnɔ]

Zitrone
cytryna
[tsɨtrɨna]

Ausflüge und Kultur

Wie lange haben Sie geöffnet?

Der kulturelle Wert bestimmter Fragen eröffnet sich einem oftmals erst, wenn es zu spät ist.

Unbedingt sehenswert

Ostsee: spektakuläre Strände aus weißem, feinem Sand; das mondäne Seebad **Sopot** (Zoppot) mit der 516 Meter langen Mole.
Słowiński-Nationalpark mit seinen Wanderdünen.
Warmia i **Mazury**, Ermland und Masuren: herrliche Seenlandschaft.
Puszcza Białowieska im Nordosten Polens: Nationalpark, in dem seltene Tiere leben, etwa Bisons.
Tatra mit dem bekannten Skiort **Zakopane**.
Kraków (Krakau), die ehemalige Hauptstadt Polens - eine Stadt mit unzähligen Sehenswürdigkeiten.
Wrocław (Breslau), die Perle Schlesiens.
Warszawa (Warschau), die Hauptstadt Polens.
Malbork (Marienburg) in Westpreußen: gotische Kreuzritterburg des Deutschen Ordens. **Zamość** in Ostpolen: einzigartige Altstadt mit Renaissance- und Barockbauten.
Gdańsk: Wer in Danzig ist, sollte es nicht versäumen, den Stadtteil Oliwa zu besuchen. Im Dom von Oliwa befindet sich eine sehens- und hörenswerte Orgel.

AN DER TOURISTENINFORMATION

Ich hätte gern ...
Chciałbym/chciałabym...
[xtɕawbɨm/xtɕawabɨm]

- ***einen Stadtplan von ...***
  plan miasta... [plan mjasta]
- ***ein Verzeichnis der Museen und Galerien.***
  katalog muzeów i galerii. [katalɔg muzɛuf i galɛrjʲi]
- ***einen Audioführer.***
  audioprzewodnik. [awdjɔpʃɛvɔdɲik]

Können Sie mir bitte sagen, welche Sehenswürdigkeiten es hier gibt?
Proszę mi powiedzieć, co warto tu obejrzeć?
[prɔʃɛ mˌi pɔvjɛdʑɛtɕ, tsɔ vartɔ tu ɔbɛjʒɛtɕ]

Sie müssen unbedingt ... besichtigen/besuchen.
Musi pan/pani koniecznie obejrzeć/zwiedzić...
[muɕi pan/paɲi kɔɲɛtʃɲɛ ɔbɛjʒɛtɕ/zvˌiɛdʑitɕ]

Wann ist das Museum geöffnet?
Kiedy otwarte jest muzeum?
[cɛdɨ ɔtfartɛ jɛst muzɛum]

Gibt es Stadtrundfahrten?
Czy są wycieczki/przejażdżki (autokarem) po mieście?
[tʃɨ sɔ̃ vɨtɕɛtʃci/pʃɛjaʃtʃki (awtɔkarɛm) pɔ mjɛɕtɕɛ]

Was kostet denn die Rundfahrt, bitte?
Ile kosztuje wycieczka/przejażdżka? [lɛ kɔʃtujɛ vɨtɕɛtʃka/pʃɛjaʃtʃka]

SEHENSWÜRDIGKEITEN – MUSEEN

Öffnungszeiten, Führungen, Eintrittskarten

Wie lange haben Sie geöffnet?
Do której godziny mają Państwo otwarte?
[dɔ kturɛj gɔdʑiɲɨ majɔ̃ paɲstfɔ ɔtfartɛ]

Wann beginnt die nächste Führung?
Kiedy zaczyna się następne oprowadzanie?
[cɛdɨ zatʃɨna ɕɛ nastɛmpnɛ ɔprɔvadzaɲɛ]

Gibt es auch eine Führung auf Deutsch/Englisch?
Czy jest także oprowadzanie po niemiecku/po angielsku?
[tʃɨ jɛst tagʒɛ ɔprɔvadzaɲɛ pɔ ɲɛmˌɛtsku/pɔ aɲɟɛlsku]

Darf man hier fotografieren?
Czy można tu fotografować? [tʃɨ mɔʒna tu fɔtɔgrafɔvatɕ]

Zwei Eintrittskarten, bitte!
Poproszę dwa bilety! [pɔprɔʃɛ dva bˌilɛtɨ]

Zwei Erwachsene und ein Kind.
Dwie osoby dorosłe i dziecko. [dvjɛ ɔsɔbɨ dɔrɔswɛ i dʑɛtskɔ]

Gibt es Ermäßigungen für ...
Czy jest zniżka dla... [tʃɨ jɛst zɲiʃka dla]

- ***Kinder?***
  dzieci? [dʑɛtɕi]
- ***Studenten?***
  studentów? [studɛntuf]
- ***Senioren?***
  emerytów? [ɛmɛrɨtuf]
- ***Gruppen?***
  grup? [grup]

Gibt es einen Katalog zur Ausstellung?
Czy jest katalog do tej wystawy? [tʃɨ jɛst katalɔg dɔ tɛj vɨstavɨ]

Ist die Ausstellung für Gehbehinderte über Aufzüge erreichbar?
Czy niepełnosprawni ruchowo mogą się dostać na tę wystawę przy pomocy windy? [tʃɨ ɲɛpɛwnɔspravɲi ruxɔvɔ mɔgɔ̃ ɕɛ dɔstatɕ na tɛ̃ vistavɛ pʃi pɔmɔtsɨ vˌindɨ]

Gibt es spezielle Führungen für Behinderte/Stadtführungen für Gehörlose?
Czy są specjalne wycieczki z przewodnikiem dla niepełnosprawnych/wycieczki po mieście z przewodnikiem dla głuchych?
[tʃɨ sɔ̃ spɛtsjalnɛ vɨtɕɛtʃci s͜pʃɛvɔdɲicɛm dla ɲɛpɛwnɔspravnɨx/vɨtɕɛtʃci pɔ m͜jɛɕtɕɛ s͜pʃɛvɔdɲicɛm dla gwuxɨx]

Können Induktionsschleifen für Hörbehinderte eingeschaltet werden?
Czy można włączyć przewody indukcyjne dla niepełnosprawnych z wadami słuchu? [tʃɨ mɔʒna vwɔntʃɨtɕ pʃɛvɔdɨ induktsɨjnɛ dla ɲɛpɛwnɔspravnɨx z͜vadamˌi swuxu]

Gibt es Museumsführungen/Theateraufführungen für Taubstumme/Blinde?
Czy są wycieczki z przewodnikiem po muzeum/przedstawienia teatralne dla głuchoniemych/niewidomych? [tʃɨ sɔ̃ vɨtɕɛtʃci s͜pʃɛvɔdɲicɛm pɔ muzɛum/pʃɛtstav͜jɛɲa tɛatralnɛ dla gwuxɔɲɛmɨx/ɲɛvˌidɔmɨx]

Einmal frei

Museen sind tagsüber normalerweise durchgehend geöffnet. An einem Tag in der Woche, meistens am Montag, sind sie geschlossen. In vielen Museen ist einmal in der Woche der Eintritt frei – leider gibt es keinen festen Wochentag für alle Einrichtungen.

Was? Wann? Wo?

Ist das ...?
Czy to...? [tʃɨ tɔ]

Wann wurde dieses Gebäude erbaut/restauriert?
Kiedy zbudowano/odrestaurowano ten budynek?
[cɛdɨ zbudɔvanɔ/ɔdrɛstawrovanɔ tɛn budɨnɛk]

Von wem ist dieses Bild?
Kto namalował ten obraz? [ktɔ namalɔvaw tɛn ɔbras]

Die wichtigsten Wörter

Besichtigung .... zwiedzanie [zvˌɛdʑaɲɛ]
Denkmalschutz .... ochrona zabytków [ɔxrɔna zabɨtkuf]
Fremdenführer/in .... przewodni-k/czka [pʃɛvɔdɲi-k/tʃka]
Fremdenverkehrsamt .... informacja turystyczna [infɔrmatsja turɨstɨtʃna]
Führung .... oprowadzanie [ɔprɔvadʑaɲɛ]

Funde	znalezisko [znalɛʑiskɔ]
Fußgängerzone	strefa dla pieszych [strɛfa dla pˌɛʃɨx]
Gasse	uliczka [ulˌitʃka]
Geburtsstadt	miasto rodzinne [mˌjastɔ rɔdʑinnɛ]
Geschichte	historia [çistɔrˌja]
Haus	dom [dɔm]
Kaiser/in	cesarz/owa [tsɛsaʃ/ɔva]
König/in	król/owa [krul/ɔva]
Kunst	sztuka [ʃtuka]
Markt	rynek [rɨnɛk]
Museum	muzeum *nt* [muzɛum]
Öffnungszeiten	godziny otwarcia [gɔdʑinɨ ɔtfartɕa]
Park	park [park]
rekonstruieren	rekonstruować [rɛkɔnstruɔvatɕ]
Religion	religia [rɛlˌiɟja]
restaurieren	restaurować [rɛstawrɔvatɕ]
Sehenswürdigkeiten	zabytki [zabɨtki]; osobliwości [ɔsɔblˌivɔɕtɕi]
Stadtrundfahrt	wycieczka po mieście [vɨtɕɛtʃka pɔ mˌjɛɕtɕɛ]
Stadtteil	dzielnica miasta [dʑɛlɲitsa mˌjasta]
Stadtzentrum	centrum miasta [tsɛntrum mˌjasta]
Straße	ulica [ulˌitsa]; droga [drɔga]
Überreste	pozostałości [pɔzɔstawɔɕtɕi]
Volkskundemuseum	muzeum *nt* etnograficzne [muzɛum ɛtnɔgrafˌitʃnɛ]
Vorort	przedmieście [pʃɛdmˌjɛ ɕtɕɛ]
Wachablösung	zmiana warty [zmˌiana vartɨ]
Wahrzeichen	godło [gɔdwɔ]; symbol [sɨmbɔl]

Architektur

Abtei	opactwo [ɔpatstfɔ]
Altar	ołtarz [ɔwtaʃ]
Altstadt	stare miasto [starɛ mˌastɔ]
Amphitheater	amfiteatr [amfˌitɛatr]
Archäologie	archeologia [arxɛɔlɔɟja]
Architekt	architekt [arçitɛkt]
Architektur	architektura [arçitɛktura]
Arena	arena [arɛna]
Arkaden	arkady [arkadɨ]
Ausgrabungen	wykopaliska [vɨkɔpalˌiska]
Bauwerk	budowla [budɔvla]
Bogen	łuk [wuk]
Brücke	most [mɔst]

Brunnen studnia [studɲa]; źródło [ʑrudwɔ]
Burg zamek [zamɛk]
Dach dach [dax]
Decke sufit [sufˌit]
Denkmal zabytek [zabɨtɛk]
Dom katedra [katɛdra]
Fassade fasada [fasada]
Fenster okno [ɔknɔ]
Festung twierdza [tfˌɪɛrʥa]
Flügel skrzydło [skʃɨdwɔ]
Friedhof cmentarz [tsmɛntaʃ]
Gebäude budynek [budɨnɛk]
Gedenkstätte miejsce pamięci [mˌɛjstsɛ pamˌɛ̃tɕi]
Gewölbe sklepienie [sklɛpˌɛɲɛ]
Giebel ściana szczytowa [ɕtɕana ʃtʃɨtɔva]
Grab grób [grup]
Grabmal nagrobek [nagrɔbɛk]; grobowiec [grɔbɔvjɛts]
Innenhof dziedziniec [ʥɛʥiɲɛts]
Inschrift napis [napˌis]
Kanzel ambona [ambɔna]
Kapelle kaplica [kaplˌitsa]
Kathedrale katedra [katɛdra]
Kirche kościół [kɔɕtɕuw]
Kirchturm wieża kościoła [vjɛʒa kɔɕtɕɔwa]
Kloster klasztor [klaʃtɔr]
Kreuzgang krużganek [kruʒganɛk]
Krypta krypta [krɨpta]
Kuppel kopuła [kɔpuwa]
Markthalle hala targowa [xala targɔva]
Mauer mur [mur]
Mausoleum mauzoleum *nt* [mawzɔlɛum]
Obelisk obelisk [ɔbɛlˌisk]
Oper opera [ɔpɛra]
Palast pałac [pawats]
Platz plac [plats]
Portal portal [pɔrtal]
Rathaus ratusz [ratuʃ]
Ruine ruina [ruina]
Säule kolumna [kɔlumna]
Schatzkammer skarbiec [skarbˌɛts]
Schloss zamek [zamɛk]
Springbrunnen fontanna [fɔntanna]
Stadtmauer mury miejskie *pl* [murɨ mˌɛjscɛ]
Tempel świątynia [ɕfˌjɔntiɲa]
Theater teatr [tɛatr]

Tor	brama [brama]
Turm	wieża [vˌɛʒa]
Universität	uniwersytet [uɲivɛrsɨtɛt]
Wallfahrtskirche	kościół pielgrzymkowy [kɔɕʨuw pˌɛlgʒɨmkɔvɨ]
wieder aufbauen	odbudowywać/odbudować [ɔdbudɔvɨvaʨ/ɔdbudɔvaʨ]

Bildende Kunst

Akt	akt [akt]
Aquarell	akwarela [akfarɛla]
Ausstellung	wystawa [vɨstava]
Bernstein	bursztyn [burʃtɨn]
Bild	obraz [ɔbras]
Bildhauer	rzeźbiarz [ʒɛʑbˌjaʃ]
Bronze	brąz [brɔ̃s]
Exponat	eksponat [ɛkspɔnat]
Fotografie	fotografia [fɔtɔgrafˌja]
Galerie	galeria [galɛrja]
Gemälde	obraz [ɔbras] malowidło [malɔvˌidwɔ]
Glasmalerei	malarstwo na szkle [malarstfɔ na ʃklɛ]
Goldschmiedekunst	złotnictwo [zwɔtɲiʦtfɔ]
Grafik	grafika [grafˌika]
Holzschnitt	drzeworyt [dʒɛvɔrɨt]
Keramik	ceramika [ʦɛramˌika]
Kopie	kopia [kɔpˌja]
Kreuz	krzyż [kʃɨʃ]
Kruzifix	krucyfiks [kruʦɨfˌiks]
Kunstgewerbe	sztuka użytkowa [ʃtuka uʒɨtkɔva]
Lithografie	litografia [lˌitɔgrafˌja]
Maler	malarz [malaʃ]
Malerei	malarstwo [malarstfɔ]
Modell	model [mɔdɛl]
Mosaik	mozaika [mɔzajka]
Original	oryginał [ɔrɨɟinaw]
Plakat	plakat [plakat]
Plastik	plastyka [plastɨka]
Porträt	portret [pɔrtrɛt]
Porzellan	porcelana [pɔrʦɛlana]
Radierung	sztych [ʃtɨx] sucha igła [suxa igwa]
Schnitzerei	snycerstwo [snɨʦɛrstfɔ]
Siebdruck	sitodruk [ɕitɔdruk]

Skulptur .... rzeźba [ʒɛʑba]
Statue .... statua [statua]
Stillleben .... martwa natura [martfa natura]
Terrakotta .... terakota [tɛrakɔta]
Töpferei .... garncarstwo [garnʦarstfɔ]
Torso .... tułów [tuwuf]
rzeźba [ʒɛʑba]
Vase .... waza [vaza]
Zeichnung .... rysunek [rɨsunɛk]

Stilrichtungen und Epochen

antik .... antyczny [antɨʧnɨ]
starożytny [starɔʒɨtnɨ]
Barock .... barok [barɔk]
Blütezeit .... rozkwit [rɔskf,it]
Bronzezeit .... epoka brązu [ɛpɔka brɔ̃zu]
byzantinisch .... bizantyjski [b,izantɨjsci]
Christentum .... chrześcijaństwo [xʃɛɕʨijaɲstfɔ]
Dynastie .... dynastia [dɨnastja]
Epoche .... epoka [ɛpɔka]
Expressionismus .... ekspresjonizm [ɛksprɛsjoɲiszm]
Gotik .... gotyk [gɔtɨk]
griechisch .... grecki [grɛtsci]
heidnisch .... pogański [pɔgaɲsci]
Impressionismus .... impresjonizm [imprɛsjɔɲizm]
Jahrhundert .... wiek [v,ɛk]
stulecie [stulɛʨɛ]
Jugendstil .... secesja [sɛtsɛsja]
keltisch .... celtycki [tsɛltɨtsci]
Klassizismus .... klasycyzm [klasɨtsɨzm]
Kubismus .... kubizm [kub,izm]
Manierismus .... manieryzm [maɲɛrɨzm]
Mittelalter .... średniowiecze [ɕrɛdɲɔv,ɛʧɛ]
modern .... nowoczesny [nɔvɔʧɛsnɨ]
normannisch .... normandzki [nɔrmantsci]
Renaissance .... renesans [rɛnɛsans]
Rokoko .... rokoko [rɔkɔkɔ]
Romanik .... romańszczyzna [rɔmaɲʃʧɨzna]
Romantik .... romantyzm [rɔmantɨsm]
Steinzeit .... epoka kamienna [ɛpɔka kamjɛnna]
Stil .... styl [stɨl]
Surrealismus .... surrealizm [surrɛal,izm]
vorgeschichtlich .... przedhistoryczny [pʃɛtç,istɔrɨʧnɨ]
Wikinger .... wikingowie [v,icingɔvjɛ]
Zisterzienser .... cystersi [tsɨstɛrɕi]

KULTUR PUR

Könnten Sie mir bitte sagen, welches Stück heute Abend im Theater gespielt wird?
Proszę mi powiedzieć, jaką sztukę grają w teatrze dzisiaj wieczorem?
[prɔʃɛ mˌi pɔvjɛʥɛʨ, jakɔ̃ ʃtukɛ grajɔ̃ f‿teatʃɛ ʥiɕaj vjɛʧorɛm]

Was läuft morgen Abend im Kino?
Co grają jutro wieczorem w kinie? [tso grajɔ jutrɔ vjɛʧɔrɛm f‿ciɲɛ]

Können Sie mir ein gutes Theaterstück empfehlen?
Czy może mi pan/pani polecić dobrą sztukę teatralną?
[ʧɨ mɔʒɛ mˌi pan/paɲi pɔlɛʨiʨ dɔbrɔ̃ ʃtukɛ tɛatralnɔ̃]

Wann beginnt die Vorstellung?
Kiedy zaczyna się przedstawienie? [cɛdɨ zaʧɨna ɕɛ pʃɛtstavˌiɛɲɛ]

Wo bekommt man Karten?
Gdzie można kupić bilety? [gʥɛ mɔʒna kupˌiʨ bˌilɛtɨ]

Kann man Karten reservieren?
Czy można zarezerwować bilety? [ʧɨ mɔʒna zarɛzɛrvɔvaʨ bˌiletɨ]

Ich hatte Karten vorbestellt auf den Namen ...
Zarezerwowałem/-łam bilety na nazwisko...
[zarɛzɛrvɔvawɛm/-wam bˌiletɨ na nazvˌiskɔ]

Bitte zwei Karten für heute Abend.
Proszę dwa bilety na dzisiejszy wieczór.
[prɔʃɛ dva bˌilɛtɨ na ʥiɕɛjʃɨ vˌɛʧur]

Bitte zwei Plätze zu ... Zloty!
Proszę dwa miejsca za... złotych. [prɔʃɛ dva mˌɛjstsa za... zwɔtɨx]

Kann ich bitte ein Programm haben?
Czy mogę prosić o program? [ʧɨ mɔgɛ prɔɕiʨ ɔ prɔgram]

Kann ich bei Ihnen ein Opernglas ausleihen?
Czy mogę wypożyczyć lornetkę teatralną?
[ʧɨ mɔgɛ̃ vɨpɔʒɨtʃiʨ lɔrnɛtkɛ̃ tɛatralnɔ̃]

Eintrittskarte	bilet wstępu [bˌilɛt f‿stɛmpu]
Festival	festiwal [fɛstˌival]
Garderobe	szatnia [ʃatɲa]
Kasse	kasa [kasa]
Pause	przerwa [pʃɛrva]
Programmheft	program [prɔgram]
Vorstellung	przedstawienie [pʃɛtstavˌɛɲɛ]
Vorverkauf	przedsprzedaż *f* [pʃɛtspʃɛdaʃ]

Theater

Akt	akt [akt]
Aufführung	przedstawienie [pʃɛtstavˌɛɲɛ]
Ballett	balet [balɛt]
Drama	dramat [dramat]
Freilufttheater	teatr letni [tɛatr lɛtɲi]
Inszenierung	inscenizacja [instsɛɲizatsja]
Kabarett	kabaret [kabarɛt]
Kabarettist	artysta *m* kabaretowy [artɨsta kabarɛtɔvɨ]
Kleinkunstbühne	kabaret [kabarɛt]
Komödie	komedia [kɔmɛdˌja]
Kopfhörer	słuchawki [swuxafci]
Loge	loża [lɔʒa]
Musical	musical [mjuzikal]
Oper	opera [ɔpɛra]
Operette	operetka [ɔpɛrɛtka]
Parkett	parter [partɛr]
Premiere	premiera [prɛmˌɛra]
1. Rang	pierwszy balkon [pjerfʃɨ balkɔn]
Schauspiel	dramat [dramat]
Schauspieler/in	aktor/ka [aktɔr/ka]
Spielplan	repertuar [rɛpɛrtuar]
Tänzer/in	tancerz/tancerka [tantsɛʃ/tantsɛrka]
Theater	teatr [tɛatr]
Theaterstück	sztuka teatralna [ʃtuka tɛatralna]
Tragödie	tragedia [tragɛdˌja]
Varieté	variété *nt* [varˌɛtɛ]
Volksstück	sztuka ludowa [ʃtuka ludɔva]

Konzert

Blues	blues [blus]
Chor	chór [xur]
Dirigent/in	dyrygent/ka [dɨrɨgent/ka]
Folk	folk [fɔlk]
Jazz	jazz [ʤɛs]
Klassik	klasyka [klasɨka]
Komponist/in	kompozytor/ka [kɔmpɔzɨtɔr/ka]
Konzert	koncert [kɔntsɛrt]
– ***Kammerkonzert***	koncert kameralny [kɔntsɛrt kamɛralnɨ]
– ***Kirchenkonzert***	koncert w kościele [kɔntsɛrt fˌkɔɕtɕɛlɛ]
– ***Sinfoniekonzert***	koncert symfoniczny [kɔntsɛrt sɨmfɔɲitʃnɨ]
Orchester	orkiestra [ɔrcɛstra]
Pop	pop [pɔp]

Rap	rap [rap]
Reggae	reggae [rɛgɛ]
Rock	rock [rɔk]
Sänger/in	piosenkarz/piosenkarka [pˌiɔsɛnkaʃ/pˌiɔsɛŋkarka]
Solist/in	solista/solistka [sɔlˌista/sɔlˌistka]
Soul	soul [sɔwl]
Techno	techno [tɛxnɔ]
Volksmusik	muzyka ludowa [muzɨka ludɔva]

Lohnende musikalische Veranstaltungen

Festival der Klezmer-Musik im Krakower Stadtteil Kazimierz (Ende Juni/Anfang Juli),
Chopin-Festival in Duszniki Zdrój (Anfang August),
Country-Musik-Festival in Mrągowo (Sommer),
Vratislavia Cantans – berühmtes Festival für klassische Musik in Wrocław (September),
Jazz Jamboree – in Warschau spielen internationale Jazzgrößen (Ende Oktober).

Kino

Film	film [f͵ilm]
– ***Actionfilm***	film akcji [f͵ilm aktsi]
– ***Dokumentarfilm***	film dokumentalny [f͵ilm dɔkumɛntalnɨ]
– ***Drama***	dramat [dramat]
– ***Klassiker***	film klasyczny [f͵ilm klasɨʧnɨ]
– ***Komödie***	komedia [kɔmɛd͵ja]
– ***Kurzfilm***	film krótkometrażowy [f͵ilm krutkɔmraʒɔvɨ]
– ***Schwarzweißfilm***	film czarno-biały [f͵ilm ʧarnɔ-bjawɨ]
– ***Sciencefictionfilm***	film science fiction [f͵ilm sajɛns f͵ikʃɨn]
– ***Thriller***	thriller [trilɛr]
– ***Western***	western [wɛstɛrn]
– ***Zeichentrickfilm***	film animowany [f͵ilm aɲimɔvanɨ]
Filmschauspieler/in	aktor/ka filmow-y/a [aktɔr/ka f͵ilmɔv-ɨ/a]
Hauptrolle	rola główna [rɔla gwuvna]
Kino	kino [cinɔ]
– ***Freilichtkino***	kino letnie [cinɔ lɛtɲɛ]
– ***Programmkino***	kino studyjne [cinɔ studɨjnɛ]
Originalfassung	wersja oryginalna [vɛrsja ɔrɨjinalna]
Regie	reżyseria [rɛʒɨsɛr͵ja]
Spezialeffekte	efekty specjalne [ɛfɛktɨ spɛtsjalnɛ]
Untertitel	napisy *pl* [nap͵isɨ]

AM ABEND

Was ist ... los?
Co dzieje się... [tsɔ ʥɛjɛ ɕɛ̃]

– ***dieses Wochenende***
w ten weekend? [f͜tɛn w͵ikɛnd]

– ***heute Abend***
dzisiaj wieczorem? [ʥiɕaj vjɛʧɔrɛm]

Gibt es hier ...
Czy jest tutaj... [ʧɨ jɛst tutaj]

– ***Livemusik?***
muzyka na żywo? [muzɨka na ʒɨvɔ]

– ***ein Kino?***
kino? [cinɔ]

– ***ein Theater?***
teatr? [tɛatr]

– ***Kneipen?***
knajpy? [knajpɨ]

- *eine Disco?*
  dyskoteka? [dɨskɔtɛka]
- *eine Schwulen-/Lesbenszene?*
  scena gejowska? [stsɛna gɛjɔfska]

Wer spielt/singt?
Kto gra/śpiewa? [ktɔ gra/ɕpjɛva]

Wo kann man hier tanzen gehen?
Gdzie tu można iść potańczyć? [gʥɛ tu mɔʒna iɕʨ pɔtaɲtʃɨʨ]

Bar	bar [bar]
Diskothek	dyskoteka [dɨskɔtɛka]
Klub	klub [klup]
Kneipe	knajpa [knajpa]
Livemusik	muzyka na żywo [muzɨka na ʒɨvɔ]
Nachtklub	klub nocny [klup nɔtsny]
Party	party *nt* [partɨ]; impreza [imprɛza]; prywatka [prɨvatka]
Show	show *nt* [ʃɔw]
Spielkasino	kasyno gry [kasɨnɔ grɨ]
tanzen	tańczyć/zatańczyć [taɲtʃɨʨ/zataɲtʃɨʨ]

FESTE FEIERN

Große Bühne

Eine Besonderheit in der polnischen Musikszene ist die von Jurek Owsiak 1992 ins Leben gerufene Spendeaktion **Wielka Orkiestra Świątecznej Pomocy** (*Das Große Orchester der Weihnachtshilfe*). Das Finale dieser Aktion findet alljährlich im Januar statt, wenn 100.000 freiwillige, meist jugendliche Helfer bei zahlreichen Konzerten und kulturellen Veranstaltungen Spenden zur Unterstützung von Kinderkrankenhäusern erbitten. Als Dankeschön für diese Helfer wurde 1995 das nicht-kommerzielle Open-Air-Festival **Przystanek Woodstock** (*Haltestelle Woodstock*) in Kostrzyn an der Oder ins Leben gerufen. Das Motto des Festivals lautet **Miłość**, **Przyjaźń**, **Muzyka** (*Liebe, Freundschaft, Musik*). Es treten jedes Jahr internationale und nationale Künstler auf. Zu den Besuchern zählten u.a. Andrzej Wajda, Lech Wałęsa sowie der deutsche Bundespräsident Joachim Gauck mit seinem polnischen Amtskollegen Bronisław Komorowski.

Könnten Sie mir bitte sagen, wann das ...-Festival stattfindet?
Czy może mi pan/pani powiedzieć, kiedy odbywa się festiwal...?
[tʃ mɔʒɛ mˌi pan/paɲi pɔvjɛʥɛʨ, cɛdɨ ɔdbɨva ɕɛ fɛstival]

- ***vom ... bis ...***
  od... do... [ɔt ... dɔ]
- ***jedes Jahr im August***
  co roku w sierpniu [tsɔ rɔku f‿ɕɛrpɲu]
- ***alle 2 Jahre***
  co dwa lata [tsɔ dva lata]

Kann jeder teilnehmen?
Czy każdy może wziąć udział? [tʃɨ kaʒdɨ mɔʒɛ vʑɔɲʨ uʥaw]

Handgemacht

An Weihnachten gibt es in Krakau einen Weihnachtskrippenwettbewerb. Anschließend werden die handgemachten Prachtwerke dem breiten Publikum vorgestellt.

Festival	festiwal [fɛstˌival]
Feuerwerk	fajerwerki [fajɛrvɛrci]; sztuczne ognie [ʃtutʃnɛ ɔgɲɛ]
Flohmarkt	pchli targ [pxlˌi tark]
Grillfest	grillowanie [grilɔvaɲɛ]
Jahrmarkt	jarmark [jarmark]
Karneval	karnawał [karnavaw]
Kirmes	wesołe miasteczko [vɛsɔwɛ mˌastɛtʃkɔ]
Messe	targi [tarɟ]
Prozession	procesja [prɔtsɛsja]
Umzug	pochód [pɔxut]
Zirkus	cyrk [tsɨrk]

EINEN AUSFLUG MACHEN

Wo fahren wir los?
Skąd odjeżdżamy? [skɔnt ɔdjɛʒʤamɨ]

Wann treffen wir uns?
Kiedy się spotkamy? [cɛdɨ ɕɛ spɔtkamɨ]

Besichtigen wir auch ...?
Czy zwiedzimy też...? [tʃɨ zvjɛʥimɨ tɛʃ]

Ausflug	wycieczka [vɨtɕɛtʃka]
Aussichtspunkt	miejsce widokowe [mˌɛjstsɛ vˌidɔkɔvɛ]; punkt widokowy [pũ kt vˌidɔkɔvɨ]
Berg	góra [gura]
Bergdorf	wieś *f* górska [vˌɛɕ gurska]
Botanischer Garten	ogród botaniczny [ɔgrut bɔtaɲitʃnɨ]
Deich	grobla [grɔbla]
Felswand	ściana skalna [ɕtɕana skalna]
Fluss	rzeka [ʒɛka]
Freilichtmuseum	skansen [skansɛn]
Gebirge	góry *pl* [gurɨ]
Gipfel	szczyt [ʃtʃɨt]
Grotte	grota [grɔta]
Heide	łąka [wɔ̃ka]; wrzosowisko [vʒɔsɔvˌiskɔ]
Hinterland	głąb kraju [gwɔmp kraju]
Höhle	jaskinia [jasciɲa]; grota [grɔta]
Inselrundfahrt	wycieczka po wyspie [vɨtɕɛtʃka pɔ vɨspˌiɛ]
Landschaft	pejzaż [pɛjzaʃ]
Lava	lawa [lava]
Leuchtturm	latarnia morska [latarɲa mɔrska]
Markt	rynek [rɨnɛk]
Museumsdorf	skansen [skansɛn]
Nationalpark	park narodowy [park narɔdɔvɨ]
Naturschutzgebiet	rezerwat przyrody [rɛzɛrvat pʃɨrɔdɨ]
Pass	wąwóz [vɔ̃vus]; przełęcz *f* [pʃɛwɛntʃ]
Quelle	źródło [ʑrudwɔ]
Rundfahrt	wycieczka [vɨtɕɛtʃka]
Schlucht	wąwóz [vɔ̃vus]
See	*(Binnengewässer)* jezioro [jɛʑɔrɔ]
Meer	morze [mɔʒɛ]
Sternwarte	obserwatorium astronomiczne [ɔpsɛrvatɔrˌjum astrɔnɔmˌitʃnɛ]
Sumpf	bagno [bagnɔ]
Tagesausflug	wycieczka jednodniowa [vɨtɕɛtʃka jɛdnɔdɲɔva]
Tal	dolina [dɔlˌina]
Tropfsteinhöhle	grota wapienna [grɔta vapˌɛnna]
Umgebung	okolica [ɔkɔlˌitsa]
Wald	las [las]
Waldbrand	pożar lasu [pɔʒar lasu]
Wallfahrtsort	miejsce pielgrzymkowe [mˌɛjstsɛ pˌɛlgʒɨmkɔvɛ]
Wasserfall	wodospad [vɔdɔspat]
Wildpark	zwierzyniec [zvjɛʒɨɲɛts]
Zoo	ogród zoologiczny [ɔgrut zɔɔlɔɟitʃnɨ]; zoo [zɔɔ]

Sport und Wellness

Wann ist Flut?

Es gibt Fragen, die nicht groß zur Bildung beitragen. Dennoch sind sie ausgesprochen wertvoll. Insbesondere vor einem Ausflug in Ebbegebiete.

Für jeden etwas

Trotz steigender Auslandsreisen machen viele Polen Urlaub im eigenen Land. Großer Popularität als Reiseziel erfreuen sich die Ostseeküste, die Berge im Süden und die Masurischen Seen. Ein Aufenthalt an der Ostsee ist natürlich im Sommer interessant: Die Halbinsel **Hel** ist ein Mekka für Surfer, und **Sopot** (*Zoppot*) mit seiner 516 Meter weit ins Meer reichenden Mole ist einer der beliebtesten Kurorte, von dem aus die prächtige Hafenstadt **Gdańsk** (*Danzig*) schnell zu erreichen ist. Berühmt ist auch der Bade- und Kurort **Kołobrzeg** (*Kolberg*). Von dort aus kann man zum Beispiel einen Tagesausflug zur 30 Meter hohen Wanderdüne im **Słowiński Nationalpark** (bei **Łeba** und **Rowy**) unternehmen. Und wer unversehrte Natur und Ruhe schätzt, dem sei ein Urlaub an den Masurischen Seen empfohlen. Der Aufenthalt im Gebirge ist sowohl im Sommer für Wanderer als auch im Winter für Skifans ein Genuss. Beliebte Skiorte sind **Zakopane**, **Karpacz** und **Szklarska Poręba**.

BADEURLAUB MACHEN

Entschuldigen Sie bitte, gibt es hier ein ...
Przepraszam, czy jest tu... [pʃɛpraʃam, tʃɨ jɛst tu]

- ***Schwimmbad/Freibad?***
  basen/kąpielisko? [basɛn/kɔmpˌɛliskɔ]
- ***Hallenbad?***
  kryty basen? [krɨtɨ basɛn]

Eine Eintrittskarte, bitte!
Proszę bilet. [prɔʃɛ bˌilɛt]

Können Sie mir bitte sagen, wo die ... sind?
Proszę mi powiedzieć, gdzie są... [prɔʃɛ m,i pɔvjɛʥɛʨ, gʥɛ sɔ̃]

- ***Duschen***
  prysznice? [priʃɲitsɛ]
- ***Umkleidekabinen***
  przebieralnie? [pʃɛb,iɛralɲɛ]

Ist der Strand ...
Czy ta plaża jest... [ʧi ta plaʒa jɛst]

- ***sandig?***
  piaszczysta? [p,jaʃʧista]
- ***steinig?***
  kamienista? [kam,ɛɲista]

Tylko dla pływających!	Nur für Schwimmer!
Skoki do wody wzbronione!	Hineinspringen verboten!
Kąpiel wzbroniona!	Baden verboten!
Niebezpieczne prądy!	Gefährliche Strömung!

Gibt es hier Seeigel/Quallen/Algen?
Czy są tutaj jeżowce/meduzy/algi? [ʧi sɔ̃ tutaj jɛʒɔftsɛ/mɛduzi/alɟi]

Ist die Strömung stark?
Czy prąd jest silny? [ʧi prɔnt jɛst ɕilni]

Können Sie mir sagen, ob es für Kinder gefährlich ist?
Przepraszam, czy to niebezpieczne dla dzieci?
[pʃɛpraʃam, ʧi tɔ ɲɛbɛsp,ɛʧnɛ dla ʥɛʨi]

Wann ist Ebbe/Flut?
Kiedy jest odpływ/przypływ? [cɛdi jɛst ɔtpwif/pʃipwif]

Ich möchte ... mieten.
Chciałbym/chciałabym wypożyczyć...
[xʨawbim/xʨawabim vipɔʒiʧiʨ]

- ***einen Liegestuhl***
  leżak. [lɛʒak]
- ***einen Sonnenschirm***
  parasol przeciwsłoneczny. [parasɔl pʃɛʨifswɔnɛʧni]
- ***ein Boot***
  łódkę. [wutkɛ̃]
- ***ein Paar Wasserski***
  narty wodne. [narti vɔdnɛ]

Was kostet das pro Stunde/pro Tag?
Ile to kosztuje na godzinę/dzień? [ilɛ tɔ kɔʃtujɛ na gɔʥinɛ̃/ʥɛɲ]

Bademeister	ratownik kąpielowy [ratɔvɲik kɔ̃pˌɛlɔvɨ]
Beachvolleyball	siatkówka plażowa [ɕatkufka plaʒɔva]
FKK-Strand	plaża dla nudystów [plaʒa dla nudɨstuf]
Kinderbecken	basen dla dzieci [basɛn dla ʥɛʨi]
Liegewiese	trawnik do leżenia [travɲik dɔ lɛʒɛɲa]
Luftmatratze	materac turystyczny [matɛrats turɨstɨʧnɨ]
Planschbecken	brodzik [brɔʥˌik]
schwimmen	pływać [pwɨvaʨ]
Schwimmer	pływak [pwɨvak]
Schwimmflossen	płetwy [pwɛtfɨ]
Schwimmflügel	motylki [motɨlci]
Schwimmring	koło ratunkowe [kɔwɔ ratunkɔvɛ]
Spielplatz	plac zabaw [plats zabaf]
Tretboot	rower wodny [rɔvɛr vɔdnɨ]
Windschirm	parawan [paravan]; wiatrochron [vˌatrɔxrɔn]

AKTIV WERDEN

Welche Sportmöglichkeiten gibt es hier?
Jaki sport można tu uprawiać? [jaci spɔrt mɔʒna tu upravˌaʨ]

Gibt es hier ...
Czy jest tu... [ʧɨ jɛst tu]

- ***einen Golfplatz?***
  pole golfowe? [pɔlɛ gɔlfɔvɛ]
- ***einen Tennisplatz?***
  kort tenisowy? [kɔrt tɛɲisɔvɨ]

Können Sie mir bitte sagen, wo man hier angeln/gut wandern kann?
Proszę mi powiedzieć, gdzie tu można łowić ryby/wędrować?
[prɔʃɛ mˌi pɔvjɛʥɛʨ,gʥɛ tu mɔʒna wɔvˌiʨ rɨbɨ/vɛndrɔvaʨ]

Wo kann ich ... ausleihen?
Gdzie mogę wypożyczyć... ? [gʥɛ mɔgɛ vɨpɔʒɨʧɨʨ]

Ich möchte einen ...kurs für Anfänger/Fortgeschrittene machen.
Chciałbym/chciałabym zrobić kurs... dla początkujących/
zaawansowanych. [xʨawbɨm/xʨawabɨm zrɔbˌiʨ kurs...
dla pɔʧɔntkujɔ̃tsɨx/zaavansɔvanɨx]

Darf ich mitspielen?
Czy mogę też zagrać? [ʧɨ mɔgɛ̃ tɛʃ zagraʨ]

Möchten Sie/Möchtest du mitspielen?
Czy chce pan/pan/chcesz się przyłączyć?
[ʧɨ xtsɛ pan/paɲi/xtsɛʃ ɕɛ̃ pʃɨwɔnʧɨʨ]

Das wäre toll!
To świetnie! [tɔ ɕfˌiɛtɲɛ]

Eintrittskarte	bilet wstępu [bˌilɛt fstɛmpu]
gewinnen	wygrywać/wygrać [vɨgrɨvatɕ/vɨgratɕ]
Kasse	kasa [kasa]
Niederlage	porażka [pɔraʃka]
Rennen	wyścig [viɕtɕik]; wyścigi *pl* [viɕtɕiɟi]
Schiedsrichter	sędzia *m* [sɛɲdʑa]; arbiter [arbˌitɛr]
Sieg	zwycięstwo [zvɨtɕɛ̃stfɔ]
Spiel	mecz [mɛtʃ]; gra [gra]
Sportplatz	boisko [bɔiskɔ]
Stadion	stadion [stadjɔn]
unentschieden	remis [rɛmˌis]
verlieren	przegrywać/przegrać [pʃɛgrɨvatɕ/pʃɛgratɕ]
Wettkampf	zawody *pl* [zavɔdɨ]; mecz [mɛtʃ]

Wassersport

Bootsführerschein	patent żeglarski [patɛnt ʒɛglarsci]
Canyoning	kajakarstwo górskie [kajakarstfɔ gurscɛ]
Gerätetauchen	nurkowanie z akwalungiem [nurkɔvaɲɛ s͜ akfaluŋɟɛm]
Harpune	harpun [xarpun]
Hausboot	barka mieszkalna [barka mjɛʃkalna]
Kanu	kanu *nt* [kanu]
Motorboot	motorówka [mɔtɔrufka]
Neoprenanzug	kombinezon piankowy [kɔmbˌinɛzɔn pˌaŋɔvɨ]; pianka *fam* [pˌaŋka]
Paddelboot	kajak [kajak]
paddeln	pływać kajakiem [pwɨvatɕ kajacɛm]
Rafting	rafting [raftiŋk]
Regatta	regaty *pl* [rɛgatɨ]
Ruder	wiosło [vˌɔswɔ]
Ruderboot	łódź *f* z wiosłami [wutɕ z͜ vˌɔswamˌi]
rudern	wiosłować [vˌɔswɔvatɕ]
Sauerstoffgerät	butla z tlenem [butla s͜ tlɛnɛm]
Schlauchboot	ponton [pɔntɔn]
Schnorchel	rurka do oddychania [rurka dɔ ɔddɨxaɲa]; fajka *fam* [fajka]
schnorcheln	nurkować z fajką [nurkɔvatɕ s͜ fajkɔ̃]
Segelboot	żaglówka [ʒaglufka]
segeln	żeglować [ʒɛglɔvatɕ]
Segeltörn	wyprawa żeglarska [vɨprava ʒɛglarska]
Surfbrett	deska do surfowania [dɛska dɔ sɛrfɔvaɲa]
surfen	surfować [sɛrfɔvatɕ]
tauchen	nurkować [nurkɔvatɕ]
Taucherausrüstung	sprzęt do nurkowania [spʃɛnt dɔ nurkɔvaɲa]

Taucherbrille .... okulary do nurkowania [ɔkulari dɔ nurkɔvaɲa]
Wasserski .... narty wodne [nartɨ vɔdnɛ]
Wasserski fahren .... jeździć na nartach wodnych [jɛʑdʑitɕ na nartax vɔdnɨx]
Wasserskooter .... skuter wodny [skutɛr vɔdnɨ]
windsurfen .... uprawiać windsurfing [upravjatɕ wintsɛrfiŋg]
Windrichtung .... kierunek wiatru [cɛrunɛk vˌatru]

Abtauchen

Für erfahrene Taucher ist das Tauchen nach Schiffswracks in der Ostsee interessant.
Nähere Informationen finden Sie unter www.kdp-pttk.org.pl

Angeln

Angel .... wędka [vɛntka]
angeln .... wędkować [vɛntkɔvatɕ]
Angelschein .... karta wędkarska [karta vɛntkarska]
Hafenmeisterei .... kapitanat portu [kapitanat pɔrtu]
Hochseeangeln .... wędkowanie na pełnym morzu [vɛntkɔvãɲɛ na pɛwnɨm mɔʒu]
Schonzeiten .... okres ochronny [ɔkrɛs ɔxrɔnnɨ]

Ballspiele

Ball .... piłka [pˌiwka]
Basketball .... koszykówka [kɔʃɨkufka]
Fußball .... piłka nożna [pˌiwka nɔʒna]
Fußballplatz .... boisko do gry w piłkę nożną [bɔiskɔ dɔ grɨf‿pˌiwkɛ nɔʒnɔ̃]
Fußballspiel .... mecz piłki nożnej [mɛtʃ pˌiwci nɔʒnɛj]
Halbzeit .... połowa meczu [pɔwɔva mɛtʃu]]
Handball .... piłka ręczna [pˌiwka rɛntʃna]
Mannschaft .... drużyna [druʒɨna]
Netz .... siatka [ɕatka]
Rugby .... rugby *nt* [rugbɨ]
Tor .... *(Schuss)* gol [gɔl]; bramka [bramka]; *(Pfosten)* bramka [bramka]
Torwart .... bramkarz [bramkaʃ]
Volleyball .... siatkówka [ɕatkufka]

Tennis und Badminton

Badminton	badminton [badmˌintɔn]
Doppel	gra podwójna [gra pɔdvujna]; debel [dɛbɛl]
Einzel	gra pojedyncza [gra pɔjɛdɨntʃa]
Federball	*(Ball)* lotka [lɔtka]; *(Spiel)* kometka [kɔmɛtka]
Schläger	rakietka [racɛtka]
Squash	squash [skwɔʃ]
Tennis	tenis [tɛɲis]
Tennisschläger	rakieta tenisowa [racɛta tɛɲisɔva]
Tischtennis	tenis stołowy [tɛɲis stɔwɔvɨ]

Fitness- und Krafttraining

Aerobic	aerobik [aɛrɔbˌik]
Bodybuilding	kulturystyka [kulturɨstɨka]
Fitnesscenter	siłownia [ɕiwɔvɲa]; klub kulturystyczny [klup kulturɨstɨtʃnɨ]
Gymnastik	gimnastyka [ɟimnastɨka]
Joggen	uprawiać jogging [upravˌatɕ jɔgɟiŋg]; biegać [bˌɛgatɕ]
Jogging	jogging [jɔgɟiŋg]; bieganie [bˌɛgaɲɛ]
Konditionstraining	trening kondycyjny [trɛɲiŋg kɔndɨtsɨjnɨ]
Pilates	pilates [pˌilaɛs]
Spinning®	spinning [spˌiɲing]
Stretching	streching [strɛtʃiŋk]
Wirbelsäulengymnastik	gimnastyka kręgosłupa [ɟimnastɨka krɛ̃gɔswupa]
Zumba®	zumba [zumba]

Radfahren

E-Bike	rower elektryczny [rɔvɛr ɛlɛktrɨtʃnɨ]
Fahrrad	rower [rɔvɛr]
Fahrradhelm	kask [kask]
Fahrradweg	ścieżka rowerowa [ɕtɕɛʃka rɔvɛrɔva]
Flickzeug	łatki *pl* do opon [watci dɔ ɔpɔn]
Handbike	rower (dwu-, trójkołowy) z napędem ręcznym [rɔvɛr dvu, trujkɔwɔvɨ z‿napɛndɛm rɛntʃnɨm]
Luftpumpe	pompka [pɔmpka]
Mountainbike	rower górski [rɔvɛr gursci]
Rad fahren	jeździć na rowerze [jɛʑdʑitɕ na rɔvɛʒɛ]

Radsport	kolarstwo [kɔlarstfɔ]
Radtour	wycieczka rowerowa [vɨtɕɛtʃka rɔvɛrɔva]
Rennrad	rower wyścigowy [rɔvɛr vɨɕtɕigɔvɨ]
Roller	hulajnoga [xulajnɔga]
Schlauch	dętka [dɛntka]
Trekkingrad	rower trekkingowy [rɔvɛr trɛciŋgɔvɨ]

Wandern und Bergsteigen

Ich möchte eine Bergtour machen.
Chciałbym/chciałabym pójść na wycieczkę w góry.
[xtɕawbɨm/xtɕawabɨm pujɕtɕ na vɨtɕɛtʃkɛ v͜guri]

Können Sie mir eine interessante Route auf der Karte zeigen?
Czy może mi pan/pani pokazać na mapie jakąś interesującą trasę?
[tʃɨ mɔʒɛ mˌi pan/paɲi pɔkazatɕ na mapˌɛ jakɔ̃ɕ intɛrɛsujɔ̃tsɔ̃ trasɛ̃]

Führt dieser Weg nach ...?
Czy to droga do...? [tʃɨ tɔ drɔga dɔ]

Ich habe mich verlaufen.
Zgubiłem/-am drogę. [zgubˌiwɛm/-wam drɔgɛ̃]

Bergsteigen	wspinaczka wysokogórska [fspˌinatʃka vɨsɔkɔgurska]
Fernwanderweg	szlak dalekich wędrówek [ʃlak dalɛcix vɛndruvɛk]
Freeclimbing	wspinaczka skałkowa [fspˌinatʃka skawkɔva]
Gehzeiten	czas przejścia [tʃas pʃɛjɕtɕa]
Route	trasa [trasa]; szlak [ʃlak]
Schutzhütte	schronisko [sxrɔɲiskɔ]
Sicherungsseil	lina zabezpieczająca [lˌina zabɛspˌɛtʃajɔ̃tsa]
Tagestour	wycieczka jednodniowa [vɨtɕɛtʃka jɛdnɔdɲɔva]
Trekking	wędrówka górska [vɛndrufka gurska]
Wanderkarte	mapa turystyczna [mapa turɨstɨtʃna]
Wandern	wędrowanie [vɛndrɔvaɲɛ]
wandern	wędrować [vɛndrɔvatɕ]
Wanderweg	szlak turystyczny [ʃlak turɨstɨ tʃnɨ]

Reiten

Ausritt	przejażdżka konna [pʃɛjaʃtʃka kɔnna]
Pferd	koń [kɔɲ]
Polo	polo [pɔlɔ]
reiten	jeździć konno [jɛʑdʑitɕ kɔnnɔ]
Reiterferien	wakacje w siodle [vakatsjɛ f͜ɕɔdlɛ]
Reitschule	szkółka jeździecka [ʃkuwka jɛʑdʑɛtska]

Golf

18-Loch-Platz	pole 18-dołkowe [pɔlɛ ɔɕɛmnastɔ dɔwkɔvɛ]
abschlagen	wybijać [vɨbˌijatɕ]
Clubhaus	budynek klubowy [budɨnɛk klubɔvɨ]
Golf	golf [gɔlf]
Golfclub	klub golfowy [klup gɔlfɔvɨ]
Golfschläger	kij golfowy [cij gɔlfɔvɨ]
Greenfee	greenfee [grinfˌi]; opłata za grę [ɔpwata za grɛ̃]
Parcours	parcours [parkur]; pole golfowe [pɔlɛ gɔlfɔvɛ]

Flugsport

Aufstieg	wzlot [vzlɔt]
Drachenfliegen	latanie lotnią [lataɲɛ lɔtɲɔ̃]
Fallschirmspringen	skoki *pl* spadochronowe [skɔci spadɔxrɔnɔvɛ]
Gleitschirm	paralotnia [paralɔtɲa]
Heißluftballon	balon na gorące powietrze [balɔn na gɔrɔntsɛ pɔvjɛtʃɛ]
Paragliding	paralotniarstwo [paralɔtɲarstfɔ]
Schleppschirm	*(am Strand)* parasailing [parasajliŋ]
Segelfliegen	latanie szybowcem [lataɲɛ ʃibɔftsɛm]
Weltumrundung	podróż dookoła świata [pɔdruʃ dɔɔkɔwa ɕvˌata]

Winterurlaub

Wo kann ich Skier ausleihen?
Gdzie mogę wypożyczyć narty? [gʥɛ mɔgɛ̃ vɨpɔʒɨtʃɨtɕ nartɨ]

Ich möchte Skier und Skistiefel ausleihen.
Chciałbym/chciałabym wypożyczyć narty z butami.
[xtɕawbɨm/xtɕawabɨm vɨpɔʒɨtʃɨtɕ nartɨ s‿butami]

Eine Tageskarte, bitte.
Poproszę karnet na cały dzień. [pɔprɔʃɛ karnɛt na tsawɨ ʥɛɲ]

Wie viele Punkte kostet dieser Skilift?
Ile punktów kosztuje ten wyciąg? [ilɛ puŋktuf kɔʃtujɛ tɛn vɨtɕɔ̃k]

Um wie viel Uhr ist die letzte Bergfahrt/Talfahrt?
O której godzinie jest ostatni wjazd (na górę)/zjazd (na dół).
[ɔ kturɛj gɔʥiɲɛ jɛst ɔstatɲi vjast (na gurɛ̃)/zjast (na duw)]

Babylift	wyciąg dla dzieci [vɨtɕɔ̃k dla dʑɛtɕi]
Bergstation	stacja górna [statsja gurna]
Curling	curling [karlˌiɲ]
Eisbahn	tor lodowy [tɔr lɔdɔvɨ]
Eishockey	hokej na lodzie [hɔkɛj na lɔdʑɛ]
Eislauf	jazda na łyżwach [jazda na wɨʒvax]
Langlaufski	narty biegowe [nartɨ bjɛgɔvɛ]; biegówki *fam* [bjɛgufci]
Loipe	trasa biegu [trasa bjɛgu]
Mittelstation	stacja pośrednia [statsja pɔɕrɛdɲa]
Pulverschnee	puch śnieżny [pux ɕɲɛʒnɨ]
Schlepplift	wyciąg orczykowy [vɨtɕɔŋg ɔrtʃɨkɔvɨ]
Schlitten	sanki *pl* [sanci]
Schlitten fahren	jeździć na sankach [jɛʑdʑitɕ na saŋkax]
Schlittschuhe	łyżwy [wɨʒvɨ]
Seilbahn	kolejka linowa [kɔlɛjka lˌinɔva]
Sessellift	wyciąg krzesełkowy [vɨtɕɔŋk kʃɛsɛwkɔvɨ]
Ski	narty *pl* [nartɨ]
Ski alpin	narciarstwo alpejskie [nartɕarstfɔ alpɛjscɛ]
Ski laufen	jeździć na nartach [jɛʑdʑitʃ na nartax]
Skibindung	wiązania *pl* narciarskie [vˌɔ̃zaɲa nartɕarscɛ]
Skibrille	gogle *pl* [gɔglɛ]; okulary *pl* narciarskie [ɔkularɨ nartɕarscɛ]
Skikurs	kurs narciarski [kurs nartɕarsci]
Skilehrer/in	instruktor/ka narciarstwa [instruktɔ/ka nartɕarstfa]
Skistöcke	kijki do nart [cijci dɔ nart]
Snowboard	snowboard [snɔwbɔrt]
Tagespass	karnet jednodniowy [karnɛt jɛdnɔdɲɔvɨ]
Talstation	stacja dolna [statsja dɔlna]
Wochenpass	karnet tygodniowy [karnɛt tɨgɔdɲɔvɨ]

Sonstige Sportarten

Boulespiel	gra w bule [gra v‿bulɛ]; petanka [pɛtaŋka]
Bowling	bowling [bɔwliŋ]
Bungeejumping	skoki na bungee [skɔci na bandʒi]
Inliner	rolkarz [rɔlkaʃ]
Inline skaten	jeździć na rolkach [jɛʑdʑitɕ na rɔlkax]
Kegeln	gra w kręgle [gra f‿krɛŋglɛ]
Leichtathletik	lekkoatletyka [lɛkkɔatlɛtɨka]
Minigolf	minigolf [mˌiɲigɔlf]

Rollschuh	wrotki *pl* [vrɔtci]
Skateboard	deskorolka [dɛskɔrɔlka]
Skateboard fahren	jeździć na deskorolce [jɛʑdʑitɕ na dɛskɔrɔltsɛ]
Slacklining	slacklining [slaklajning]

WELLNESS

Wie viele Anwendungen bekomme ich noch?
Ile zabiegów jeszcze dostanę? [ilɛ zabˌɛguf jɛʃtʃɛ dɔstanɛ̃]

Ich möchte noch einige zusätzliche ...
Chciałbym/Chciałabym jeszcze dodatkowe... [xtɕawbɨm/xtɕawabɨm jɛʃtʃɛ dɔdatkɔvɛ]

Könnte ich einen anderen Termin bekommen?
Czy mógłby/mogłaby pan/pani mi dać inny termin? [tʃɨ mugwbɨ/mɔgwabɨ pan/paɲi mˌi datɕ innɨ tɛrmˌin]

Machen Sie auch eine ...?
Czy pan/pani robi też...? [tʃɨ pan/paɲi robˌi tɛʃ]

Ich möchte ... Produkte.
Poproszę produkty... [pɔprɔʃɛ̃ prɔduktɨ]

- ***parfümfreie***
  nieperfumowane. [ɲɛpɛrfumɔvane]
- ***allergiegetestete***
  alergologiczne. [alɛrɟɔlɔɟitʃne]
- ***tierversuchsfreie***
  nie testowane na zwierzętach. [ɲɛ tɛstɔvane na zvˌɛʒɛntax]

Akupressur	akupresura [akuprɛsura]
Akupunktur	akupunktura [akupunktura]
Aquajogging	aqua-jogging [akua-tʃɔgiɲk]
Aromabad	kąpiel aromatyczna [kɔ̃pˌɛl arɔmatɨtʃna]
Aromatherapie	aromaterapia [arɔmatɛrapja]
Augenbrauen färben	farbowanie brwi [farbɔvaɲɛ brvˌi]
Ayurveda	ayurveda [ajurvɛda]
Bäder	łaźnie [waʑɲe]
Beautybehandlung	zabieg kosmetyczny [zabˌɛk kɔsmɛtɨtʃnɨ]
Behandlung	zabieg [zabˌɛk]
Dampfbad	łaźnia parowa [waʑɲa parɔva]
– römisches ~	rzymska [ʃɨmska]
– Hamam	łaźnia turecka [waʑɲa turɛtska]; hammam [xamam]
Diätkost	dania dietetyczne [daɲa djɛtɛtɨtʃnɛ]
entschlacken, entgiften	oczyszczać organizm [ɔtʃɨʃtʃatɕ ɔrgaɲzm]

Fango	fango [fangɔ]
Fuß(reflexzonen) massage	masaż (reflektoryczny) stóp [masaʃ (rɛflɛktɔrɨtsnɨ) stup]
Ganzkörpermassage	masaż całego ciała [masaʃ tsawɛgɔ tɕawa]
Gesichtsbehandlung	zabieg kosmetyczny twarzy [zabˌɛk kɔsmɛtɨtʃnɨ tfaʃɨ]
Gesichtsgymnastik	gimnastyka twarzy [ɟimnastɨka tfaʃɨ]
Hautstraffung	zabiegi ujędrniające [zabˌɛgi ujɛ̃drɲajɔntsɛ]
Heilbad	kąpiel lecznicza [kɔ̃pˌɛl lɛtʃɲitʃa]
Heilfasten	kuracja głodowa [kuratsja gwɔdɔva]
Heubad	kąpiel sienna [kɔ̃pˌɛl ɕɛnna]
Kneippanwendung	zabiegi Kneippa [zabˌɛgi knajppa]
Körperpackung	zabiegi na ciało [zabˌɛgi na tɕawɔ]
Kurtaxe	opłata uzdrowiskowa [ɔpwata uzdrɔviskɔva]
Licht- und Elektrotherapie	światłolecznictwo i elektroterapia [ɕfjatwɔlɛtʃɲitstfɔ i ɛlɛktrɔtɛrapja]
Lymphdrainage	drenaż limfatyczny [drɛnaʃ lˌimfatɨtʃnɨ]
Maniküre	manikiur [maɲikjur]
Massage	masaż [masaʃ]
Meditation	medytacja [mɛdɨtatsja]
Pediküre	pedikiur [pɛdikjur]
Peeling	peeling [pˌiliŋk]
Sauna	sauna [sawna]
– finnische ~	fińska [fiɲska]
Schwimmbad	basen [basɛn]
Solarium	solarium *nt* [sɔlarˌjum]
Thalasso	thalasso [talaso]
Therapie	terapia [tɛrapja]
Thermalbad	kąpiel lecznicza [kɔ̃pˌɛl lɛtʃɲitʃa]
Wellenbad	basen z falami [basɛn z falamˌi]
Whirlpool	hydromasaż [hɨdrɔmasaʃ]
Wimpern färben	fabowanie rzęs [farbɔvaɲɛ ʒɛ̃s]
Yoga	joga [jɔga]

KREATIV WERDEN

Ich möchte ... belegen.
Chciałbym/Chciałabym zapisać się na...
[xtɕawbɨm/xtɕawabɨm zapˌisatɕ ɕɛ̃ na]

- ***einen Töpferkurs***
  kurs garncarstwa. [kurs garntsarstfa]
- ***einen Sprachkurs***
  kurs językowy. [kurs jɛ̃zɨkɔvɨ]
- ***einen Kochkurs***
  kurs gotowania. [kurs gɔtɔvaɲa]

Wie viele Stunden sind pro Tag vorgesehen?
Ile jest przewidzianych godzin dziennie?
[ilɛ jɛst pʃɛvˌidʑaniх gɔdʑin dʑɛɲɛ]

Ist die Teilnehmerzahl begrenzt?
Czy liczba uczestników jest ograniczona?
[tʃɨ lˌitʃba utʃɛstɲikuf jɛst ɔgraɲitʃɔna]

Sind Vorkenntnisse erforderlich?
Czy wymagana jest podstawowa wiedza?
[tʃɨ vɨmagana jɛst pɔtstavɔva vjɛdza]

Bis wann muss man sich anmelden?
Do kiedy należy się zgłosić? [dɔ cedɨ nalɛʒɨ ɕɛ zgwɔɕitɕ]

Sind die Materialkosten inklusive?
Czy materiały do nauki wliczone są w cenę?
[tʃɨ matɛrjawɨ dɔ nawci vlˌitʃɔnɛ sɔ̃ f‿tsɛnɛ̃]

Was ist mitzubringen?
Co powinienem/powinnam przynieść ze sobą?
[tsɔ pɔvˌiɲɛnɛm/pɔvˌinnam pʃɨɲɛɕtɕ zɛ sɔbɔ̃]

Aktzeichnen	rysowanie aktów [rɨsɔvaɲɛ aktuf]
Aquarellmalen	malowanie akwarelami [malɔvaɲɛ akfarɛlamˌi]
Bauchtanz	taniec brzucha [taɲɛts bʒuxa]
Fotografieren	fotografowanie [fɔtɔgrafɔvaɲɛ]
Goldschmieden	złotnictwo [zwɔtɲitstfɔ]
Holzwerkstatt	stolarnia [stɔlarɲa]
Kochen	gotowanie [gɔtɔvaɲɛ]
Kurs	kurs [kurs]
Malen	malowanie [malɔvaɲɛ]
Ölmalerei	malarstwo olejne [malarstfɔ ɔlɛjnɛ]
Schauspielworkshop	warsztaty teatralne [warʃtatɨ tɛatralnɛ]
Seidenmalerei	malowanie na jedwabiu [malɔvaɲɛ na jɛdvabˌu]
Sprachkurs	kurs językowy [kurs jɛ̃zɨkɔvɨ]
Tanztheater	teatr tańca [tɛatr taɲtsa]
Theatergruppe	grupa teatralna [grupa tɛatralna]
Trommeln	gra na bębnie [gra na bɛ̃bɲɛ]
Workshop	warsztaty [warʃtatɨ]

Shoppen und Einkaufen

Wie viel kostet das?

Mit dieser Frage können Sie Überraschungen vermeiden. Insbesondere die unangenehmen.

Was das Herz begehrt

Auch in Polen erfreuen sich Einkaufszentren inzwischen großer Beliebtheit. Hier können Sie nicht nur alles kaufen, sondern auch Ihre Freizeit verbringen, etwa mit einem Restaurant- oder Kinobesuch. Die Zentren sind sonntags geöffnet. Populär sind auch Märkte in den Vororten der Großstädte, wo man Billigwaren aller Art erstehen kann.

FRAGEN FÜR DIE EINKAUFSTOUR

Ich suche ...

Ich suche ...
Szukam... [ʃukam]

Ich möchte ...
Chciałbym/chciałabym... [xtɕawbɨm/xtɕawabɨm]

Werden Sie schon bedient?
Czym mogę służyć? [tʃɨm mɔgɛ swuʒɨtɕ]

Danke, ich sehe mich nur um.
Dziękuję, oglądam tylko. [dʑɛŋkujɛ̃, ɔglɔndam tɨlkɔ]

Haben Sie ...?
Czy ma pan/pani...? [tʃɨ ma pan/paɲi]

Darf es sonst noch etwas sein?
Czy coś jeszcze? [tʃɨ tsɔɕ jɛʃtʃɛ]

Handeln und kaufen

Wie viel kostet das?
Ile to kosztuje? [ilɛ tɔ kɔʃtujɛ]

Das ist aber teuer!
Ale drogo! [alɛ drɔgɔ]

Geben Sie einen Rabatt?
Czy daje pan/pani jakiś rabat? [tʃɨ dajɛ pan/paɲi jaciɕ rabat]

Gut, ich nehme es.
Dobrze, wezmę to. [dɔbʒɛ, vɛzmɛ tɔ]

Nehmen Sie Kreditkarten?
Czy przyjmuje pan/pani zapłatę kartą?
[tʃɨ pʃɨjmujɛ pan/paɲi zapwatɛ kartɔ̃]

Reklamieren

Ich möchte das bitte zurückgeben
Chciałbym/chciałabym to zwrócić. [xtɕawbɨm/xtɕawabɨm tɔ zvrutɕitɕ]

Es ist beschädigt/kaputt.
To jest uszkodzone/zepsute! [tɔ jɛst uʃkɔʥɔnɛ/zɛpsutɛ]

Ich möchte bitte mein Geld zurück!
Proszę o zwrot gotówki. [prɔʃɛ̃ ɔ zvrɔt gɔtufki]

Kann ich das umtauschen?
Czy mogę to wymienić? [ʧɨ mɔgɛ̃ tɔ vɨmˌɛɲitɕ]

GESCHÄFTE

Rund um die Uhr

Die Ladenöffnungszeiten sind sehr kundenorientiert. Viele Geschäfte sind an sieben Tagen in der Woche geöffnet. Es gibt viele Läden, die die ganze Nacht über Lebensmittel und Alkohol verkaufen (**sklep całodobowy**). Die großen Einkaufszentren sind täglich bis 22 Uhr geöffnet, manche noch länger. Die genauen Öffnungszeiten finden Sie in der lokalen Presse.

Entschuldigen Sie bitte, wo finde ich ...?
Przepraszam, gdzie znajdę...? [pʃɛpraʃam, gʥɛ znajdɛ̃]

Antiquitätengeschäft antykwariat [antɨkfarjat]
Apotheke apteka [aptɛka]
Bäckerei piekarnia [pˌɛkarɲa]
Bioladen sklep ze zdrową żywnością [sklɛp zɛ zdrɔvɔ̃ ʒɨvnɔɕtɕɔ̃]
Blumengeschäft kwiaciarnia [kf‿jatɕarɲa]
Buchhandlung księgarnia [kɕɛ̃garɲa]
Computerfachgeschäft sklep komputerowy [sklɛp kɔmputɛrɔvɨ]
Drogerie drogeria [drɔgɛr‿ja]
Elektrohandlung sklep z artykułami elektrycznymi [sklɛp z‿artɨkuwamˌi ɛlɛktrɨtʃnɨmˌi]
Feinkostgeschäft delikatesy *pl* [dɛlˌikatɛsɨ]
Fischgeschäft sklep rybny [sklɛp rɨbnɨ]
Flohmarkt pchli targ [pxlˌi tark]
Fotogeschäft sklep z artykułami fotograficznymi [sklɛp z‿ artɨkuwamˌi fɔtɔgrafˌitʃnɨmˌi]
Friseur fryzjer [frɨzjɛr]
Handyladen sklep sieci telefonii komórkowej [sklɛp ɕɛtɕi tɛlɛfɔɲi kɔmurkɔvɛj]
Juwelier jubiler [jubˌilɛr]
Kaufhaus dom towarowy [dɔm tɔvarɔvɨ]
Konditorei cukiernia [tsucɛrɲa]
Kunsthändler galeria [galɛrja]
Lebensmittelgeschäft sklep spożywczy [sklɛp spɔʒɨftʃɨ]
Lederwarengeschäft sklep z wyrobami ze skóry [sklɛp z‿vɨrɔbamˌi zɛ skurɨ]
Markt targ [tark]
Metzgerei sklep mięsny [sklɛp mˌɛ̃snɨ]; rzeźnik *fam* [ʒɛʑɲik]
Obst- und Gemüsehändler sklep warzywniczy [sklɛp vaʒɨvɲitʃɨ]
Optiker optyk [ɔptɨk]
Parfümerie perfumeria [pɛrfumɛr‿ja]
Reformhaus sklep ze zdrową żywnością [sklɛp zɛ zdrɔvɔ̃ ʒɨvnɔɕtɕɔ̃]
Reinigung pralnia chemiczna [pralɲa xɛmˌitʃna]
Reisebüro biuro podróży [b‿jurɔ pɔdruʒɨ]
Schneider/in krawiec/krawcowa [kravˌɛts/kraftsɔva]
Schreibwarengeschäft sklep papierniczy [sklɛp papˌɛrɲitʃɨ]
Schuhgeschäft sklep obuwniczy [sklɛp ɔbuvɲitʃɨ]
Schuhmacher szewc [ʃɛfts]
Souvenirladen sklep z pamiątkami [sklɛp s‿pamˌiɔntkamˌi]
Spielwarengeschäft sklep z zabawkami [sklɛp z‿zabafkamˌi]
Spirituosengeschäft sklep monopolowy [sklɛp mɔnɔpɔlɔvɨ]
Sportartikel artykuły sportowe [artɨkuwɨ spɔrtɔvɛ]

Supermarkt	supermarket [supɛrmarkɛt]
Süßwarengeschäft	sklep ze słodyczami [sklɛp zɛ swɔdɨʧamˌi]
Tabakladen	kiosk z papierosami [kˈjɔsk s‿papˌɛrɔsamˌi]
Trödler	handlarz starzyzną [xandlaʃ staʒɨznɔ̃]
Uhrmacher	zegarmistrz [zɛgarmˌisʧ]
Wäscherei	pralnia [pralɲa]
Waschsalon	salon pralniczy [salɔn pralɲiʧɨ]
Weinhandlung	sklep z winem [sklɛp z‿vˌinɛm]
Zeitungshändler	kiosk z gazetami [kjɔsk z‿gazɛtamˌi]

LEBENSMITTEL KAUFEN

Was darf es sein?
Czym mogę służyć? [ʧɨm mɔgɛ swuʒɨʨ]

Geben Sie mir bitte ...
Proszę... [prɔʃɛ̃]

- ***ein Kilo ...***
  kilogram... [cilɔgram]
- ***10 Scheiben ...***
  10 plasterków... [ʥɛɕɛɲʨ plastɛrkuf]
- ***ein Stück von ...***
  kawałek... [kavawɛk]
- ***eine Packung ...***
  paczkę... [paʧkɛ̃]
- ***ein Glas ...***
  słoik... [swɔik]
- ***eine Dose ...***
  puszkę... [puʃkɛ̃]
- ***eine Flasche ...***
  butelkę... [butɛlkɛ̃]
- ***eine Einkaufstüte.***
  torebkę plastikową. [tɔrɛpkɛ plastˌikɔvɔ̃];
  reklamówkę. [rɛklamufkɛ̃]

Bitte schneiden Sie es in Scheiben.
Proszę pokroić w plastry. [prɔʃɛ pɔkrɔiʨ f‿plastrɨ]

Darf es auch etwas mehr sein?
Czy może być trochę więcej? [ʧɨ mɔʒɛ bɨʨ trɔxɛ vˌɛntsɛj]

Darf es noch etwas sein?
Czy coś jeszcze? [ʧɨ tsɔɕ jɛʃʧɛ]

Danke, das ist alles.
Dziękuję, to wszystko. [ʥɛŋkujɛ̃, tɔ fʃɨstkɔ]

Was ist das?
Co to jest? [tsɔ tɔ jɛst]

Kann ich es probieren?
Czy mogę spróbować? [tʃɨ mɔgɛ̃ sprubɔvatɕ]

Verkaufen Sie ...?
Czy mają Państwo w sprzedaży...? [tʃɨ majɔ̃ paɲstfɔ f‿spʃɛdaʃɨ]

- ***Bioprodukte***
  produkty ekologiczne [prɔduktɨ ɛkologitʃnɛ]
- ***Produkte aus der Region***
  produkty regionalne [prɔduktɨ rɛɟɔnalnɛ]

abgelaufen	nieważny [ɲɛvaʒnɨ]
Haltbarkeit	przydatność do spożycia [pʃɨdatnɔɕtɕ dɔ spɔʒɨtɕa]
ohne Konservierungsstoffe	bez konserwantów [bɛs kɔnsɛrvantuf]

Obst — owoce

Ananas	ananas [ananas]
Äpfel	jabłka [japka]
Apfelsinen	pomarańcze [pɔmaraɲtʃɛ]
Aprikosen	morele [mɔrɛlɛ]
Bananen	banany [bananɨ]
Birnen	gruszki [gruʃci]
Brombeeren	jeżyny [jɛʒɨnɨ]
Datteln	daktyle [daktɨlɛ]
Erdbeeren	truskawki [truskafci]
Feigen	figi [fˌiɟi]
Grapefruit	grejpfruty *pl* [grɛjfrutɨ]
Kirschen	wiśnie [vˌiɕɲɛ]; czereśnie [tʃɛrɛɕɲɛ]
Kiwi	kiwi *n* [civi]
Kokosnuss	orzech kokosowy [ɔʒɛx kɔkɔsɔvɨ]
Mandarinen	mandarynki [mandarɨnci]
Mandeln	migdały [mˌigdawɨ]
Mango	mango [maŋgɔ]
Melone	melon [mɛlɔn]
– ***Honigmelone***	melon żółty [mɛlɔn ʒuwtɨ]
– ***Wassermelone***	arbuz [arbus]
Nüsse	orzechy [ɔʒɛxɨ]
Obst	owoce *pl* [ɔvɔtsɛ]
Pfirsiche	brzoskwinie [bʒɔskfˌiɲɛ]
Pflaumen	śliwki [ɕlˌifci]
Weintrauben	winogrona [vˌinɔgrɔna]
Zitronen	cytryny [tsɨtrɨnɨ]

Gemüse	warzywa
Artischocken	karczochy [kartʃɔxɨ]
Auberginen	bakłażany [bakwaʒanɨ]
Avocado	awokado [avɔkadɔ]
Blumenkohl	kalafior [kalafˌɔr]
Bohnen	fasola [fasɔla]
– grüne Bohnen	fasolka zielona [fasɔlka ʑɛlɔna]
– weiße Bohnen	fasola biała [fasɔla bjawa]
Chicorée	cykoria [tsɨkɔrˌja]
Erbsen	groch [grɔx]
Fenchel	koper włoski [kɔpɛr vwɔsci]; fenkuł [fɛnkuw]
Gemüse	warzywa *pl* [vaʒɨva]; jarzyny *pl* [jaʒɨnɨ]
Gurke	ogórek [ɔgurɛk]
Karotten	marchew *f* [marxɛf]
Kartoffeln	ziemniaki [ʑɛmɲaci]
Kichererbsen	ciecierzyca [tɕɛtɕɛʒɨtsa]
Knoblauch	czosnek [tʃɔsnɛk]
Kohl	kapusta [kapusta]
Kürbis	dynia [dɨɲa]
Lauch	por [pɔr]
Linsen	soczewica [sɔtʃɛvˌitsa]
Mais	kukurydza [kukurɨʣa]
Oliven	oliwki [ɔlˌifci]
Paprika(schote)	papryka [paprɨka]
Petersilie	pietruszka [pˌɛtruʃka]
Salat	sałata [sawata]
Kopfsalat	sałata zielona [sawata ʑɛlɔna]
Sellerie	seler [sɛlɛr]
Spargel	szparagi [ʃparaɟi]
Spinat	szpinak [ʃpˌinak]
Tomaten	pomidory [pɔmˌidɔrɨ]
Zucchini	cukinia [tsuciɲa]
Zwiebel	cebula *f* [tsɛbula]

Backwaren, Süßwaren ...	pieczywo, słodycze...
Bonbons	cukierki [tsucɛrci]
Brot	chleb [xlɛp]
– Graubrot	chleb ciemny [xlɛp tɕɛmnɨ]
– Schwarzbrot	chleb razowy [xlɛp razɔvɨ]
– Vollkornbrot	chleb pełnoziarnisty [xlɛp pɛwnɔʑarɲistɨ]
– Weißbrot	chleb pszenny [xlɛp pʃɛnnɨ]

Brötchen	bułka [buwka]
- belegtes Brötchen	kanapka [kanapka]
Eis	lody *pl* [lɔdɨ]
Gebäck	pieczywo [pˌɛtʃɨvɔ]
Haferflocken	płatki owsiane [pwatci ɔfɕanɛ]
Honig	miód [mˌjut]
Kaugummi	guma do żucia [guma dɔ ʒutɕa]
Kekse	ciasteczka [tɕastɛtʃka]
Kuchen	ciasto [tɕastɔ]
Marmelade	marmolada [marmɔlada]; dżem [dʒɛm]
Müsli	musli *n* [muslˌi]
Schokolade	czekolada [tʃɛkɔlada]
Schokoriegel	baton czekoladowy [batɔn tʃɛkɔladɔvɨ]
Schokotafel	tabliczka czekolady [tablˌitʃka tʃɛkɔladɨ]
Süßigkeiten	słodycze [swɔdɨtʃɛ]
Toast	tost [tɔst]; grzanka [gʒanka]

Eier und Milchprodukte — jajka i produkty mleczne

Butter	masło [maswɔ]
Buttermilch	maślanka [maɕlaŋka]
Eier	jajka [jajka]
Joghurt	jogurt [jɔgurt]
Käse	ser [sɛr]
- Schafskäse	ser owczy [sɛr ɔftʃɨ]
- Schnittkäse	ser żółty [sɛr ʒuwtɨ]
- Weichkäse	ser typu brie [sɛr tɨpu bri]
- Ziegenkäse	ser kozi [sɛr kɔʑi]
Milch	mleko [mlɛkɔ]
- fettarme Milch	mleko odtłuszczone [mlɛkɔ ɔttwuʃtʃɔnɛ]
Quark	twarożek [tfarɔʒɛk]
Sahne	śmietana [ɕmˌɛtana]
- saure Sahne	kwaśna śmietana [kfaɕna ɕmˌɛtana]
- Schlagsahne	bita śmietana [bˌita ɕmˌɛtana]

Fleisch und Wurstwaren — mięso i wędliny

Aufschnitt	pokrojona wędlina różnego rodzaju [pɔkrɔjɔna vɛndlˌina ruʒnɛgɔ rɔdʑaju]
Fleisch	mięso [mˌɛ̃sɔ]
Gulasch	gulasz [gulaʃ]
Hackfleisch	mięso mielone [mˌɛ̃sɔ mˌɛlɔnɛ]

Hähnchen	kurczak [kurtʃak]
Hammelfleisch	baranina [baraɲina]
Kalbfleisch	cielęcina [tɕɛlɛ̃tɕina]
Kaninchen	królik [krulˌik]
Kotelett	kotlet [kɔtlɛt]
Lammfleisch	jagnięcina [jagɲɛɲtɕna]
Leberpastete	wątrobianka [vɔntrɔbˌanka]
Rindfleisch	wołowina [vɔwɔvˌina]
Salami	salami *n* [salamˌi]
Schinken	szynka [ʃɨnka]
– *gekochter Schinken*	szynka gotowana [ʃɨnka gɔtɔvana]
– *roher Schinken*	szynka wędzona [ʃɨnka vɛndʑɔna]
Schweinefleisch	wieprzowina [vˌjɛpʃɔvˌina]
Wurst	wędlina [vɛndlˌina]
Würstchen	kiełbaski *pl* [cɛwbasci]

Fisch und Meeresfrüchte — ryby i owoce morza

Aal	węgorz [vɛ̃ŋgɔʃ]
Austern	ostrygi [ɔstrɨɟi]
Barsch	okoń [ɔkɔɲ]
Fisch	ryba [rɨba]
Garnelen	krewetki [krɛvɛtci]
Goldbrasse	leszczak [lɛʃtʃak]
Hering	śledź [ɕlɛtɕ]
Krabben	kraby [krabɨ]
Krebs	rak [rak]
Makrele	makrela [makrɛla]
Miesmuscheln	małże [mawʒɛ]
Muscheln	muszle [muʃlɛ]
Schwertfisch	ryba miecz [rɨba mˌɛtʃ]
Seezunge	sola [sɔla]
Thunfisch	tuńczyk [tuɲtʃɨk]
Tintenfisch	kałamarnica [kawamarɲitsa]

Gewürze — przyprawy

Basilikum	bazylia [bazɨlja]
Bohnenkraut	cząber [tʃɔmbɛr]
Chili	chili *nt* [tʃili]
Dill	koperek [kɔpɛrɛk]
Kerbel	trybula [trɨbula]
Knoblauch	czosnek [tʃɔsnɛk]

Koriander	kolendra [kɔlɛndra]
Liebstöckl	lubczyk [luptʃɨk]
Lorbeer	liść laurowy [lˌiɕtɕ lawrɔvɨ]
Majoran	majeranek [majɛranɛk]
Oregano	oregano [ɔrɛganɔ]
Peperoni	peperoni *nt* [pɛpɛrɔɲi]
Petersilie	pietruszka [pˌɛtruʃka]
Pfeffer	pieprz [pˌɛpʃ]
Rosmarin	rozmaryn [rɔzmarɨn]
Salbei	szałwia [ʃawvja]
Schnittlauch	szczypiorek [ʃtʃɨpjɔrek]
Thymian	tymianek [tɨmjanɛk]
Zwiebel	cebula [tsɛbula]

Dies und das — to i owo

Butter	masło [maswɔ]
Essig	ocet [ɔtsɛt]
Gemüsebrühwürfel	kostka rosołowa [kɔstka rɔsɔwova]
Margarine	margaryna [margarɨna]
Mayonnaise	majonez [majɔnɛs]
Mehl	mąka [mɔ̃ka]
Nudeln	makaron [makarɔn]
Öl	olej [ɔlɛj]
Olivenöl	oliwa z oliwek [ɔlˌiva s‿ɔlˌivɛk]
Reis	ryż [rɨʃ]
Salz	sól *f* [sul]
Senf	musztarda [muʃtarda]
Zucker	cukier [tsucɛr]

Getränke — napoje

Apfelsaft	sok jabłkowy [sɔk japkɔvɨ]
Bier	piwo [pˌivɔ]
– alkoholfreies Bier	piwo bezalkoholowe [pˌivɔ bɛsalkɔxɔlɔvɛ]
Champagner	szampan [ʃampan]
Kaffee	kawa [kava]
– koffeeinfreier Kaffee	kawa bezkofeinowa [kava bɛskɔfɛinɔva]
Limonade	lemoniada [lɛmɔɲada]
Mineralwasser	woda mineralna [vɔda mˌinɛralna]
– mit/ohne Kohlensäure	gazowana/niegazowana [gazɔvana/ɲɛgazɔvana]
Orangensaft	sok pomarańczowy [sɔk pɔmaraɲtʃɔvɨ]
Tee	herbata [xɛrbata]

- *Grüner Tee*	herbata zielona [xɛrbata ʑɛlɔna]
- *Früchtetee*	herbata owocowa [xɛrbata ɔvɔtsɔva]
- *Hagebuttentee*	herbata z dzikiej róży [xɛrbata z͜dʑicɛj ruʒɨ]
- *Kamillentee*	herbata rumiankowa [xɛrbata rumˌjankɔva]
- *Kräutertee*	herbata ziołowa [xɛrbata ʑɔwɔva]
- *Pfefferminztee*	herbata miętowa [xɛrbata mˌɛ̃tɔva]
- *Rooibostee*	herbata rooibos [xɛrbata rɔjbɔs]
- *Schwarztee*	herbata czarna [xɛrbata ʧarna]
- *Teebeutel*	torebka herbaty ekspresowej [tɔrɛpka xɛrbatɨ ɛksprɛsɔvɛj]
Wein	wino [vˌinɔ]
- *Rosé*	wino różowe [vˌinɔ ruʒɔvɛ]
- *Rotwein*	wino czerwone [vˌinɔ ʧɛrvɔnɛ]
- *Weißwein*	wino białe [vˌinɔ bˌjawɛ]

BÜCHER, ZEITSCHRIFTEN UND SCHREIBWAREN

Gute Wahl

Für den Kauf einer deutschen Zeitung oder Zeitschrift ist die Buchhandelskette „**Empik**“ eine gute Adresse.

Ich hätte gern ...
Poproszę... [pɔprɔʃɛ̃]

- ***eine deutsche Zeitung.***
  niemiecką gazetę. [ɲɛmˌɛtskɔ̃ gazɛtɛ̃]
- ***eine Zeitschrift.***
  czasopismo. [ʧasɔpˌismɔ]
- ***einen Reiseführer.***
  przewodnik. [pʃɛvɔdɲik]
- ***eine Wanderkarte dieser Gegend.***
  mapę turystyczną tej okolicy. [mapɛ turɨstɨʧnɔ̃ tɛj ɔkɔlˌitsɨ]

Bücher, Zeitschriften und Zeitungen

Buch	książka [kɕɔ̃ʃka]
Comic-Heft	komiks [kɔmˌiks]
Frauenzeitschrift	czasopismo kobiece [tʃasɔpˌismɔ kɔbˌɛtsɛ]
Illustrierte	magazyn ilustrowany [magazɨn ilustrɔvanɨ]; czasopismo ilustrowane [tʃasɔpˌismɔ ilustrɔvanɛ]
Kochbuch	książka kucharska [kɕɔ̃ʃka kuxarska]
Kriminalroman	kryminał [krɨmˌinaw]
Landkarte	mapa [mapa]
Reiseführer	przewodnik [pʃɛvɔdɲik]
Roman	powieść *f* [pɔvˌɛɕtɕ]
Spielkarten	karty do gry [karta dɔ grɨ]
Stadtplan	plan miasta [plan mˌjasta]
Straßenkarte	mapa drogowa [mapa drɔgɔva]
Tageszeitung	gazeta codzienna [gazɛta tsɔdʑɛnna]
Taschenbuch	wydawnictwo kieszonkowe [vɨdavɲitstfɔ cɛʃɔŋkɔvɛ]
Zeitschrift	czasopismo [tʃasɔpˌismɔ]
Zeitung	gazeta [gazɛta]

Schreibwaren

Ansichtskarte	widokówka [vˌidɔkufka]
Bleistift	ołówek [ɔwuvɛk]
Block	blok listowy [blɔk lˌistɔvɨ]
Briefpapier	papier listowy [papˌɛr lˌistɔvɨ]
Briefumschlag	koperta [kɔpɛrta]
Farbstift	kredka [krɛtka]
Kugelschreiber	długopis [dwugɔpˌis]
Malbuch	kolorowanka [kɔlɔrɔvanka]
Notizblock	notatnik [nɔtatɲik]; notes [nɔtɛs]
Papier	papier [papˌɛr]
Schreibwaren	artykuły papiernicze [artɨkuwɨ papˌɛrɲitʃɛ]

DROGERIEARTIKEL → ZEIGEBILDER AM KAPITELENDE

allergiegetestet	alergologiczny [alɛrɟɔlɔɟitʃnɛ]
Babynahrung	jedzenie dla niemowląt [jɛdzɛɲɛ dla ɲɛmɔvlɔnt]
Creme	krem [krɛm]
Drogerieartikel	artykuły drogeryjne [artɨkuwɨ drɔgɛrɨjnɛ]
Faden	nitka [ɲitka]

Gesichtscreme .... krem do twarzy [krɛm dɔ tfaʃɨ]
Haarfestiger .... utrwalacz fryzury [utrfalatʃ frɨzurɨ]
Haargel .... żel do włosów [ʒɛl dɔ vwɔsuf]
Haarklammern .... klamerka do włosów [klamɛrka dɔ vwɔsuf]
Handcreme .... krem do rąk [krɛm dɔ rɔ̃k]
Kamm .... grzebień [gʒɛbˌɛɲ]
Knopf .... guzik [guẓik]
Lichtschutzfaktor .... współczynnik ochrony przed promieniami słonecznymi [fspuwtʃɨɲɲik ɔxrɔnɨ pʃɛt prɔmˌɛɲamˌi swɔnɛtʃnɨmˌɨ]
Mückenschutz .... ochrona przed komarami [ɔxrɔna pʃɛt kɔmarami]
Nadel .... igła [igwa]
Nagellack .... lakier do paznokci [lacɛr dɔ paznɔktɕi]
Nagellackentferner .... zmywacz do paznokci [zmɨvatʃ dɔ paznɔktɕi]
Papiertaschentücher .... chusteczki higieniczne [xustɛtʃci çiɟɛɲitʃnɛ]
Puder .... puder [pudɛr]
Rasierklingen .... żyletki do golenia [ʒɨlɛtcˌi dɔ gɔlɛɲa]
Rasierpinsel .... pędzel do golenia [pɛndʑɛl dɔ gɔlɛɲa]
Rasierwasser .... woda po goleniu [vɔda pɔ gɔlɛɲu]
Reinigungsmilch .... mleczko do twarzy [mlɛtʃkɔ dɔ tfaʃɨ]
Rouge .... róż [ruʒ]
Sauger .... smoczek [smɔtʃɛk]
Saugflasche .... butelka ze smoczkiem [butɛlka zɛ smɔtʃcɛm]
Schnuller .... smoczek [smɔtʃɛk]
Slipeinlagen .... wkładki higieniczne [fkwatci çiɟɛɲitʃnɛ]
Sonnenmilch .... mleczko do opalania [mlɛtʃkɔ dɔ ɔpalaɲa]
Sonnenöl .... olejek do opalania [ɔlɛjɛk dɔ ɔpalaɲa]
Spiegel .... lustro [lustrɔ]
Spülbürste .... szczoteczka do zmywania [ʃtʃɔtɛtʃka dɔ zmɨvaɲa]
Spülmittel .... płyn do mycia naczyń [pwɨn dɔ mɨtɕa natʃɨɲ]
Spültuch .... ściereczka [ɕtɕɛrɛtʃka]
Waschlappen .... myjka [mɨjka]
Waschmittel .... środek do prania [ɕrɔdɛk dɔ praɲa]
Watte .... wata [vata]
Wattestäbchen .... waciki do uszu [vatɕici dɔ uʃu]
Windeln .... pieluchy [pˌɛluxɨ]
Zahnseide .... nić *f* dentystyczna [ɲitɕ dɛntɨstɨtʃna]
Zahnstocher .... wykałaczka [vɨkawatʃka]

ELEKTROARTIKEL/COMPUTER

Adapter	adapter [adaptɛr]; łącznik [wɔntʃɲik]
Batterie	bateria [batɛrˌja]
CD/DVD	płyta CD/DVD [pwɨta sˌidi/divˌidi]
Drucker	drukarka [drukarka]
Föhn	suszarka do włosów [suʃarka dɔ vwɔsuf]
Glühbirne	żarówka [ʒarufka]
Handy	telefon komórkowy [tɛlɛfɔn kɔmurkɔvɨ]
Kopfhörer	słuchawki [swuxafci]
Ladegerät	ładowarka [wadɔvarka]
Ladekabel	kabel do zasilania [kabɛl dɔ zaɕilaɲa]
Laptop	laptop [lɛptɔp]
Lautsprecher	głośnik [gwɔɕɲik]
Memorystick	pamięć USB [pamˌɛ̃tɕ uɛsbɛ]
MP3-Player	MP trójka [ɛmpˌi trujka]
Notebook	notebook [nɔtbuk]
Rohling	puste dyski kompaktowe [pustɛ dɨsci kɔmpaktɔvɛ]
Smartphone	smartfon [smartfɔn]
Speicherkarte	karta pamięci [karta pamˌɛ̃tɕi]
Stecker	wtyczka [ftɨtʃka]
Tablet-PC	tablet [tablɛt]
USB-Stick	pendrive [pɛndrajf]
Verlängerungsschnur	przedłużacz [pʃɛdwuʒatʃ]

FOTOARTIKEL

Ich brauche ... für diese Kamera.
Potrzebuję do mojego aparatu... [pɔtʃɛbujɛ̃ dɔ mɔjɛgɔ aparatu]

- ***eine Speicherkarte***
  kartę pamieci. [kartɛ̃ pamˌɛ̃ɕi]
- ***Akkus***
  baterii. [batɛrji]
- ***einen Film***
  filmu. [filmu]

Ich brauche Passfotos.
Potrzebne mi są zdjęcia paszportowe.
[pɔtʃɛbnɛ mˌi sɔ̃ zdjɛɲtɕa paʃpɔrtɔvɛ]

Kann ich hier Fotos von meiner Kamera auf CD brennen lassen?
Czy mogę tutaj przekopiować zdjęcia z aparatu na płytę CD?
[tʃɨ mɔgɛ̃ tutaj pʃɛkopjovatɕ zdjɛɲtɕa z aparatu na pwɨtɛ̃ sidi]

... funktioniert nicht mehr.
... nie działa. [ɲɛ dʑawa]

Das ist kaputt. Können Sie es bitte reparieren?
To jest zepsute. Czy może pan/pani to zreperować/naprawić?
[tɔ jɛst zɛpsutɛ. ʧɨ mɔʒɛ pan/paɲi tɔ zrɛpɛrɔvaʨ/naprav,iʨ]

Auslöser	wyzwalacz [vɨzvalaʧ]
Belichtungsmesser	światłomierz [ɕfjatwɔm,ɛʃ]
Blitzgerät	lampa błyskowa [lampa bwɨskɔva]
Camcorder	kamkorder [kamkɔrdɛr]
Digitalkamera	aparat cyfrowy [aparat ʦɨfrɔvɨ]
DVD	DVD [div,idi]
Einwegkamera	jednorazowy aparat fotograficzny [aparat fɔtɔgraf,iʧnɨ]
Filmempfindlichkeit	czułość *f* filmu [ʧuwɔɕʨ f,ilmu]
Linse	soczewka [sɔʧɛfka]
Objektiv	objektyw [ɔbjjɛktɨf]
Selbstauslöser	samowyzwalacz [samɔvɨzvalaʧ]
Sofortbildkamera	polaroid [pɔlarɔit]
Stativ	statyw [statɨf]
Sucher	celownik [ʦɛlɔvɲik]
Teleobjektiv	teleobjektyw [tɛlɛɔbjjɛktɨf]
Unterwasserkamera	aparat do zdjęć podwodnych [aparat dɔ zdjɛɲʨ pɔdvɔdnɨx]

BEIM FRISÖR

Waschen und föhnen, bitte.
Mycie i układanie, proszę. [mɨʨɛ i ukwadaɲɛ prɔʃɛ̃]

Schneiden mit/ohne Waschen, bitte.
Strzyżenie z myciem/bez mycia, proszę. [stʃɨʒɛɲɛ z‿mɨʨɛm/bɛz mɨʨa, prɔʃɛ̃]

Ich möchte ...
Chciałbym/Chciałabym... [xtɕawbɨm/xtɕawabɨm]

Nur die Spitzen.
Tylko końce. [tɨlkɔ kɔɲtsɛ]

Nicht zu kurz/Ganz kurz/Etwas kürzer, bitte.
Nie za krótko/Zupełnie krótko/Trochę krócej, proszę.
[ɲɛ za krutkɔ/zupɛwɲɛ krutkɔ/trɔxɛ krutsɛj, prɔʃɛ̃]

Die Ohren sollen frei sein/bedeckt bleiben.
Uszy mają być odkryte/zakryte. [uʃɨ majɔ̃ bɨʨ ɔtkrɨtɛ/zakrɨtɛ]

Rasieren, bitte.
Golenie, proszę. [gɔlɛɲɛ, prɔʃɛ̃]

Vielen Dank. Es ist sehr gut.
Dziękuję bardzo. Tak jest bardzo dobrze.
[ʥɛŋkujɛ barʣɔ. tak jɛst barʣɔ dɔbʒɛ]

Augenbrauen zupfen	korygować brwi [kɔrɨgɔvatɕ brvˌi]
Bart	broda [brɔda]
färben	farbować [farbɔvatɕ]
föhnen	układać suszarką [ukwadatɕ suʃarkɔ̃]
frisieren	ufryzować [ufrɨzɔvatɕ]
Frisur	fryzura [frɨzura]
Haar	włosy *pl* [vwɔsɨ]
– fettiges Haar	włosy tłuste [vwɔsɨ twustɛ]
– trockenes Haar	włosy suche [vwɔsɨ suxɛ]
kämmen	czesać [tʃɛsatɕ]
Locken	loki [lɔci]
Pony	grzywka [gʒɨfka]
Scheitel	przedziałek [pʃɛʥawɛk]
Schuppen	łupież [wupˌɛʃ]
Shampoo	szampon [ʃampɔn]
Spitzen schneiden	obciąć końce [ɔptɕɔɲtɕ kɔɲtsɛ]
Strähnchen	pasemka *pl* [pasɛmka]
Stufen	cieniowanie [tɕɛɲɔvaɲɛ]
tönen	farbować [farbɔvatɕ]
Wimpern färben	farbowanie rzęs [farbɔvaɲɛ ʒɛ̃s]

DAS WICHTIGSTE FÜR DEN HAUSHALT

Abfallbeutel	worek na śmieci [vɔrɛk na ɕmˌɛtɕi]
Alufolie	folia aluminiowa [fɔlˌja alumˌiɲɔva]
Bindfaden	sznurek [ʃnurɛk]
Brennspiritus	spirytus do maszynki spirytusowej [spˌirɨtus dɔ maʃɨnci spˌirɨtusɔvɛj]
Dosenöffner	otwieracz do puszek [otfˌɛratʃ dɔ puʃɛk]
Draht	drut [drut]
Flaschenöffner	otwieracz do butelek [otfˌɛratʃ dɔ butɛlɛk]
Fleckenentferner	odplamiacz [ɔtplamjatʃ]
Frischhaltefolie	folia spożywcza [fɔlˌja spɔʒɨftʃa]
Gabel	widelec [vˌidɛlɛts]
Glas	szklanka [ʃklaŋka]
Grill	grill [gril]
Grillanzünder	rozpałka do grilla [rɔspawka dɔ grila]
Grillkohle	węgiel drzewny [vɛ̃ɟɛl dʒɛvnɨ]
Haushaltswaren	artykuły gospodarstwa domowego [artɨkuwɨ gɔspɔdarstfa dɔmɔvɛgɔ]
Insektenspray	spray na owady [sprɛj na ɔvadɨ]
Kerzen	świece [ɕfˌjɛtsɛ]
Korkenzieher	korkociąg [kɔrkɔtɕɔŋk]
Kühlelement	wkład do lodówki turystycznej [fkwad dɔ lɔdufci turɨstɨtʃnɛj]

Kühltasche	lodówka turystyczna [lɔdufka turɨstɨtʃna]
Löffel	łyżka [wɨʃka]
Messer	nóż [nuʃ]
Nadel	igła [igwa]
Petroleum	nafta [nafta]
Plastikbesteck	sztućce plastikowe [ʃtutɕtsɛ plastɨkɔvɛ]
Plastikbeutel	torebka plastykowa [tɔrɛpka plastɨkɔva]
Schere	nożyce *pl* [nɔʒɨtsɛ]
Servietten	serwetki [sɛrvɛtci]
Sicherheitsnadel	agrafka [agrafka]
Streichhölzer	zapałki [zapawki]
Taschenmesser	scyzoryk [stsɨzɔrɨk]
Thermosflasche®	termos [tɛrmɔs]
Trinkflasche	butelka do picia [butɛlka dɔ pˌitɕa]
Wäscheklammern	spinacze do bielizny [spˌinatʃɛ dɔ bˌɛlˌiznɨ]
Wäscheleine	sznur do bielizny [ʃnur dɔ bˌɛlˌiznɨ]

ETWAS ZUM ANZIEHEN

Farben

Welches die passende Farbe für Sie ist, können wir Ihnen zwar nicht sagen, dafür haben wir aber den richtigen Ausdruck parat.

beige	beżowy [bɛʒɔvɨ]
blau	niebieski [ɲɛbjɛsci]
braun	brązowy [brɔ̃zovɨ]
einfarbig	jednokolorowy [jɛdnɔkɔlɔrɔvɨ]
farbig	kolorowy [kɔlɔrɔvi]
gelb	żółty [ʒuwtɨ]
goldfarben	złocisty [zwɔtɕistɨ]
grün	zielony [ʑɛlɔnɨ]
lila	lila [lˌila]
orange	pomarańczowy [pɔmaraɲtʃɔvɨ]
rosa	różowy [ruʒɔvɨ]
rot	czerwony [tʃɛrvɔnɨ]
schwarz	czarny [tʃarnɨ]
silberfarben	srebrzysty [srɛbʒɨstɨ]
türkis	turkusowy [turkusɔvɨ]
violett	fioletowy [fɔlɛtɔvɨ]
weiß	biały [bjawɨ]

Kleidung

Können Sie mir bitte … zeigen?
Czy może mi pan/pani pokazać…? [tʃɨ moʒɛ m͵i pan/paɲi pɔkazatɕ]

Kann ich es anprobieren?
Czy mogę to przymierzyć? [tʃɨ mɔgɛ tɔ pʃɨm͵ɛʒɨtɕ]

Welche (Konfektions-)Größe haben Sie?
Jaki rozmiar pan/pani nosi? [jaci rɔzm͵jar pan/paɲi nɔɕi]

Das ist mir zu …
To jest dla mnie za… [tɔ jɛst dla mɲɛ za]

- ***eng/weit.***
  ciasne/szerokie. [tɕasnɛ/ʃɛrɔcɛ]
- ***kurz/lang.***
  krótkie/długie. [krutcɛ/dwuɟɛ]
- ***klein/groß.***
  małe/duże. [mawɛ/duʒɛ]

Das passt gut. Ich nehme es.
To pasuje. Wezmę to. [tɔ pasujɛ. vɛzmɛ tɔ]

Das ist nicht ganz, was ich möchte.
To jeszcze nie to, co chciałbym/chciałabym.
[tɔ jɛʃtʃɛ ɲɛ tɔ, tsɔ xtɕawbɨm/xtɕawabɨm]

Haben Sie das auch noch in einer anderen Farbe?
Czy jest to dostępne też w innym kolorze?
[tʃɨ jɛst tɔ dɔstɛmpnɛ tɛʃ v͜innɨm kɔlɔʒɛ]

Anorak	kurtka [kurtka]
Anzug	garnitur [garɲitur]
Ärmel	rękawy [rɛ̃kavɨ]
Badeanzug	kostium kąpielowy [kɔst͵jum kɔmp͵ɛlɔvɨ]
Badehose	kąpielówki *pl* [kɔmp͵ɛlufci]
Bademantel	płaszcz kąpielowy [pwaʃtʃ kɔmp͵ɛlɔvɨ]
Baumwolle	bawełna [bavɛwna]
BH	biustonosz [b͵ustɔnɔʃ]; stanik [staɲik]
Bikini	bikini *n* [b͵iciɲi]
Blazer	blezer [blɛzɛr]
Bluse	bluzka [bluska]
bügelfrei	non-ironowy [nɔnajrɔnɔvɨ]
Handschuhe	rękawiczki [rɛ̃kav͵itʃci]
Hemd	koszula [kɔʃula]
Hose	spodnie *pl* [spɔdɲɛ]
Hut	kapelusz [kapɛluʃ]
– Sonnenhut	kapelusz słoneczny [kapɛluʃ swɔnɛtʃnɨ]

Jacke	*(für Frauen)* żakiet [ʒacɛt]; *(für Männer)* marynarka [marɨnarka]
Jeans	jeansy, dżinsy *pl* [ʤˌinsɨ]
Jogginganzug	dres [drɛs]
Jogginghose	spodnie *pl* od dresu [spɔdɲɛ ɔd drɛsu]
Kapuze	kaptur [kaptur]
Kinderkleidung	odzież *pl* dla dzieci [ɔʥɛʃ dla ʥɛʨi]
Kleid	sukienka [sucɛŋka]
Kostüm	kostium [kɔstˌjum]
Krawatte	krawat [kravat]
Leggins	leginsy [lɛɟinsɨ]
Leinen	len [lɛn]
Mantel	płaszcz [pwaʃʧ]
Mütze	czapka [ʧapka]
Pullover	sweter [sfɛtɛr]; pulower [pulɔvɛr]
Regenjacke	kurtka przeciwdeszczowa [kurtka pʃɛʨifdɛʃʧɔva]
Reißverschluss	zamek błyskawiczny [zamɛk bwɨskaviʧnɨ]
Rock	spódnica [spudɲitsa]
Sakko	marynarka męska [marɨnarka mɛnska]
Schal	szal [ʃal]
Schirm	parasol [parasɔl]
Seide	jedwab [jɛdvap]
Shorts	szorty [ʃɔrtɨ]
Skihose	spodnie *pl* narciarskie [spɔdɲɛ narʨarscɛ]
Slip	slipy *pl* [slˌipɨ]
Socken	skarpety [skarpɛtɨ]
Strickjacke	sweter rozpinany (zrobiony na drutach) [sfɛtɛr rɔspˌinanɨ (zrɔbˌjɔnɨ na drutax)]
Strumpfhose	rajstopy *pl* [rajstɔpɨ]
Sweatshirt	bluza [bluza]
T-Shirt	koszulka trykotowa [kɔʃulka trɨkɔtɔva]; T-Shirt [ti-ʃɛrt]
Unterwäsche	bielizna [bˌɛlˌizna]
Weste	kamizelka [kamˌizɛlka]
Wolle	wełna [vɛwna]

Schuhe und Taschen

Ich habe Schuhgröße ...
Noszę buty numer... [nɔʃɛ butɨ numɛr]

Sie sind zu eng/zu groß.
One są za ciasne/za duże. [ɔne sɔ̃ za ʨasnɛ/za duʒɛ]

Absatz	obcas [optsas]
Badeschuhe	klapki kąpielowe [klapci kɔmpˌɛlɔvɛ]
Flipflops	japonki [japɔɲki]
Gummistiefel	kalosze [kalɔʃɛ]
Gürtel	pasek [pasɛk]
Handtasche	torebka [tɔrɛpka]
Koffer	walizka [valˌiska]
Lederjacke	kurtka skórzana [kurtka skuʒana]
Ledermantel	płaszcz skórzany [pwaʃtʃ skuʒanɨ]
Reisetasche	torba podróżna [tɔrba pɔdruʒna]
Rucksack	plecak [plɛtsak]
Sandalen	sandały [sandawɨ]
Schulterriemen	pasek na plecy [pasɛk na plɛtsɨ]
Schnürsenkel	sznurówka [ʃnurufka]
Schuh	but [but]
Schuhbürste	szczotka do butów [ʃtʃɔtka dɔ butuf]
Schuhcreme	pasta do butów [pasta dɔ butuf]
Skistiefel	buty narciarskie [butɨ nartɕarscɛ]
Sohle	podeszwa [podeʃfa]
Stiefel	kozaki [kɔzaci]
Strandschuhe	obuwie plażowe [ɔbuvˌɛ plaʒɔvɛ]
Tasche	torba [tɔrba]
Trolley(koffer/-tasche)	walizka/torba na kółkach [valˌiska/tɔrba na kuwkax]
Turnschuhe	obuwie gimnastyczne [ɔbuvˌɛ ɟimnastɨtʃnɛ]; tenisówki [tɛɲisufci]
Umhängetasche	torebka na ramię [tɔrɛpka na ramˌɛ̃]
Wander-/Trekkingschuh	buty do wędrówki/buty trekingowe [butɨ dɔ vɛndrufki/butɨ trɛcingɔvɛ]

In der Reinigung

Ich möchte diese Sachen reinigen/waschen lassen.
Chciałbym/chciałabym oddać te rzeczy do czyszczenia/prania.
[xtɕawbɨm/xtɕawabɨm ɔddatɕ tɛ ʒɛtʃɨ dɔ tʃɨʃtʃɛɲa/praɲa]

Wann sind sie fertig?
Kiedy będą gotowe? [cɛdɨ bɛndɔ̃ gɔtɔvɛ]

bügeln	prasować [prasɔvatɕ]
chemisch reinigen	czyścić chemicznie [tʃɨɕtɕitɕ xɛmˌitʃɲɛ]
Wäsche	pranie [praɲɛ]

BEIM OPTIKER

Würden Sie mir bitte diese Brille/das Gestell reparieren?
Czy może mi pan/pani naprawić te okulary/tę oprawkę?
[tʃɨ mɔʒɛ m,i pan/paɲi naprav,tɕ tɛ ɔkularɨ/tɛ ɔprafkɛ̃]

Ich bin kurzsichtig/weitsichtig.
Jestem krótkowidzem/dalekowidzem.
[jɛstɛm krutkɔv,idʑɛm/dalɛkɔv,idʑɛm]

Wie ist Ihre Sehstärke?
Jakie szkła pan/pani nosi?
[jacɛ ʃkwa pan/paɲi nɔɕi]

rechts ..., links ...
prawe..., lewe... [pravɛ, lɛvɛ]

Wann kann ich die Brille abholen?
Kiedy mogę odebrać okulary?
[cɛdy mɔgɛ ɔdɛbratɕ ɔkularɨ]

Ich hätte gern ...
Proszę... [prɔʃɛ̃]

- ***eine Sonnenbrille.***
- okulary przeciwsłoneczne. [ɔkularɨ pʃɛtɕifswɔnɛtʃnɛ]
- ***ein Fernglas.***
  lornetkę. [lɔrnɛtkɛ̃]
- ***eine Aufbewahrungslösung.***
  płyn do przechowywania. [pwɨn dɔ pʃɛxɔvɨvaɲa]
- ***eine Reinigungslösung.***
  płyn do czyszczenia. [pwɨn dɔ tʃɨʃtʃɛɲa]
- ***für harte/weiche Kontaktlinsen.***
  twardych/miękkich soczewek.
  [tfardɨx/m,ɛŋkcix sɔtʃɛvɛk]
- ***Eintageslinsen.***
  soczewek jednodniowych. [sɔtʃɛvɛk jɛdnɔdɲɔvɨx]

Mitbringsel

Wenn Sie etwas Einheimisches suchen, dann schauen Sie in den Folkloreläden **Cepelia** vorbei. Sie bieten Produkte polnischer Handwerker und Künstler.
Typisch für die Ostseeregion ist in Silber gefasster Bernsteinschmuck, für die Tatra Lederwaren, handgemachte Wollpullover oder Spazierstöcke und für Schlesien die **Ceramika Bolesławiecka**.

Ich hätte gern ...
Proszę... [prɔʃɛ̃]

- ***ein hübsches Andenken.***
  ładną pamiątkę. [wadnɔ̃ pamˌɔ̃tkɛ̃]
- ***etwas Typisches aus dieser Gegend.***
  coś typowego z tej okolicy. [tsɔɕ tɨpɔvɛgɔ s̯tɛj okɔlˌitsɨ]

Wie viel wollen Sie ausgeben?
Ile chce pan/pani wydać? [ilɛ xtsɛ pan/paɲi vɨdatɕ]

Ich möchte etwas nicht zu Teures.
Chciałbym/chciałabym coś niedrogiego.
[xtɕawbɨm/xtɕawabɨm tsɔɕ ɲɛdrɔɟɛgɔ]

Das ist aber hübsch.
To jest piękne! [tɔ jɛst pˌɛ̃knɛ]

Können Sie mir das bitte als Geschenk verpacken?
Czy mógłby pan/mogłaby pani zapakować to jako prezent?
[tʃɨ mugwbɨ pan/mɔgwabɨ paɲi zapakɔvatɕ tɔ jakɔ prɛzɛnt]

Danke schön, ich habe nichts gefunden(, was mir gefällt).
Dziękuję bardzo, nie znalazł-em/am nic(, co by mi się podobało).
[dʑɛŋkujɛ̃ bardzɔ, ɲɛ znalazw-ɛm/am ɲits(, tsɔ bɨ m,i ɕɛ pɔdɔbawɔ]

echt	prawdziwy [pravdʑivɨ]
Folkloreladen	cepelia [tsɛpɛlja]
handgemacht	wyrób ręczny [vɨrup rɛ̃tʃnɨ]
Keramik	ceramika [tsɛram,ika]
kitschig	kiczowate [citʃɔvatɛ]
Mitbringsel	pamiątka [pam,ɔntka]
regionales Produkt	wyrób regionalny [vɨrup rɛɟɔnalnɨ]
Schmuck	biżuteria [b,iʒutɛr,ja]
Schnitzerei	snycerstwo [snɨtsɛrstfɔ]
Töpferwaren	wyroby garncarskie [vɨrɔby garntsarscɛ]

IM TABAKLADEN

Eine Schachtel/Eine Stange ...
Proszę paczkę/karton... [prɔʃɛ patʃkɛ̃/kartɔn]

- ***mit/ohne Filter, bitte!***
  z filtrem/bez filtra. [s‿f,iltrɛm/bɛs f,iltra]

Zehn Zigarren/Zigarillos, bitte.
Proszę dziesięć cygar/cygaretek. [prɔʃɛ dʑɛɕɛtɕ̃ tsɨgar/tsɨgarɛtɛk]

Aschenbecher	popielniczka [pɔp,ɛlɲitʃka]
Feuerzeug	zapalniczka [zapalɲitʃka]
Pfeife	fajka [fajka]
Pfeifentabak	tytoń fajkowy [tɨtɔɲ fajkɔvɨ]
Streichhölzer	zapałki [zapawci]
Zigarette	papieros [pap,ɛrɔs]
Zigarettentabak	tytoń papierosowy [tɨtɔɲ pap,ɛrɔsɔvɨ]
Zigarillo	cygaretka [tsɨgarɛtka]
Zigarre	cygaro [tsɨgarɔ]

UHREN UND SCHMUCK

Anhänger	wisiorek [vˌiɕɔrɛk]
Armband	bransoletka [branzɔlɛtka]
Armbanduhr	zegarek na rękę [zɛgarɛk na rɛ̃kɛ̃]
– für Damen/ für Herren	damski/męski [damsci/mɛnsci]
Brosche	broszka [brɔʃka]
Gold	złoto [zwɔtɔ]
Kette	łańcuszek [waɲtsuʃɛk]
Krawattennadel	spinka do krawata [spˌinka dɔ kravata]
Kristall	kryształ [krɨʃtaw]
Modeschmuck	modna biżuteria [mɔdna bˌiʒutɛrˌja]
Ohrstecker	klipsy [klˌipsɨ]
Ohrringe	kolczyki [kɔltʃɨci]
Perle	perła [pɛrwa]
Reisewecker	budzik turystyczny [budʑik turɨstɨtʃnɨ]
Ring	pierścionek [pˌɛrɕtɕɔnɛk]
Schmuck	biżuteria [bˌiʒutɛrˌja]
Silber	srebro [srɛbrɔ]
wasserdicht	wodoodporne [vɔdɔɔpɔrnɛ]
wasserdichte Uhr	zegarek wodoszczelny [zɛgarɛk vɔdɔʃtʃɛlnɨ]

ZEIGEBILDER

Bürste
szczotka
[ʃtʃɔtka]

Damenbinde
podpaska
[pɔtpaska]

Deo(dorant)
dezodorant
[dɛzɔdɔrant]

Duschgel
żel pod prysznic
[ʒel pot prɨʃɲits]

Haargummis
gumka do włosów
[gumka do vwosuf]

Kondom
kondom
[kɔndɔm]

Lippenpomade
szminka ochronna
[ʃmˌiŋka ɔxrɔnna]

Lippenstift
szminka
[ʃmˌiŋka]

Pflaster
plaster
[plastɛr]

Rasierer
golarka
[gɔlarka]

Seife
mydło
[mɨdwɔ]

Shampoo
szampon
[ʃampɔn]

Sonnencreme
krem przeciw-słoneczny
[krem pʃetɕifswɔnɛtʃnɨ]

Tampon
tampon
[tampɔn]

Taschentücher
chusteczka
[xustɛtʃka]

Toilettenpapier
papier toaletowy
[papˌjɛr tɔalɛtɔvɨ]

Wattestäbchen
waciki
[vatɕici]

Wimperntusche
tusz do zęs
[tuʃ do ʒẽws]

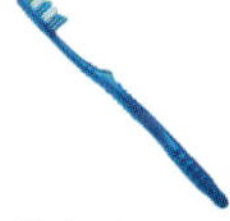

Zahnbürste
szczoteczka do zebów
[ʃtʃɔtɛtʃka dɔ zɛmbuf]

Zahncreme, Zahnpasta
pasta do zebów
[pasta dɔ zɛmbuf]

Für alle Fälle

Können Sie mir bitte sagen ...?

Wo, wie, wann...? Eines lehrt uns das Leben:
nicht zu fragen ist die bei Weitem schlechteste Wahl!

Vermutlich wollen Sie im Urlaub mit all dem nichts zu tun haben. Mit der Polizei, dem Arzt, der Apotheke ... Und bestimmt finden Sie es gut, wenn Sie folgende Orte schnell auffinden: eine Post, eine Bank, ein Internetcafé ... In diesem Kapitel informieren wir sie rund um diese Themen.

IN DER APOTHEKE

Könnten Sie mir bitte sagen, wo die nächste Apotheke (mit Nachtdienst) ist?
Proszę mi powiedzieć, gdzie jest najbliższa apteka (z dyżurem nocnym)? [prɔʃɛ mˌi pɔvjɛʥɛʨ, gʥɛ jɛst najblˌiʃʃa aptɛka (z‿dɨʒurɛm nɔtsnɨm)]

Könnten Sie mir bitte etwas gegen ... geben?
Proszę mi dać coś na... [prɔʃɛ mˌi daʨ tsɔɕ na]

Dieses Mittel ist verschreibungspflichtig.
Ten lek jest tylko na receptę. [tɛn lɛk jɛst tɨlkɔ na rɛtseptɛ̃]

Abführmittel	środek na przeczyszczenie [ɕrɔdɛk na pʃɛʧɨʃʧɛɲɛ]
Aspirin	aspiryna [aspˌirɨna]
Augentropfen	krople *pl* do oczu [krɔplɛ dɔ ɔʧu]
Beruhigungsmittel	środek uspokajający [ɕrɔdɛk uspɔkajajɔntsɨ]
Brandsalbe	maść *f* na oparzenia [maɕʨ na ɔpaʒɛɲa]
Desinfektionsmittel	środek dezynfekujący [ɕrɔdɛk dɛzɨnfɛkujɔntsɨ]
Elastikbinde	bandaż elastyczny [bandaʃ ɛlastɨʧnɨ]
Elektrolytlösung	roztwór elektrolitu [rɔstfur ɛlɛktrɔlˌitu]
Fieberthermometer	termometr [tɛrmɔmɛtr]
Halstabletten	tabletki na gardło [tablɛtci na gardwɔ]
Hustensaft	syrop na kaszel [sɨrɔp na kaʃɛl]
Mittel gegen Insektenstiche	środek na ukąszenia [ɕrɔdɛk na ukɔ̃ʃɛɲa]
Insulin	insulina [insulˌina]
Jod(tinktur)	roztwór jodu [rɔstfur jɔdu]
Kamillentinktur	nalewka rumiankowa [nalefka rumˌaŋkɔva]
Kondom	prezerwatywa [prɛzɛrvatɨva]; kondom [kɔndɔm]
Kopfschmerztabletten	tabletki od bólu głowy [tablɛtci ɔt bulu gwɔvɨ]
Kreislaufmittel	środek na krążenie [ɕrɔdɛk na krɔ̃ʒɛɲɛ]
Läuse	wszy głowowe [fʃɨ gwɔvɔvɛ]
Medikament	lekarstwo [lɛkarstfɔ]

Mittel	środek [ɕrɔdɛk]
Mullbinde	gaza [gaza]
Ohrentropfen	krople *pl* do uszu [krɔplɛ dɔ uʃu]
Pille danach	pigułka „po" [pˌiguwka pɔ]
Pflaster	plaster [plastɛr]
Puder	puder [pudɛr]
Rezept	recepta [rɛtsɛpta]
Salbe	maść *f* [maɕtɕ]
Schlaftabletten	tabletki nasenne [tablɛtci nasɛnnɛ]
Schmerztabletten	tabletki przeciwbólowe [tablɛtci pʃɛtɕivbulɔvɛ]
Sonnenbrandsalbe	maść *f* na oparzenie słoneczne [maɕtɕ na ɔpaʒɛɲɛ swɔnɛtʃnɛ]
Tablette	tabletka [tablɛtka]; pigułka [pˌiguwka]
Traubenzucker	glukoza [glukɔza]
Tropfen	krople *pl* [krɔplɛ]
Vitamintabletten	tabletki witaminowe [tablɛtci vˌitamˌinɔvɛ]
Watte	wata [vata]
Zäpfchen	czopki *pl* [tʃɔpci]

Ulotka informacyjna — Beipackzettel

skład	Zusammensetzung
wskazania/ zastosowanie	Anwendungsgebiete
przeciwwskazania	Gegenanzeigen
działanie uboczne	Nebenwirkungen
interakcje	Wechselwirkungen
Dawkowanie	Dosierungsanleitung:
zażywać... jeden raz	1 x/mehrmals täglich ...einnehmen
- kilka razy dziennie	- einnehmen
- jedną tabletkę	- 1 Tablette
- dwadzieścia kropli	- 20 Tropfen
- jedną miarkę	- 1 Messbecher
przed jedzeniem	vor dem Essen
po jedzeniu	nach dem Essen
na czczo	auf nüchternen Magen
połknąć bez rozgryzania z niewielką ilością płynu	unzerkaut mit etwas Flüssigkeit einnehmen
rozpuścić w niewielkiej ilości wody	in etwas Wasser auflösen
rozpuścić w ustach	im Mund zergehen lassen
do użytku zewnętrznego	äußerlich

nanieść cienką warstwę na skórę i wetrzeć	dünn auf die Haut auftragen und einreiben
niemowlęta	Säuglinge
małe dzieci (w wieku.../do... lat)	Kleinkinder (bis zu ... Jahren)
starsze dzieci	Schulkinder
młodzież	Jugendliche
dorośli/osoby dorosłe	Erwachsene
Przechowywać w miejscu niedostępnym dla dzieci!	Für Kinder unzugänglich aufbewahren!

BEIM ARZT

Ärzte werden mit **pani doktor** (*Frau Doktor*) und **panie doktorze** (*Herr Doktor*) angesprochen.

Könnten Sie mir einen ... empfehlen?
Czy może mi pan/pani polecić jakiegoś...?
[tʃɨ mɔʒɛ mˌi pan/paɲi pɔlɛtɕitɕ jacɛgɔɕ]

- ***Arzt***
  lekarza [lɛkaʒa]
- ***Augenarzt***
  okulistę [ɔkulˌistɛ̃]
- ***Frauenarzt***
  ginekologa [ɟinɛkɔlɔga]
- ***Hals-Nasen-Ohren-Arzt***
  laryngologa [larɨngɔlɔga]
- ***Hautarzt***
  dermatologa [dɛrmatɔlɔga]
- ***Kinderarzt***
  pediatrę [pɛdˌjatrɛ̃]
- ***Praktischen Arzt***
  lekarza ogólnego [lɛkaʒa ɔgulnɛgɔ]
- ***Urologen***
  urologa [urɔlɔga]
- ***Zahnarzt***
  dentystę [dɛntɨstɛ̃]

Wo ist ihre/seine Praxis?
Gdzie jest jej/jego gabinet? [gdʑɛ jɛst jɛj/jɛgɔ gabˌinɛt]

Beschwerden beschreiben

Was für Beschwerden haben Sie?
Co panu/pani dolega? [tsɔ panu/paɲi dɔlɛga]

Ich habe Fieber.
Mam gorączkę. [mam gɔrɔntʃkɛ̃]

Mir ist oft ...
Jest mi często... [jɛst mˌi tʃɛ̃stɔ]

- ***schlecht/übel.***
  niedobrze. [ɲɛdɔbʒɛ]
- ***schwindlig.***
  kręci mi się w głowie. [krɛɲtɕi mˌi ɕɛ v͜gwɔvˌɛ]

Ich bin ohnmächtig geworden.
Zemdlał-em/am. [zɛmdlaw-em/am]

Ich bin stark erkältet.
Jestem silnie przeziębion-y/a. [jɛstɛm ɕilɲɛ pʃɛʑɛmbˌɔn-ɨ/a]

Ich habe Kopfschmerzen/Halsschmerzen.
Boli mnie głowa/gardło. [bɔlˌi mɲɛ gwɔva/gardwɔ]

Ich habe Husten.
Mam kaszel. [mam kaʃɛl]

Ich bin ...
Został-em/am... [zɔstaw-em/am]

- ***gestochen worden.***
  ukąszon-y/a. [ukɔ̃ʃɔnɨ/a]
- ***gebissen worden.***
  pogryzion-y/a. [pɔgrɨʑɔnɨ/a]

Ich habe mir den Magen verdorben.
Mam rozstrój żołądka. [mam rɔstruj ʒɔwɔntka]

Ich habe ...
Mam... [mam]

- ***Durchfall.***
  rozwolnienie. [rɔzvɔlɲɛɲɛ]
- ***Verstopfung.***
  zatwardzenie. [zatfardʑɛɲɛ]

Ich vertrage das Essen/die Hitze nicht.
Źle znoszę jedzenie/upał. [ʑlɛ znɔʃɛ jɛdʑɛɲɛ/upaw]

Ich habe mich verletzt.
Skaleczył-em/am się. [skalɛtʃɨw-ɛm/am ɕɛ̃]

Ich bin gestürzt.
Przewrócił-em/am się. [pʃɛvrutɕiw-ɛm/am ɕɛ̃]

Ich bin allergisch gegen ...
Jestem uczulony/uczulona na... [jɛstɛm utʃulɔnɨ/utʃulɔna na]

- *Antibiotika.*
  antybiotyki. [antɨbjɔtɨki]
- *Bienen.*
  jad pszczeli. [jat pʃtʃeli]
- *Pollen.*
  pyłki. [pɨwki]

Ich bin gegen ... geimpft.
Jestem zaszczepiony/zaszczepiona przeciwko...
[jɛstɛm zaʃtʃɛp,ɔnɨ/zaʃtʃɛp,ɔna pʃɛtɕifkɔ]

- *Hepatitis A/B/A und B*
  żółtaczce typu A/B/A i B. [ʒuwtatʃtsɛ tɨpu a/b/a i b]
- *Tetanus*
  tężcowi. [tɛ̃ʒtsɔv,i]
- *Typhus*
  tyfusowi. [tɨtusɔv,i]

Können Sie mir bitte etwas gegen ... geben/verschreiben?
Czy może mi pan/pani dać/zapisać coś na...
[tʃɨ mɔʒɛ m,i pan/paɲi datɕ/zap,isatɕ tsɔɕ na]

Zu einer guten Reisevorbereitung gehört für gesetzlich Krankenversicherte der Vordruck E111. Damit können Sie sich die Kosten für die Behandlung bei polnischen Kassenärzten in Deutschland zurückerstatten lassen. Bei privaten Ärzten gibt es zwar keine Kostenerstattung, dafür ist die Behandlung unbürokratisch und ohne Wartezeit. In Grenznähe arbeiten häufig deutschsprachige Ärzte in den Zahn- und Facharztpraxen.

Wie oft muss ich es einnehmen?
Jak często muszę to zażywać? [jak tʃɛnstɔ muʃɛ̃ to zaʃɨvatɕ]

Normalerweise nehme ich ...
Przeważnie biorę... [pʃɛvaʒɲɛ bjɔrɛ̃]

Ich habe einen hohen/niedrigen Blutdruck.
Mam wysokie/niskie ciśnienie. [mam vɨsɔcɛ/ɲiscɛ tɕiɕɲɛɲɛ]

Ich bin ...
Jestem... [jɛstɛm]

- *Allergiker/in.*
  alergikiem./alergiczką. [alɛrɟcɛm/alɛrɟtʃkɔ̃]
- *Diabetiker/in.*
  diabetykiem./diabetyczką. [jɛstɛm d,jabɛtɨcɛm/d,jabɛtɨtʃkɔ̃]

- *Epileptiker/in.*
  epileptykiem./epileptyczką. [ɛpˌilɛptɨcɛm/ɛpˌilɛptɨʧkɔ̃]
- *körperbehindert.*
  niepełnosprawn-y/a. [ɲɛpɛwnɔspravnɨ/a]
- *sehbehindert.*
  niewidom-y/a. [ɲɛvˌidɔm-ɨ/a]

Ich habe …
Mam… [mam]

- *multiple Sklerose.*
  stwardnienie rozsiane. [stfardɲɛɲɛ rɔsɕanɛ]
- *einen Herzschrittmacher.*
  rozrusznik serca. [rozruʃɲik sɛrtsa]

Ich bin schwanger.
Jestem w ciąży. [jɛstɛm f‿tɕɔ̃ʒɨ]

Ich hatte vor kurzem …
Miał-em/am niedawno… [mˌawem/am ɲɛdavnɔ]

Bei der Untersuchung

Was kann ich für Sie tun?
Co mogę dla pana/pani zrobić? [tsɔ mɔgɛ dla pana/paɲi zrɔbˌitɕ]

Wo tut es weh?
Gdzie boli? [gʥɛ bɔlˌi]

Ich habe hier Schmerzen.
Tu mam bóle. [tu mam bulɛ]

Bitte, machen Sie sich/Ihren Arm frei.
Proszę się rozebrać/odsłonić ramię.
[prɔʃɛ ɕɛ rɔzɛbratɕ/ɔtswɔɲitɕ ramˌɛ̃]

Bitte tief einatmen. Atem anhalten.
Proszę głęboko oddychać. Zatrzymać oddech.
[prɔʃɛ gwɛmbɔkɔ ɔddɨxatɕ. zatʃɨmatɕ ɔddɛx]

Ich brauche eine Blut-/Urinprobe.
Potrzebuję badanie krwi/moczu. [pɔtʃɛbujɛ badaɲɛ krfˌi/mɔʧu]

Sie müssen geröntgt werden.
Pan/pani musi się prześwietlić. [pan/paɲi muɕi ɕɛ pʃɛɕfˌɛtlˌitɕ]

Sie müssen operiert werden.
Pan/pani musi się poddać operacji.
[pan/paɲi muɕi ɕɛ pɔddatɕ ɔpɛratsji]

Sie sollten ein paar Tage Bettruhe halten.
Pan powinien/pani powinna kilka dni poleżeć w łóżku.
[pan pɔvˌiɲɛn/paɲi pɔvˌinna cilka dɲi pɔlɛʒɛtɕ v‿wuʃku]

Es ist nichts Ernstes.
To nic poważnego. [tɔ ɲits pɔvaʒnɛgɔ]

Haben Sie einen Impfschein?
Czy ma pan/pani świadectwo szczepienia?
[tʃɨ ma pan/paɲi ɕfˌadɛtstfɔ ʃtʃɛpˌɛɲa]

Ich bin gegen ... geimpft.
Byłem szczepiony/byłam szczepiona przeciw...
[bɨwem ʃtʃɛpˌjɔnɨ/bɨwam ʃtʃɛpˌjɔna pʃɛtɕif]

IM KRANKENHAUS

Wie lange muss ich hier bleiben?
Jak długo muszę tu zostać? [jak dwugɔ muʃɛ tu zɔstatɕ]

Geben Sie mir bitte ...
Proszę mi podać... [prɔʃɛ mˌi pɔdatɕ]

- ***ein Glas Wasser.***
  szklankę wody. [ʃklaŋkɛ vɔdɨ]
- ***eine Schmerztablette.***
  tabletkę przeciwbólową. [tablɛtkɛ pʃɛtɕifbulɔvɔ̃]
- ***eine Schlaftablette.***
  tabletkę nasenną. [tablɛtkɛ nasɛnnɔ̃]
- ***eine Wärmflasche.***
  termofor. [tɛrmɔfɔr]

Ich kann nicht einschlafen.
Nie mogę zasnąć. [ɲɛ mɔgɛ zasnɔɲtɕ]

Wann darf ich aufstehen?
Kiedy mogę wstać? [cɛdɨ mɔgɛ fstatɕ]

Krankheiten und Beschwerden

Abszess	ropień [rɔpˌɛɲ]
Aids	Aids [ɛjts]
Allergie	alergia [alɛrɟja]
allergisch sein gegen ...	być uczulonym na... [bɨtɕ utʃulɔnɨm na]
Angina	angina [anɟina]
ansteckend	zakaźny [zakaʑnɨ]
Asthma	astma [astma]
Atembeschwerden	trudności w oddychaniu [trudnɔɕtɕi v‿ɔddɨxaɲu]

Ausschlag wysypka [vɨsɨpka]
Bänderriss naderwanie ścięgna [nadɛrvaɲɛ ɕtɕɛŋgna]
Bindehautentzündung zapalenie spojówek [zapalɛɲɛ spɔjuvɛk]
Blähungen wzdęcia [vzdɛɲtɕa]
Blinddarmentzündung zapalenie wyrostka robaczkowego [zapalɛɲɛ vɨrɔstka rɔbatʃkɔvɛgɔ]
Blutung krwawienie [krfavˌɛɲɛ]
Bluthochdruck wysokie ciśnienie krwi [vɨsɔcɛ tɕiɕɲɛɲɛ krfˌi]
Blutvergiftung zatrucie krwi [zatrutɕɛ krfˌi]
Borreliose borelioza [bɔrɛlˌiɔza]
Brechreiz mdłości *pl* [mdwɔɕtɕi]
Bronchitis bronchit [brɔnxˌit]
Bruch przepuklina [pʃɛpuklˌina]
Cholera cholera [xɔlɛra]
Diabetes cukrzyca [tsukʃɨtsa]
Diphtherie dyfteryt [dɨftɛrɨt]; błonica [bwɔɲitsa]
Durchfall biegunka [bˌɛguŋka]
Entzündung zapalenie [zapalɛɲɛ]
Epilepsie epilepsja [ɛpˌilɛpsja]
Erkältung przeziębienie [pʃɛʑɛmbˌɛɲɛ]
Fehlgeburt poronienie [pɔrɔɲɛɲɛ]
Fieber gorączka [gɔrɔntʃka]
gebrochen złamany [zwamanɨ]
Gehirnerschütterung wstrząs mózgu [fstʃɔ̃s muzgu]
Gehirnschlag wylew krwi do mózgu [vɨlɛf krfˌi dɔ muzgu]; apopleksja [apɔplɛksja]; udar mózgu [udar muzgu]
Gelbfieber żółta febra [ʒuwta fɛbra]
Gelbsucht żółtaczka [ʒuwtatʃka]
Geschlechtskrankheit choroba weneryczna [xɔrɔba vɛnɛrɨtʃna]
geschwollen spuchnięty [spuxɲɛntɨ]
Geschwulst obrzęk [ɔbʒɛŋk]
Geschwür wrzód [vʒut]
Gleichgewichtsstörungen zaburzenia równowagi [zabuʒɛɲa ruvnɔvaɟi]
Grippe grypa [grɨpa]
Halsschmerzen ból gardła [bul gardwa]
Hämorriden hemoroidy [xɛmɔrɔidɨ]
heiser ochrypły [ɔxrɨpwɨ]
Herpes opryszczka [ɔprɨʃtʃka]
Herzanfall atak serca [atak sɛrtsa]
Herzbeschwerden dolegliwości sercowe [dɔlɛglˌivɔɕtɕi sɛrtsɔvɛ]
Herzfehler wada serca [vada sɛrtsa]
Herzinfarkt zawał serca [zavaw sɛrtsa]

Herzrasen tachykardia [taxɨkardja]
Heuschnupfen katar sienny [katar ɕennɨ]
Hexenschuss postrzał [pɔstʃaw]; lumbago [lumbagɔ]
Hirnhautentzündung zapalenie mózgu [zapalɛɲɛ muzgu]
HIV-positiv HIV pozytywny [çif pɔzɨtɨvnɨ]
Infektion infekcja [infɛktsja]
Insektenstich ukąszenie/użądlenie [ukɔ̃ʃɛɲɛ/uʒɔ̃dlɛɲɛ]
Ischias rwa kulszowa [rva kulʃɔva]; ischias [isxˌjas]
Jucken swędzenie [sfɛndʑɛɲɛ]
Keuchhusten koklusz [kɔkluʃ]; krztusiec [kʃtuɕɛts]
Kinderkrankheit choroba dziecięca [xɔrɔba dʑɛtɕɛ̃tsa]
Kinderlähmung paraliż dziecięcy [paralˌiʃ dʑɛtɕɛntsɨ]
Knochenbruch złamanie kości [zwamaɲɛ kɔɕtɕi]
Kolik kolka [kɔlka]
Kopfschmerzen bóle głowy [bulɛ gwɔvɨ]
Krampf skurcz [skurtʃ]
Krankheit choroba [xɔrɔba]
Krebs rak [rak]
Kreislaufstörung zaburzenie krążenia [zabuʒɛɲa krɔ̃ʒɛɲa]
Lähmung paraliż [paralˌiʃ]
Lebensmittelvergiftung zatrucie pokarmowe [zatrutɕɛ pɔkarmɔvɛ]
Leistenbruch przepuklina [pʃɛpuklˌina]
Lungenentzündung zapalenie płuc [zapalɛɲɛ pwuts]
Magenschmerzen ból żołądka [bul ʒɔwɔntka]
Malaria malaria [malarja]
Mandelentzündung zapalenie migdałków [zapalɛɲɛ mˌigdawkuf]
Masern odra [ɔdra]
Migräne migrena [mˌigrɛna]
Mittelohrentzündung zapalenie ucha środkowego [zapalɛɲɛ uxa ɕrɔtkɔvɛgɔ]
Mumps zapalenie przyusznicy [zapalɛɲɛ pʃɨuʃɲitsɨ]; świnka *ugs* [ɕfˌinka]
Nasenbluten krwotok z nosa [krfɔtɔk z‿nɔsa]
Nierenentzündung zapalenie nerek [zapalɛɲɛ nɛrɛk]
Nierenstein kamica nerkowa [kamˌitsa nɛrkɔva]
niesen kichać [cixatɕ]
Ohnmacht utrata przytomności [utrata pʃɨtɔmnɔɕtɕi]; zemdlenie [zɛmdlɛɲɛ]
Pilzinfektion grzybica [gʒɨbitsa]
Prellung stłuczenie [stwutʃɛɲɛ]; kontuzja [kɔntuzja]
Rheuma reumatyzm [rɛwmatɨzm]; gościec [gɔɕtɕɛts]
Röteln różyczka [ruʒɨtʃka]

Rückenschmerzen	bóle pleców [bulɛ plɛtsuf]
Salmonellen	salmonelle [salmɔnɛllɛ]
~vergiftung	salmonelloza [salmɔnɛllɔza]
Scharlach	szkarlatyna [ʃkarlatɨna]; płonica [pwɔɲitsa]
Schlaflosigkeit	bezsenność *f* [bɛssɛnnɔɕtɕ]
Schlaganfall	udar mózgu [udar muzgu]; apopleksja [apɔplɛksja]
Schmerzen	bóle [bulɛ]
Schnittwunde	rana cięta [rana tɕɛnta]
Schnupfen	katar [katar]
Schüttelfrost	dreszcze *pl* [drɛʃtʃɛ]
Schwellung	obrzęk [ɔbʒɛŋk]
Schwindel	zawrót głowy [zavrut gwɔvɨ]
Sehstörungen	zaburzenia wzroku [zabuʒɛɲa vzrɔku]
Seitenstich	kolka [kɔlka]
Sodbrennen	zgaga [zgaga]
Sonnenbrand	oparzenie słoneczne [ɔpaʒɛɲɛ swɔnɛtʃnɛ]
Sonnenstich	porażenie słoneczne [pɔraʒɛɲɛ swɔnɛtʃnɛ]; udar słoneczny [udar swɔnɛtʃnɨ]
Stirnhöhlenentzündung	zapalenie zatok czołowych [zapalɛɲɛ zatɔk tʃɔwɔvɨx]
Tetanus	tężec [tɛ̃ʒɛts]
Typhus	tyfus [tɨfus]; dur [dur]
Übelkeit	mdłości *pl* [mdwɔɕtɕi]
Verbrennung	oparzenie [ɔpaʒɛɲɛ]
Verdauungsstörung	zaburzenia *pl* trawienia [zabuʒɛɲa travˌɛɲa]
Vergiftung	zatrucie [zatrutɕɛ]
verletzen	skaleczyć [skalɛtʃɨtɕ]
Verletzung	skaleczenie [skalɛtʃɛɲɛ]
verstaucht	skręcony [skrɛntsɔnɨ]
Verstopfung	zatwardzenie [zatfardʑɛɲɛ]; obstrukcja [ɔpstruktsja]
wehtun	boleć [bɔlɛtɕ]
Windpocken	ospa wietrzna [ɔspa vˌɛtʃna]
Wunde	rana [rana]
Zecke	kleszcz [klɛʃtʃ]
Zerrung	nadwyrężenie [nadvɨrɛ̃ʒɛɲɛ]
Zyste	cysta [tsɨsta]

Arm	ramię [ram,ɛ̃]; ręka [rɛŋka]
Atmen	oddychać [ɔddɨxatɕ]
Attest	atest [atɛst]; zaświadczenie lekarskie [zaɕf,jatʧɛɲɛ lɛkarscɛ]
Augen	oczy [ɔʧɨ]
Bauch	brzuch [bʒux]
Bein	noga [nɔga]
Bescheinigung	zaświadczenie [zaɕf,jatʧɛɲɛ]
Besuchszeit	godziny *pl* wizyt [gɔʥinɨ v,izɨt]
bewusstlos	nieprzytomny [ɲɛpʃɨtɔmnɨ]
Blase	pęcherz [pɛ̃xɛʃ]
- Harnblase	pęcherz moczowy [pɛ̃xɛʃ mɔʧɔvɨ]
- Hautblase	pęcherz skórny [skurnɨ]
Blinddarm	wyrostek robaczkowy [vɨrɔstɛk rɔbaʧkɔvɨ]; *(fam)* ślepa kiszka [ɕlɛpa ciʃka]
Blut	krew [krɛf]
Blutdruck	ciśnienie krwi [tɕiɕɲɛɲɛ krf,i]
bluten	krwawić [krfav,itɕ]
Blutgruppe	grupa krwi [grupa krf,i]
Bronchien	oskrzela [ɔskʃɛla]
Brust	pierś [p,ɛrɕ]
Bypass	bypass [bajpas]
Chirurg/in	chirurg [çirurg]
Darm	jelito [jɛl,itɔ]
desinfizieren	dezynfekować [dɛzɨnfɛkɔvatɕ]
Diagnose	diagnoza [d,jagnɔza]
Diät	dieta [d,jɛta]
Eiter	ropa [rɔpa]
sich erbrechen	wymiotować [vɨm,iɔtɔvatɕ]
Facharzt	specjalista *m* [spetsjal,ista]
Finger	palec [palɛts]
Fuß	stopa [stɔpa]
Gallenblase	woreczek żółciowy [vɔrɛʧɛk ʒuwtɕɔvɨ]
Gehirn	mózg [musk]
Gehör	słuch [swux]
Gelenk	staw [staf]
Geschlechtsorgane	narządy płciowe [naʒɔndɨ pwtɕɔvɛ]
Gesicht	twarz *f* [tfaʃ]
Hals	szyja [ʃɨja]
Hand	ręka [rɛŋka]
Haut	skóra [skura]
Herz	serce [sɛrtsɛ]
Herzschrittmacher	rozrusznik serca [rɔzruʃɲik sɛrtsa]

Herzspezialist	kardiolog [kardˌjɔlɔg]
Hüfte	biodro [bˌjɔdrɔ]
Husten	kaszel [kaʃɛl]
Impfpass	karta szczepień [karta ʃtʃɛpˌɛɲ]
Impfung	szczepienie [ʃtʃɛpˌɛɲɛ]
Infusion	infuzja [infuzja]
Knie	kolano [kɔlanɔ]
Knöchel	kostka [kɔstka]
Knochen	kość *f* [kɔɕtɕ]
Kopf	głowa [gwɔva]
krank	chory [xɔrɨ]
Krankenhaus	szpital [ʃpˌital]
Krankenkasse	kasa chorych [kasa xɔrɨx]; ubezpieczalnia [ubɛspˌɛtʃalɲa]
Krankenpfleger	pielęgniarz [pˌɛlɛ̃gɲaʃ]
Krankenschein	poświadczenie ubezpieczenia na wypadek choroby [pɔɕfˌattʃɛɲɛ ubɛspˌɛtʃɛɲa na vɨpadɛk xɔrɔbɨ]
Krankenschwester	pielęgniarka [pˌɛlɛ̃gɲarka]; siostra *fam* [ɕɔstra]
Leber	wątroba [vɔntrɔba]
Lippe	warga [varga]
Lunge	płuco [pwutsɔ]
Magen	żołądek [ʒɔwɔndɛk]
Mandeln	migdały [mˌigdawɨ]
Menstruation	miesiączka [mˌɛɕɔntʃka]; menstruacja [mɛnstruatsja]
Mund	usta *pl* [usta]
Muskel	mięsień [mˌɛ̃ɕɛɲ]; muskuł [muskuw]
nähen	szyć [ʃɨtɕ]
Narbe	blizna [blˌizna]
Narkose	narkoza [narkɔza]; znieczulenie [zɲɛtʃulɛɲɛ]
Nase	nos [nɔs]
Nerv	nerw [nɛrf]
nervös	nerwowy [nɛrvɔvɨ]
Niere	nerka [nɛrka]
Ohr	ucho [uxɔ]
Operation	operacja [ɔpɛratsja]
Prothese	proteza [prɔtɛza]
Puls	puls [puls]
Rippe	żebro [ʒɛbrɔ]
röntgen	prześwietlać [pʃɛɕfˌɛtlatɕ]
Röntgenaufnahme	prześwietlenie [pʃɛɕfˌɛtlɛɲɛ]
Rücken	plecy *pl* [plɛtsɨ]
Rückgrat	kręgosłup [krɛŋgɔswup]

Schiene	szyna [ʃɨna]
Schienbein	kość *f* piszczelowa [kɔɕtɕ pˌiʃtʃɛlɔva]
Schlüsselbein	obojczyk [ɔbɔjtʃɨk]
Schulter	bark [bark]; ramię *nt* [ramˌɛ̃]
Schwangerschaft	ciąża [tɕɔ̃ʒa]
schwitzen	pocić się [pɔtɕitɕ ɕɛ̃]
Speiseröhre	przełyk [pʃɛwɨk]
Sprechstunde	godziny *pl* przyjęć [gɔdʑinɨ pʃɨjɛɲtɕ]
Spritze	zastrzyk [zastʃɨk]
Station	oddział [ɔddʑaw]
Stich	ukłucie [ukwutɕɛ]; ukąszenie [ukɛ̃ʃɛɲɛ]
Stuhlgang	stolec [stɔlɛts]
Trommelfell	bębenek [bɛmbɛnɛk]
Ultraschalluntersuchung	badanie ultradźwiękowe [badaɲɛ ultradʑvˌɛŋkɔvɛ]
Unterleib	podbrzusze [pɔdbʒuʃɛ]
Untersuchung	badanie [badaɲɛ]
Urin	mocz [mɔtʃ]
Verband	opatrunek [ɔpatrunɛk]; bandaż [bandaʃ]
verbinden	opatrzeć [ɔpatʃɛtɕ]; zabandażować [zabandaʒɔvatɕ]
Verdauung	trawienie [travˌɛɲɛ]
verschreiben	zapisywać/zapisać [zapˌisɨvatɕ/zapˌisatɕ]
Virus	wirus [vˌirus]
Wartezimmer	poczekalnia [pɔtʃɛkalɲa]
Wirbelsäule	kręgosłup [krɛŋgɔswup]
Zehe	paluch [palux]
Zunge	język [jɛ̃zɨk]

BEIM ZAHNARZT

Ich habe (starke) Zahnschmerzen.
Mam (ostre) bóle zęba. [mam (ɔstrɛ) bulɛ zɛmba]

Dieser Zahn (oben/unten/vorn/hinten) tut weh.
Ten ząb (na górze/na dole/z przodu/z tyłu) boli.
[tɛn zɔmp (na guʒɛ/na dɔlɛ/s‿pʃɔdu/s‿tɨwu) bɔlˌi]

Ich habe eine Füllung verloren.
Wypadła mi plomba. [vɨpadwa mˌi plɔmba]

Mir ist ein Zahn abgebrochen.
Złamał mi się ząb. [zwamaw mˌi ɕɛ zɔmp]

Ich behandle ihn nur provisorisch.
Zrobię go tylko prowizorycznie. [zrɔbˌɛ gɔ tɨlkɔ prɔvˌizɔrɨtʃɲɛ]

Geben Sie mir bitte ...
Proszę mi... [prɔʃɛ̃ m,i]

- ***eine Spritze.***
  dać zastrzyk. [datɕ zastʃɨk]
- ***keine Spritze.***
  nie dawać zastrzyku. [ɲɛ davatɕ zastʃɨku]

Backenzahn	ząb trzonowy [zɔmp tʃɔnɔvɨ]
Brücke	mostek [mɔstɛk]
Kiefer	szczęka [ʃtʃɛŋka]
Krone	koronka [kɔrɔŋka]
Loch	dziura (w zębie) [dʑura (v‿zɛmb,ɛ)]
Plombe	plomba [plɔmba]
Prothese	proteza [prɔtɛza]
Schneidezahn	siekacz [ɕɛkatʃ]
Weisheitszahn	ząb mądrości [zɔmp mɔ̃drɔɕtɕi]
Zahn	ząb [zɔmp]
Zahnfleisch	dziąsło [dʑɔ̃swɔ]
Zahnschmerzen	ból zęba [bul zɛmba]
ziehen	wyrywać/wyrwać (ząb) [vɨrɨvatɕ/vɨrvatɕ (zɔmp)]

BANKGESCHÄFTE TÄTIGEN

Können Sie mir bitte sagen, wo hier eine Bank ist?
Proszę mi powiedzieć, gdzie tu jest bank.
[prɔʃɛ m,i povjɛdʑɛtɕ, gdʑɛ tu jɛst baŋk]

Kantor

In Polen wechseln Sie am besten in einer Wechselstube (**kantor**) Złoty ein. Sie bieten einen besseren Kurs als Banken. Oft befinden sie sich in kleinen Läden oder Postämtern. Die Kurse sollten Sie trotzdem auf alle Fälle vergleichen.

Ich möchte ... Euro (Schweizer Franken) in Zloty wechseln.
Chciałbym/chciałabym wymienić... euro (franków szwajcarskich) na złotówki.
[xtɕawbɨm/xtɕawabɨm vɨm,ɛɲitɕ … ɛwrɔ (fraŋkuf ʃfajtsarscix) na zwɔtufci]

Können Sie mir bitte sagen, wie heute der Wechselkurs ist?
Proszę mi powiedzieć, jaki jest dzisiaj kurs?
[prɔʃɛ m,i povjɛdʑɛtɕ, jaci jɛst dʑiɕaj kurs]

Ich möchte ... einlösen.
Chciałbym/chciałabym zrealizować...
[xtɕawbɨm/xtɕawabɨm zrɛalˌizɔvatɕ]

- ***diesen Reisescheck***
  ten czek podróżny. [tɛn tʃɛk pɔdruʒnɨ]

Auf welchen Betrag kann ich ihn maximal ausstellen?
Na jaką maksymalną sumę mogę go wystawić?
[na jakɔ̃ maksɨmalnɔ̃ sumɛ mɔgɛ gɔ vɨstavˌitɕ]

Darf ich bitte ... sehen?
Czy mogę zobaczyć... [tʃɨ mɔgɛ zɔbatʃɨtɕ]

- ***Ihren Ausweis***
  pana/pani dowód osobisty? [pana/paɲi dɔvut ɔsɔbˌistɨ]
- ***Ihren Pass***
  pana/pani paszport? [pana/paɲi paʃpɔrt]

Würden Sie bitte hier unterschreiben?
Proszę tu podpisać. [prɔʃɛ̃ tu pɔtpˌisatɕ]

Der Geldautomat akzeptiert meine Karte nicht.
Bankomat nie akceptuje mojej karty.
[baŋkɔmat ɲɛ aktsɛptujɛ mɔjɛj kartɨ]

Der Geldautomat gibt meine Karte nicht mehr heraus.
Bankomat nie chce oddać mi mojej karty.
[baŋkɔmat ɲɛ xtsɛ ɔddatɕ mˌi mɔjɛj kartɨ]

auszahlen	wypłacać/wypłacić [vɨpwatsatɕ/vɨpwatɕitɕ]
Bank	bank [baŋk]
bar	gotówką [gɔtufkɔ̃]; w gotówce [v‿gɔtuftsɛ]
Bargeld	gotówka [gotufka]
Bearbeitungsgebühr	opłata manipulacyjna [ɔpwata maɲipulatsɨjna]
Betrag	kwota [kfɔta]; suma [suma]
Cent	cent [tsɛnt]
Chipkarte	karta chipowa [karta tʃipɔva]
Devisen	dewizy [dɛvˌizɨ]
Euro	euro [ɛwrɔ]
Formular	formularz [fɔrmulaʃ]; druczek [drutʃɛk]
Geheimzahl	hasło [xaswɔ]; PIN [pˌin]
Geld	pieniądze *pl* [pˌɛɲɔndʑɛ]
Geldautomat	automat bankowy [awtɔmat baŋkɔvɨ]
Geldanweisung	przekaz pieniężny [pʃɛkas pˌɛɲɛ̃ʒnɨ]
Geldschein	banknot [baŋknɔt]
Geldwechsel	wymiana pieniędzy [vɨmˌjana pˌɛɲɛndʑɨ]

Kleingeld	drobne *pl* [drɔbnɛ]
Konto	konto [kɔntɔ]
Kreditkarte	karta kredytowa [karta krɛditɔva]
Ladeterminal	bankomat [baŋkɔmat]
Münze	moneta [mɔnɛta]
Quittung	pokwitowanie [pɔkvˌitɔvaɲɛ]
Reisescheck	czek podróżny [ʧɛk pɔdruʒnɨ]
Scheck	czek [ʧɛk]
– einen Scheck ausstellen	wystawić czek [vɨstavˌiʨ ʧɛk]
Schweizer Franken	frank szwajcarski [fraŋk ʃfajtsarsci]
Überweisung	przekaz [pʃɛkas]; przelew [pʃɛlɛf]
– telegrafische Überweisung	przekaz telegraficzny [pʃɛkas tɛlɛgrafˌiʧnɨ]
umtauschen	wymieniać [vɨmˌɛɲaʨ]
Unterschrift	podpis [pɔtpˌis]
Währung	waluta [valuta]
Wechselkurs	kurs wymiany [kurs vɨmˌjanɨ]
Zahlung	opłata [ɔpwata]; płatność [pwatnɔɕʨ]
Zloty	złoty [zwɔtɨ]

FILMEN UND FOTOGRAFIEREN

Könnten Sie bitte ein Foto von uns machen?
Czy mógłby pan/mogłaby pani zrobić nam zdjęcie?
[ʧɨ mugwbɨ pan/mɔgwabɨ paɲi zrɔbˌiʨ nam zdjɛɲʨɛ]

Drücken Sie bitte auf diesen Knopf.
Proszę nacisnąć na ten guzik. [prɔʃɛ naʨisnɔ̃ʨ tɛn guʑik]

Die Entfernung/Blende stellt man so ein.
Odległość/przesłonę ustawia się tak.
[ɔdlɛgwɔɕʨ/pʃɛswɔnɛ ustavja ɕɛ tak]

Dürfte ich Sie fotografieren?
Czy mógłbym/mogłabym zrobić panu/pani/państwu zdjęcie?
[ʧɨ mugwbɨm/mɔgwabɨm zrɔbˌiʨ panu/paɲi/paɲstfu zdjɛɲʨɛ]

Foto	zdjęcie [zdjɛɲʨɛ]
Fotoapparat	aparat fotograficzny [aparat fɔtɔgrafˌiʧnɨ]
fotografieren	fotografować [fɔtɔgrafɔvaʨ]; robić zdjęcia [rɔbˌiʨ zdjɛɲʨa]
Hochformat	duży format [duʒɨ fɔrmat]
Querformat	format poziomy [fɔrmat pɔʒɔmɨ]

ETWAS VERLOREN?

Können Sie mir bitte sagen, wo das Fundbüro ist?
Przepraszam, gdzie znajduje się biuro rzeczy znalezionych?
[pʃɛpraʃam, gdʑɛ znajdujɛ ɕɛ bʲurɔ ʒɛtʃɨ znalɛʑɔnɨx]

Ich habe ... verloren.
Zgubiłem/zgubiłam... [zgubʲiwɛm/zgubʲiwam]

Ich habe meine Handtasche im Zug vergessen.
Zostawiłam w pociągu moją torebkę. [zɔstavʲiwam f‿pɔtɕɔŋgu mɔjɔ̃ tɔrɛpkɛ̃]

Würden Sie mich bitte benachrichtigen, wenn sie gefunden werden sollte?
Proszę mnie zawiadomić, gdyby została znaleziona.
[prɔʃɛ mɲɛ zavʲadɔmʲitɕ, gdɨbɨ zɔstawa znalɛʑɔna]

Hier ist meine Hotelanschrift/Heimatadresse.
Tu jest adres mojego hotelu/mój adres domowy.
[tu jɛst adrɛs mɔjɛgɔ xɔtɛlu/muj adrɛs dɔmɔvɨ]

IM INTERNETCAFÉ

Wo gibt es in der Nähe ein Internetcafé?
Czy jest tu w pobliżu kafejka internetowa?
[tʃɨ jɛst tu f‿pɔblʲiʒu kafɛjka intɛrnɛtɔva]

Ich möchte ...
Chciałbym/chciałabym... [xtɕawbɨm/xtɕawabɨm]

- ***im Internet surfen.***
  skorzystać z Internetu. [skɔʒɨstatɕ z‿intɛrnɛtu]
- ***einen Drucker benutzen.***
  skorzystać z drukarki. [skɔʒɨstatɕ z‿drukarki]
- ***einen Scanner benutzen.***
  skorzystać ze skanera. [skɔʒɨstatɕ zɛ skanɛra]
- ***eine CD brennen.***
  wypalić płytę CD. [vɨpalitɕ pwɨtɛ̃ sidi]

Wie viel kostet eine Stunde/Viertelstunde?
Ile kosztuje godzina/kwadrans? [ilɛ kɔʃtujɛ gɔdʑina/kvadrans]

Kann ich ... mit diesem Computer verbinden?
Czy mogę przyłączyć do komputera...? [tʃɨ mɔgɛ̃ pʃɨwɔntʃɨtɕ dɔ kɔmputɛra]

- ***meinen USB-Stick***
  mój pendrive [muj pɛndrajv]
- ***meine Kamera***
  mój aparat [muj aparat]
- ***meinen MP3-Player***
  mój odtwarzacz MP3 [muj ɔttfaʒatʃ ɛm pɛ tʃɨ]

Gibt es einen Passwortschutz?
Czy jest to zabezpieczone hasłem? [tʃɨ jɛst tɔ zabɛsp͵ɛtʃɔnɛ xaswɛm]

Kann ich bei Ihnen skypen?
Czy mogę skorzystać ze Skype'a? [tʃɨ mɔgɛ̃ skɔʒɨstatɕ zɛ skajpa]

Gibt es Kopfhörer mit Mikrofon?
Czy dostanę słuchawki z mikrofonem?
[tʃɨ dɔstanɛ̃ swuxafci z mikrɔfɔnɛm]

Kann ich von hier ein Fax versenden?
Czy mógłbym/mogłabym tutaj wysłać faks?
[tʃɨ mugwbɨ/mɔgwabɨ tutaj vɨswatɕ faks]

Kann ich eine Seite ausdrucken?
Czy mogę wydrukować tą stronę? [tʃɨ mɔgɛ vɨdrukɔvatɕ tɔ̃ strɔnɛ̃]

Bei mir klappt die Verbindung nicht.
Połączenie nie funkcjonuje. [pɔwɔntʃɛɲɛ ɲɛ fuŋktsjɔnujɛ]

Ich habe Probleme mit dem Computer.
Mam problemy z komputerem. [mam prɔblɛmɨ s‿kɔmputɛrɛm]

Kann ich bei Ihnen Fotos von meiner Digitalkamera auf CD brennen?
Czy mogę przegrać zdjęcia z aparatu cyfrowego na płytę CD?
[tʃɨ mɔgɛ pʃɛgratɕ zdjɛɲtɕa z‿aparatu tsɨfrɔvɛgɔ na pwɨtɛ̃ s͵idi]

BEI DER POLIZEI

Könnten Sie mir bitte sagen, wo das nächste Polizeirevier ist?
Przepraszam, gdzie jest najbliższy komisariat policji?
[pʃɛpraʃam, gdʑɛ jɛst najbl͵iʃʃɨ kɔm͵isar͵jat pɔl͵itsji]

Ich möchte ... anzeigen.
Chciałbym/chciałabym zgłosić... [xtɕawbɨm/xtɕawabɨm zgwɔɕitɕ]

- ***einen Diebstahl***
  kradzież. [kradʑɛʃ]
- ***einen Überfall***
  napad. [napat]

Mir ist ... gestohlen worden.
Ukradziono mi... [ukradʑɔnɔ m͵i]

- ***die Handtasche***
  torebkę. [tɔrɛpkɛ̃]
- ***die Brieftasche***
  portfel. [pɔrtfɛl]
- ***mein Fotoapparat***
  mój aparat fotograficzny. [muj aparat fɔtɔgraf͵itʃnɨ]
- ***mein Auto/mein Fahrrad***
  mój samochód/mój rower. [muj samɔxut/muj rɔvɛr]

Mein Auto ist aufgebrochen worden.
Włamano się do mojego auta. [vwamanɔ ɕɛ dɔ mɔjɛgɔ awta]

Aus meinem Auto ist ... gestohlen worden.
Z mojego auta ukradziono... [z‿mɔjɛgɔ awta ukradʑɔnɔ]

Mein Sohn/Meine Tochter ist verschwunden.
Mój syn zaginął/moja córka zaginęła. [muj sɨn zaɟinɔw/mɔja tsurka zaɟinɛwa]

Dieser Mann belästigt mich.
Ten człowiek mnie napastuje. [tɛn tʃɔvˌɛk mɲɛ napastujɛ]

Ich bin überfallen/vergewaltigt worden.
Zostałem napadnięty/zgwałcony/zostałam napadnięta/zgwałcona. [zɔstawɛm napatɲɛntɨ/zgvawtsɔnɨ/zɔstawam napatɲɛnta/zgvawtsɔna]

Können Sie mir bitte helfen?
Czy może mi pan/pani pomóc? [tʃɨ mɔʒɛ mˌi pan/paɲi pɔmuts]

Ich möchte einen Anwalt sprechen.
Chcę rozmawiać z adwokatem. [xtsɛ̃ rɔzmavjatɕ z‿advɔkatɛm]

Wann genau ist das passiert?
Kiedy dokładnie to się stało? [cɛdɨ dɔkwadɲɛ tɔ ɕɛ stawɔ]

Ihren Namen und Ihre Anschrift, bitte.
Pana/pani nazwisko i adres proszę. [pana/paɲi nazvˌiskɔ i adrɛs prɔʃɛ̃]

Wenden Sie sich bitte an das deutsche/österreichische/ Schweizer Konsulat.
Proszę zwrócić się do niemieckiego/austriackiego/szwajcarskiego konsulatu. [prɔʃɛ zvrutɕitɕ ɕɛ dɔ ɲɛmˌɛtscɛgɔ/awstrˌjatscɛgɔ/ ʃfajtsarscɛgɔ kɔnsulatu]

anzeigen	zgłaszać/zgłosić [zgwaʃatɕ/zwɔɕitɕ]
aufbrechen	włamać się [vwamatɕ ɕɛ̃]
Autoradio	radio samochodowe [radˌjɔ samɔxɔdɔvɛ]
belästigen	napastować [napastɔvatɕ]
beschlagnahmen	skonfiskować [skɔnfˌiskɔvatɕ]
Brieftasche	portfel [pɔrtfɛl]
Dieb	złodziej [zwɔdʑɛj]
Diebstahl	kradzież *f* [kradʑɛʃ]
Gefängnis	więzienie [vˌɛ̃ʑɛɲɛ]
Geldbörse	portmonetka [pɔrtmɔnɛtka]
Gericht	sąd [sɔnt]
Kfz-Schein	dowód rejestracyjny [dɔvut rɛjɛstratsɨjnɨ]; karta wozu *fam* [karta vɔzu]
Kreditkarte	karta kredytowa [karta krɛdɨtɔva]
Papiere	dokumenty [dɔkumɛntɨ]
Personalausweis	dowód osobisty [dɔvut ɔsɔbˌistɨ]
Polizei	policja [pɔlˌitsja]

Polizeiwagen	samochód/radiowóz policyjny [samɔxut/rad,jɔvus pɔl,itsɨjnɨ]
Polizist/in	policjant/ka [pɔl,itsjant/ka]
Rauschgift	narkotyk [narkɔtɨk]
Rechtsanwalt	adwokat [advɔkat]
Reisepass	paszport [paʃpɔrt]
Richter/in	sędzia/sędzina [sɛndʑa/sɛndʑina]
Scheck	czek [tʃɛk]
Scheckkarte	karta czekowa [karta tʃɛkɔva]
Schlüssel	klucz [klutʃ]
Schmuggel	przemyt [pʃɛmɨt]; szmugiel [ʃmuɟɛl]
Schuld	wina [v,ina]
sexuelle Belästigung	molestowanie seksualne [mɔlɛstɔvaɲɛ sɛksualnɛ]
Taschendieb	złodziej kieszonkowy [zwɔdʑɛj cɛʃɔnkɔvɨ]
Überfall	napad [napat]
Untersuchungshaft	areszt śledczy [arɛʃt ɕlɛttʃɨ]
Verbrechen	przestępstwo [pʃɛstɛmpstfɔ]
Vergewaltigung	gwałt [gvawt]
verhaften	aresztować [arɛʃtɔvatɕ]
verlieren	przegrywać/przegrać [pʃɛgrɨvatɕ/pʃɛgratɕ]
Zeuge/Zeugin	świadek [ɕfjadɛ]
zusammenschlagen	bić/pobić [b,itɕ/pobitɕ]

AUF DER POST

Neben den großen Postämtern gibt es zahlreiche kleine Zweigstellen, etwa in Einkaufszentren.

Können Sie mir bitte sagen, wo ... ist?
Przepraszam, gdzie jest... [pʃɛpraʃam, gdʑɛ jɛst]

- ***das nächste Postamt***
  najbliższa poczta? [najbl,iʃʃa pɔtʃta]
- ***der nächste Briefkasten***
  najbliższa skrzynka pocztowa? [najbl,iʃʃa skʃɨnka pɔtʃtɔva]

Was kostet ein Brief/eine Postkarte ...
Ile kosztuje list/pocztówka... [ilɛ kɔʃtujɛ l,ist/pɔtʃtufka]

- ***nach Deutschland?***
  do Niemiec? [dɔ ɲɛm,ɛts]
- ***nach Österreich?***
  do Austrii? [dɔ awstr,ji]
- ***in die Schweiz?***
  do Szwajcarii? [dɔ ʃfajtsar,ji]

Drei Briefmarken zu ... Zloty, bitte!
Trzy znaczki po... złotych, proszę. [tʃɨ znatʃci pɔ... zwɔtɨx, prɔʃɛ̃]

Diesen Brief bitte per ...
Ten list proszę jako... [tɛn lˌist prɔʃɛ jakɔ]

- ***Luftpost.***
  lotniczy. [lɔtɲitʃɨ]
- ***Express.***
  ekspres. [ɛksprɛs]
- ***Einschreiben.***
  polecony. [pɔlɛtsɔnɨ]

Wie lange braucht ein Brief nach Deutschland?
Jak długo idzie list do Niemiec? [jak dwugɔ idʑɛ lˌist dɔ ɲɛmˌɛts]

Haben Sie Sondermarken?
Czy ma pan/pani znaczki okolicznościowe?
[tʃɨ ma pan/paɲi znatʃci ɔkɔlˌitʃnɔɕtɕɔvɛ]

Absender	nadawca *m* [nadaftsa]
Adresse	adres [adrɛs]
ausfüllen	wypełniać/wypełnić [vɨpɛwɲatɕ/vɨpɛwɲitɕ]
Brief	list [lˌist]
Briefkasten	skrzynka pocztowa [skʃɨŋka pɔtʃtɔva]
Briefmarke	znaczek pocztowy [znatʃɛk pɔtʃtɔvɨ]
Eilbrief	ekspres [ɛksprɛs]; list ekspresowy [lˌist ɛksprɛsɔvɨ]
Einschreibebrief	list polecony [lˌist pɔlɛtsɔnɨ]
Empfänger	odbiorca *m* [ɔdbˌjɔrtsa]
Fax	faks [faks]
Faxgerät	faks [faks]
Formular	formularz [fɔrmulaʃ]; druczek [drutʃɛk]
frankieren	frankować [frankɔvatɕ]; nalepić znaczek [nalɛpˌitɕ znatʃɛk]
Gebühr	opłata [ɔpwata]
Gewicht	waga [vaga]
Hauptpostamt	poczta główna [pɔtʃta gwuvna]
Leerung	wyjmowanie listów [vɨjmɔvaɲɛ lˌistuf]
mit Luftpost	pocztą lotniczą [pɔtʃtɔ̃ lɔtɲitʃɔ̃]
nachsenden	dosyłać/dosłać [dɔsɨwatɕ/dɔswatɕ]
Päckchen	paczuszka [patʃuʃka]
Paket	paczka [patʃka]
Porto	porto [pɔrtɔ]; opłata [ɔpwata]
Postamt	poczta [pɔtʃta]
Postkarte	pocztówka [pɔtʃtufka]

postlagernd	do odbioru na poczcie [dɔ ɔdbˌɔru na pɔtʃtɕɛ]
Postleitzahl	kod pocztowy [kɔt pɔtʃtɔvɨ]
Sondermarke	znaczek okolicznościowy [znatʃɛk ɔkɔlˌitʃnɔɕtɕɔvɨ]
Vordruck	formularz [fɔrmulaʃ]
Wertangabe	wartość *f* [vartɔɕtɕ]
Zollerklärung	deklaracja celna [dɛklaratsja tsɛlna]

TELEFONIEREN

Die Vorwahlen in Polen sind zweistellig und die eigentliche Nummer siebenstellig. Auslandsgespräche sind von Polen aus wesentlich teurer als von deutschsprachigen Ländern aus nach Polen.

Auslandsvorwahlen:
Deutschland: 0049
Österreich: 0043
Schweiz: 0041

Die wichtigsten Telefonnummern:
112 Notruf
997 Polizei
998 Feuerwehr
999 Rettungsdienst
0 800 .... - kostenlose Verbindungen
0 801 .... - Verbindungen zum Ortstarif
0 700 .... - Serviceverbindungen (meistens sehr teuer)

Ich möchte nach ... telefonieren.
Chcę zadzwonić do... [xtsɛ̃ zadʑvɔɲitɕ dɔ]

Wie viel kostet es pro Minute?
Ile kosztuje minuta rozmowy? [ilɛ kɔʃtujɛ minuta rɔzmɔvɨ]

In welche Kabine soll ich gehen?
Do której kabiny mam wejść? [dɔ kturɛj kabinɨ mam vɛjɕtɕ]

Ich möchte ...
Chciałbym/chciałabym... [xtɕawbɨm/xtɕawabɨm]

- ***eine Telefonkarte.***
  kupić kartę telefoniczną. [kupˌitɕ kartɛ̃ tɛlɛfɔɲitʃnɔ̃]
- ***ein R-Gespräch führen.***
  zadzwonić na koszt odbiorcy. [zadʑvɔɲitɕ na kɔʃt ɔdbˌjɔrtsɨ]

Wie ist bitte die Vorwahl von ...?
Jaki jest numer kierunkowy do...? [jaci jɛst numɛr cɛrunkɔvɨ dɔ]

Ein Telefongespräch führen

Hier spricht ...
Tu mówi... [tu muv,i]

Hallo, mit wem spreche ich, bitte?
Halo, z kim rozmawiam? [xalɔ, s‿cim rɔzmavjam]

Kann ich bitte Herrn/Frau ... sprechen?
Czy mogę rozmawiać z panem/z panią...? [tʃɨ mɔgɛ rɔzmavjatɕ s‿panɛm/paɲɔ̃]

Tut mir leid, er/sie ist nicht da.
Przykro mi, nie ma go/jej. [pʃɨkrɔ m,i, ɲɛ ma gɔ/jɛj]

Kann er/sie Sie zurückrufen?
Czy on/ona może do pana/pani oddzwonić?
[tʃɨ ɔn/ɔna mɔʒɛ dɔ pana/paɲi ɔddzvɔɲitɕ]

Möchten Sie eine Nachricht hinterlassen?
Czy chce pan/pani zostawić wiadomość?
[tʃɨ xtsɛ pan/paɲi zɔstav,itɕ vjadɔmɔɕtɕ]

Anruf	telefon [tɛlɛfɔn]
Anrufbeantworter	automatyczna sekretarka [awtɔmatɨtʃna sɛkrɛtarka]
anrufen	dzwonić/zadzwonić [dzvɔɲitɕ/zadzvɔɲitɕ]
Auskunft	informacja [infɔrmatsja]
Auslandsgespräch	rozmowa międzynarodowa [rɔzmɔva m,ɛndzɨnarɔdɔva]
besetzt	zajęte [zajɛntɛ]
Ferngespräch	rozmowa międzymiastowa [rɔzmɔva m,ɛndzɨm,jastɔva]
Gebühr	opłata [ɔpwata]
Gespräch	rozmowa [rɔzmɔva]
Handy	telefon komórkowy [tɛlɛfɔn kɔmurkɔvɨ]; komórka *fam* [kɔmurka]
Hörer	słuchawka [swuxafka]
Ortsgespräch	rozmowa miejscowa [rɔzmɔva m,ɛjstsɔva]
R-Gespräch	rozmowa r-ka [rɔzmɔva ɛrka]
Telefon	telefon [tɛlɛfɔn]
Telefonbuch	książka telefoniczna [kɕɔ̃ʃka tɛlɛfɔɲitʃna]
Telefonkarte	karta telefoniczna [karta tɛlɛfɔɲitʃna]
Telefonnummer	numer telefonu [numɛr tɛlɛfɔnu]
Telefonzelle	budka telefoniczna [butka tɛlɛfɔɲitʃna]
Verbindung	połączenie [pɔwɔ̃tʃɛɲɛ]
Voranmeldung	uprzednie zgłoszenie [upʃɛdɲɛ zgwɔʃɛɲɛ]
Vorwahlnummer	numer kierunkowy [numɛr cɛrunkɔvɨ]
wählen	wybrać numer [vɨbratɕ numɛr]; dzwonić [dzvɔɲitɕ]

MIT DEM HANDY

Mein Akku ist leer. Haben Sie ein Ladekabel für mich?
Moja bateria jest pusta. Czy ma pan/pani może ładowarkę?
[mɔja batɛrˌja jɛst pusta. ʧɨ ma pan/paɲi mɔʒɛ wadɔvarkɛ̃]

Ich möchte meine Karte aufladen.
Chciałbym/chciałabym doładować kartę.
[xtɕawbɨm/xtɕawabɨm dowadovatɕ kartɛ̃]

Mein Provider ist ...
Moim operatorem jest... [moim operatorɛm jɛst]

Ich hätte gerne ..., bitte.
Poproszę... [pɔprɔʃɛ̃]

- ***ein Handy mit einer Prepaid-Karte***
  telefon z kartą. [tɛlɛfon z kartɔ̃]
- ***eine SIM-Karte***
  kartę SIM. [kartɛ̃ sˌim]

Geben Sie mir bitte eine Tarifübersicht.
Proszę mi dać przegląd stawek taryfowych.
[prɔʃɛ mˌi datɕ pʃɛglɔ̃t stavɛk tarɨfɔvɨx]

Haben Sie Guthabenkarten der Mobilfunkgesellschaft ...?
Czy są karty na doładowanie z telefonii...?
[ʧɨ sɔ̃ kartɨ na dɔwadɔvaɲɛ s̮tɛlɛfɔɲi]

Ladegerät	ładowarka [wadɔvarka]
Prepaid-Guthaben	ilość impulsów na karcie [ilɔɕtɕ impulsuf na kartɕɛ]
SIM-Karte	karta SIM [karta sim]
Smartphone	smartfon [smartfɔn]

TOILETTE UND BAD

Gut zu wissen

Sehr oft sind Damentoiletten mit einem Kreis und Herrentoiletten mit einem Dreieck gekennzeichnet. In der Regel wird ein kleines Entgelt verlangt.

Wo ist bitte die Toilette?
Przepraszam, gdzie jest toaleta? [pʃɛpraʃam, gʥɛ jɛst tɔalɛta]

Dürfte ich bei Ihnen die Toilette benutzen?
Czy mógłbym/mogłabym skorzystać z toalety?
[ʧɨ mugwbɨm/mɔgwabɨm skɔʒɨstatɕ s̮tɔalɛtɨ]

Würden Sie mir bitte den Schlüssel für die Toiletten geben?
Czy mógłby pan/mogłaby pani dać mi klucz do toalety?
[tʃɨ mugwbɨ pan/mɔgwabɨ paɲi datɕ mʲi klutʃ dɔ tɔalɛtɨ]

Damen	damska [damska]
Damenbinden	podpaski higieniczne [pɔtpasci çiɟɛɲitʃnɛ]
Handtuch	ręcznik [rɛ̃tʃɲik]
Handwaschbecken	umywalka [umɨvalka]
Herren	męska [mɛñska]
sauber	czysto [tʃɨstɔ]
schmutzig	brudno [brudnɔ]
Seife	mydło [mɨdwɔ]
Stehklosett	latryna [latrɨna]
Tampons	tampony [tampɔnɨ]
Toilettenpapier	papier toaletowy [papʲjɛr tɔalɛtɔvɨ]
Wasserspülung	spłuczka [spwutʃka]

ÜBER DAS WETTER REDEN

Was für ein herrliches/schreckliches Wetter!
Jaka wspaniała/okropna pogoda. [jaka fspaɲawa/ɔkrɔpna pɔgɔda]

Wie ist das Wetter?
Jaka jest pogoda? [jaka jɛst pɔgɔda]

Wie wird es morgen ... sein?
Czy jutro będzie...? [tʃɨ jutrɔ bɛɲdʑɛ]

Es ist ...
Jest... [jɛst]

Es ist sehr kalt/heiß/schwül.
Jest bardzo zimno/gorąco/parno. [jɛst bardʐɔ ʑimnɔ/gɔrɔntsɔ/parnɔ]

Es ist neblig/windig.
Jest mgliście/wietrzno. [jɛst mglʲiɕtɕɛ/vjɛtʃnɔ]

Es bleibt schön/schlecht.
Utrzyma się ładna/zła pogoda. [utʃɨma ɕɛ wadna/zwa pɔgɔda]

Es wird wärmer/kälter.
Będzie cieplej/zimniej. [bɛɲdʑɛ tɕɛplɛj/ʑimɲɛj]

Es wird regnen/schneien.
Będzie padał deszcz/śnieg. [bɛɲdʑɛ padaw dɛʃtʃ/ɕɲɛk]

Die Straßen sind glatt.
Drogi są śliskie. [drɔɟi sɔ̃ ɕlʲiscɛ]

Schneeketten sind erforderlich.
Konieczne są łańcuchy na koła. [kɔɲetʃnɛ sɔ̃ waɲtsuxɨ na kɔwa]

bewölkt	pochmurnie [pɔxmurɲɛ]
Blitz	błyskawica [bwɨskavitsa]
Donner	grzmot [gʒmɔt]
Ebbe	odpływ (morza) [ɔdpwɨf (mɔʒa)]
Eis	lód [lut]
Flut	przypływ (morza) [pʃɨpwɨf (mɔʒa)]
Frost	mróz [mrus]
Gewitter	burza [buʒa]
Glatteis	gołoledź *f* [gɔwɔlɛtɕ]
Hagel	grad [grat]
heiß	gorąco [gɔrɔntsɔ]
Hitze	upał [upaw]
kalt	zimno [ʑimnɔ]
Luft	powietrze [pɔvjɛtʃɛ]
nass	mokro [mɔkrɔ]
Nebel	mgła [mgwa]
Regen	deszcz [dɛʃtʃ]
regnerisch	deszczowy [dɛʃtʃɔvɨ]
Schnee	śnieg [ɕɲɛk]
Sonne	słońce [swɔɲtsɛ]
sonnig	słonecznie [swɔnɛtʃɲɛ]
Sturm	wichura [vˌixura]
Temperatur	temperatura [tɛmpɛratura]
warm	ciepło [tɕɛpwɔ]
Wettervorhersage	prognoza pogody [prɔgnɔza pɔgɔdɨ]
Wind	wiatr [vjatr]

Wörterbuch Polnisch – Deutsch

Bei Verben werden vor dem Komma die imperfektiven, nach dem Komma die perfektiven Formen genannt. Das Geschlecht wird nur bei nicht eindeutigen Endungen angegeben.

A

a [a] und
aby [abɨ] damit; dass
adapter [adaptɛr] Adapter
administracja [adm ̦iɲistratsja] Verwaltung
adres [adrɛs] Adresse
adwokat(ka) [advɔkat(ka)] Rechtsanwalt(-anwältin)
aerobik [aɛrɔb ̦ik] Aerobic
agencja [agɛntsja] Agentur
agrafka [agrafka] Sicherheitsnadel
agroturystyka [agrɔturɨstɨka] Urlaub auf dem Bauernhof
aklimatyzować/zaaklimatyzować się [akl ̦imatɨzɔvatʃ/ zaakl ̦imatɨzɔvatɕ sɛ̃] sich akklimatisieren
akt [akt] Akt
aktor(ka) [aktɔr(ka)] Schauspieler(in); ~ **filmow-y/a** [f ̦ilmɔv-ɨ/a] Filmschauspieler(in)
aktualny [aktualnɨ] gültig
akupunktura [akupunktura] Akupunktur
akurat [akurat] gerade; zeitlich
akwaforta [akfafɔrta] Radierung
akwarela [akfarɛla] Aquarell
albo... albo [albɔ albɔ] entweder ... oder
albo [albɔ] oder
ale [alɛ] aber
alergia [alɛrɟja] Allergie
alergikiem (alergiczką) [alɛrɟcɛm/ alɛrɟtʃkɔ̃] Allergiker(in)
ależ tak [alɛʃ tak] doch
alternator [altɛrnatɔr] Lichtmaschine
ambasada [ambasada] Botschaft; dipl. Vertretung
amfiteatr [amf ̦itɛatr] Amphitheater
ananas [ananas] Ananas
angielski [aŋɟɛlsci] englisch
angina [anɟina] Angina
antybiotyk [antɨbjɔtɨk] Antibiotikum
antybiotyki [antɨbjɔtɨki] Antibiotika
antyczny [antɨtʃnɨ] antik
antykwariat [antɨkfarjat] Antiquitätengeschäft
anulować [anulɔvatɕ] stornieren
aparat [aparat] Apparat
aparat cyfrowy [aparat tsɨfrɔvɨ] Digitalkamera
aparat do zdjęć podwodnych [aparat dɔ zdjɛɲtɕ pɔdvɔdnɨx] Unterwasserkamera
aparat fotograficzny [aparat fɔtɔgraf ̦itʃnɨ] Fotoapparat
apartament [apartamɛnt] Apartment
apetyt [apɛtɨt] Appetit
apopleksja [apɔplɛksja] Gehirnschlag; Schlaganfall
apteka [aptɛka] Apotheke
arbuz [arbus] Wassermelone
archeologia [arxɛɔlɔɟja] Archäologie
architekt [arçitɛkt] Architekt
architektura [arçitɛktura] Architektur
arena [arɛna] Arena
areszt śledczy [arɛʃt ɕlɛttʃɨ] Untersuchungshaft
aresztować [arɛʃtɔvatɕ] verhaften
artykuły drogeryjne [artɨkuwɨ drɔgɛrɨjnɛ] Drogerieartikel
artykuły gospodarstwa domowego [artɨkuwɨ gɔspɔdarstfa dɔmɔvɛgɔ] Haushaltswaren
artykuły papiernicze [artɨkuwɨ papjɛrɲitʃɛ] Schreibwaren
artykuły sportowe [artɨkuwɨ spɔrtɔvɛ] Sportartikel
artysta kabaretowy (artystka kabaretowa) [artɨsta kabarɛtɔvɨ/ artɨstka kabarɛtɔva] Kabarettist(in)
aspiryna [asp ̦irɨna] Aspirin®
astma [astma] Asthma
atak serca [atak sɛrtsa] Herzanfall
atest [atɛst] Attest
Austria [awstrja] Österreich
Austriak (Austriaczka) [awstrjak/ awstrjatʃka] Österreicher(in)
auto [awtɔ] Auto
autobus [awtɔbus] Bus
autobus dalekobieżny [awtɔbus dalɛkobjɛʒnɨ] Überlandbus
autobus lotniskowy [awtɔbus lɔtɲiskɔvɨ] Flughafenbus
autobus miejski [awtɔbus mjɛjsci] Stadtbus
autobus transferowy [awtɔbus transfɛrɔvɨ] Transferbus

autogaz/stacja do ładowania samochodów elektrycznych [awtɔgas/statsja dɔ wadɔvaɲa samɔxɔduf ɛlɛktrɨtʃnɨx] Erdgas-/Elektrotankstelle
autokasko [awtɔkaskɔ] Vollkasko
automat [awtɔmat] Automat
automat bankowy [awtɔmat baŋkɔvɨ] Geldautomat
automat biletowy [awtɔmat bˌilɛtɔvɨ] Fahrkartenautomat
automat do kawy [awtɔmat dɔ kavɨ] Kaffeemaschine
automatyczna sekretarka [awtɔmatɨtʃna sɛkrɛtarka] Anrufbeantworter
automatyczna skrzynia biegów [awtɔmatɨtʃna skʃiɲa bjɛguf] Automatik(getriebe)
automatyczne otwieranie drzwi [awtɔmatɨtʃnɛ ɔtfjɛraɲɛ dʒvˌi] automatische Türöffnung
automatyczny [awtɔmatɨtʃnɨ] automatisch
autostrada [awtɔstrada] Autobahn
awaria [avarja] Panne
awokado [avɔkadɔ] Avocado

B

babcia [baptɕa] Großmutter
babka [bapka] Großmutter, *(Essen)* Napfkuchen
baby [bɛjbˌi] Baby
babyfon [bɛjbɨfɔn] Babyfon®
bać się [batɕ ɕɛ̃] fürchten
badanie [badaɲɛ] Untersuchung
badminton [badmˌintɔn] Badminton
bagaż [bagaʃ] Gepäck
bagażnik [bagaʒɲik] Kofferraum
bagno [bagnɔ] Sumpf
bak [bak] Tank
bal [bal] Ball; Fest
balet [balɛt] Ballett
balkon [balkɔn] Balkon
balon na gorące powietrze [balɔn na gɔrɔntsɛ pɔvjɛtʃɛ] Heißluftballon
Bałtyk [bawtɨk] Ostsee
banany [bananɨ] Bananen
bandaż [bandaʃ] Verband; **~ elastyczny** [ɛlastɨtʃnɨ] Elastikbinde
bank [baŋk] Bank
banknot [baŋknɔt] Geldschein
bankomat [baŋkɔmat] Ladeterminal; Geldautomat
bar [bar] Bar; Imbiss
baranina [baraɲina] Hammelfleisch
bardzo [bardzɔ] sehr
barek [barɛk] Minibar
bark [bark] Schulter
barok [barɔk] Barock
basen [basɛn] Swimmingpool; **~ dla dzieci** [basɛn dla dʑɛtɕi] Kinderbecken
bateria [batɛrja] Batterie
baton czekoladowy [batɔn tʃɛkɔladɔvɨ] Schokoriegel
bawełna [bavɛwna] Baumwolle
bazylia [bazɨlja] Basilikum
bez [bɛs] ohne
bez barier [bɛs‿barjɛr] barrierefrei
bez cła [bɛs tswa] zollfrei
bez przeszkód [bɛs‿pʃɛʃkut] barrierefrei
bezalkoholowy [bɛzalkɔxɔlɔvɨ] alkoholfrei
bezczelny [bɛstʃɛlnɨ] unverschämt
bezpiecznie [bɛspjɛtʃɲɛ] sicher
bezpiecznik [bɛspjɛtʃɲik] Sicherung
bezpieczny [bɛspjɛtʃnɨ] sicher
bezpłatny [bɛspwatnɨ] frei; kostenlos
bezpośrdnio [bɛspɔɕrɛdɲɔ] direkt
bezpośredni [bɛspɔɕrɛdɲi] direkt
bezprogowy [bɛsprɔgɔvɨ] ebenerdig
bezrobotny [bɛzrɔbɔtnɨ] arbeitslos
bezsenność [bɛssɛnnɔɕtɕ] Schlaflosigkeit
bezwartościowy [bɛzvartɔɕtɕɔvɨ] wertlos
bezwietrznie [bɛzvjɛtʃɲɛ] Flaute
bezwstydny [bɛsfstɨdnɨ] unverschämt
beżowy [bɛʒɔvɨ] beige
bębenek [bɛmbɛnɛk] Trommelfell
biały [bjawɨ] weiß
bić/pobić [bˌitɕ/pobitɕ] zusammenschlagen
biec [bjɛts] rennen; laufen
biedny [bjɛdnɨ] arm
bieg [bjɛk] Gang *(im Auto)*
bieg jałowy [bjɛk jawɔvɨ] Leerlauf
biegać [bjɛgatɕ] laufen; joggen
biegówki [bjɛgufci] Langlaufski
biegunka [bjɛguŋka] Durchfall
bielizna [bjɛlˌizna] Unterwäsche
bikini [bˌiciɲi] Bikini
bilet [bˌilɛt] Fahrkarte; Fahrschein
bilet całodzienny [bˌilɛt tsawɔdʑɛnnɨ] Tageskarte
bilet dla dziecka [bˌilɛt dla dʑɛtska] Kinderfahrkarte
bilet powrotny [bˌilɛt pɔvrɔtnɨ] Rückfahrkarte
bilet tygodniowy [bˌilɛt tɨgɔdɲɔvɨ] Wochenkarte
bilet wstępu [bˌilɛt fstɛmpu] Eintrittskarte
biodro [bjɔdrɔ] Hüfte
bita śmietana [bˌita ɕmjɛtana] Schlagsahne
biuro [bjurɔ] Büro
biuro podróży [bjurɔ pɔdruʒɨ] Reisebüro

biuro rzeczy znalezionych [bjurɔ ʒɛʧi znalɛʑɔnɨx] Fundbüro
biustonosz [bjustɔnɔʃ] BH
bizantyjski [bˌizantɨjsci] byzantinisch
biżuteria [bˌiʒutɛrˌja] Schmuck
blezer [blɛzɛr] Blazer
bliski [blˌisci] nahe
blisko [blˌiskɔ] nah; nahe
blizna [blˌizna] Narbe
blok listowy [blɔk lˌistɔvɨ] Block
blues [blus] Blues
bluzka [bluska] Bluse
błąd [bwɔnt] Fehler
błędny [bwɛndnɨ] falsch
błonica [bwɔɲitsa] Diphtherie
błyskawica [bwɨskavitsa] Blitz
bo [bɔ] weil
bogaty [bɔgatɨ] reich
boisko [bɔiskɔ] Sportplatz
boisko do gry w piłkę nożną [bɔiskɔ dɔ grɨ f̬pˌiwkɛ nɔʒnɔ̃] Fußballplatz
bokobrody [bɔkɔbrɔdɨ] Koteletten
boleć [bɔlɛʨ] schmerzen; wehtun
bon [bɔn] Gutschein
bowling [bɔwliŋ] Bowling
Boże Ciało [bɔʒɛ ʨawɔ] Fronleichnam
Boże Narodzenie [bɔʒɛ narɔʥɛɲɛ] Weihnachten
Bóg [buk] Gott
ból gardła [bul gardwa] Halsschmerzen
ból zęba [bul zɛmba] Zahnschmerzen
ból żołądka [bul ʒɔwɔntka] Magenschmerzen
bóle [bulɛ] Schmerzen
bóle głowy [bulɛ gwɔvɨ] Kopfschmerzen
bóle pleców [bulɛ plɛtsuf] Rückenschmerzen
buty do wędrówki/buty trekingowe [butɨ dɔ vɛndrufki/ butɨ trɛcingɔvɛ] Wander-/ Trekkingschuh
brać udział/wziąć udział w [braʨ uʥaw/vʑɔɲʨ uʥaw v] teilnehmen (an)
brać/wziąć [braʨ/vʑɔɲʨ] (mit) nehmen
Braille [brajl] Braille
brak [brak] Fehler
brakować [brakɔvaʨ] fehlen
brama [brama] Tor
bramka [bramka] Tor
bramkarz [bramkaʃ] Torwart
branzoletka [branzɔlɛtka] Armband
brat [brat] Bruder
brąz [brɔ̃s] Bronze
brązowy [brɔ̃zovɨ] braun
broda [brɔda] Bart
bronchit [brɔnxˌit] Bronchitis
broszka [brɔʃka] Brosche
brudno [brudnɔ] schmutzig
brudny [brudnɨ] schmutzig
brzeg [bʒɛk] Ufer; Küste
brzoskwinie [bʒɔskfˌiɲɛ] Pfirsiche
brzuch [bʒux] Bauch
brzydki [bʒɨtci] hässlich
budka telefoniczna [butka tɛlɛfɔɲiʧna] Telefonzelle
budowa [budɔva] Baustelle
budowla [budɔvla] Bauwerk
budynek [budɨnɛk] Gebäude
budynek klubowy [budɨnɛk klubɔvɨ] Clubhaus
budzić/obudzić [buʥiʨ/ɔbuʥiʨ] wecken
bufet sałatkowy [bufɛt sawatkɔvɨ] Salatbüfett
bufet śniadaniowy [bufɛt ɕɲadaɲɨɔvɨ] Frühstücksbüfett
bukiet [bucɛt] Strauß
bułka [buwka] Brötchen
bungalow [bungalɔw] Bungalow
bursztyn [burʃtɨn] Bernstein
burza [buʒa] Gewitter
but [but] Schuh
butelka [butɛlka] Flasche
butelka do picia [butɛlka dɔ pˌiʨa] Trinkflasche
butelka ze smoczkiem [butɛlka zɛ smɔʧcɛm] Saugflasche
butla gazowa [butla gazɔva] Gasflasche
butla z tlenem [butla s̬tlɛnɛm] Sauerstoffgerät
buty narciarskie [butɨ narʨarscɛ] Skistiefel
być [bɨʨ] sein
być głodnym [bɨʨ gwɔdnɨm] hungrig sein
być przeciwko [bɨʨ pʃɛʨifkɔ] dagegen sein
być przyzwyczajonym [bɨʨ pʃɨzvɨʧajɔnɨm] gewohnt sein
być za [bɨʨ za] dafür sein
być zaprzyjaźnionym [bɨʨ zapʃɨjaʑɲɔnɨm] befreundet sein
bypass [bajpas] Bypass

C

całkiem [tsawcɛm] ganz
całkowity [tsawkɔvˌitɨ] ganz; vollständig
całodzienne wyżywienie [tsawɔʥɛnnɛ vɨʒɨvˌɛɲɛ] Vollpension
całować/pocałować [tsawɔvaʨ/ pɔtsawɔvaʨ] küssen

cały [tsawɨ] ganz
cebula [tsɛbula] Zwiebeln
cel [tsɛl] Ziel
celownik [tsɛlɔvɲik] Sucher
cena [tsɛna] Preis
cena przejazdu [tsɛna pʃɛjazdu] Fahrpreis
cena umowna [tsɛna umɔvna] Pauschalpreis
cena za kilometr [tsɛna za cilɔmɛtr] Kilometerpreis
cena za wstęp [tsɛna za fstɛmp] Eintrittspreis
cent [tsɛnt] Cent
centralny [tsɛntralnɨ] zentral
centrum [tsɛntrum] Zentrum
centrum miasta [tsɛntrum mˌjasta] Stadtzentrum
centymetr [tsɛntɨmɛtr] Zentimeter
ceramika [tsɛramˌika] Keramik
cesarz(owa) [tsɛsaʒ(ɔva)] Kaiser(in)
chcieć [xtɕɛtɕ] mögen; wollen
chętnie [xɛntɲɛ] gern
chirurg [çirurg] Chirurg
chlapacz [xlapatʃ] Mantel
chleb [xlɛp] Brot
chleb pełnoziarnisty [xlɛp pɛwnɔʑarɲistɨ] Vollkornbrot
chleb pszenny [xlɛp pʃɛnnɨ] Weißbrot
chleb razowy [xlɛp razɔvɨ] Schwarzbrot
chłodnica [xwɔdɲitsa] Kühler
chłodny [xwɔdnɨ] kühl
chłopiec [xwɔpjɛts] Junge
chmura [xmura] Wolke
chociaż [xɔtɕaʃ] obwohl; wenigstens
cholera [xɔlɛra] Cholera
choroba [xɔrɔba] Krankheit
choroba dziecięca [xɔroba dʑɛtɕɛ̃tsa] Kinderkrankheit
chory [xɔrɨ] krank
chór [xur] Chor
chrapać [xrapatɕ] schnarchen
chrześcijaństwo [xʃɛɕtɕijaɲstfɔ] Christentum
chudy [xudɨ] mager
chusteczki higieniczne [xustɛtʃci çiɟɛɲitʃnɛ] Papiertaschentücher
chustka [xustka] Tuch
chwytać/schwytać [xfɨtatɕ/sxfɨtatɕ] fangen
ciało [tɕawɔ] Körper
ciasny [tɕasnɨ] eng
ciasteczka [tɕastɛtʃka] Kekse
ciasto [tɕastɔ] Kuchen
ciągnąć [tɕɔŋgnɔɲtɕ] ziehen
ciąża [tɕɔ̃ʒa] Schwangerschaft
cicho [tɕixo] still; leise
cichy [tɕixɨ] ruhig; still
ciebie [tɕɛbjɛ] dich
ciecierzyca [tɕɛtɕɛʒɨtsa] Kichererbsen
ciekawy [tɕɛkavɨ] interessant; neugierig
cielęcina [tɕɛlɛ̃tɕina] Kalbfleisch
ciemno [tɕɛmnɔ] dunkel
ciemnoniebieski [tɕɛmnɔɲɛbjɛsci] dunkelblau
ciemnozielony [tɕɛmnɔʑɛlɔnɨ] dunkelgrün
ciemny [tɕɛmnɨ] dunkel
cienki [tɕɛnci] dünn
cień [tɕɛɲ] Schatten
ciepła woda [tɕɛpwa vɔda] warmes Wasser
ciepło [tɕɛpwɔ] warm
ciepły [tɕɛpwɨ] warm
cierpliwość [tɕɛrplˌivɔɕtɕ] Geduld
cieszyć się/ucieszyć się [tɕɛʃɨtɕ ɕɛ̃/utɕɛʃɨtɕ ɕɛ̃] sich freuen
cię [tɕɛ̃] dich
ciężki [tɕɛ̃ʃci] schwer
ciężko upośledzon-a (-y) [tɕɛ̃ʃkɔ upɔɕlɛdzɔn-a/ɨ] Schwerbehinderte/r
cisza [tɕiʃa] Ruhe *(Stille)*
ciśnienie krwi [tɕiɕɲɛɲɛ krfˌi] Blutdruck
cło [tswɔ] Zoll
cmentarz [tsmɛntaʃ] Friedhof
co [tsɔ] was
co godzinę [cɔ gɔdʑinɛ̃] stündlich
co najmniej [tsɔ najmɲɛj] wenigstens; mindestens
codziennie [tsɔdʑɛɲɲɛ] täglich
coś [tsɔɕ] etwas
córka [tsurka] Tochter
cudownie [tsudovɲɛ] *(Adverb)* herrlich
cudowny [tsudɔvnɨ] *(Adjektiv)* wunderbar
cudzoziem-iec (-ka) [tsudzɔʑɛm-jɛts/ka] Ausländer(in)
cukinia [tsuciɲa] Zucchini
cukier [tsucɛr] Zucker
cukierki [tsucɛrci] Bonbons
cukiernia [tsucɛrɲa] Konditorei
cukrzyca [tsukʃɨtsa] Diabetes
curling [karlˌiɲ] Curling
cygaretka [tsɨgarɛtka] Zigarillo
cygaro [tsɨgarɔ] Zigarre
cykoria [tsɨkɔrja] Chicorée
cyrk [tsɨrk] Zirkus
cysta [tsɨsta] Zyste
cytryny [tsɨtrɨnɨ] Zitronen
czajnik elektryczny [tʃajɲik ɛlɛktrɨtʃnɨ] Wasserkocher
czarny [tʃarnɨ] schwarz
czarujący [tʃarujɔ̃tsɨ] bezaubernd
czas [tʃas] Zeit
czas odjazdu [tʃas ɔdjazdu] Abfahrtszeit
czas przyjazdu/przylotu [tʃas pʃɨjazdu/pʃɨlɔtu] Ankunftszeit

czas: na ~ [na tʃas] rechtzeitig
czasem [tʃasɛm] manchmal
czasopismo [tʃasɔpˌismɔ] Zeitschrift
czasopismo ilustrowane [tʃasɔpˌismɔ ilustrɔvanɛ] Illustrierte
czek podróżny [tʃɛk pɔdruʒnɨ] Reisescheck
czekać na [tʃɛkatɕ na] erwarten *(warten auf)*
czekać/poczekać [tʃɛkatɕ/pɔtʃɛkatɕ] warten
czekolada [tʃɛkɔlada] Schokolade
czereśnie [tʃɛrɛɕɲɛ] Kirschen
czerwiec [tʃɛrvjɛts] Juni
czerwony [tʃɛrvɔnɨ] rot
czesać [tʃɛsatɕ] kämmen
często [tʃɛ̃stɔ] oft; häufig
część [tʃɛ̃ɕtɕ] *f* Teil
człowiek [tʃwɔvjɛk] Mensch
czopki [tʃɔpci] *(Plural)* Zäpfchen
czosnek [tʃɔsnɛk] Knoblauch
czuć [tʃutɕ] fühlen
czujny [tʃujnɨ] wach
czułość filmu [tʃuwɔɕtɕ fˌilmu] *f* Filmempfindlichkeit
czuły [tʃuwɨ] zärtlich
czwartek [tʃfartɛk] Donnerstag
czy [tʃɨ] ob
czynsz [tʃɨnʃ] Miete
czysto [tʃɨstɔ] *(Adverb)* sauber
czysty [tʃɨstɨ] *(Adjektiv)* klar; sauber
czyścić chemicznie [tʃɨɕtɕitɕ xɛmˌitʃɲɛ] chemisch reinigen
czyścić/oczyścić [tʃɨɕtɕitɕ/ɔtʃɨɕtɕitɕ] reinigen
czytać [tʃɨtatɕ] lesen

Ć

ćwiczyć [tɕfˌitʃɨtɕ] üben

D

dach [dax] Dach
dach odsuwany [dax ɔtsuvanɨ] Schiebedach
dać [datɕ] dawać
daktyle [daktɨlɛ] Datteln
daleko [dalɛkɔ] weit *(Weg etc.)*
dane osobowe [danɛ ɔsɔbɔvɛ] Personalien
danie [daɲɛ] Gang *(Essen)* Tagesgericht
danie główne [daɲɛ gwuvnɛ] Hauptspeise
danie z patelni [daɲɛ s‿patɛlɲi] Pfannengericht
data [data] Datum
data urodzenia [data urɔdʑɛɲa] Geburtsdatum
dawać/dać [davatɕ/datɕ] geben
dawniej [davɲɛj] *(Adverb)* früher; ehemals
debel [dɛbɛl] Doppel
defekt [dɛfɛkt] Defekt
deklaracja celna [dɛklaratsja tsɛlna] Zollerklärung
delikatesy [dɛlˌikatɛsɨ] *(Plural)* Feinkostgeschäft
delikatny [dɛlikatnɨ] zart; fein; dünn
deser [dɛsɛr] Nachtisch
deska do surfowania [dɛska dɔ sɛrfɔvaɲa] Surfbrett
deskorolka [dɛskɔrɔlka] Skateboard
deszcz [dɛʃtʃ] Regen
deszczowy [dɛʃtʃɔvɨ] regnerisch
dewizy [dɛvˌizɨ] Devisen
dezodorant [dɛzɔdɔrant] Deo(dorant)
dezynfekować [dɛzɨnfɛkɔvatɕ] desinfizieren
dętka [dɛntka] Schlauch *(Reifen)*
diabetyk [djabɛtɨk] Diabetiker
diagnoza [djagnɔza] Diagnose
dieta [djɛta] Diät
dla [dla] für (jemanden)
dług [dwuk] Schuld; Finanzen
długi [dwuɟi] lang
długopis [dwugɔpˌis] Kugelschreiber
dnia: w ciągu ~ [f‿tɕɔŋgu dɲa] tagsüber
do [dɔ] bis; nach; in; zu *(in Richtung)*
do odbioru na poczcie [dɔ ɔdbjɔru na pɔtʃtɕɛ] postlagernd
do tyłu [dɔ tɨwu] *(Adverb)* rückwärts
dobry [dɔbrɨ] *(Adjektiv)* gut
dobrze [dɔbʒɛ] *(Adverb)* gut
docierać/dotrzeć (do) [dɔtɕɛratɕ/dɔtʃɛtɕ (dɔ)] erreichen
dodać ➢ dodawać
dodatkowy [dɔdatkɔvɨ] zusätzlich
dodawać/dodać [dodavatɕ/dɔdatɕ] hinzufügen
dojazd/zjazd [dɔjast/zjast] Auf-/Abfahrt
dojrzały [dɔjʒawɨ] reif
dokładnie [dɔkwadɲɛ] *(Adverb)* genau
dokładnie tak... jak [dɔkwadɲɛ tak jak] genauso ... wie
dokładny [dɔkwadnɨ] *(Adjektiv)* genau
dokument [dɔkumɛntɨ] Papiere
dole: na ~ [na dɔlɛ] unten
dole: w ~ [v‿dɔlɛ] unten
dolegliwości sercowe [dɔlɛglˌivɔɕtɕi sɛrtsɔvɛ] Herzbeschwerden
dolina [dɔlˌina] Tal
Dolny Śląsk [dɔlnɨ ɕlɔnsk] Niederschlesien
dom [dɔm] Haus
dom towarowy [dɔm tɔvarɔvɨ] Kaufhaus

dom wczasowy [dɔm ftʃasɔvɨ] Ferienhaus
domu: w ~ [v dɔmu] daheim
dookoła [dɔɔkɔwa] um *(räumlich)*
dopiero [dɔpjɛrɔ] erst; nicht früher als
dopłata [dɔpwata] Zuschlag
dopuszczalne stężenie alkoholu we krwi [dɔpuʃtʃalnɛ stɛ̃ʒɛɲɛ alkɔxɔlu wɛ krf,i] Promillegrenze
dopuszczalny [dɔpuʃtʃalnɨ] zulässig
dorosł-a (-y) [dɔrɔsw-a/ɨ] Erwachsene/r
dosłać ➢ dosyłać
dostać ➢ dostawać
dostawać/dostać [dɔstavatɕ/dɔstatɕ] bekommen
dostęp bez stopni [dɔstɛmp bɛs stɔpɲi] stufenloser Zugang
dostępność [dɔstɛmpnɔɕtɕ] *f* Zugänglichkeit
dosyć [dɔsɨtɕ] genug
dosyłać/dosłać [dɔsɨwatɕ/dɔswatɕ] nachsenden
dość [dɔɕtɕ] ziemlich; genug
doświadczony [dɔɕfjattʃɔnɨ] *(Adjektiv)* erfahren
dotknąć ➢ dotykać
dotrzeć ➢ docierać
dotykać/dotknąć [dɔtɨkatɕ/dɔtknɔ̃tɕ] berühren
dowcip [dɔftɕip] Witz
dowiadywać się/dowiedzieć się [dɔvjadɨvatɕ ɕɛ̃/dɔvjɛdʑɛtɕ ɕɛ̃] erfahren
dowód osobisty [dɔvut ɔsɔb,istɨ] Personalausweis
dowód rejestracyjny [dɔvut rɛjɛstratsɨjnɨ] Kfz-Schein
dramat [dramat] Drama
drążek [drɔ̃ʒɛk] Zeltstange
drenaż limfatyczny [drɛnaʃ l,imfatɨtʃnɨ] Lymphdrainage
dreszcze [drɛʃtʃɛ] *(Plural)* Schüttelfrost
drewno [drɛvnɔ] Holz
drobne [drɔbnɛ] *(Plural)* Kleingeld; Wechselgeld
drobny [drɔbnɨ] fein *(dünn, zart)*
drodze: w ~ [v drɔdʑɛ] unterwegs
droga [drɔga] (Land-)Straße
droga boczna [drɔga bɔtʃna] Nebenstraße
droga okrężna [drɔga ɔkrɛ̃ʒna] Umweg
drogeria [drɔgɛr ja] Drogerie
drogi [drɔɟi] *(Adjektiv)* teuer
drogo [drɔgɔ] *(Adverb)* teuer
drogowskaz [drɔgɔfskas] Wegweiser
druczek [drutʃɛk] Formular
druga, drugi, drugie [druga, druɟi, druɟɛ] zweite(r, -s)
drukarka [drukarka] Drucker
drut [drut] Draht
drużyna [druʒɨna] Mannschaft
drzewo [dʑɛvɔ] Holz; Baum
drzeworyt [dʒɛvɔrɨt] Holzschnitt
drzwi [dʒv,i] *(Plural)* Tür
duchowny [duxɔvnɨ] Priester
dur [dur] Typhus
duszony [duʃɔnɨ] geschmort; gedünstet
dużo [duʒɔ] viel
duży [duʒɨ] groß
duży format [duʒɨ fɔrmat] Hochformat
dworze: na ~ [na dvɔʒɛ] draußen *(außerhalb eines Gebäudes)*
dworzec [dvɔʒɛts] Bahnhof
dworzec autobusowy [dvɔʒɛts awtɔbusɔvɨ] Busbahnhof
dworzec główny [dvɔʒɛts gwuvnɨ] Hauptbahnhof
dyfteryt [dɨftɛrɨt] Diphtherie
dymić [dɨm,itɕ] rauchen
dynastia [dɨnastja] Dynastie
dynia [dɨɲa] Kürbis
dyrekcja [dɨrɛktsja] Direktion
dyrygent(ka) [dɨrɨgent(ka)] Dirigent(in)
dyskoteka [dɨskɔtɛka] Diskothek
dystans [dɨstans] Entfernung
dziadek [dʑadɛk] Großvater
dziąsło [dʑɔ̃swɔ] Zahnfleisch
dzieci w wieku szkolnym [dʑɛtɕi v vjɛku ʃkɔlnɨm] Schulkinder
dziecko [dʑɛtskɔ] Kind; Baby
dziedziniec [dʑɛdʑiɲɛts] Innenhof
dzielnica miasta [dʑɛlɲitsa mjasta] Stadtteil
dzień [dʑɛɲ] Tag
dzień przyjazdu [dʑɛɲ pʃɨjazdu] Anreisetag
dzień roboczy [dʑɛɲ rɔbɔtʃɨ] Werktag
dziewczyna [dʑɛftʃɨna] Mädchen
dziękować/podziękować [dʑɛŋkɔvatɕ/pɔdʑɛŋkɔvatɕ] danken
dziki [dʑici] wild
dzisiaj [dʑiɕaj] heute; **~ rano/wieczorem** [dʑiɕaj ranɔ/vjɛtʃɔrɛm] heute Morgen/Abend
dziura [dʑura] Loch
dziwić się (czemuś) [dʑiv,itɕ ɕɛ̃ (tʃɛmuɕ)] sich wundern (über)
dzwonek [dzvɔnɛk] Klingel
dzwonić/zadzwonić [dzvɔɲitɕ/zadzvɔɲitɕ] telefonieren; anrufen; klingeln
dźwięk [dʑvjɛ̃k] Ton
dżem [dʒɛm] Marmelade

E

eksponat [ɛkspɔnat] Exponat
ekspresjonizm [ɛksprɛsjoɲizm] Expressionismus
ekstra [ɛkstra] zusätzlich; super
elegancki [ɛlɛgantsci] vornehm
elektryczny [ɛlɛktrɨtʃnɨ] elektrisch
elektryczy wózek inwalidzki [ɛlɛktrɨtʃnɨ vuzɛk invalitsci] Elektrorollstuhl
element [ɛlɛmɛnt] Teil
epilepsja [ɛpˌilɛpsja] Epilepsie
epileptykiem (epileptyczką) [ɛpˌilɛpticɛm/ɛpˌilɛptɨtʃkɔ̃] Epileptiker(in)
epoka [ɛpoka] Epoche
euro [ɛwrɔ] Euro
Europa [ɛwrɔpa] Europa
Europejczyk (Europejka) [ɛwrɔpɛjtʃik/ɛwrɔpɛjka] Europäer(in)
europejski [ɛwrɔpɛjsci] europäisch

F

fabryka [fabrɨka] Fabrik
fair [fɛr] fair
fajerwerki [fajɛrvɛrci] *(Plural)* Feuerwerk
fajka [fajka] Pfeife; Schnorchel
faks [faks] Fax(gerät)
fala [fala] Seegang
fala upałów [fala upawuf] Hitzewelle
fałszywy [fawʃɨvɨ] falsch; betrügerisch
farbować [farbɔvatɕ] färben; tönen
fasada [fasada] Fassade
fasola [fasɔla] Bohnen
fasolka zielona [fasɔlka ʑɛlɔna] grüne Bohnen
festiwal [fɛstˌival] Festival
figi [fˌiɟi] Unterhose *(Damen)*
figi [fˌiɟi] Feigen
filiżanka [fˌilˌiʒaŋka] Tasse
film [fˌilm] Film
film akcji [fˌilm aktsi] Actionfilm
film animowany [fˌilm aɲimɔvanɨ] Zeichentrickfilm
film dokumentalny [fˌilm dɔkumɛntalnɨ] Dokumentarfilm
film krótkometrażowy [fˌilm krutkɔmraʒɔvɨ] Kurzfilm
filtr do kawy [fˌiltr dɔ kavɨ] Kaffeefilter
fioletowy [fɔlɛtɔvɨ] violett
firma [fˌirma] Firma
folia aluminiowa [fɔlja alumˌiɲɔva] Alufolie
folia spożywcza [fɔlja spɔʒɨftʃa] Frischhaltefolie
folklor [fɔlklɔr] Folklore
forma [fɔrma] Form
format poziomy [fɔrmat pɔʒɔmɨ] Querformat
formularz [fɔrmulaʃ] Formular
fotel [fɔtɛl] Sessel
fotelik dla dziecka [fɔtɛlˌik dla dʑɛtska] Kindersitz
fotografia [fɔtɔgrafja] Fotografie
fotografować [fɔtɔgrafɔvatɕ] fotografieren
fotografowanie [fɔtɔgrafɔvaɲɛ] Fotografieren
frank szwajcarski [fraŋk ʃfajtsarsci] Schweizer Franken
frankować [frankɔvatɕ] frankieren
fryzjer [frɨzjɛr] Friseur
fryzura [frɨzura] Frisur
funkcjonować [fuŋktsjɔnɔvatɕ] funktionieren
funt [funt] Pfund

G

galeria [galɛrja] Galerie
gałka muszkatołowa [gawka muʃkatɔwɔva] Muskatnuss
garaż [garaʃ] Garage
gardło [gardwɔ] Rachen
garncarstwo [garntsarstfɔ] Töpferei
garnitur [garɲitur] Anzug
gaśnica [gaɕɲitsa] Feuerlöscher
gaza [gaza] Mullbinde
gazeta [gazɛta] Zeitung
gdy [gdɨ] wenn; als *(zeitlich)*
gdyż [gdɨʃ] denn; deshalb
gdzie indziej [gdʑɛ indʑɛj] anderswo
gimnastyka [ɟimnastɨka] Gymnastik
glina [glˌina] Ton *(Lehm)*
glukoza [glukɔza] Glukose; Traubenzucker
głąb kraju [gwɔmp kraju] Hinterland
głęboki [gwɛmbɔci] tief
głochoniemy [gwuxɔɲɛmɨ] taubstumm
głośnik [gwɔɕɲik] Lautsprecher
głośny [gwɔɕnɨ] laut
głowa [gwɔva] Kopf
główna ulica [gwuvna ulˌitsa] Hauptstraße
głównie [gwuvɲɛ] hauptsächlich
główny punkt [gwuvnɨ punkt] Höhepunkt
głuchoniem-y (-a) [gwuxɔɲɛm-ɨ/a] Taubstumme/r
głuch-y (-a) [gwux-ɨ/a] Gehörlose/r
głupi [gwupˌi] dumm; blöd
gniazdko wtykowe [gɲastkɔ ftɨkɔvɛ] Steckdose

godło [gɔdwɔ] Wahrzeichen; Wappen
godzina [gɔdʑina] Stunde
godziny otwarcia [gɔdʑinɨ ɔtfartɕa] Öffnungszeiten
godziny przyjęć [gɔdʑinɨ pʃɨjɛɲtɕ] *(Plural)* Sprechstunde
godziny wizyt [gɔdʑinɨ vˌizɨt] *(Plural)* Besuchszeit
gogle [gɔglɛ] *(Plural)* Skibrille
gol [gɔl] Tor *(Schuss)*
golarka [gɔlarka] Rasierapparat
golf [gɔlf] Golf
gołoledź [gɔwɔlɛtɕ] *f* Glatteis
goły [gɔwɨ] nackt
gorąco [gɔrɔntsɔ] *(Adverb)* heiß
gorączka [gɔrɔntʃka] Fieber
gorzki [gɔʃci] bitter
gospodarstwo agroturystyczne [gɔspɔdarstfɔ agrɔturɨstɨtʃnɛ] Bauernhof
gospodarz (gospodyni) [gɔspɔdaʃ, gɔspɔdɨɲi] Gastgeber(in)
gościec [gɔɕtɕɛts] Rheuma
gościnność [gɔɕtɕinnɔɕtɕ] *f* Gastfreundschaft
gość [gɔɕtɕ] Gast
gotować [gɔtɔvatɕ] kochen
gotowana szynka [gɔtɔvana ʃɨŋka] gekochter Schinken
gotowanie [gɔtɔvaɲɛ] Kochen
gotowany [gɔtɔvanɨ] gekocht
gotowany na parze [gɔtɔvanɨ na paʒɛ] gedämpft
gotowy [gɔtɔvɨ] fertig
gotówce: w ~ [v‿gɔtuftsɛ] bar
gotówka [gotufka] Bargeld
gotówką [gɔtufkɔ̃] bar
gotyk [gɔtɨk] Gotik
goździki [gɔʑdʑici] Nelken
góra [gura] Berg
górę: w ~ [v‿gurɛ̃] aufwärts
góry [gurɨ] *(Plural)* Gebirge
górze: na ~ [na guʒɛ] oben
gra [gra] Spiel
gra podwójna [gra pɔdvujna] Doppel
gra pojedyncza [gra pɔjɛdɨntʃa] Einzel
gra w bule [gra v‿bulɛ] Boulespiel
grafika [grafˌika] Grafik
gram [gram] Gramm
granica [graɲitsa] Grenze
gratulować [gratulɔvatɕ] gratulieren
grecki [grɛtsci] griechisch
grejpfrut [grɛjfrut] Grapefruit
grill [gril] Grill
grobla [grɔbla] Deich
grobowiec [grɔbɔvjɛts] Grabmal
groch [grɔx] Erbsen
grota [grɔta] Höhle; Grotte
grób [grup] Grab
gruby [grubɨ] dick
grudzień [grudʑɛɲ] Dezember
grunt [grunt] Boden
grupa [grupa] Gruppe
grupa krwi [grupa krfˌi] Blutgruppe
grupa teatralna [grupa tɛatralna] Theatergruppe
gruszki [gruʃci] Birnen
grypa [grɨpa] Grippe
gryźć [grɨɕtɕ] beißen
grzanka [gʒaŋka] Toast *(Brot)*
grzebień [gʒɛbjɛɲ] Kamm
grzeczny [gʒɛtʃnɨ] höflich
grzyb [gʒɨp] Pilz
grzybica [gʒɨbitsa] Pilzinfektion
grzywka [gʒɨfka] Pony
gubić/zgubić [gubˌitɕ/zgubˌitɕ] verlieren
guma do żucia [guma dɔ ʒutɕa] Kaugummi
gumka do włosów [gumka dɔ vwɔsuf] Haargummi
guzik [guʑik] Knopf
gwałt [gvawt] Vergewaltigung
gwarancja [gvarantsja] Garantie
gwiazda [gvjazda] Stern

H

hak [xak] Haken
hałas [xawas] Lärm
hamulec [xamulɛts] Bremse
hamulec bezpieczeństwa [xamulɛts bɛspjɛtʃɛɲstfa] Notbremse
hamulec ręczny [xamulets rɛ̃tʃnɨ] Handbremse
handlarz starzyzną [xandlaʃ staʒɨznɔ̃] Trödler
hasło [xaswɔ] Geheimzahl
herbata [xɛrbata] Tee
herbata rumiankowa [xɛrbata rumˌjankɔva] Kamillentee
historia [çistɔrja] Geschichte
HIV pozytywny [çif pɔzɨtɨvnɨ] *m* HIV positiv
hokej na lodzie [xɔkɛj na lɔdʑɛ] Eishockey
hol [xɔl] Empfangshalle
hulajnoga [xulajnɔga] Roller

I

i [i] und
ich [ix] ihr *(Possessivpronomen: Plural)*
idea [idɛa] Idee
igła [igwa] Nadel
imię [imjɛ̃] Vorname
impresjonizm [imprɛsjɔɲizm] Impressionismus

impreza [imprεza] Veranstaltung; Party
inaczej [inatʃεj] anders
incydent [intsɨdεnt] Zwischenfall
infekcja [infεktsja] Infektion
informacja [infɔrmatsja] Auskunft
informacja turystyczna [infɔrmatsja turɨstɨtʃna] Fremdenverkehrsamt
informować/poinformować [infɔrmɔvatɕ/pɔinfɔrmɔvatɕ] benachrichtigen; informieren
infuzja [infuzja] Infusion
inn-y/a/e [inn-ɨ/a/ε] der/die/das andere
inscenizacja [instsεɲizatsja] Inszenierung
insekt [insεkt] Insekt
instrukcja [instruktsja] Vorschrift; Anweisung
instruktor(ka) narciarstwa [instruktɔr(ka) nartɕarstfa] Skilehrer(in)
instytucja [instɨtutsja] Behörde
insulina [insulˌina] Insulin
interesować się (czymś/kimś) [intεrεsɔvatɕ ɕε̃ (tʃɨmɕ/cimɕ)] sich interessieren (für)
interesujący [intεrεsujɔntsɨ] interessant
Interrail [interrajl] Interrail
ischias [isxjas] Ischias
iść [iɕtɕ] gehen
iść po coś/po kogoś [iɕtɕ pɔ tsɔɕ/pɔ kɔgɔɕ] (ab)holen
iść/pójść [iɕtɕ/pujɕtɕ] weggehen

J

ja [ja] ich
jabłka [japka] Äpfel
jadalnia [jadalɲa] Speisesaal; Frühstücksraum
jadalny [jadalnɨ] essbar
jadłospis [jadwɔspˌis] Speisekarte
jadowity [jadɔvitɨ] giftig
jagnięcina [jagɲεɲtɕina] Lammfleisch
jajka [jajka] Eier
jak [jak] wie
jakość [jakɔɕtɕ] *f* Qualität
jarmark [jarmark] Jahrmarkt
jarskie [jarscε] vegetarisch
jarzyny [jaʒɨnɨ] *(Plural)* Gemüse
jaskinia [jasciɲa] Höhle
jasne [jasnε] *(Adverb)* klar; deutlich
jasnoniebieski [jasnɔɲεbjεsci] hellblau
jasnozielony [jasnɔʑεlɔnɨ] hellgrün
jasny [jasnɨ] *(Adjektiv)* ausdrücklich; klar
jazda [jazda] Fahrt
jazda na łyżwach [jazda na wɨʒvax] Eislauf
jazz [dʒεs] Jazz
jeansy, dżinsy [dʒinsɨ] *(Plural)* Jeans
jechać z powrotem [jεxatɕ s‿pɔvrɔtεm] zurückfahren
jechać/jeździć [jεxatɕ/jεʑdʑitɕ] fahren
jeden/jedno (jedna) [jεdεn/jεdnɔ (jεdna)] ein(e)
jednak [jεdnak] trotzdem; doch
jednocześnie [jεdnɔtʃεɕɲε] *(Adverb)* gleichzeitig
jednokolorowy [jεdnɔkɔlɔrɔvɨ] einfarbig
jednorazowa butla gazowa [jεdnɔrazɔva butla gazɔva] Gaskartusche
jedwab [jεdvap] Seide
jedyny [jεdɨnɨ] einzig
jedzenie [jεdzεɲε] Essen
jedzenie dla niemowląt [jεdzεɲε dla ɲεmɔvlɔnt] Babynahrung
jej [jεj] ihr *(Possessivpronomen: f)*
jelito [jεlˌitɔ] Darm
jesień [jεɕεɲ] *f* Herbst
jest/są [jεst/sɔ̃] es gibt
jeszcze [jεʃtʃε] noch
jeść [jεɕtɕ] essen
jeść śniadanie [jεɕtɕ ɕɲadaɲε] frühstücken
jeśli [jεɕlˌi] wenn; falls
jezioro [jεʑɔrɔ] See *(Binnengewässer)*
jeździć ➢ jechać
jeździć konno [jεʑdʑitɕ kɔnnɔ] reiten
jeździć na nartach [jεʑdʑitɕ na nartax] Ski laufen
jeździć na rowerze [jεʑdʑitɕ na rɔvεʒε] Rad fahren
jeżeli [jεʒεlˌi] wenn
jeżyny [jεʒɨnɨ] Brombeeren
język [jε̃zɨk] Zunge; Sprache
język migowy [jε̃zɨk mˌigɔvɨ] Zeichensprache
joga [jɔga] Yoga
jogging: uprawiać ~ [upravjatɕ jɔgɟiŋg] joggen
jogurt [jɔgurt] Joghurt
jubiler [jubˌilεr] Juwelier
jutro [jutrɔ] morgen
jutro rano/jutro wieczorem [jutrɔ ranɔ/jutrɔ vjεtʃɔrεm] morgen früh/morgen Abend
już [juʃ] schon; bereits

K

kabaret [kabarεt] Kabarett; Kleinkunstbühne
kabel do zasilania [kabεl dɔ zaɕilaɲa] Ladekabel

kabel pomocniczy do rozruchu [kabɛl pɔmɔtsɲitʃɨ dɔ rɔzruxu] Starthilfekabel
kabina [kabˌina] Kabine
kabina przystosowana do wózka inwalidzkiego [kabˌina pʃɨstɔsɔvana dɔ vuska invalˌitscɛgɔ] Rollstuhlkabine *(Schiff)*
kajak [kajak] Paddelboot
kalafior [kalafjɔr] Blumenkohl
kalosze [kalɔʃɛ] Gummistiefel
kałamarnica [kawamarɲitsa] Tintenfisch
kamienisty [kamjɛɲistɨ] steinig
kamień [kamjɛɲ] Stein
kamica nerkowa [kamjɛɲ nɛrkɔvɨ] Nierenstein
kamizelka [kamˌizɛlka] Weste
kamizelka ratunkowa [kamˌizɛlka ratunkɔva] Schwimmweste
kanał [kanaw] Kanal
kanapka [kanapka] belegtes Brötchen
kanister na benzynę [kaɲistɛr na bɛnzɨnɛ̃] Benzinkanister
kanister na wodę [kaɲistɛr na vɔdɛ̃] Wasserkanister
kantor [kantɔr] Wechselstube
kanu [kanu] *nt* Kanu
kapela [kapɛla] Band *(umgangssprachlich)*
kapelusz [kapɛluʃ] Hut
kapelusz słoneczny [kapɛluʃ swɔnɛtʃnɨ] Sonnenhut
kapitan [kapitan] Kapitän
kaplica [kaplˌitsa] Kapelle
kapusta [kapusta] Kohl
kara [kara] Strafe
karafka [karafka] Karaffe
karczochy [kartʃɔxɨ] Artischocken
karetka pogotowia [karɛtka pɔgɔtɔvja] Krankenwagen
Karkonosze [karkɔnɔʃɛ] *(Plural)* Riesengebirge
karnawał [karnavaw] Karneval
karnet [karnɛt] Mehrfahrtenkarte
Karpaty [karpatɨ] Karpaten
karta chipowa [karta tʃipɔva] Chipkarte
karta kredytowa [karta krɛdɨtɔva] Kreditkarte
karta pamięci [karta pamjɛ̃tɕi] Speicherkarte
karta płatnicza [karta pwatɲitʃa] Geldkarte
karta pokładowa [karta pɔkwadɔva] Bordkarte
karta szczepień [karta ʃtʃɛpjɛɲ] Impfpass
karta telefoniczna [karta tɛlɛfɔɲitʃna] Telefonkarte
karta wędkarska [karta vɛntkarska] Angelschein
karta wozu [karta vɔzu] Kfz-Schein
kartka [kartka] Blatt; Papier
kasa [kasa] Kasse
kasa chorych [kasa xɔrɨx] Krankenkasse
kask [kask] Sturzhelm; Fahrradhelm
kasko z wkładem własnym [kaskɔ s̬ fkwadɛm vwasnɨm] Teilkasko
kasownik [kasɔvɲik] Fahrscheinentwerter
kasyno gry [kasɨnɔ grɨ] Spielkasino
kaszel [kaʃɛl] Husten
katar [katar] Schnupfen
katar sienny [katar ɕɛnnɨ] Heuschnupfen
katedra [katɛdra] Kathedrale; Dom
kategoria [katɛgɔrja] Kategorie
kaucja [kawtsja] Kaution; Pfand
kawa [kava] Kaffee
kawaler [kavalɛr] Junggeselle
kawał [kavaw] *(umgangssprachlich)* Witz
kawałek [kavawɛk] Stück; Teil
kawiarnia [kavjarɲa] Café
każdego dnia [kaʒdɛgɔ dɲa] jeden Tag
każdy [kaʒdɨ] jeder
kąpiel lecznicza [kɔ̃pjɛl lɛtʃɲitʃa] Heilbad
kąpielisko [kɔ̃pjɛlˌiskɔ] Badeort
kąpielowy [kɔ̃pjɛlɔvɨ] Bademeister
kąpielówki [kɔmpjɛlufci] *(Plural)* Badehose
kąsić/ukąsić [kɔ̃ɕitɕ/ukɔ̃ɕitɕ] stechen *(Mücke)*
keczup [kɛtʃup] Ketschup
kelner [kɛlnɛr] Ober
kelner(ka) [kɛlnɛr(ka)] Kellner(in)
kemping [kɛmpˌiŋk] Camping
kichać [cixatɕ] niesen
kiczowaty [citʃɔvatɨ] kitschig
kiedy [cɛdɨ] als *(zeitlich)*
kieliszek do jaj [cɛlˌiʃɛk dɔ jaj] Eierbecher
kieliszek do wina [cɛlˌiʃɛk dɔ mjɛina] Weinglas
kiełbasa [cɛwbasa] Wurst
kiełbaski [cɛwbasci] *(Plural)* Würstchen
kierowca [cɛrɔftsa] Fahrer(in)
kierownica [cɛrɔvɲitsa] Lenkrad; Lenker
kierownik (kierowniczka) [cɛrɔvɲik, cɛrɔvɲitʃka] Leiter(in)
kierunek [cɛrunɛk] Richtung
kierunek wiatru [cɛrunɛk vjatru] Windrichtung
kierunkowskaz [cɛrunkɔfskas] Blinker
kij [cij] Stock
kij golfowy [cij gɔlfɔvɨ] Golfschläger

kijki do nart [cijci dɔ nart] Skistöcke
kilka [cilka] einige; ein paar
kilogram [cilɔgram] Kilogramm
kilometr [cilɔmɛtr] Kilometer
kino [cinɔ] Kino
kiosk z papierosami [kjɔsk s͜papjɛrɔsamˌi] Tabakladen
klakson [klaksɔn] Hupe
klamerka do włosów [klamɛrka dɔ vwɔsuf] Haarklammern
klapki kąpielowe [klapci kɔmpjɛlɔvɛ] Badeschuhe
klasa [klasa] Klasse
klasycyzm [klasɨtsɨzm] Klassizismus
klasyk [klasɨk] Klassiker
klasyka [klasɨka] Klassik
klasztor [klaʃtɔr] Kloster
klient(ka) [klˌiɛnt(ka)] Kunde(Kundin)
kleszcz [klɛʃtʃ] Zecke
klimat [klˌimat] Klima
klimatyzacja [klˌimatɨzatsja] Klimaanlage
klub golfowy [klup gɔlfɔvɨ] Golfclub
klub kulturystyczny [klup kulturɨstɨtʃnɨ] Fitnesscenter
klub nocny [klup nɔtsnɨ] Nachtklub
klucz [klutʃ] Schlüssel
kluczyk zapłonowy [klutʃik zapwɔnɔvɨ] Zündschlüssel
kładka [kwatka] Steg *(Brücke)*
kłaniać się [kwaɲatɕ ɕɛ̃] begrüßen
kłaść się/położyć się [kwaɕtɕ ɕɛ̃/ pɔwɔʒɨtɕ ɕɛ̃] sich hinlegen
kłaść/położyć [kwaɕtɕ/pɔwɔʒɨtɕ] legen
kłuć/ukłuć [kwutɕ/ukwutɕ] stechen *(mit Nadel)*
kminek [kmˌinɛk] Kümmel
knajpa [knajpa] Kneipe
kobieta [kɔbjɛta] Frau
kochać [kɔxatɕ] lieben
kochanie [kɔxaɲɛ] Liebling *(Anrede)*
kochany [kɔxanɨ] lieb
kocher [kɔxɛr] Kocher
kocher gazowy [kɔxɛr gazɔvɨ] Gaskocher
kod otwierający drzwi [kɔt ɔtfjɛrajɔ̃tsɨ dʒvˌi] Türcode
kod pocztowy [kɔt pɔtʃtɔvɨ] Postleitzahl
kolacja [kɔlatsja] Abendessen
kolano [kɔlanɔ] Knie
kolarstwo [kɔlarstfɔ] Radsport
kolczyki [kɔltʃici] Ohrringe
kolega (koleżanka) [kɔlɛga, kɔlɛʒaŋka] Kollege(Kollegin)
kolejka [kɔlɛjka] Warteschlange
kolejka linowa [kɔlɛjka lˌinɔva] Seilbahn
kolejka miejska [kɔlɛjka mjɛjska] S-Bahn
kolejka zębata [kɔlɛjka zɛmbata] Zahnradbahn
kolka [kɔlka] Kolik
kolorowy [kɔlɔrɔvɨ] farbig; bunt
kolumna [kɔlumna] Säule
kołdra [kɔwdra] Bettdecke
kołdra wełniana [kɔwdra vɛwɲana] Wolldecke
koło [kɔwɔ] Rad
koło ratunkowe [kɔwɔ ratunkɔvɛ] Rettungsring; Schwimmring
koło zapasowe [kɔwɔ zapasɔvɛ] Ersatzrad
komar [kɔmar] Mücke
kombinezon piankowy [kɔmbˌinɛzɔn pjaŋkɔvɨ] Neoprenanzug
komedia [kɔmɛdja] Komödie
kometka [kɔmɛtka] Badminton; Federball *(Spiel)*
kompas [kɔmpas] Kompass
kompetentny [kɔmpɛtɛntnɨ] zuständig
kompozytor(ka) [kɔmpɔzɨtɔr(ka)] Komponist(in)
komunikacja [kɔmuɲikatsja] Verkehr *(Straße)*
komunikat meteorologiczny [kɔmuɲikat mɛtɛɔrɔlɔɟitʃnɨ] Wetterbericht
koncert [kɔntsɛrt] Konzert
koncert symfoniczny [kɔntsɛrt sɨmfɔɲitʃnɨ] Sinfoniekonzert
kondom [kɔndɔm] Kondom; Präservativ
konduktor(ka) [kɔnduktɔr(ka)] Schaffner(in)
kondycji: w dobrej ~ [v͜dɔbrɛj kɔndɨtsi] fit
koniec [kɔɲɛts] Ende
koniec: na ~ [na kɔɲɛts] zuletzt *(am Schluss)*
koniecznie [kɔɲɛtʃɲɛ] *(Adverb)* unbedingt
konieczny [kɔɲɛtʃnɨ] *(Adverb)* notwendig
konserwy [kɔnsɛrvɨ] Konserven
konsulat [kɔnsulat] Konsulat
kontakt [kɔntakt] Kontakt; Steckdose
konto [kɔntɔ] Konto
kontrola bezpieczeństwa [kɔntrɔla bɛspjɛtʃɛɲstfa] Sicherheitskontrolle
kontrola paszportowa [kɔntrɔla paʃpɔrtɔva] Passkontrolle
kontrola radarowa [kɔntrɔla radarɔva] Radarkontrolle
kontroler(ka) [kɔntrɔlɛr(ka)] Kontrolleur(in)
kontrolować [kɔntrɔlɔvatɕ] kontrollieren
kontuzja [kɔntuzja] Prellung

koń [kɔɲ] Pferd
koper włoski [kɔpɛr vwɔsci] Fenchel
koperta [kɔpɛrta] Briefumschlag
kopia [kɔpja] Kopie
kopuła [kɔpuwa] Kuppel
korek [kɔrɛk] Stau
korkociąg [kɔrkɔtɕɔŋk] Korkenzieher
korona [kɔrɔna] Krone
korzyść [kɔʒɨɕtɕ] *f* Vorteil
kosmyk [kɔsmyk] Strähnchen
kostium [kɔstjum] Kostüm
kostium kąpielowy [kɔstjum kɔmpjɛlɔvɨ] Badeanzug
kostka [kɔstka] Knöchel
kosz [kɔʃ] Korb
kosztować [kɔʃtɔvatɕ] kosten
koszty [kɔʃtɨ] Unkosten
koszty dodatkowe [kɔʃtɨ dɔdatkɔvɛ] Nebenkosten
koszula [kɔʃula] Hemd
koszulka [kɔʃulka] T-Shirt
koszyk [kɔʃɨk] Korb
koszykówka [kɔʃɨkufka] Basketball
kościół [kɔɕtɕuw] Kirche
kość [kɔɕtɕ] *f* Knochen
kość piszczelowa [kɔɕtɕ pˌiʃtʃɛlɔva] *f* Schienbein
kot [kɔt] Katze
kotlet [kɔtlɛt] Kotelett
kozaki [kɔzaci] Stiefel
kraby [krabɨ] Krabben
kradzież [kradʑɛʃ] *f* Diebstahl
kraj [kraj] Land
krajan [krajan] Landsmann
kran [kran] Wasserhahn
kraść/ukraść [kraɕtɕ/ukraɕtɕ] stehlen
krawat [kravat] Krawatte
krawiec (krawcowa) [kravjɛts/ kraftsɔva] Schneider(in)
kreatywny [krɛatɨvnɨ] kreativ
kredka [krɛtka] Farbstift
krem [krɛm] Creme
krem do opalania [krɛm dɔ ɔpalaɲa] Sonnencreme
krem do rąk [krɛm dɔ rɔ̃k] Handcreme
krew [krɛf] *f* Blut
krewetki [krɛvɛtci] Garnelen
kręci się w głowie [krɛntɕi ɕɛ v‿gwovjɛ] schwindlig
kręgosłup [krɛŋgɔswup] Wirbelsäule
kromka [krɔmka] Scheibe *(Brot)*
krople [krɔplɛ] Tropfen
krople do uszu [krɔplɛ dɔ uʃu] Ohrentropfen
krople do oczu [krɔplɛ dɔ ɔtʃu] *(Plural)* Augentropfen
król(owa) [krul(ɔva)] König(in)
królik [krulˌik] Kaninchen
krótki [krutci] *(Adjektiv)* kurz
krótko [krutkɔ] *(Adverb)* kurz
krótko: na ~ [na krutkɔ] kurzfristig
krótkoterminowo [krutkɔtɛrmˌinɔvo] *(Adverb)* kurzfristig
krwawić [krfavˌitɕ] bluten
krwawienie [krfavjɛɲɛ] Blutung
krwotok z nosa [krfɔtɔk z‿nɔsa] Nasenbluten
kryształ [krɨʃtaw] Kristall
krzesło [kʃɛswɔ] Stuhl
krzesło do prysznica [kʃɛswɔ dɔ prɨʃɲitsa] Duschsitz
krztusiec [kʃtuɕɛts] Keuchhusten
krzyczeć/krzyknąć [kʃɨtʃɛtɕ/ kʃɨknɔɲtɕ] schreien
krzyż [kʃɨʃ] Kreuz
ksiądz [kɕɔnts] Priester
książka [kɕɔʃka] Buch
książka kucharska [kɕɔ̃ʃka kuxarska] Kochbuch
książka telefoniczna [kɕɔ̃ʃka tɛlɛfɔɲitʃna] Telefonbuch
książka w wydaniu kieszonkowym [kɕɔ̃ʃka v‿vɨdaɲu cɛʃɔŋkɔvɨm] Taschenbuch
księgarnia [kɕɛ̃garɲa] Buchhandlung
księżyc [kɕɛ̃ʒɨts] Mond
kształt [kʃtawt] Form
ktoś [ktɔɕ] jemand
kucharz (kucharka) [kuxaʃ/ kuxarka] Koch(Köchin)
kuchenka [kuxɛŋka] Herd; Kocher
kuchenka elektryczna [kuxɛŋka ɛlɛktrɨtʃna] Elektroherd
kuchenka gazowa [kuxɛŋka gazɔva] Gasherd
kuchnia [kuxɲa] Küche
kukurydza [kukurɨdza] Mais
kula [kula] Krücke
kultura [kultura] Kultur
kulturystyka [kulturɨstɨka] Bodybuilding
kupować [kupɔvatɕ] einkaufen
kupować/kupić [kupɔvatɕ/kupˌitɕ] kaufen
kurczak [kurtʃak] Hähnchen
kurek [kurɛk] Wasserhahn
kurs [kurs] Kurs
kurs językowy [kurs jɛ̃zɨkɔvɨ] Sprachkurs
kurs narciarski [kurs nartɕarsci] Skikurs
kurs pływania [kurs pwɨvaɲa] Schwimmkurs
kurs wymiany [kurs vɨmjanɨ] Wechselkurs
kurtka [kurtka] Anorak
kurtka skórzana [kurtka skuʒana] Lederjacke

kurz [kuʃ] Staub
kuszetka [kuʃɛtka] Liegewagen
kuzyn(ka) [kuzɨn(ka)] Cousin(e)
kwaśna śmietana [kfaɕna ɕmjɛtana] saure Sahne
kwaśny [kvaɕnɨ] sauer
kwatera [kfatɛra] Unterkunft
kwiaciarnia [kfjatɕarɲa] Blumengeschäft
kwiat [kfjat] Blume
kwiecień [kfjɛtɕɛɲ] April
kwit [kf͵it] Quittung
kwota [kfɔta] Betrag

L

lakier do paznokci [lacɛr dɔ paznɔktɕi] Nagellack
lampa [lampa] Lampe
lampa błyskowa [lampa bwɨskɔva] Blitzgerät
lampka nocna [lampka nɔtsna] Nachttischlampe
laptop [lɛptɔp] Laptop
las [las] Wald
laska [laska] Stock
laska dla niewidomych [laska dla ɲɛv͵idɔmɨx] Taststock
latanie lotnią [lataɲɛ lɔtɲɔ̃] Drachenfliegen
latanie szybowcem [lataɲɛ ʃɨbɔftsɛm] Segelfliegen
latarnia morska [latarɲa mɔrska] Leuchtturm
lato [latɔ] Sommer
ląd [lɔnt] Festland
lądowanie [lɔndɔvaɲɛ] Landung
lecieć/polecieć [lɛtɕɛtɕ/pɔlɛtɕɛtɕ] fliegen
leczyć [lɛtʃɨtɕ] behandeln *(ärztlich)*
leginsy [lɛɟinsɨ] Leggins
legitymacja inwalidzka [lɛɟitɨmatsja invalitska] Behindertenausweis
lekarstwo [lɛkarstfɔ] Medikament
lekki [lɛkci] leicht
lekkoatletyka [lɛkkɔatlɛtɨka] Leichtathletik
lemoniada [lɛmɔɲada] Limonade
len [lɛn] Leinen
leniuchować [lɛɲuxɔvatɕ] faulenzen
leniwy [lɛɲivɨ] faul
lepiej [lɛpjɛj] *(Adverb)* besser
lepszy [lɛpʃɨ] *(Adjektiv)* besser
lew-a(y/e) [lɛv-a/ɨ/ɛ] linke(r, -s)
lewarek do samochodu [lɛvarɛk dɔ samɔxɔdu] Wagenheber
lewo: na ~ [na lɛvɔ] links
leżeć [lɛʒɛtɕ] liegen
liczba [l͵itʃba] Zahl
liczyć/policzyć [l͵itʃɨtɕ/pɔl͵itʃɨtɕ] zählen
liliowy [l͵iljɔvɨ] lila
lina [l͵ina] Seil
linia [l͵iɲa] Linie
linie lotnicze [l͵iɲɛ lɔtɲitʃɛ] Fluggesellschaft
linka holownicza [l͵iŋka xɔlɔvɲitʃa] Abschleppseil
lipiec [l͵ipjɛts] Juli
list [l͵ist] Brief
list ekspresowy [l͵ist ɛksprɛsɔvɨ] Eilbrief
list polecony [l͵ist pɔlɛtsɔnɨ] Einschreibebrief
listopad [l,istɔpat] November
liść [l͵iɕtɕ] Blatt
liść laurowy [l͵iɕtɕ lawrɔvɨ] Lorbeer
literować/przeliterować [l͵itɛrɔvatɕ/pʃɛl͵itɛrɔvatɕ] buchstabieren
litr [l,itr] Liter
lodówka [lɔdufka] Kühlschrank
lodówka turystyczna [lɔdufka turɨstɨtʃna] Kühltasche
lody [lɔdɨ] *(Plural)* Eis
loki [lɔci] Locken
lokówka [lɔkufka] Lockenwickler
lot [lɔt] Flug
lot krajowy [lɔt krajɔvɨ] Inlandsflug
lot zagraniczny [lɔt zagraɲitʃnɨ] Auslandsflug
lotka [lɔtka] Federball *(Ball)*
lotnisko [lɔtɲiskɔ] Flughafen
loża [lɔʒa] Loge
lód [lut] Eis
lubić [lub͵itɕ] mögen *(gern haben)*
lud [lut] Volk
ludzie [ludʑɛ] Leute
luksusowy [luksusɔvɨ] luxuriös
lumbago [lumbagɔ] Hexenschuss
lusterko wsteczne [lustɛrkɔ fstɛtʃnɛ] Rückspiegel
lustro [lustrɔ] Spiegel
luty [lutɨ] *m* Februar
luźny [luʑnɨ] weit *(Gegenteil von eng)*

Ł

ładnie [wadɲɛ] *(Adverb)* schön
ładny [wadnɨ] *(Adjektiv)* schön
ładowarka [wadɔvarka] Ladegerät
łagodny [wagɔdnɨ] mild
łańcuch [waɲtsux] Kette
łańcuszek [waɲtsuʃɛk] Kette *(Schmuck)*
łatki do opon [watci dɔ ɔpɔn] *(Plural)* Flickzeug
łatwopalny [watvɔpalnɨ] leicht entzündlich
łatwy [watfɨ] *(Adjektiv)* einfach
ławka [wafka] (Sitz)Bank
łazienka [waʑɛŋka] Badezimmer
łącznik [wɔntʃɲik] Adapter

łączyć/połączyć [wɔntʃitɕ/pɔwɔntʃitɕ] verknüpfen; verbinden
łąka [wɔ̃ka] Wiese; Heide
łowić, złowić [wɔvˌitɕ/zwɔvˌitɕ] fangen *(Fische)*
łódka ratownicza [wutka ratɔvɲitʃa] Rettungsboot
łódź z wiosłami [wutɕ z‿vjɔswamˌi] *f* Ruderboot
łóżeczko dziecięce [wuʒɛtʃkɔ dʑɛtɕɛ̃tsɛ] Kinderbett
łóżko [wuʃkɔ] Bett
łóżko piętrowe [wuʃkɔ pjɛntrɔvɛ] Etagenbett
łuk [wuk] Bogen
łupież [wupjɛʃ] Schuppen
łyżeczka do herbaty [wiʒɛtʃka dɔ xɛrbati] Teelöffel
łyżka [wiʃka] Löffel
łyżka do kawy [wiʃka dɔ kavi] Kaffeelöffel
łyżwy [wiʒvi] Schlittschuhe

M

magazyn [magazin] Magazin
maj [maj] Mai
majonez [majɔnɛs] Mayonnaise
majtki [majtci] Unterhose
makaron [makarɔn] Nudeln
makrela [makrɛla] Makrele
malarstwo [malarstfɔ] Malerei
malarstwo na szkle [malarstfɔ na ʃklɛ] Glasmalerei
malarstwo olejne [malarstfɔ ɔlɛjnɛ] Ölmalerei
malarz (malarka) [malaʃ/malarka] Maler(in)
malować/namalować [malɔvatɕ/namalɔvatɕ] malen
malowanie [malɔvaɲɛ] Malen
malowanie akwarelami [malɔvaɲɛ akfarɛlamˌi] Aquarellmalen
malowanie na jedwabiu [malɔvaɲɛ na jɛdvabju] Seidenmalerei
malowidło [malɔvˌidwɔ] Gemälde
mało [mawɔ] wenig
mały [mawi] klein
małże [mawʒɛ] Miesmuscheln
małżonek [mawʒɔnɛk] Ehemann
małżonka [mawʒɔnka] Ehefrau
mama [mama] Mutter
mandarynki [mandarinci] Mandarinen
mandat [mandat] Bußgeld
mango [ma gɔ] Mango
mapa [mapa] Landkarte
mapa drogowa [mapa drɔgɔva] Straßenkarte
mapa turystyczna [mapa turistitʃna] Wanderkarte
marchew [marxɛf] *f* Karotten
margaryna [margarina] Margarine
marmolada [marmɔlada] Marmelade
martwa natura [martfa natura] Stillleben
martwić się o [martfˌitɕ ɕɛ̃ ɔ] sich sorgen um
marynarka [marinarka] Jacke *(für Männer)*
marzec [maʒɛts] März
marzenie [maʒɛɲɛ] Traum *(Wunsch)*
marznąć [marznɔɲtɕ] frieren
masaż [masaʃ] Massage
maska silnika [maska ɕilɲika] Motorhaube
masło [maswɔ] Butter
maszyna [maʃina] Maschine
maść [maɕtɕ] *f* Salbe
maść na oparzenia [maɕtɕ na ɔpaʒɛɲa] *f* Brandsalbe
maślanka [maɕlaŋka] Buttermilch
materac [matɛrats] Matratze
materac dmuchany [matɛrats dmuxani] Luftmatratze
materiał [matɛrjaw] Stoff; Material
matka [matka] Mutter
Mazury [mazuri] Masuren
mądry [mɔndri] klug
mąka [mɔ̃ka] Mehl
mąż [mɔ̃ʃ] Ehemann
mdłości [mdwɔɕtɕi] *(Plural)* Übelkeit; Brechreiz
mebel [mɛbɛl] Möbel
mecz [mɛtʃ] Spiel; Wettkampf
mecz piłki nożnej [mɛtʃ pˌiwci nɔʒnɛj] Fußballspiel
meduza [mɛduza] Qualle
melon [mɛlɔn] Melone
melon żółty [mɛlɔn ʒuwti] Honigmelone
menstruacja [mɛnstruatsja] Menstruation
menu [mɛɲi] *nt* Menü; Speisekarte
metr [mɛtr] Meter
metr kwadratowy [mɛtr kvadratɔvi] Quadratmeter
metro [mɛtrɔ] U-Bahn
mewa [mɛva] Möwe
mężczyzna [mɛ̃ʃtʃizna] Mann
mgła [mgwa] Nebel
mi [mˌi] mir *(Kurzform nach den Verben)*
miasto [mjastɔ] Stadt
mieć [mjɛtɕ] haben
mieć chorobę morską [mjɛtɕ xɔrɔbɛ̃ mɔrskɔ̃] seekrank sein
mieć wypadek [mjɛtɕ vipadɛk] verunglücken
miejmy nadzieję [mjɛjmi nadʑɛjɛ̃] hoffentlich

miejsce [mjɛjstsɛ] Ort; Raum; (Sitz-)Platz
miejsce pamięci [mjɛjstsɛ pamjɛ̃tɕi] Gedenkstätte
miejsce parkingowe dla niepełnosprawnych [mjɛjstsɛ parciŋgɔvɛ dla ɲɛpɛwnɔspravnɨx] Behindertenparkplatz
miejsce pielgrzymkowe [mjɛjstsɛ pjɛlgʒɨmkɔvɛ] Wallfahrtsort
miejsce przy oknie [mjɛjstsɛ pʃɨ ɔkɲɛ] Fensterplatz
miejsce urodzenia [mjɛjstsɛ urɔʥɛɲa] Geburtsort
miejsce w kuszetce [mjɛjstsɛ f‿kuʃɛttsɛ] Liegewagenplatz
miejsce widokowe [mjɛjstsɛ vˌidɔkɔvɛ] Aussichtspunkt
miejsce zamieszkania [mjɛjstsɛ zamjɛʃkaɲa] Wohnort
miejscowość [mjɛjstsɔvɔɕtɕ] *f* Ortschaft
miejscowość rybacka [mjɛjstsɔvɔɕtɕ rɨbatska] *f* Fischerort
miejscowy [mjɛjstsɔvɨ] einheimisch
miejscówka [mjɛjstsufka] Platzkarte
miesiąc [mjɛɕɔnts] Monat
miesiączka [mjɛɕɔntʃka] Menstruation
miesięcznie [mjɛɕɛntʃɲɛ] *(Adverb)* monatlich
miesięczny [mjɛɕɛntʃnɨ] *(Adjektiv)* monatlich
mieszany [mjɛʃanɨ] gemischt
mieszkać [mjɛʃkatɕ] wohnen
mieszkać w namiocie [mjɛʃkatɕ v‿namjɔtɕɛ] zelten
mieszkanie [mˌɛʃkaɲɛ] Wohnung
mieszkaniec (mieszkanka) [mjɛʃkaɲɛts/mjɛʃkaŋka] Einwohner(in)
między [mjɛnʥɨ] unter; zwischen
międzylądowanie [mjɛnʥɨlɔndɔvaɲɛ] Zwischenlandung
międzynarodowy [mjɛnʥɨnarɔdɔvɨ] international
miękki [mjɛ̃kci] weich
mięsień [mjɛ̃ɕɛɲ] Muskel
mięso [mjɛ̃sɔ] Fleisch
mięso mielone [mjɛ̃sɔ mjɛlɔnɛ] Hackfleisch
migdały [mˌigdawɨ] Mandeln
migrena [mˌigrɛna] Migräne
mikrofalówka [mˌikrɔfalufka] Mikrowelle
milimetr [mˌil,imɛtr] Millimeter
miło [mˌiwɔ] *(Adverb)* freundlich; nett
miłość [mˌiwɔɕtɕ] *f* Liebe
miły [mˌiwɨ] *(Adjektiv)* freundlich; nett; lieb
mimo to [mˌimɔ tɔ] trotzdem
minigolf [mˌiɲigɔlf] Minigolf
minuta [mˌinuta] Minute
miód [mjut] Honig
miska [mˌiska] Schüssel
mleko [mlɛkɔ] Milch
mleko odtłuszczone [mlɛkɔ ɔttwuʃtʃɔnɛ] fettarme Milch
młody [mwɔdɨ] jung
młotek [mwɔtɛk] Hammer
mnie [mɲɛ] mir; mich *(Akkusativ: ich)*
mocny [mɔtsnɨ] stark
mocz [mɔtʃ] Urin
moda [mɔda] Mode
model [mɔdɛl] Modell
modlić się [mɔdlˌitɕ ɕɛ̃] beten
modna biżuteria [mɔdna bˌiʒutɛrja] Modeschmuck
modny [mɔdnɨ] modern; modisch
mokry [mɔkrɨ] nass
molestowanie seksualne [mɔlɛstɔvaɲɛ sɛksualnɛ] sexuelle Belästigung
molo [mɔlɔ] Mole
moment [mɔmɛnt] Augenblick
moneta [mɔnɛta] Münze
morele [mɔrɛlɛ] Aprikosen
morze [mɔʒɛ] Meer
Morze Bałtyckie [mɔʒɛ bawtɨtscɛ] Ostsee
most [mɔst] Brücke
mostek [mɔstɛk] Brücke *(Zahn)*
motel [mɔtɛl] Motel
motorówka [mɔtɔrufka] Motorboot
motylki [motɨlci] Schwimmflügel
mowa [mɔva] Sprache; das Sprechen
mozaika [mɔzajka] Mosaik
może [mɔʒɛ] vielleicht
możliwy [mɔʒlˌivɨ] möglich
móc [muts] dürfen; können
mój [muj] mein
mówić/powiedzieć [muvˌitɕ/pɔvjɛʥɛtɕ] sagen; reden; sprechen
mózg [musk] Gehirn
MP3 [ɛmpˌi trujka] MP3-Player®
mróz [mrus] Frost
msza [mʃa] Messe *(Kirche)*
mur [mur] Mauer
mury miejskie [murɨ mjɛjscɛ] *(Plural)* Stadtmauer
musical [mjuzikal] Musical
muskuł [muskuw] Muskel
musli [muslˌi] *nt* Müsli
muszelka [muʃɛlka] Muschel
muszka [muʃka] Fliege
muszla [muʃla] Muschel
musztarda [muʃtarda] Senf
muzeum etnograficzne [muzɛum ɛtnɔgrafˌitʃnɛ] *nt* Völkerkundemuseum
muzeum [muzɛum] *nt* Museum

muzyka [muzɨka] Musik
muzyka ludowa [muzɨka ludɔva] Volksmusik
muzyka na żywo [muzɨka na ʒɨvɔ] Livemusik
muzykować [muzɨkɔvatɕ] musizieren
my [mɨ] wir
mydło [mɨdwɔ] Seife
myjka [mɨjka] Waschlappen
mylić się/pomylić się [mɨlˌitɕ ɕɛ̃/ pɔmɨlˌitɕ ɕɛ̃] sich täuschen
mylić/pomylić [mɨlˌitɕ/pɔmɨlˌitɕ] verwechseln
myśleć [mɨɕlɛtɕ] denken
myśleć/pomyśleć o [mɨɕlɛtɕ/ pɔmɨɕlɛtɕ ɔ] denken an
myto [mɨto] Maut

N

na [na] an; auf; für (etwas); nach *(in Richtung)*
nabrzeże [nabʒɛʒɛ] Kai
naczynia [natʃɨɲa] *(Plural)* Geschirr
nad [nat] über *(räumlich)*
nadawca [nadaftsa] *m* Absender
naderwanie ścięgna [nadɛrvaɲɛ ɕtɕɛŋgna] Bänderriss
nadwyrężenie [nadvɨrɛ̃ʒɛɲɛ] Zerrung
nadziewany [nadʑɛvanɨ] gefüllt
nafta [nafta] Petroleum
nagi [naɟi] nackt
nagle [naglɛ] *(Adverb)* plötzlich
nagły [nagwɨ] *(Adjektiv)* plötzlich
nagły przypadek [nagwɨ pʃɨpadɛk] Notfall
nagrobek [nagrɔbɛk] Grabmal
nagroda [nagrɔda] Belohnung
najbliższ-a/y/e [najblˌiʃʃ-a/ɨ/ɛ] nächste(r, -s); nächstgelegen
najedzony [najɛdzɔnɨ] satt
najlepsz-a/y/e [najlɛpʃ-a/ɨ/ɛ] beste(r, -s)
najpierw [najpjɛrf] (zu)erst
najwyżej [najvɨʒɛj] höchstens
nakrycie [nakrɨtɕɛ] Gedeck
nalepić znaczek [nalɛpˌitɕ znatʃɛk] frankieren
należeć [nalɛʒɛtɕ] gehören
nam [nam] uns *(Dativ: wir)*
namalować ➣ malować
namiot [namjɔt] Zelt
napad [napat] Überfall
napastować [napastɔvatɕ] belästigen
napięcie prądu [napjɛɲtɕɛ prɔndu] Stromspannung
napis [napˌis] Inschrift
napisać ➣ pisać

napisy [napˌisɨ] *(Plural)* Untertitel
napiwek [napˌivɛk] Trinkgeld
napój [napuj] Getränk
naprawdę [napravdɛ̃] *(Adverb)* wirklich
naprawiać/naprawić [napravjatɕ/ napravˌitɕ] reparieren
naprawić ➣ naprawiać
naprzeciwko [napʃɛtɕifkɔ] gegenüber
naprzód [napʃut] vorwärts
naprzykrzać się [napʃɨkʃatɕ ɕɛ̃] belästigen
nareszcie [narɛʃtɕɛ] endlich
narkoza [narkɔza] Narkose
naród [narut] Volk
narty biegowe [nartɨ bjɛgɔvɛ] Langlaufski
narty [nartɨ] *(Plural)* Ski
narty wodne [nartɨ vɔdnɛ] Wasserski
narysować ➣ rysować
narzeczony(-a) [naʒɛtʃɔnɨ, -a] der/die Verlobte
narzędzia [naʒɛɲdʑa] *(Plural)* Werkzeug
nas [nas] uns *(Akkusativ: wir)*
następn-a/y/e [nastɛmpn-a/ɨ/ɛ] nächste(r, -s)
nastolat-ka (-tek) [nastɔlat-ka/tɛk] Jugendliche/r
nasz, nasze, nasza, nasze [naʃ, naʃɛ, naʃa, naʃɛ] *(m, nt, f, Plural)* unser(e)
natura [natura] Natur
naturalnie [naturalɲɛ] *(Adverb)* natürlich
naturalny [naturalnɨ] *(Adjektiv)* natürlich
natychmiast [natɨxmjast] sofort
nauczyć się ➣ uczyć się
nawigacją [navigatʃɨjɔ̃] Navigationsgerät
nazwa [nazva] Name; Benennung
nazwisko [nazvˌiskɔ] Familienname; Nachname
nazwisko panieńskie [nazvˌiskɔ paɲɛɲscɛ] Geburtsname
nazywać się [nazɨvatɕ ɕɛ̃] heißen
negatywny [nɛgatɨvnɨ] negativ
nerka [nɛrka] Niere
nerw [nɛrf] Nerv
nerwowy [nɛrvɔvɨ] nervös
nic [ɲits] nichts
nie [ɲɛ] nicht
nie do wiary [ɲɛ dɔ vjarɨ] *(Adverb)* unglaublich
nie ma go/jej [ɲɛ ma gɔ/jɛj] fort *(er/sie ist fort)*
nie rozstrzygnięty [ɲɛ‿rɔstʃɨgɲɛntɨ] unentschieden
niebezpieczeństwo [ɲɛbɛspjɛtʃɛɲstfɔ] Gefahr

niebezpieczny [ɲɛbɛspjɛtʃnɨ] gefährlich
niebieski [ɲɛbjɛsci] blau
niebo [ɲɛbɔ] Himmel
niedaleki [ɲɛdalɛci] *(Adjektiv)* nahe
niedaleko [ɲɛdalɛkɔ] *(Adverb)* nahe
niedawno [ɲɛdavnɔ] kürzlich
niedobrze [ɲɛdɔbʒɛ] *(Adverb)* schlecht
niedziela [ɲɛʥɛla] Sonntag
niedzielę: w ~ [v‿ɲɛʥɛlɛ̃] am Sonntag
niektórzy [ɲɛktuʒɨ] einige
Niemcy [ɲɛmtsɨ] *(Plural)* Deutschland
Niemiec (Niemka) [ɲɛmjɛts/ɲɛmka] der/die Deutsche
niemiecki [ɲɛmjɛtʃci] deutsch
niemowlę [ɲɛmɔvlɛ̃] Säugling
niemożliwy [ɲɛmɔʒlˌivɨ] unmöglich
niemy [ɲɛmɨ] stumm
nieodpowiedni [ɲɛɔtpɔvˌjɛdɲi] ungeeignet
niepalący [ɲɛpalɔntsɨ] Nichtraucher
niepełnosprawn-a/y [ɲɛpɛwnɔspravn-a/ɨ] *f* Behinderte/r
niepełnosprawność fizyczna [ɲɛpɛwnɔspravnɔɕʨ fˌizitʃna] Körperbehinderung
niepewny [ɲɛpɛvny] unsicher
nieporozumienie [ɲɛpɔrɔzumjɛɲɛ] Missverständnis
nieprawdopodobny [ɲɛpravdɔpɔdɔbnɨ] unwahrscheinlich
nieprzyjemnie [ɲɛpʃɨjɛmɲɛ] *(Adverb)* unangenehm
nieprzytomny [ɲɛpʃitɔmnɨ] bewusstlos
niestety [ɲɛstɛtɨ] leider
nieszczęście [ɲɛʃtʃɛɲɕʨɛ] Unglück
nieśmiały [ɲɛɕmjawɨ] schüchtern
nieważny [ɲɛvaʒnɨ] unwichtig
niewiarygodny [ɲɛvjarɨgɔdnɨ] *(Adjektiv)* unglaublich
niewidomy [ɲɛvˌidɔmɨ] blind
niewidom-a (-y) [ɲɛvˌidɔm-a/ɨ] Blinde/r
nieznośny [ɲɛznɔɕnɨ] unerträglich
niezobowiązujący [ɲɛzɔbɔvjɔ̃zujɔ̃tsɨ] unverbindlich
niezwykły [ɲɛzvɨkwɨ] ungewöhnlich
nigdy [ɲigdɨ] nie
nigdzie [ɲigʥɛ] nirgends
nikt [ɲikt] niemand
niski [ɲisci] nieder; niedrig; tief
niskokaloryczny [ɲiskɔkalɔritʃnɨ] kalorienarm
niskotłuszczowy [ɲiskɔtwuʃtʃɔvɨ] fettarm
nitka [ɲitka] Faden
niż [ɲiʃ] *(bei Komparativ)* als
noc [nɔts] *f* Nacht
nocą [nɔtsɔ̃] nachts
nocleg [nɔtslɛg] Übernachtung
nocleg ze śniadaniem i kolacją [nɔtslɛk zɛ ɕɲadaɲɛm i kɔlatsjɔ̃] Halbpension
nocować/przenocować [nɔtsɔvaʨ/ pʃɛnɔtsɔvaʨ] übernachten
noga [nɔga] Bein
normalnie [nɔrmalɲɛ] *(Adverb)* normal; normalerweise
normalny [nɔrmalnɨ] *(Adjektiv)* normal; üblich
nos [nɔs] Nase
nosić [nɔɕiʨ] tragen
nosidełko [nɔɕidɛwkɔ] Babytrage
notebook [nɔtbuk] Notebook
nowoczesny [nɔvɔtʃɛsnɨ] modern
nowy [nɔvɨ] neu
Nowy Rok [nɔvɨ rɔk] Neujahr
nożyce [nɔʒɨtsɛ] *(Plural)* Schere
nożyczki [nɔʒɨtʃci] *(Plural)* Schere
nożyczki do paznokci [nɔʒɨtʃci dɔ paznɔkʨi] *(Plural)* Nagelschere
nóż [nuʃ] Messer
nudny [nudnɨ] langweilig
numer [numɛr] Nummer
numer domu [numɛr dɔmu] Hausnummer
numer kierunkowy [numɛr cɛrunkɔvɨ] Vorwahlnummer
numer telefonu [numɛr tɛlɛfɔnu] Telefonnummer
numer wagonu [numɛr vagɔnu] Wagennummer
nurkować [nurkɔvaʨ] tauchen
nurkować z fajką [nurkɔvaʨ s‿fajkɔ̃] schnorcheln

O

o [ɔ] um *(zeitlich)*
o tej porze [ɔ tɛj pɔʒɛ] um diese Zeit
obaj/obie/oboje [ɔbaj/ɔbjɛ/ɔbɔjɛ] beide
obawiać się [ɔbavjaʨ ɕɛ̃] befürchten
obcas [ɔptsas] Absatz
obcy [ɔptsɨ] fremd
obc-y/a [ɔpts-ɨ/a] der/die Fremde
oberżyny [ɔbɛrʒɨnɨ] Auberginen
obiad [ɔbjat] Mittagessen
obiecać ➢ obiecywać
obiecywać/obiecać [ɔbjɛtsɨvaʨ/ ɔbjɛtsaʨ] versprechen
objazd [ɔbjast] Umleitung
objektyw [ɔbjɛktɨf] Objektiv
obłożnie chory [ɔbwɔʒɲɛ xɔrɨ] pflegebedürftig
obojczyk [ɔbɔjtʃɨk] Schlüsselbein
obok [ɔbɔk] neben

obraz [ɔbras] Bild; Gemälde
obraza [ɔbraza] Beleidigung
obrus [ɔbrus] Tischtuch
obrzęk [ɔbʒɛŋk] Schwellung; Geschwulst
obsługa [ɔpswuga] Bedienung
obstrukcja [ɔpstruktsja] Verstopfung
obudzić ➣ budzić
obudzić się [ɔbudʑitɕ ɕɛ̃] aufwachen
obudzony [ɔbudzɔnɨ] wach
obuwie gimnastyczne [ɔbuvjɛ ɟimnastɨtʃnɛ] Turnschuhe
obuwie plażowe [ɔbuvjɛ plaʒɔvɛ] Strandschuhe
obwodnica [ɔbvɔdɲitsa] Umgehungsstraße
obywatel Unii Europejskiej [ɔbɨvatɛl uɲi ɛwrɔpɛjscɛj] EU-Bürger
obywatelstwo [ɔbɨvatɛlstfɔ] Staatsangehörigkeit
ocet [ɔtsɛt] Essig
ochłoda [ɔxwɔda] Erfrischung
ochrona [ɔxrɔna] Sicherung; Schutz
ochrona przeciwsłoneczna [ɔxrɔna pʃɛtɕifswɔnɛtʃna] Sonnenschutz
ochrona przed komarami [ɔxrɔna pʃɛt kɔmarami] Mückenschutz
ochrona zabytków [ɔxrɔna zabɨtkuf] Denkmalschutz
ochrypły [ɔxrɨpwɨ] heiser
oczekiwać [ɔtʃɛcivatɕ] erwarten; rechnen mit
oczy [ɔtʃɨ] Augen
oczyścić ➣ czyścić
oczywiście [ɔtʃɨvˌiɕtɕɛ] *(Adverb)* klar; deutlich
od [ɔt] seit; ab; von *(zeitlich; von jemandem)*
od czasu do czasu [ɔt tʃasu dɔ tʃasu] *(Adverb)* ab und zu; gelegentlich
odbiorca [ɔdbjɔrtsa] *m* Empfänger
odbywać się/odbyć się [ɔdbɨvatɕ ɕɛ̃/ ɔdbɨtɕ ɕɛ̃] stattfinden
oddawać/oddać [ɔddavatɕ/ɔddatɕ] abgeben; zurückgeben
oddychać [ɔddɨxatɕ] atmen
oddział [ɔddʑaw] Station *(im Krankenhaus)*
odebrać ➣ odbierać
odholować [ɔtxɔlɔvatɕ] abschleppen
odjazd [ɔdjast] Abfahrt
odjeżdżać/odjechać (do) [ɔdjɛʒdʒatɕ/ɔdjɛxatɕ (dɔ)] abreisen (nach)
odjeżdżać/odjechać (z) [ɔdjɛʒdʒatɕ/ ɔdjɛxatɕ (z)] abfahren (von)
odkrywać/odkryć [ɔtkrɨvatɕ/ɔtkrɨtɕ] entdecken
odkurzacz [ɔtkuʒatʃ] Staubsauger
odległość [ɔdlɛgwɔɕtɕ] *f* Entfernung
odlot [ɔdlɔt] Abflug
odmawiać/odmówić [ɔdmavjatɕ/ɔdmuvˌitɕ] ablehnen
odmrażacz [ɔdmraʒatʃ] Frostschutzmittel
odpadki [ɔtpatci] Abfall
odpływ (morza) [ɔdpwɨf (mɔʒa)] Ebbe
odpocząć ➣ odpoczywać
odpoczynek [ɔtpɔtʃɨnɛk] Ruhe *(Erholung)*
odpoczywać/odpocząć [otpɔtʃɨvatɕ/ otpɔtʃɔ̃tɕ] sich ausruhen
odpowiadać/odpowiedzieć [ɔtpɔvjadatɕ/ɔtpɔvjɛdʑɛtɕ] (be) antworten
odpowiedni [ɔtpɔvjɛdɲi] *(Adjektiv)* richtig
odpowiednio [ɔtpɔvjɛdɲɔ] *(Adverb)* richtig
odpowiedzialny [ɔtpɔvjɛdʑalnɨ] verantwortlich
odpowiedzieć ➣ odpowiadać
odprawa bagażu [ɔtprava bagaʒu] Gepäckabfertigung
odprawa przed odlotem [ɔtprava pʃɛd ɔdlɔtɛm] einchecken
odra [ɔdra] Masern
Odra [ɔdra] Oder
odszkodowanie [ɔtʃkɔdɔvaɲɛ] Schadenersatz
odwiedzać/odwiedzić kogoś [odvjɛdzatɕ/ɔdvjɛdʑitɕ kɔgɔɕ] jemanden besuchen
odwiedziny [ɔdvjɛdʑinɨ] Besuch
odwrotnie [ɔdvrɔtɲɛ] *(Adverb)* umgekehrt
odzież dla dzieci [ɔdʑɛʃ dla dʑɛtɕi] Kinderkleidung
oferować/zaoferować [ɔfɛrɔvatɕ/ zaɔfɛrɔvatɕ] bieten
oficjalny [ɔfˌitsjalnɨ] offiziell
ogień [ɔɟɛɲ] Feuer
oglądać [ɔglɔ̃datɕ] ansehen
ogórek [ɔgurɛk] Gurke
ogród [ɔgrut] Garten
ogród botaniczny [ɔgrut bɔtaɲitʃnɨ] botanischer Garten
ogród zoologiczny [ɔgrut zɔɔlɔɟitʃnɨ] Zoo
ogrzewanie [ɔgʒɛvaɲɛ] Heizung
ogrzewanie centralne [ɔgʒɛvaɲɛ tsɛntralnɛ] Zentralheizung
ojciec [ɔjtɕɛts] Vater
ojczyzna [ɔjtʃɨzna] Heimat
okazjonalnie [ɔkazjɔnalɲɛ] *(Adverb)* gelegentlich
okienko bagażowe [ɔcɛŋkɔ bagaʒɔvɛ] Gepäckschalter
okienko biletowe [ɔcɛŋkɔ bˌilɛtɔvɛ] Fahrkartenschalter
oklaski [ɔklasci] Beifall
okno [ɔknɔ] Fenster

okolica [ɔkɔlˌitsa] Landschaft; Gegend; Umgebung
około [ɔkɔwɔ] *(Adverb)* etwa; ungefähr
około południa [ɔkɔwɔ pɔwudɲa] gegen Mittag
okoń [ɔkɔɲ] Barsch
okrągły [ɔkrɔ̃gwɨ] *(Adjektiv)* rund
okres ochronny [ɔkrɛs ɔxrɔnnɨ] Schonzeiten
okropny [ɔkrɔpnɨ] schrecklich; fürchterlich
okulary do nurkowania [ɔkularɨ dɔ nurkɔvaɲa] *(Plural)* Taucherbrille
okulary narciarskie [ɔkularɨ nartɕarscɛ] *(Plural)* Skibrille
olej [ɔlɛj] Öl
olejek do opalania [ɔlɛjɛk dɔ ɔpalaɲa] Sonnenöl
oliwa z oliwek [ɔlˌiva s‿ɔlˌivɛk] Olivenöl
oliwki [ɔlˌifci] Oliven
ołtarz [ɔwtaʃ] Altar
omdlenie [ɔmdlɛɲɛ] Ohnmacht
on [ɔn] er
ona [ɔna] sie *(3. Person Singular)*
oni/one [ɔɲi/ɔnɛ] sie *(3. Person Plural)*
opactwo [ɔpatstfɔ] Abtei
opakowanie [ɔpakɔvaɲɛ] Verpackung
oparzenie [ɔpaʒɛɲɛ] Verbrennung
oparzenie słoneczne [ɔpaʒɛɲɛ swɔnɛtʃnɛ] Sonnenbrand
opatrunek [ɔpatrunɛk] Verband
opatrzeć [ɔpatʃɛtɕ] verbinden
opera [ɔpɛra] Oper
operacja [ɔpɛratsja] Operation
operetka [ɔpɛrɛtka] Operette
opieka nad dziećmi [ɔpjɛka nat dʑɛtɕmˌi] Kinderbetreuung
opiekany [ɔpjɛkanɨ] geröstet
opiekunka do dzieci [ɔpjɛkunka dɔ dʑɛtɕi] Babysitter
opinia [ɔpˌiɲa] Meinung
opisywać/opisać [ɔpˌisɨvatɕ/ɔpˌisatɕ] beschreiben
opłata [ɔpwata] Zahlung; Porto
opłata celna [ɔpwata tsɛlna] Zollgebühren
opłata lotniskowa [ɔpwata lɔtɲiskɔva] Flughafengebühr
opłata manipulacyjna [ɔpwata maɲipulatsɨjna] Bearbeitungsgebühr
opłata uzdrowiskowa [ɔpwata uzdrɔviskɔva] Kurtaxe
opłaty [ɔpwatɨ] Gebühren
opona [ɔpɔna] Reifen
opona zimowa [ɔpɔna ʑimɔva] Winterreifen
opowiadać/opowiedzieć [ɔpɔvjadatɕ/ɔpɔvjɛdʑɛtɕ] erzählen
oprowadzanie [ɔprɔvadzaɲɛ] Führung
opryszczka [ɔprɨʃtʃka] Herpes
optyk [ɔptɨk] Optiker
opuszczać/opuścić [ɔpuʃtʃatɕ/ɔpuɕtɕitɕ] verlassen
order [ɔrdɛr] Orden
orkiestra [ɔrcɛstra] Orchester
orkiestra taneczna [ɔrcɛstra tanɛtʃna] Tanzkapelle
oryginał [ɔrɨɟinaw] Original
orzech kokosowy [ɔʒɛx kɔkɔsɔvɨ] Kokosnuss
orzechy [ɔʒɛxɨ] Nüsse
orzeźwienie [ɔʒɛʑvjɛɲɛ] Erfrischung
osa [ɔsa] Wespe
osiągnąć [ɔɕɔ̃gnɔ̃tɕ] erreichen
oskrzela [ɔskʃɛla] Bronchien
osoba [ɔsɔba] Person
osoba na wózku inwalidzkim [osoba na vusku invalitscim] Rollstuhlfahrer(in)
osoba towarzysząca [ɔsɔba tɔvaʒɨʃɔntsa] Begleitperson
osobisty [ɔsɔbˌistɨ] *(Adjektiv)* persönlich
osobiście [ɔsɔbˌiɕtɕɛ] *(Adverb)* persönlich
osobliwości [ɔsɔblˌivɔɕtɕi] Sehenswürdigkeiten
ospa wietrzna [ɔspa vjɛtʃna] Windpocken
ostateczny [ɔstatɛtʃnɨ] endgültig
ostatni raz [ɔstatɲi ras] zuletzt *(zum letzten Mal)*
ostatn-ia/i/ie [ɔstatɲ-a/i/ɛ] letzte(r, -s)
ostrożnie [ɔstrɔʒɲɛ] *(Adverb)* vorsichtig
ostry [ɔstrɨ] scharf
ostrygi [ɔstrɨɟi] Austern
oszustwo [ɔʃustfɔ] Betrug
ość [ɔɕtɕ] *f* Gräte
ośrodek wypoczynkowy [ɔɕrɔdɛk vɨpɔtʃɨnkɔvɨ] Ferienanlage
otoczenie [ɔtɔtʃɛɲɛ] Umwelt
otrzymywać/otrzymać [ɔtʃɨmɨvatɕ/ɔtʃɨmatɕ] erhalten; bekommen
otwarty [ɔtfartɨ] auf; offen; geöffnet
otwieracz do butelek [otfjɛratʃ dɔ butɛlɛk] Flaschenöffner
otwieracz do puszek [otfjɛratʃ dɔ puʃɛk] Dosenöffner
otwierać/otworzyć [ɔtfjɛratɕ/ɔtfɔʒɨtɕ] öffnen
owoce [ɔvɔtsɛ] *(Plural)* Obst
ożenić się [ɔʒɛnitɕ ɕɛ̃] heiraten *(eine Frau)*
ożywiony [ɔʒɨvjɔnɨ] lebhaft *(Diskussion)*

P

pachnieć [paxɲɛtɕ] riechen *(gut)*
paczka [patʃka] Paket
paczuszka [patʃuʃka] Päckchen
padaczka [padatʃka] Epilepsie
palacz [palatʃ] Raucher
palący (papierosy) [palɔntsɨ (papjɛrɔsɨ)] Raucher
palec [palɛts] Finger
palić [palˌitɕ] rauchen *(Zigaretten)*
paluch [palux] Zehe
pałac [pawats] Palast
pamiątka [pamjɔntka] Mitbringsel
pamięć USB [pamjɛ̃tɕ uɛsbɛ] Memorystick
pan [pan] Herr; Sie *(Anrede)*
pani [paɲi] Frau; Sie *(Anrede)*
panie [paɲɛ] Damen
panna [panna] Fräulein
panowie [panɔvjɛ] Herren
państwo [paɲstfɔ] Sie *(Herrschaften)* Staat
papier [papjɛr] Papier
papier listowy [papjɛr lˌistɔvɨ] Briefpapier
papier toaletowy [papjɛr tɔalɛtɔvɨ] Toilettenpapier
papieros [papjɛrɔs] Zigarette
papryka [paprɨka] Paprika(schote)
para [para] Paar
paraliż [paralˌiʃ] Lähmung
paraliż dziecięcy [paralˌiʃ ʥɛtɕɛntsɨ] Kinderlähmung
paralotnia [paralɔtɲa] Gleitschirm
parasol [parasɔl] Schirm
park [park] Park
park narodowy [park narɔdɔvɨ] Nationalpark
park rozrywki [park rɔzrɨfci] Freizeitpark; Vergnügungspark
parking [parciŋ] Parkplatz; Rastplatz
parkować/zaparkować [parkɔvatɕ/ zaparkɔvatɕ] parken
parno [parnɔ] schwül
parowiec [parɔvjɛts] Dampfer
parter [partɛr] Erdgeschoss; Parkett
party [partɨ] *nt* Party
pas bezpieczeństwa [pas bɛspjɛtʃɛɲstfa] Sicherheitsgurt
pas biodrowy [pas bjɔdrɔvɨ] Nierengurt
pasażer [pasaʒɛr] Passagier; Fahrgast
pasek [pasɛk] Gürtel
pasemko [pasɛmkɔ] Strähnchen
pasować [pasɔvatɕ] passen
pasta do butów [pasta dɔ butuf] Schuhcreme
pasta do zębów [pasta dɔ zɛmbuf] Zahnpasta
paszport [paʃpɔrt] Reisepass
patent żeglarski [patɛnt ʒɛglarsci] Bootsführerschein
patrzeć [patʃɛtɕ] (zu)schauen
październik [paʑʥɛrɲik] Oktober
pchli targ [pxlˌi tark] Flohmarkt
pedał gazu [pɛdaw gazu] Gaspedal
pediatra [pɛdiatra] Kinderarzt(-ärztin)
pejzaż [pɛjzaʃ] Landschaft
pełny [pɛwnɨ] voll
pensjonat [pɛnsjɔnat] Pension
perfumeria [pɛrfumɛrja] Parfümerie
perfumy [pɛrfumɨ] *(Plural)* Parfüm
perła [pɛrwa] Perle
peron [pɛrɔn] Bahnsteig
peruka [pɛruka] Perücke
pewno: na ~ [na pɛvnɔ] *(Adverb)* sicher bestimmt
pewny [pɛvnɨ] *(Adjektiv)* bestimmt; sicher; gewiss; zuverlässig
pęcherz (moczowy) [pɛ̃xɛʃ (mɔtʃɔvɨ)] Blase *(Harnblase)*
pędzel do golenia [pɛnʣɛl dɔ gɔlɛɲa] Rasierpinsel
pianka do golenia [pjaŋka do gɔlɛɲa] Rasierschaum
pianka [pjaŋka] *(umgangssprachlich)* Neoprenanzug
piaskownica [pjaskɔvɲˌitsa] Sandkasten
piątek [pjɔntɛk] Freitag
pić [pˌitɕ] trinken
pieczątka [pjɛtʃɔntka] Stempel
pieczony [pjɛtʃɔnɨ] gebacken
pieczywo [pjɛtʃɨvɔ] Gebäck
piekarnia [pjɛkarɲa] Bäckerei
piekarnik [pjɛkarɲik] Backofen
pielęgniarka [pjɛlɛ̃gɲarka] Krankenschwester
pielęgniarz [pjɛlɛ̃gɲaʃ] Krankenpfleger
pieluchy [pjɛluxɨ] Windeln
pieniądze [pjɛɲɔnʣɛ] *(Plural)* Geld
pieprz [pjɛpʃ] Pfeffer
pierś [pjɛrɕ] *f* Brust
pierścionek [pjɛrɕʨɔnɛk] Ring
pierwsz-a/y/e [pjɛrfʃ-a/ɨ/ɛ] erste(r, -s)
pierwsze danie [pjɛrfʃɛ daɲɛ] erster Gang *(Essen)*
pierwszy bieg [pjɛrfʃɨ bjɛk] erster Gang *(im Auto)*
pies [pjɛs] Hund
pies przewodnik [pjɛs pʃɛvɔdɲik] Blindenhund
piesz-y (-a) [pjɛʃ-ɨ/a] Fußgänger(in)
pietruszka [pjɛtruʃka] Petersilie
pięknie [pjɛŋkɲɛ] *(Adverb)* schön
piękny [pjɛŋknɨ] *(Adjektiv)* schön; hübsch
piętro [pjɛntrɔ] Stockwerk; Etage

pigułka [p,iguwka] Tablette; ~ **„po"** [p,iguwka pɔ] Pille danach
pijany [p,ijanɨ] betrunken
pilnie [p,ilɲɛ] dringend
pilot [p,ilɔt] Pilot(in)
piłka [p,iwka] Ball
piłka nożna [p,iwka nɔʒna] Fußball
piłka ręczna [p,iwka rɛnʧna] Handball
PIN [p,in] Geheimzahl
pincetka [p,intsɛtka] Pinzette
piosenka [pjɔsɛŋka] Lied
piosenkarz (piosenkarka) [p,iɔsɛŋkaʃ/p,iɔsɛŋkarka] Sänger(in)
pisać/napisać [p,isaʨ/nap,isaʨ] schreiben
pisanki [p,isaŋci] Ostereier
pisemny [p,isɛmnɨ] schriftlich
pismo [p,ismɔ] Schrift
piwo [p,ivɔ] Bier
piwo bezalkoholowe [p,ivɔ bɛzalkɔxɔlɔvɛ] alkoholfreies Bier
plac [plats] Platz *(in der Stadt)*
plac zabaw [plats zabaf] Spielplatz
placówka socjalna [platsufka sɔtsjalna] Sozialstation
plakat [plakat] Plakat
plama (plamy) [plama (plamɨ)] Fleck(en)
plan miasta [plan mjasta] Stadtplan
plaster [plastɛr] Pflaster
plasterek [plastɛrɛk] Scheibe *(Wurst)*
plastyka [plastɨka] Plastik
plaża [plaʒa] Strand
plaża dla nudystów [plaʒa dla nudɨstuf] FKK-Strand
plecak [plɛtsak] Rucksack
plecy [plɛtsɨ] *(Plural)* Rücken
plomba [plɔmba] Plombe
płacić/zapłacić [pwaʨiʨ/zapwaʨiʨ] (be)zahlen; **płacić gotówką** [pwaʨiʨ gɔtufkɔ̃] bar zahlen
płakać [pwakaʨ] weinen
płaszcz [pwaʃʧ] Mantel
płaszcz kąpielowy [pwaʃʧ kɔmpjɛlɔvɨ] Bademantel
płaszcz przeciwdeszczowy [pwaʃʧ pʃɛʨifdɛʃʧɔvɨ] Regenmantel
płatki owsiane [pwatci ɔfɕanɛ] Haferflocken
płatność [pwatnɔɕʨ] *f* Zahlung
płetwy [pwɛtfɨ] Schwimmflossen
płuco [pwutsɔ] Lunge
płyn chłodniczy [pwɨn xwɔdɲiʧɨ] Kühlwasser
płyn do mycia naczyń [pwɨn dɔ mɨʨa naʧɨɲ] Spülmittel
płyn hamulcowy [pwɨn xamultsɔvɨ] Bremsflüssigkeit
płynny [pwɨnnɨ] flüssig
płytki [pwɨtci] flach
pływać [pwɨvaʨ] schwimmen
pływać kajakiem [pwɨvaʨ kajacɛm] paddeln
pływak (pływaczka) [pwɨvak/pwɨvaʧka] Schwimmer(in)
po [pɔ] nach *(zeitlich)*
po drodze [pɔ drɔʣɛ] unterwegs
po drugie [pɔ druɟɛ] zweitens
po polsku [pɔ pɔlsku] auf Polnisch
po południu [pɔ pɔwudɲu] nachmittags
po prostu [pɔ prɔstu] *(Adverb)* einfach
po sezonie [pɔ sɛzɔɲɛ] Nachsaison
pobić ➢ bić
pobliżu: w ~ [f‿pɔbl,iʒu] bei *(in der Nähe)*
pobyt [pɔbɨt] Aufenthalt
pocałować ➢ całować
pocałunek [pɔtsawunɛk] Kuss
pochmurnie [pɔxmurɲɛ] bewölkt
pochodzić z [pɔxɔʥiʨ z] stammen (aus)
pochód [pɔxut] Umzug
pociąg [pɔʨɔ̃ŋk] Zug
pociąg podmiejski [pɔʨɔ̃ŋk pɔdmjɛjsci] Nahverkehrszug
pociąg z wagonami na samochody [pɔʨɔ̃ŋk z‿vagɔnam,i na samɔxɔdɨ] Autoreisezug
pocić się [pɔʨiʨ ɕɛ̃] schwitzen
początek [pɔʧɔntɛk] Anfang
poczekać ➢ czekać
poczekalnia [pɔʧɛkalɲa] Wartezimmer; Wartesaal
poczta [pɔʧta] Postamt
poczta główna [pɔʧta gwuvna] Hauptpostamt
pocztą lotniczą [pɔʧtɔ̃ lɔtɲiʧɔ̃] mit Luftpost
pocztówka [pɔʧtufka] Postkarte
pod [pɔt] unter(halb)
pod koniec tygodnia [pɔt kɔɲɛts tɨgɔdɲa] am Wochenende
podać ➢ podawać
podanie [pɔdaɲɛ] Angabe *(des Namens, der Adresse)* Pass *(Sport)*
podarować [pɔdarɔvaʨ] schenken
podawać/podać [pɔdavaʨ/pɔdaʨ] servieren
podbrzusze [pɔdbʒuʃɛ] Unterleib
podczas [pɔtʧas] während
podeszwa [pɔdeʃfa] Sohle
podgrzewacz do butelek [pɔdgʒɛvaʧ dɔ butɛlɛk] Fläschchenwärmer
podlegający ocleniu [pɔdlɛgajɔ̃tsɨ ɔtslɛɲu] zollpflichtig
podłoga [pɔdwɔga] Fußboden
podnośnik [pɔdnɔɕɲik] Hublift
podobać się [pɔdɔbaʨ ɕɛ̃] gefallen

podobny [pɔdɔbnɨ] ähnlich
podpaski higieniczne [pɔtpasci x,ijɛɲitʃnɛ] Damenbinden
podpis [pɔtp,is] Unterschrift
podpisywać/podpisać [pɔtp,isɨvatɕ/pɔtp,isatɕ] unterschreiben
podpora namiotu [pɔtpɔra namjɔtu] Zeltstange
podręczna apteczka [pɔdrɛntʃna aptɛtʃka] Verbandskasten
podróż do domu [pɔdruʃ dɔ dɔmu] Heimreise
podróż [pɔdruʃ] *f* Reise; Tour
podróż powrotna [pɔdruʃ pɔvrɔtna] Rückfahrt
podróżować [pɔdruʒɔvatɕ] reisen
podróżować autostopem [pɔdruʒɔvatɕ awtɔstɔpɛm] trampen
podstawka samochodowa [pɔtstafka samɔxɔdɔva] Kindersitzkissen
poduszka [pɔduʃka] Kopfkissen
poduszkowiec [pɔduʃkɔvjɛts] Luftkissenboot
podwójny [pɔdvujnɨ] doppelt
podwórze [pɔdvuʒɛ] Hof
podziękować ➢ dziękować
pogląd [pɔglɔnt] Meinung
poinformować ➢ informować
pojemnik [pɔjɛmɲik] Behälter
pojemnik na śmieci [pɔjɛmɲik na ɕmjɛtɕi] Mülltonne
pojutrze [pɔjutʃɛ] übermorgen
pokazywać/pokazać [pɔkazɨvatɕ/pɔkazatɕ] zeigen
pokład [pɔkwat] Deck
pokładowy wózek inwalidzki [pɔkwadɔvɨ vuzɛk invalitsci] Bordrollstuhl
pokojówka [pɔkɔjufka] Zimmermädchen
pokój [pɔkuj] Zimmer
pokój stołowy [pɔkuj stɔwɔvɨ] Wohnzimmer
pokrojona wędlina różnego rodzaju [pɔkrɔjɔna vɛndl,ina ruʒnɛgɔ rɔdʑaju] Aufschnitt
pokwitowanie [pɔkf,itɔvaɲɛ] Quittung
Polak [pɔlak] Pole
polaroid [pɔlarɔit] Sofortbildkamera
pole [pɔlɛ] Feld
pole kempingowe [pɔlɛ kɛmp,iŋgɔvɛ] Campingplatz
polecać/polecić [pɔlɛtsatɕ/pɔlɛtɕitɕ] empfehlen
polecieć ➢ lecieć
policja [pɔl,itsja] Polizei
policjant(ka) [pɔl,itsjant(ka)] Polizist(in)
policzyć [pɔl,itʃɨtɕ] berechnen
policzyć ➢ liczyć
polisa ubezpieczeniowa [pɔl,isa ubɛspjɛtʃɛɲɔva] grüne Versicherungskarte
Polka [pɔlka] Polin
Polska [pɔlska] Polen
polski [pɔlsci] polnisch
połączenie [pɔwɔntʃɛɲɛ] Anschluss; Verbindung
połączyć ➢ łączyć
połowa [pɔwɔva] Hälfte
położenie [pɔwɔʒɛɲɛ] Lage
położyć ➢ kłaść
położyć się ➢ kłaść się
południe [pɔwudɲɛ] Mittag; Süden
południe: na ~ od [na pɔwudɲɛ ɔt] südlich von
południe: w ~ [f‿pɔwudɲɛ] mittags
pomagać/pomóc komuś [pɔmagatɕ/pɔmuts kɔmuɕ] jemandem helfen
pomarańcze [pɔmaraɲtʃɛ] Orangen; Apfelsinen
pomarańczowy [pɔmaraɲtʃɔvɨ] orange
pomidory [pɔm,idɔrɨ] Tomaten
pomieszczenie [pɔmjɛʃtʃɛɲɛ] Raum
pomimo to [pɔm,imɔ tɔ] trotzdem
pomoc [pɔmɔts] *f* Hilfe
pomoc drogowa [pɔmɔts drɔgɔva] *f* Pannenhilfe; Abschleppdienst
Pomorze [pɔmɔʒɛ] Pommern
pomóc ➢ pomagać
pompa benzynowa [pɔmpa bɛnzɨnɔva] Benzinpumpe
pompka [pɔmpka] Luftpumpe
pomylić ➢ mylić
pomyłka [pɔmɨwka] Irrtum
pomysł [pɔmɨsw] Idee
pomyśleć ➢ myśleć
ponad [pɔnat] über *(räumlich)*
poniedziałek [pɔɲɛdʑawɛk] Montag
Poniedziałek Wielkanocny [pɔɲɛdʑawɛk vjɛlkanɔtsnɨ] Ostermontag
Poniedziałek Zielonoświątkowy [pɔɲɛdʑawɛk ʑɛlɔnɔɕfjɔntkɔvɨ] Pfingstmontag
ponieważ [pɔɲɛvaʃ] da; weil; denn; deshalb
poniżej [pɔɲiʒɛj] unterhalb
ponton [pɔntɔn] Schlauchboot
popielniczka [pɔpjɛlɲitʃka] Aschenbecher
popołudnie [pɔpɔwudɲɛ] Nachmittag
poprzek: w ~ [f‿pɔpʃɛk] quer durch
por [pɔr] Lauch
pora roku [pɔra rɔku] Jahreszeit
poranek [pɔranɛk] Morgen
porażenie słoneczne [pɔraʒɛɲɛ swɔnɛtʃnɛ] Sonnenstich
porażony poprzecznie [pɔraʒɔnɨ pɔpʃɛtʃɲɛ] querschnittsgelähmt

porcelana [pɔrtsɛlana] Porzellan
porcja [pɔrtsja] Portion
porcja dziecięca [pɔrtsja dʑɛtɕɛ̃tsa] Kinderteller
porę: w ~ [f͜ pɔrɛ̃] rechtzeitig
poronienie [pɔrɔɲɛɲɛ] Fehlgeburt
porozmawiać ➢ rozmawiać
port [pɔrt] Hafen
portal [pɔrtal] Portal
portfel [pɔrtfɛl] Brieftasche
portier [pɔrtˌjɛr] Portier
portmonetka [pɔrtmɔnɛtka] Geldbeutel
porto [pɔrtɔ] Porto
portret [pɔrtrɛt] Porträt
porywisty wicher [pɔrɨvˌistɨ vˌixɛr] Bö
posiłek [pɔɕiwɛk] Mahlzeit
poskarżyć się ➢ skarżyć się
posłać ➢ posyłać
posprzątać ➢ sprzątać
post [pɔst] Fasten
postarać się ➢ starać się
postój taksówek [pɔstuj taksuvɛk] Taxistand
postrzał [pɔstʃaw] Hexenschuss
posyłać/posłać [pɔsɨwatɕ/pɔswatɕ] schicken
poszukać ➢ szukać
pościel [pɔɕtɕɛl] *f* Bettwäsche
pośpiesznie [pɔɕpjɛʃɲɛ] *(Adverb)* eilig
poświadczenie ubezpieczenia na wypadek choroby [pɔɕfjattʃɛɲɛ ubɛspjɛtʃɛɲa na vɨpadɛk xɔrɔbɨ] Krankenschein
potem [pɔtɛm] dann; danach
potrawa [pɔtrava] Gericht *(Essen)*
potrawa dnia [pɔtrava dɲa] Tagesgericht
potrzebować [pɔtʃɛbɔvatɕ] brauchen
potwierdzać/potwierdzić [pɔtfjɛrdzatɕ/pɔtfjɛrdʑitɕ] zusagen; bestätigen *(Einladung)*
poważnie [pɔvaʒɲɛ] *(Adverb)* ernst
poważny [pɔvaʒnɨ] *(Adjektiv)* ernst
powędrować ➢ wędrować
powiedzieć [pɔvjɛdʑɛtɕ] meinen; sagen
powiedzieć ➢ mówić
powieść [pɔvjɛɕtɕ] *f* Roman
powietrze [pɔvjɛtʃɛ] Luft
powinien, powinna, powinno [pɔvˌiɲɛn, pɔvˌinna, pɔvˌinnɔ] *(m, f, nt)* sollen
powitać ➢ witać
powodować/spowodować [pɔvɔdɔvatɕ/spɔvɔdɔvatɕ] verursachen
powoli [pɔvɔlˌi] *(Adverb)* langsam
powolny [pɔvɔlnɨ] *(Adjektiv)* langsam

powód [pɔvut] Grund
powrót [pɔvrut] Rückfahrt
powszednie: w dni ~ [v͜ dɲi pɔfʃɛdɲɛ] wochentags
powtarzać/powtórzyć [pɔftaʒatɕ/pɔftuʒɨtɕ] wiederholen
poza [pɔza] außer; außerhalb
poza tym [pɔza tɨm] außerdem
pozdrawiać [pɔzdravjatɕ] grüßen
pozostać [pɔzɔstatɕ] bleiben
pozostać ➢ pozostawać
pozostałości [pɔzɔstawɔɕtɕi] Überreste
pozostawać/pozostać [pɔzɔstavatɕ/pɔzɔstatɕ] übrig bleiben
pożegnać się ➢ żegnać się
pożyczać/pożyczyć [pɔʒɨtʃatɕ/pɔʒɨtʃɨtɕ] leihen
pójść [pujɕtɕ] gehen
pójść ➢ iść
pół [puw] halb
północ [puwnɔts] *f* Norden
północ: na ~ od [na puwnɔts ɔt] nördlich von
później [puʑɲɛj] später
późno [puʑnɔ] spät
praca [pratsa] Arbeit
pracować [pratsɔvatɕ] arbeiten
prać/wyprać [pratɕ/vɨpratɕ] waschen
praktyczny [praktɨtʃnɨ] praktisch
pralka [pralka] Waschmaschine
pralnia [pralɲa] Wäscherei
pralnia chemiczna [pralɲa xɛmˌitʃna] Reinigung
pranie [praɲɛ] Wäsche
prasować [prasɔvatɕ] bügeln
praw-a/y/e [prav-a/ɨ/ɛ] rechte(r, -s)
prawdę: na ~ [na͜ pravdɛ̃] *(Adverb)* echt
prawdopodobnie [pravdɔpɔdɔbɲɛ] *(Adverb)* wahrscheinlich
prawdopodobny [pravdɔpɔdɔbnɨ] *(Adjektiv)* wahrscheinlich
prawdziwy [pravdʑivɨ] *(Adjektiv)* wahr; echt
prawidłowo [pravˌidwɔvɔ] *(Adverb)* richtig
prawidłowy [pravˌidwɔvɨ] *(Adjektiv)* richtig
prawie [pravjɛ] fast; kaum
prawo jazdy [pravɔ jazdɨ] Führerschein
prawo: na ~ [na pravɔ] rechts
prąd [prɔnt] Strom *(Elektrizität)*
precz [prɛtʃ] weg
premiera [prɛmjɛra] Premiere
prezent [prɛzɛnt] Geschenk
prezentacja [prɛzɛntatsja] Vorstellung *(Bekanntmachen)*
prezerwatywa [prɛzɛrvatɨva] Präservativ; Kondom

problem [prɔblɛm] Problem; Sache; Frage; Thema
procent [prɔtsɛnt] Prozent
procesja [prɔtsɛsja] Prozession
produkt [prɔdukt] Produkt
prognoza pogody [prɔgnɔza pɔgɔdɨ] Wettervorhersage
program [prɔgram] Programm(heft)
prom [prɔm] Fähre
propozycja [prɔpɔzɨtsja] Vorschlag
prosić/poprosić kogoś o coś [prɔɕitɕ/ pɔprɔɕitɕ kɔgɔɕ ɔ tsɔɕ] jemanden um etwas bitten
prospekt [prɔspɛkt] Prospekt
prosto [prɔstɔ] geradeaus
prosty [prɔstɨ] *(Adjektiv)* einfach; gerade
proszę wejść! [prɔʃɛ vɛjɕtɕ] herein!
prośba [prɔʑba] Bitte
proteza [prɔtɛza] Prothese
prowizoryczny [prɔvˌizɔrɨtʃnɨ] provisorisch
próba [pruba] Probe
próbka [prupka] Probe *(zum Testen)*
próbować/spróbować [prubɔvatɕ/ sprubɔvatɕ] versuchen
próg drzwi [pruk dʒvˌi] Türschwelle
prysznic [prɨʃɲits] Dusche
prywatka [prɨvatka] Party
prywatny [prɨvatnɨ] privat
przebierać się/przebrać się [pʃɛbjɛratɕ ɕɛ̃/pʃɛbratɕ ɕɛ̃] sich umziehen
przebita opona [pʃɛbˌita ɔpɔna] Platten
przebrać się ➢ przebierać się
przebywać [pʃɛbɨvatɕ] sich aufhalten
przechadzka [pʃɛxatska] Spaziergang
przechować ➢ przechowywać
przechowalnia bagażu [pʃɛxɔvalɲa bagaʒu] Gepäckaufbewahrung
przechowywać/przechować [pʃɛxɔvɨvatɕ/pʃɛxɔvatɕ] aufbewahren
przeciętnie [pʃɛtɕɛ̃tɲɛ] *(Adverb)* durchschnittlich
przeciętny [pʃɛtɕɛ̃tnɨ] *(Adjektiv)* durchschnittlich
przeciw [pʃɛtɕif] gegen
przeciwieństwo [pʃɛtɕivjɛɲstfɔ] Gegenteil
przeciwstawny [pʃɛtɕifstavnɨ] entgegengesetzt
przed [pʃɛt] vor
przed dziesięcioma minutami [pʃɛt dʑɛɕɛɲtɕɔma mˌinutamˌi] vor zehn Minuten
przed południem [pʃɛt pɔwudɲɛm] vormittags
przed sezonem [pʃɛt sɛzɔnɛm] Vorsaison
przede wszystkim [pʃɛdɛ fʃɨstcim] hauptsächlich
przedłużacz [pʃɛdwuʒatʃ] Verlängerungsschnur
przedłużać/przedłużyć [pʃɛdwuʒatɕ/pʃɛdwuʒɨtɕ] verlängern
przedłużenie o tydzień [pʃɛdwuʒɛɲɛ ɔ tɨdʑɛɲ] Verlängerungswoche
przedłużyć ➢ przedłużać
przedmieście [pʃɛdmjɛ ɕtɕɛ] Vorort
przedmiot [pʃɛdmjɔt] Gegenstand
przednia szyba [pʃɛdɲa ʃɨba] Windschutzscheibe
przedostatnia, przedostatni, przedostatnie [pʃɛdɔstatɲa, pʃɛdɔstatɲi, pʃɛdɔstatɲɛ] vorletzte(r, -s)
przedpołudnie [pʃɛtpɔwudɲɛ] Vormittag
przedsprzedaż [pʃɛtspʃɛdaʃ] *f* Vorverkauf
przedstawienie [pʃɛtstavjɛɲɛ] Aufführung; Vorstellung *(im Theater)*
przedtem [pʃɛttɛm] vorher
przedwczoraj [pʃɛtftʃɔraj] vorgestern
przedział [pʃɛdʥaw] Abteil
przedział dla niepalących [pʃɛdʑaw dla ɲɛpalɔntsɨx] Nichtraucherabteil
przedziałek [pʃɛdʑawɛk] Scheitel
przegapiać/przegapić [pʃɛgapjatɕ/ pʃɛgapˌitɕ] verpassen
przegrywać/przegrać [pʃɛgrɨvatɕ/ pʃɛgratɕ] verlieren; nicht gewinnen
przejazdem [pʃɛjazdɛm] auf der Durchreise
przejażdżka konna [pʃɛjaʃtʃka kɔnna] Ausritt
przejście [pʃɛjɕtɕɛ] Übergang; Gang *(Platz)*
przejście graniczne [pʃɛjɕtɕɛ graɲitʃnɛ] Grenzübergang
przejście podziemne [pʃɛjɕtɕɛ pɔdʑɛmnɛ] Unterführung *(für Fußgänger)*
przekaz [pʃɛkas] Überweisung
przekaz pieniężny [pʃɛkas pjɛɲɛ̃ʒnɨ] Geldanweisung
przekaz telegraficzny [pʃɛkas tɛlɛgrafˌitʃnɨ] telegrafische Überweisung
przekazanie kluczy [pʃɛkazaɲɛ klutʃɨ] Schlüsselübergabe
przekładać/przełożyć [pʃɛkwadatɕ/ pʃɛwɔʒɨtɕ] verschieben
przelew [pʃɛlɛf] Überweisung
przeliczyć się [pʃɛlˌitʃɨtɕ ɕɛ̃] sich verrechnen
przeliterować ➢ literować

przelotny deszcz [pʃɛlɔtnɨ dɛʃtʃ] Regenschauer
przełęcz [pʃɛwɛntʃ] *f* Pass *(im Gebirge)*
przełożyć ➢ przekładać
przełyk [pʃɛwɨk] Speiseröhre
przemyt [pʃɛmɨt] Schmuggel
przenocować ➢ nocować
przenośny odtwarzacz CD [pʃɛnɔɕnɨ ɔttfaʒatʃ sˌidi] tragbarer CD-Spieler
przepis [pʃɛpˌis] Vorschrift
przepraszać/przeprosić [pʃɛpraʃatɕ/ pʃɛprɔɕitɕ] sich entschuldigen
przeprosiny [pʃɛprɔɕinɨ] *(Plural)* Entschuldigung
przepuklina [pʃɛpuklˌina] Leistenbruch
przerwa [pʃɛrva] Pause
przerywać/przerwać [pʃɛrɨvatɕ/ pʃɛrvatɕ] unterbrechen
przestawać/przestać [pʃɛstavatɕ/ pʃɛstatɕ] aufhören
przestępstwo [pʃɛstɛmpstfɔ] Verbrechen
przestraszyć (się) [pʃɛstraʃɨtɕ (sɛ̃)] erschrecken
przestrzegać [pʃɛstʃɛgatɕ] beachten
przesuwać/przesunąć [pʃɛsuvatɕ/ pʃɛsunɔɲtɕ] verschieben
przeszkadzać/przeszkodzić [pʃɛʃkadzatɕ/pʃɛʃkɔdʑitɕ] stören; hindern
przeszłość [pʃɛʃwɔɕtɕ] *f* Vergangenheit
prześwietlać/prześwietlić [pʃɛɕfjɛtlatɕ/pʃɛɕfjɛtlˌitɕ] röntgen
prześwietlenie [pʃɛɕfjɛtlɛɲɛ] Röntgenaufnahme
prześwietlić ➢ prześwietlać
przetłumaczyć ➢ tłumaczyć
przewijak [pʃɛvˌijak] Wickeltisch
przewodnik [pʃɛvɔdɲik] Führer; Reiseführer *(Person, Buch)*
przewodnik po kempingach [pʃɛvɔdɲik pɔ kɛmpˌiŋgax] Campingführer
przewodnik (przewodniczka) [pʃɛvɔdɲik/pʃɛvɔdɲitʃka] Fremdenführer(in)
przewód indukcyjny [pʃɛvut induktsɨnɨ] Induktionsschleife
przewóz osób [pʃɛvus ɔsup] Fahdienst
przez [pʃɛs] über *(quer ~, Route)* durch *(räumlich, auch Mittel, Ursache)*
przeziębienie [pʃɛʑɛmbjɛɲɛ] Erkältung
przodzie: na ~ [na pʃɔdʑɛ] vorn
przy [pʃɨ] an
przybić do [pʃɨbˌitɕ dɔ] anlegen in
przybywać/przybyć [pʃɨbɨvatɕ/ pʃɨbɨtɕ] ankommen
przychodzić/przyjść [pʃɨxɔdʑitɕ/ pʃɨjɕtɕ] kommen
przyciągać/przyciągnąć [pʃɨtɕɔ̃gatɕ/ pʃɨtɕɔ̃gnɔ̃tɕ] anziehen *(Magnet, auch figurativ)*
przyczepa [pʃɨtʃɛpa] Anhänger
przyczepa kempingowa [pʃɨtʃɛpa kɛmpˌiŋgɔva] Wohnwagen
przydatność do spożycia [pʃɨdatnɔɕtɕ dɔ spɔʒɨtɕa] *f* Haltbarkeit
przyglądać się/przyjrzeć się [pʃɨglɔndatɕ ɕɛ̃/pʃɨjʒɛtɕ ɕɛ̃] zuschauen
przygotowywać/przygotować [pʃɨgɔtɔvɨvatɕ/pʃɨgɔtɔvatɕ] vorbereiten; zubereiten
przyjaciel (przyjaciółka) [pʃɨjatɕɛl/ pʃɨjatɕuwka] Freund(in)
przyjazd [pʃɨjast] Ankunft
przyjąć ➢ przyjmować
przyjemnie [pʃɨjɛmɲɛ] *(Adverb)* angenehm
przyjemność [pʃɨjɛmnɔɕtɕ] *f* Spaß; Freude; Vergnügen
przyjęty [pʃɨjɛntɨ] gebräuchlich
przyjmować/przyjąć [pʃɨjmɔvatɕ/ pʃɨjɔ̃tɕ] empfangen
przyjrzeć się [pʃɨjʒɛtɕ ɕɛ̃] ansehen
przyjrzeć się ➢ przyglądać się
przyjść ➢ przychodzić
przykład [pʃɨkwat] Beispiel
przylot [pʃɨlɔt] Ankunft
przyłączenie do sieci elektrycznej [pʃɨwɔ̃tʃɛɲɛ dɔ ɕɛtɕi ɛlɛktrɨtʃnɛj] Stromanschluss
przynajmniej [pʃɨnajmɲɛj] mindestens
przynieść [pʃɨɲɛɕtɕ] (her)bringen przynosić
przynosić/przynieść [pʃɨnɔɕitɕ/ pʃɨɲɛɕtɕ] mitbringen *(etwas)*
przypadkowo [pʃɨpatkɔvɔ] zufällig
przypiec ➢ przypiekać
przypiekać/przypiec [pʃɨpjɛkatɕ/ pʃɨpjɛts] stechen *(Sonne)*
przypływ (morza) [pʃɨpwɨf (mɔʒa)] Flut
przypominać/przypomnieć [pʃɨpɔmˌinatɕ/pʃɨpɔmɲɛtɕ] erinnern
przypomnieć ➢ przypominać
przyprawa [pʃɨprava] Gewürz
przyprawić [pʃɨpravˌitɕ] würzen
przyprowadzać/przyprowadzić [pʃɨprɔvadzatɕ/pʃɨprɔvadʑitɕ] jemanden mitbringen
przyprowadzić ➢ przyprowadzać
przyroda [pʃɨrɔda] Natur
przystanek [pʃɨstanɛk] Haltestelle

przystawka [pʃɨtstafka] Vorspeise
przystań [pʃɨstaɲ] *f* Steg
przystosowany dla niepełnosprawnych [pʃɨstɔsɔvanɨ dla ɲɛpɛwnɔspravnɨx] behindertengerecht
przystosowany do wózka inwalidzkiego [pʃɨstɔsɔvanɨ dɔ vuska invalˌitscɛgɔ] rollstuhlgerecht
przyszłości: w ~ [f‿pʃɨʃwɔɕtɕi] *(Adverb)* zukünftig
przyszłość [pʃɨʃwɔɕtɕ] *f* Zukunft
przyszły [pʃɨʃwɨ] *(Adjektiv)* zukünftig
przytulny [pʃɨtulnɨ] gemütlich
psuć/zepsuć [psutɕ/zɛpsutɕ] beschädigen
pszczoła [pʃtʃɔwa] Biene
ptak [ptak] Vogel
publiczny [publˌitʃnɨ] öffentlich
puder [pudɛr] Puder
pulower [pulɔvɛr] Pullover
puls [puls] Puls
punkt widokowy [punkt vˌidɔkɔvɨ] Aussichtspunkt
punktualnie [punktualɲɛ] *(Adverb)* pünktlich
punktualny [punktualnɨ] *(Adjektiv)* pünktlich
puste dyski kompaktowe [pustɛ dɨsci kɔmpaktɔvɛ] *(mpl)* Rohling
pusty [pustɨ] leer
puszka [puʃka] Dose
puszysty śnieg [puʃɨstɨ ɕɲɛk] Pulverschnee
pytać/spytać [pɨtatɕ/spɨtatɕ] fragen
pytanie [pɨtaɲɛ] Frage

R

rabat [rabat] Rabatt
rachunek [raxunɛk] Rechnung
rada [rada] Tipp
radio [radjɔ] Radio
radio samochodowe [radjɔ samɔxɔdɔvɛ] Autoradio
radiowóz policyjny [radjɔvus pɔlˌitsɨjnɨ] Polizeiwagen
rajstopy [rajstɔpɨ] *(Plural)* Strumpfhose
rak [rak] Krebs
rakieta tenisowa [racɛta tɛɲisɔva] Tennisschläger
rakietka [racɛtka] Schläger
ramię [ramjɛ̃] *nt* Arm; Schulter
rampa [rampa] Rampe
rampa wjazdowa [rampa vjazdɔva] Auffahrtrampe
rana [rana] Wunde
rana cięta [rana tɕɛnta] Schnittwunde
rankiem [rancɛm] morgens
rann-y/a [rann-ɨ/a] der/die Verletzte
rano [ranɔ] Morgen
ratownik [ratɔvɲik] Bademeister
ratusz [ratuʃ] Rathaus
raz [ras] einmal
razem [razɛm] zusammen; gemeinsam
recepcja [rɛtsɛptsja] Rezeption
recepta [rɛtsɛpta] Rezept
reflektor [rɛflɛktɔr] Scheinwerfer
region [rɛɟɔn] Region
regularnie [rɛgularɲɛ] *(Adverb)* regelmäßig
regularny [rɛgularnɨ] *(Adjektiv)* regelmäßig
rejs [rejs] Kreuzfahrt
reklamować/zareklamować [rɛklamɔvatɕ/zarɛklamɔvatɕ] reklamieren
reklamówka [rɛklamufka] Tüte
religia [rɛlˌiɟja] Religion
remisowy [rɛmˌisɔvɨ] unentschieden *(im Spiel)*
renesans [rɛnɛsans] Renaissance
repertuar [rɛpɛrtuar] Spielplan
restauracja [rɛstawratsja] Restaurant
reumatyzm [rewmatɨzm] Rheuma
rezerwacja [rɛzɛrvatsja] Reservierung; Buchung
rezerwacja internetowa [rɛzɛrvatsja intɛrnɛtɔva] Internetbuchung
rezerwat przyrody [rɛzɛrvat pʃɨrɔdɨ] Naturschutzgebiet
rezerwat ptaków [rɛzɛrvat ptakuf] Vogelschutzgebiet
rezerwować/zarezerwować [rɛzɛrvɔvatɕ/zarɛzɛrvɔvatɕ] reservieren
reżyseria [rɛʒɨsɛrja] Regie
ręcznik [rɛntʃɲik] Handtuch
ręczny pedał gazu [rɛntsnɨ pɛdaw gazu] Handgas *(Auto)*
ręka [rɛŋka] Hand; Arm
rękawiczki [rɛŋkavˌitʃci] Handschuhe
rękawy [rɛ̃kavɨ] Ärmel
robak [rɔbak] Wurm
robić zakupy [rɔbitɕ zakupɨ] einkaufen
robić zdjęcia [rɔbˌitɕ zdjɛntɕa] fotografieren
robić/zrobić [rɔbˌitɕ/zrɔbˌitɕ] tun; machen
rock [rɔk] Rock
rocznie [rɔtʃɲɛ] *(Adverb)* jährlich
rodzaj [rɔʣaj] Art; Sorte
rodzice [rɔʥitsɛ] Eltern
rodzimy [rɔʥimɨ] einheimisch
rodzina [rɔʥina] Familie

rok [rɔk] Jahr
roku: w przyszłym ~ [f͜pʃiʃwim rɔku] nächstes Jahr
rola główna [rɔla gwuvna] Hauptrolle
rolkarz [rɔlkaʃ] Inliner
ropa [rɔpa] Eiter
ropień [rɔpjɛɲ] Abszess
roślina [rɔɕlˌina] Pflanze
rower (dwu-, trójkołowy) z napędem ręcznym [rɔvɛr (dvu-, trujkɔwɔvi) z͜napɛndɛm rɛntʃnim] Handbike
rower [rɔvɛr] Fahrrad
rower górski [rɔvɛr gurscі] Mountainbike
rower trekkingowy [rɔvɛr trɛciŋgɔvi] Trekkingrad
rower wodny [rɔvɛr vɔdni] Tretboot
rower wyścigowy [rɔvɛr viɕtɕigɔvi] Rennrad
rozczarowany [rɔstʃarɔvani] enttäuscht
rozgałęźnik [rosgawɛ̃ʑɲik] Zwischenstecker
rozkład jazdy [rɔskwat jazdi] Fahrplan
rozkoszować się [rɔskɔʃɔvatɕ ɕɛ̃] genießen
rozmaryn [rɔzmarin] Rosmarin
rozmawiać [rɔzmavjatɕ] reden
rozmawiać/porozmawiać [rɔzmavjatɕ/pɔrɔzmavjatɕ] sprechen; sich unterhalten
rozmiar [rɔzmjar] Größe *(Kleidung)*
rozmowa [rɔzmɔva] Gespräch; Unterhaltung
rozmowa miejscowa [rɔzmɔva mjɛjstsɔva] Ortsgespräch
rozmowa międzymiastowa [rɔzmɔva mjɛndʑimjastɔva] Ferngespräch
rozmowa międzynarodowa [rɔzmɔva mjɛndʑinarɔdɔva] Auslandsgespräch
rozpałka do grilla [rɔspawka dɔ grila] Grillanzünder
rozrusznik [rɔzruʃɲik] Anlasser
rozrusznik serca [rɔzruʃɲik sɛrtsa] Herzschrittmacher
rozstrzygać/rozstrzygnąć [rɔstʃigatɕ/rɔstʃignɔ̃tɕ] entscheiden
rozstrzygnąć ➢ rozstrzygać
roztwór elektrolitu [rɔstfur ɛlɛktrɔlˌitu] Elektrolytlösung
roztwór jodu [rɔstfur jɔdu] Jod(tinktur)
rozumieć/zrozumieć [rɔzumjɛtɕ/zrɔzumjɛtɕ] verstehen
róg [ruk] Ecke
równina [ruvɲina] Ebene
równoczesny [ruvnɔtʃɛsni] *(Adjektiv)* gleichzeitig
równy [ruvni] gleich
różowy [ruʒɔvi] rosa
różyczka [ruʒitʃka] Röteln
ruch [rux] Verkehr *(Straßen~)*
ruina [ruina] Ruine
rura wydechowa [rura vidɛxɔva] Auspuff
rurka [rurka] Strohhalm
rwa kulszowa [rva kulʃɔva] Ischias
ryba [riba] Fisch
ryba miecz [riba mjɛtʃ] Schwertfisch
ryczałt [ritʃawt] Pauschalpreis
ryczałt weekendowy [ritʃawt wikɛndɔvi] Wochenendpauschale
ryczałt za prąd [ritʃawt za prɔnt] Strompauschale
rynek [rinɛk] Markt
rysa [risa] Kratzer
rysować/narysować [risɔvatɕ/narisɔvatɕ] zeichnen
rysowanie aktów [risɔvaɲɛ aktuf] Aktzeichnen
rysunek [risunɛk] Zeichnung
ryż [riʃ] Reis
rzadki [ʒatci] *(Adjektiv)* selten
rzadko [ʒatkɔ] *(Adverb)* selten
rząd [ʒɔnt] Regierung; Reihe
rzecz [ʒɛtʃ] *f* Sache; Ding
rzeczy warte zobaczenia [ʒɛtʃi vartɛ zɔbatʃɛɲa] Sehenswürdigkeiten
rzeczy wartościowe [ʒɛtʃi vartɔɕtɕɔvɛ] Wertsachen
rzeczywiście [ʒɛtʃivˌiɕtɕɛ] *(Adverb)* wirklich
rzeka [ʒɛka] Fluss; Strom
rzeźba [ʒɛʑba] Skulptur
rzeźbiarz [ʒɛʑbjaʃ] Bildhauer
rzeźnik [ʒɛʑɲik] *(umgangssprachlich)* Metzgerei
rzut oka [ʒut ɔka] Blick

S

sala [sala] Saal
sala telewizyjna [sala tɛlɛvˌizijna] Fernsehraum
salami [salamˌi] *nt* Salami
salmonelle [salmɔnɛllɛ] *(fpl)* Salmonellen
salmonelloza [salmɔnɛllɔza] Salmonellenvergiftung
salon pralniczy [salɔn pralɲitʃi] Waschsalon
sałata [sawata] Salat
sałata zielona [sawata ʑɛlɔna] Kopfsalat
sam [sam] selbst; allein
samochód [samɔxut] Auto
samochód ciężarowy [samɔxut tɕɛ̃ʒarɔvi] Lastwagen

samochód holujący [samɔxut xɔlujɔ̃tsɨ] Abschleppwagen
samochód kempingowy [samɔxut kɛmp,iŋgɔvɨ] Wohnmobil
samochód policyjny [samɔxut pɔl,itsɨjnɨ] Polizeiwagen
samodzielnie [samɔʥɛlɲɛ] selbst
samoobsługa [samɔɔpswuga] Selbstbedienung
samotny [samɔtnɨ] einsam
samowyzwalacz [samɔvɨzwalatʃ] Selbstauslöser
sandały [sandawɨ] Sandalen
sanki [sanci] *(Plural)* Schlitten
sauna [sawna] Sauna
sąd [sɔnt] Gericht *(Justiz)*
sądzić [sɔɲʥiʨ] glauben; meinen
sąsiad(ka) [sɔ̃ɕat(ka)] Nachbar(in)
schnąć/wyschnąć [sxnɔɲʨ/ vɨsxnɔɲʨ] trocknen *(intransitiv)*
schody [sxɔdɨ] *(Plural)* Treppe
schronisko [sxrɔɲiskɔ] Schutzhütte
schwytać ➢ chwytać
scyzoryk [stsɨzɔrɨk] Taschenmesser
secesja [sɛtsɛsja] Jugendstil
security tax [sɛkjuritɨ taks] Sicherheitsgebühr
sejf [sɛjf] Safe
sekunda [sɛkunda] Sekunde
seler [sɛlɛr] Sellerie
sen [sɛn] Traum *(im Schlaf)*
ser [sɛr] Käse
ser kozi [sɛr kɔʑi] Ziegenkäse
ser owczy [sɛr ɔftʃɨ] Schafskäse
ser typu brie [sɛr tɨpu bri] Weichkäse
ser żółty [sɛr ʒuwtɨ] Schnittkäse
serce [sɛrtsɛ] Herz
serdecznie [sɛrdɛtʃɲɛ] *(Adverb)* herzlich
serio: na ~ [na sɛriɔ] *(Adverb)* ernst
serweta [sɛrvɛta] Tischtuch
serwetka [sɛrvɛtka] Serviette
serwować/zaserwować [sɛrvɔvaʨ/ zasɛrvɔvaʨ] servieren
sezon [sɛzɔn] Saison
sędzia (sędzina) [sɛnʥa/sɛnʥina] Richter(in)
show [ʃɔw] *nt* Show
siatka [ɕatka] Netz
siatkówka [ɕatkufka] Volleyball
siatkówka plażowa [ɕatkufka plaʒɔva] Beach-Volleyball
siedzenie [ɕɛʥɛɲɛ] Sitz *(Platz, ~fläche)*
siedziba [ɕɛʥiba] Sitz *(Ort)*
siedzieć [ɕɛʥɛʨ] sitzen
sierpień [ɕɛrpjɛɲ] August
sierść [ɕɛrɕʨ] *f* Fell
się [ɕɛ̃] mich; dich; uns; euch; sich *(bei reflexiven Verben)*
silnik [ɕilɲik] Motor
silny [ɕilnɨ] stark
siła wiatru [ɕiwa vjatru] Windstärke
siłownia [ɕiwɔvɲa] Fitnesscenter
siostra [ɕɔstra] Schwester; Krankenschwester *(umgangssprachlich)*
skaleczenie [skalɛtʃɛɲɛ] Verletzung
skaleczyć [skalɛtʃɨʨ] verletzen
skała [skawa] Fels
skarpety [skarpɛtɨ] Socken
skarżyć się/poskarżyć się (na) [skarʒɨʨ ɕɛ̃/pɔskarʒɨʨ ɕɛ (na)] sich beschweren (über); sich beklagen (über)
skasować [skasɔvaʨ] entwerten
skierowanie [scɛrɔvaɲɛ] Überweisung *(vom Arzt)*
sklep komputerowy [sklɛp kɔmputɛrɔvɨ] Computerfachgeschäft
sklep mięsny [sklɛp mjɛ̃snɨ] Metzgerei
sklep monopolowy [sklɛp mɔnɔpɔlɔvɨ] Spirituosengeschäft
sklep muzyczny [sklɛp muzɨtʃnɨ] Musikgeschäft
sklep obuwniczy [sklɛp ɔbuvɲitʃɨ] Schuhgeschäft
sklep papierniczy [sklɛp papjɛrɲitʃɨ] Schreibwarengeschäft
sklep rybny [sklɛp rɨbnɨ] Fischgeschäft
sklep sieci telefonii komórkowej [sklɛp ɕɛʨi tɛlɛfɔɲi kɔmurkɔvɛj] Handygeschäft
sklep spożywczy [sklɛp spɔʒɨftʃɨ] Lebensmittelgeschäft
sklep warzywny [sklɛp vaʒɨvnɨ] Gemüseladen
sklep wolnocłowy [sklɛp vɔlnɔtswɔvɨ] zollfreier Laden
sklep z artykułami elektrycznymi [sklɛp z‿artɨkuwam,i ɛlɛktrɨtʃnɨm,i] Elektrohandlung
sklep z artykułami fotograficznymi [sklɛp z‿ artɨkuwam,i fɔtɔgraf,itʃnɨm,i] Fotogeschäft
sklep z pamiątkami [sklɛp s‿pamjɔntkam,i] Souvenirladen
sklep z winem [sklɛp z‿v,inɛm] Weinhandlung
sklep z wyrobami ze skóry [sklɛp z‿vɨrɔbam,i zɛ skurɨ] Lederwarengeschäft
sklep z zabawkami [sklɛp z‿zabafkam,i] Spielwarengeschäft
sklep ze słodyczami [sklɛp zɛ swɔdɨtʃam,i] Süßwarengeschäft
sklep ze zdrową żywnością [sklɛp zɛ zdrɔvɔ̃ ʒɨvnɔɕʨɔ̃] Bioladen; Reformhaus
sklepienie [sklɛpjɛɲɛ] Gewölbe

składać się z [skwadatɕ ɕɛ z] bestehen aus
składany wózek inwalidzki [skwadanɨ vuzɛk invalitsci] Faltrollstuhl
składnik [skwadɲik] Teil
skoki na bungee [skɔci na bandʤi] Bungeejumping
skoki spadochronowe [skɔci spadɔxrɔnɔvɛ] *(Plural)* Fallschirmspringen
skonfiskować [skɔnf͵iskɔvatɕ] beschlagnahmen
skóra [skura] Haut
skręcony [skrɛntsɔnɨ] verstaucht
skrót [skrut] Abkürzung
skrytka na bagaż [skrɨtka na bagaʃ] Schließfach
skrzydło [skʃɨdwɔ] Flügel
skrzynia [skʃɨɲa] Kiste
skrzynia biegów [skʃɨɲa bjɛguf] Getriebe
skrzynka [skʃɨŋka] Kiste
skrzynka pocztowa [skʃinka pɔtʃtɔva] Briefkasten
skrzyżowanie [skʃɨʒɔvaɲɛ] Kreuzung
skurcz [skurtʃ] Krampf
słaby [swabɨ] schwach
sławny [swavnɨ] berühmt
słodki [swɔtci] süß
słodkie [swɔtcɛ] lieblich *(Wein)*
słodycze [swɔditʃɛ] Süßigkeiten
słodzik [swɔdʑik] Süßstoff
słomka [swɔmka] Strohhalm
słoneczny [swɔnɛtʃnɨ] sonnig
słońce [swɔɲtsɛ] Sonne
słowo [swɔvɔ] Wort
słuch [swux] Gehör
słuchać (kogoś) [swuxatɕ (kɔgɔɕ)] jemandem zuhören
słuchać [swuxatɕ] hören
słuchać muzyki [swuxatɕ muzɨci] Musik hören
słuchawki [swuxafkci] Kopfhörer
służba drogowa [swuʒba drɔgɔva] Pannendienst
słyszeć [swɨʃɛtɕ] hören
smaczny [smatʃnɨ] lecker
smak [smak] Geschmack
smakować [smakɔvatɕ] schmecken
smartfon [smartfɔn] Smartphone
smażony [smaʒɔnɨ] gebraten; geschmort
smoczek [smɔtʃɛk] Sauger; Schnuller
smutny [smutnɨ] traurig
snycerstwo [snɨtsɛrstfɔ] Schnitzerei
sobota [sɔbɔta] Samstag
soczewica [sɔtʃɛv͵itsa] Linsen
soczewka [sɔtʃɛfka] Linse
soczysty [sɔtʃɨstɨ] saftig
sok pomarańczowy [sɔk pɔmaraɲtʃɔvɨ] Orangensaft
sola [sɔla] Seezunge
solarium [sɔlarjum] *nt* Solarium
solista (solistka) [sɔl͵ista/sɔl͵istka] Solist(in)
solniczka [sɔlɲitʃka] Salzstreuer
sos [sɔs] Soße
sos do sałaty [sɔs dɔ sawatɨ] Dressing
sól [sul] *f* Salz
spacer [spatsɛr] Spaziergang
spać [spatɕ] schlafen
spadać/spaść [spadatɕ/spaɕtɕ] stürzen *(von etwas fallen)*
spadzisty [spadʑistɨ] steil
spalony [spalɔnɨ] abseits
spaść ➢ spadać
specjalist-a (-ka) [spɛtsjal͵ist-a/ka] Facharzt(-ärztin)
specjalnie [spɛtsjalɲɛ] *(Adverb)* speziell; besonders
specjalność [spɛtsjalnɔɕtɕ] *f* Spezialität
specjalny [spɛtsalnɨ] *(Adjektiv)* speziell; besonder
spinacze do bielizny [sp͵inatʃɛ dɔ bjɛl͵iznɨ] Wäscheklammern
spirytus do maszynki spirytusowej [sp͵irɨtus dɔ maʃɨnci sp͵irɨtusɔvɛj] Brennspiritus
spłuczka [spwutʃka] Wasserspülung
spodek [spɔdɛk] Untertasse
spodnie [spɔdɲɛ] *(Plural)* Hose
spodnie narciarskie [spɔdɲɛ nartɕarscɛ] *(Plural)* Skihose
spodnie od dresu [spɔdɲɛ ɔd drɛsu] *(Plural)* Jogginghose
spojrzenie [spɔjʒɛɲɛ] Blick
spokojny [spɔkɔjnɨ] *(Adjektiv)* ruhig; still
spokrewniony [spɔkrɛvɲɔnɨ] verwandt
sport [spɔrt] Sport
spotkać ➢ spotykać
spotkanie [spɔtkaɲɛ] Verabredung; Treffen
spotykać/spotkać [spɔtɨkatɕ/spɔtkatɕ] treffen; begegnen
spowodować ➢ powodować
spódnica [spudɲitsa] Rock *(Kleidung)*
spóźnienie [spuʑɲɛɲɛ] Verspätung
spragniony [spragɲɔnɨ] durstig
sprawa [sprava] Sache; Angelegenheit
sprawiać ból [spravjatɕ bul] schmerzen
spróbować ➢ próbować
sprzątać [spʃɔ̃tatɕ] reinigen
sprzątać/posprzątać [spʃɔntatɕ/pɔspʃɔntatɕ] putzen
sprzątanie [spʃɔ̃taɲɛ] Reinigung
sprzątanie końcowe [spʃɔ̃taɲɛ kɔɲtsɔvɛ] Endreinigung

sprzedać ➢ sprzedawać
sprzedawać/sprzedać [spʃɛdavatɕ/ spʃɛdatɕ] verkaufen
sprzedawca dzieł sztuki [spʃɛdaftsa ʥɛw ʃtuci] *m* Kunsthändler
sprzedawca gazet [spʃɛdaftsa gazɛt] *m* Zeitungshändler
sprzedawca ryb [spʃɛdaftsa rɨp] *m* Fischhändler
sprzęgło [spʃɛ̃gwɔ] Kupplung
sprzęt do nurkowania [spʃɛnt dɔ nurkɔvaɲa] Taucherausrüstung
spuchnięty [spuxɲɛntɨ] geschwollen
spytać ➢ pytać
srebro [srɛbrɔ] Silber
srebrzysty [srɛbʒɨstɨ] silberfarben
stacja końcowa [statsja kɔɲtsɔva] Endstation
stać [statɕ] stehen
stać się [statɕ ɕɛ̃] werden
stadion [stadjɔn] Stadion
stanik [staɲik] BH
stanu wolnego [stanu vɔlnɛgɔ] ledig
starać się [staratɕ ɕɛ̃] sich bemühen; besorgen
stare miasto [starɛ mjastɔ] Altstadt
starożytny [starɔʒɨtnɨ] antik
stary [starɨ] alt
statua [statua] Statue
statyw [statɨf] Stativ
staw [staf] Gelenk
stempel [stɛmpɛl] Stempel
stłuczenie [stwutʃɛɲɛ] Prellung
stolec [stɔlɛts] Stuhlgang
stolica [stɔlˌitsa] Hauptstadt
stolik nocny [stɔlˌik nɔtsnɨ] Nachttisch
stop! [stɔp] halt!
stopa [stɔpa] Fuß
stopień [stɔpjɛɲ] Stufe
stół [stuw] Tisch
stracić ➢ tracić
straszny [straʃnɨ] schrecklich; fürchterlich
straż pożarna [straʃ pɔʒarna] *f* Feuerwehr
strefa dla pieszych [strɛfa dla pjɛʃix] Fußgängerzone
stromy [strɔmɨ] steil
strona [strɔna] Seite
strój [struj] Tracht
strój wieczorowy [struj vjɛtʃɔrɔvɨ] Abendgarderobe
studio [studjɔ] Studio
studiować [studjɔvatɕ] studieren
studnia [studɲa] Brunnen
stulecie [stulɛtɕɛ] Jahrhundert
styczeń [stɨtʃɛɲ] Januar
styl [stɨl] Stil
sucha igła [suxa igwa] Radierung
suchy [suxɨ] trocken
sufit [sufˌit] Decke
sukienka [sucɛŋka] Kleid
suma [suma] Summe; Betrag
supermarket [supɛrmarkɛt] Supermarkt
surfować [sɛrfɔvatɕ] surfen
surogat [surɔgat] Ersatz
surowa szynka wędzona [surɔva ʃɨŋka vɛnʣɔna] roher Schinken
surowy [surɔvɨ] roh
suszarka do bielizny [suʃarka dɔ bjɛlˌiznɨ] Wäschetrockner
suszarka do włosów [suʃarka dɔ vwɔsuf] Föhn
suszyć/wysuszyć [suʃɨtɕ/vɨsuʃɨtɕ] trocknen *(transitiv)*
sweter [sfɛtɛr] Pullover
sweter rozpinany (zrobiony na drutach) [sfɛtɛr rɔspˌinanɨ (zrɔbjɔnɨ na drutax)] Strickjacke
swędzenie [sfɛnʣɛɲɛ] Jucken
sygnalizator pożarowy [sɨgnalˌizatɔr pɔʒarɔvɨ] Feuermelder
symbol [sɨmbɔl] Wahrzeichen
sympatyczny [sɨmpatɨtʃnɨ] sympathisch
syn [sɨn] Sohn
sypialnia [sɨpjalɲa] Schlafzimmer
syrop na kaszel [sɨrɔp na kaʃɛl] Hustensaft
system alarmowy [sɨstɛm alarmɔvɨ] Alarmanlage
syty [sɨtɨ] satt
szafa [ʃafa] Schrank
szafran [ʃafran] Safran
szal [ʃal] Schal
szałwia [ʃawvja] Salbei
szampan [ʃampan] Champagner
szampon [ʃampɔn] Shampoo
szary [ʃarɨ] grau
szatnia [ʃatɲa] Garderobe
szczególnie [ʃtʃɛgulɲɛ] besonders
szczególny [ʃtʃɛgulnɨ] *(Adjektiv)* speziell
szczepienie [ʃtʃɛpjɛɲɛ] Impfung
szczęka [ʃtʃɛŋka] Kiefer
szczęście [ʃtʃɛ̃ɕtɕɛ] Glück
szczęśliwy [ʃtʃɛ̃ɕlˌivɨ] glücklich
szczoteczka [ʃtʃɔtɛtʃka] Bürste
szczoteczka do zębów [ʃtʃɔtɛtʃka dɔ zɛmbuf] Zahnbürste
szczoteczka do zmywania [ʃtʃɔtɛtʃka dɔ zmɨvaɲa] Spülbürste
szczotka [ʃtʃɔtka] Bürste
szczotka do butów [ʃtʃɔtka dɔ butuf] Schuhbürste
szczupły [ʃtʃupwɨ] dünn; schlank
szczyt [ʃtʃɨt] Gipfel; Höhepunkt
szczyt sezonu [ʃtʃɨt sɛzɔnu] Hauptsaison
szef [ʃɛf] Chef
szeroki [ʃɛrɔci] breit
szerokość drzwi [ʃɛrɔkɔɕtɕ ʤvˌi] *f* Türbreite

szerokość [ʃɛrɔkɔɕtɕ] *f* Breite
szewc [ʃɛfts] Schuhmacher
szklanka [ʃklaŋka] Glas
szklanka do wody [ʃklaŋka dɔ vɔdɨ] Wasserglas
szkoda [ʃkɔda] Schaden
szkoda! [ʃkɔda] schade!
szkoła [ʃkɔwa] Schule
szkółka jeździecka [ʃkuwka jɛʑdʑɛtska] Reitschule
szlak [ʃlak] Route
szlak turystyczny [ʃlak turɨstɨ tʃnɨ] Wanderweg
szmer [ʃmɛr] Geräusch
szminka [ʃmˌiŋka] Lippenstift
szmugiel [ʃmuɟɛl] Schmuggel
sznur do bielizny [ʃnur dɔ bjɛlˌiznɨ] Wäscheleine
sznur od namiotu [ʃnur ɔt‿namjɔtu] Zeltschnur
sznurek [ʃnurɛk] Bindfaden
sznurówka [ʃnurufka] Schnürsenkel
szorty [ʃɔrtɨ] Shorts
szosa [ʃɔsa] Landstraße
szparagi [ʃparaɟi] Spargel
szpinak [ʃpˌinak] Spinat
szpital [ʃpˌital] Krankenhaus
sztuczne ognie [ʃtutʃnɛ ɔɡɲɛ] *(Plural)* Feuerwerk
sztućce [ʃtutɕtsɛ] *(Plural)* Besteck
sztuka [ʃtuka] Stück; Kunst
sztuka ludowa [ʃtuka ludɔva] Volksstück
sztuka teatralna [ʃtuka tɛatralna] Theaterstück
sztuka użytkowa [ʃtuka uʒɨtkɔva] Kunstgewerbe
sztych [ʃtɨx] Radierung
szufelka [ʃufɛlka] Kehrschaufel
szukać/poszukać [ʃukatɕ/pɔʃukatɕ] suchen
szwagier(ka) [ʃfaɟɛr(ka)] Schwager(Schwägerin)
Szwajcar(ka) [ʃfajtsar(ka)] Schweizer(in)
Szwajcaria [ʃfajtsarja] Schweiz
szwedka [ʃfɛtka] *(umgangssprachlich)* Krücke
szyba [ʃɨba] Scheibe *(Fenster)*
szyberdach [ʃɨbɛrdax] *(umgangssprachlich)* Schiebedach
szybki [ʃɨpci] *(Adjektiv)* schnell
szybko [ʃɨpkɔ] *(Adverb)* schnell
szybkościomierz [ʃɨpkɔɕtɕɔmjɛʃ] Tachometer
szybkość [ʃɨpkɔɕtɕ] *f* Geschwindigkeit
szyć/uszyć [ʃɨtɕ/uʃɨtɕ] nähen
szyld [ʃɨlt] Schild
szyna [ʃɨna] Schiene
szynka [ʃɨnka] Schinken

Ś

ściana [ɕtɕana] Wand
ściana skalna [ɕtɕana skalna] Felswand
ściana szczytowa [ɕtɕana ʃtʃɨtɔva] Giebel
ściereczka [ɕtɕɛrɛtʃka] Spültuch
ścierka [ɕtɕɛrka] Tuch *(Putz~)*
ścierka do naczyń [ɕtɕɛrka dɔ natʃɨɲ] Geschirrtuch
ścieżka rowerowa [ɕtɕɛʃka rɔvɛrɔva] Fahrradweg
Śląsk [ɕlɔnsk] Schlesien
śledź [ɕlɛtɕ] Hering
śliwki [ɕlˌifci] Pflaumen
śmiać się [ɕmjatɕ ɕɛ̃] lachen
śmieci [ɕmjɛtɕi] *(Plural)* Müll; Abfall
śmierdzieć [ɕmjɛrdʑɛtɕ] übel riechen; stinken
śmieszny [ɕmjɛʃnɨ] lustig; erheiternd; lächerlich
śmietana [ɕmjɛtana] Sahne
śniadanie [ɕɲadaɲɛ] Frühstück
śnieg [ɕɲɛk] Schnee
śpieszyć się [ɕpjɛʃɨtɕ ɕɛ̃] sich beeilen
śpiewać/zaśpiewać [ɕpjɛvatɕ/zaɕpjɛvatɕ] singen
średniowiecze [ɕrɛdɲɔvjɛtʃɛ] Mittelalter
środa [ɕrɔda] Mittwoch
środek [ɕrɔdɛk] Mitte; Mittel
środek antykoncepcyjny [ɕrɔdɛk antɨkɔntsɛptsɨjnɨ] Verhütungsmittel
środek dezynfekujący [ɕrɔdɛk dɛzɨnfɛkujɔntsɨ] Desinfektionsmittel
środek do prania [ɕrɔdɛk dɔ praɲa] Waschmittel
środek na krążenie [ɕrɔdɛk na krɔ̃ʒɛɲɛ] Kreislaufmittel
środek na przeczyszczenie [ɕrɔdɛk na pʃɛtʃɨʃtʃɛɲɛ] Abführmittel
środek owadobójczy [ɕrɔdɛk ɔvadɔbujtʃɨ] Insektenmittel
środek uspkajający [ɕrɔdɛk uspɔkajajɔntsɨ] Beruhigungsmittel
środki czystości [ɕrɔtci tʃɨɕtɔɕtɕi] *(mpl)* Putzmittel
środku: w ~ [f‿ɕrɔtku] drin drinnen innen
środowisko [ɕrɔdɔvˌiskɔ] Umwelt
śruba [ɕruba] Schraube
świadek [ɕfjadɛk] Zeuge(Zeugin)
świat [ɕfjat] Welt
światła awaryjne [ɕfjatwa avarɨjnɛ] *(Plural)* Warnblinkanlage
światła drogowe [ɕfjatwa drɔɡɔvɛ] *(Plural)* Fernlicht
światła hamulcowe [ɕfjatwa xamultsɔvɛ] *(Plural)* Bremslichter

światła krótkie [ɕfjatwa krutkje] *(Plural)* Abblendlicht
światła [ɕfjatwa] *(Plural)* Ampel
światło [ɕfjatwɔ] Licht
światła postojowe [ɕfjatwa pɔstɔjɔvɛ] *(Plural)* Standlicht
światła tylne (wsteczne) [ɕfjatwa tɨlnɛ (fstɛtʃnɛ)] *(Plural)* Rücklicht
światłomierz [ɕf͜jatwɔmjɛʃ] Belichtungsmesser
świątynia [ɕfjɔntiɲa] Tempel
świeca zapłonowa [ɕfjɛtsa zapwɔnɔva] Zündkerze
świece [ɕfjɛtsɛ] Kerzen
świetlica [ɕfjɛtl̩itsa] Aufenthaltsraum
świeży [ɕfjɛʒɨ] frisch
święto [ɕfjɛntɔ] Fest
święty [ɕfjɛntɨ] heilig
świnka [ɕf̩inka] *(umgangssprachlich)* Mumps

T

ta (ten, to) [ta (tɛn, tɔ)] diese(r, -s)
tabletka [tablɛtka] Tablette
tabletka antykoncepcyjna [tablɛtka antɨkɔntsɛptsɨjna] Antibabypille
tabletki na gardło [tablɛtci na gardwɔ] Halstabletten
tabletki nasenne [tablɛtci nasɛnnɛ] Schlaftabletten
tabletki od bólu głowy [tablɛtci ɔt bulu gwɔvɨ] Kopfschmerztabletten
tabletki przeciwbólowe [tablɛtci pʃɛtɕivbulɔvɛ] Schmerztabletten
tablica [tabl̩itsa] Schild; Tafel
tablica rejestracyjna [tabl̩itsa rɛjɛstratsɨjna] Nummernschild
taki sam [taci sam] gleich; identisch
taksówkarz [taksufkaʃ] Taxifahrer(in)
talerz [talɛʃ] Teller
talerz do zupy [talɛʃ dɔ zupɨ] Suppenteller
tam [tam] da; dort
tampony [tampɔnɨ] Tampons
tamta (tamten, tamto) [tamta (tamten, tamtɔ)] jene(r, -s)
tancerz (tancerka) [tantsɛʃ/ tantsɛrka] Tänzer(in)
tani [taɲi] *(Adjektiv)* billig
tanio [taɲɔ] *(Adverb)* billig
tankować/zatankować [tankɔvatɕ/ zatankɔvatɕ] tanken
tańczyć/zatańczyć [taɲtʃɨtɕ/ zataɲtʃɨtɕ] tanzen
tapczan [taptʃan] Schlafcouch
taras [taras] Terrasse
targ [tark] Markt
targi [tarɟi] *(Plural)* Messe *(Ausstellung)*
tata [tata] Papa
Tatry [tatrɨ] *(Plural)* Tatra
teatr [tɛatr] Theater
teatr tańca [tɛatr taɲtsa] Tanztheater
tej: w ~ chwili [f͜tɛj xf̩il̩i] gerade *(zeitlich)*
telefon [tɛlɛfɔn] Telefon; Anruf
telefon komórkowy [tɛlɛfɔn kɔmurkɔvɨ] Handy; Mobiltelefon
telefon pierwszej pomocy na autostradzie [tɛlɛfɔn pjɛrfʃɛj pɔmɔtsɨ na awtɔstradʑɛ] Notrufsäule
telefon pokojowy [tɛlɛfɔn pɔkɔjɔvɨ] Zimmertelefon
telefonować/zatelefonować [tɛlɛfɔnɔvatɕ/zatɛlɛfɔnɔvatɕ] telefonieren
teleobjektyw [tɛlɛɔbjɛktɨf] Teleobjektiv
telewizor [tɛlɛv̩izɔr] Fernseher
temat [tɛmat] Gegenstand; Thema
temperatura [tɛmpɛratura] Temperatur
tenis [tɛɲis] Tennis
tenis stołowy [tɛɲis stɔwɔvɨ] Tischtennis
tenisówki [tɛɲisufci] Turnschuhe
terakota [tɛrakɔta] Terrakotta
terapia [tɛrapja] Therapie
teraz [tɛras] jetzt
teren [tɛrɛn] Gelände
termin [tɛrm̩in] Termin
terminal [tɛrm̩inal] Terminal
termometr [tɛrmɔmɛtr] Fieberthermometer
termos [tɛrmɔs] Thermosflasche®
też [tɛʃ] auch
tężec [tɛ̃ʒɛts] Tetanus
thriller [trilɛr] Thriller
tłumaczyć/przetłumaczyć [twumatʃɨtɕ/pʃɛtwumatʃɨtɕ] übersetzen; dolmetschen
tłumik [twum̩ik] Auspuff
tłusty [twustɨ] fett
to samo [tɔ samɔ] dasselbe
toaleta [tɔalɛta] Toilette
toaleta dla niepełnosprawnych [tɔalɛta dla ɲɛpɛwnɔspravnɨx] Behindertentoilette
toast [tɔast] Toast *(Trinkspruch)*
tobie [tɔbjɛ] dir
ton [tɔn] Ton
tor [tɔr] Gleis
tor lodowy [tɔr lɔdɔvɨ] Eisbahn
torba [tɔrba] Tasche
torba podróżna [tɔrba pɔdruʒna] Reisetasche
torebka [tɔrɛpka] Handtasche; Tüte

torebka herbaty ekspresowej [tɔrɛpka xɛrbatɨ ɛksprɛsɔvɛj] Teebeutel
torebka na ramię [tɔrɛpka na ramjɛ̃] Umhängetasche
torebka plastykowa [tɔrɛpka plastɨkɔva] Plastikbeutel
tost [tɔst] Toast *(Brot)*
toster [tɔstɛr] Toaster
towarzysz zabaw [tɔvaʒɨʃ zabaf] Spielkamerad
towarzyszyć [tɔvaʒɨʃɨʨ] begleiten
tracić/stracić [traʨiʨ/straʨiʨ] verlieren
trafiać/trafić [trafjaʨ/trafˌiʨ] treffen
trafić ➢ trafiać
tragedia [tragɛdja] Tragödie
traktować [traktɔvaʨ] behandeln
tramwaj [tramvaj] Straßenbahn
trasa [trasa] Route
trasa biegu narciarskiego [trasa bjɛgu narʨarskjɛgɔ] Loipe
trasa szybkiego ruchu [trasa ʃɨpcɛgɔ ruxu] Schnellstraße
trawienie [travjɛɲɛ] Verdauung
trawnik [travɲik] Rasen
trawnik do leżenia [travɲik dɔ lɛʒɛɲa] Liegewiese
treść [trɛɕʨ] Inhalt
trochę [trɔxɛ̃] ein bisschen; etwas; ein wenig
troszczyć się o [trɔʃʧɨʨ ɕɛ̃ ɔ] sich sorgen um; sich kümmern um
troszeczkę [trɔʃɛʧkɛ̃] ein bisschen
trójkąt ostrzegawczy [trujkɔnt ɔstʃɛgafʧɨ] Warndreieck
trucizna [truʨizna] Gift
trudności w oddychaniu [trudnɔɕʨi v͜ ɔddɨxaɲu] Atembeschwerden
trudny [trudnɨ] schwer; schwierig
trujący [trujɔntsɨ] giftig
truskawki [truskafci] Erdbeeren
trwać [trfaʨ] dauern
trwała ondulacja [trfawa ɔndulatsja] Dauerwelle
trwały [trfawɨ] haltbar
trze-cia(ci/cie) [tʃɛ-ʨa/ʨi/ʨɛ] dritte(r, -s)
trzeźwy [tʃɛʑvɨ] nüchtern *(nicht betrunken)*
trzymać [tʃimaʨ] halten
T-Shirt [tiʃɛrt] T-Shirt
tu [tu] da; hier
tunel [tunɛl] Tunnel
tuńczyk [tuɲʧɨk] Thunfisch
turkusowy [turkusɔvɨ] türkis
turysta (turystka) [turɨsta/turɨstka] Tourist(in)
tusz do rzęs [tuʃ dɔ ʒɛ̃s] Wimperntusche
tutaj [tutaj] da; hier
tutejszy [tutɛjʃɨ] einheimisch
twardy [tfardɨ] hart
twarożek [tfarɔʒɛk] Quark
twarz [tfaʃ] *f* Gesicht
twierdza [tfjɛrʣa] Festung
twierdzić [tfjɛrʥiʨ] behaupten
twój, twoje, twoja, twoje [tfuj, tfɔjɛ, tfɔja, tfɔjɛ] *(m, nt, f, Plural)* dein(e)
ty [tɨ] du
tydzień [tɨʥɛɲ] Woche
tyfus [tɨfus] Typhus
tygodniowo [tɨgɔdɲɔvɔ] *(Adverb)* wöchentlich
tygodniowy [tɨgɔdɲɔvɨ] *(Adjektiv)* wöchentlich
tyle: w ~ [f͜ tɨlɛ] hinten
tylko [tɨlkɔ] nur
tymianek [tɨmjanɛk] Thymian
typowy [tɨpɔvɨ] typisch
tytoń [tɨtɔɲ] Tabak

U

u [u] bei *(räumlich)*
ubezpieczalnia [ubɛspjɛʧalɲa] Krankenkasse
ubezpieczenie [ubɛspjɛʧɛɲɛ] Versicherung
ubierać/ubrać [ubjɛraʨ/ubraʨ] anziehen *(Kleidung)*
ubrać ➢ ubierać
ubranie [ubraɲɛ] Kleidung
ucho [uxɔ] Ohr
uchwyt [uxfɨt] Haltegriff
uciążliwy [uʨɔ̃ʒlˌivɨ] lästig
ucieszony (z) [uʨɛʃɔnɨ (z)] erfreut (über)
ucieszyć się ➢ cieszyć się
uczciwy [uʧʨivɨ] fair
uczestnicy wycieczki [uʧɛstɲitsɨ vɨʨɛʧci] Reisegesellschaft
uczucie [uʧuʨɛ] Gefühl
uczyć [uʧɨʨ] unterrichten *(in Schule)*
uczyć się/nauczyć się [uʧɨʨ ɕɛ̃/ nauʧɨʨ ɕɛ̃] lernen
udar mózgu [udar muzgu] Gehirnschlag
udar słoneczny [udar swɔnɛʧnɨ] Sonnenstich
ufryzować [ufrɨzɔvaʨ] frisieren
ugotowany [ugɔtɔvanɨ] gar
ujście [ujɕʨɛ] Mündung
ukąsić ➢ kąsić
układ [ukwat] Vertrag
układać suszarką [ukwadaʨ suʃarkɔ̃] föhnen
ukłuć ➢ kłuć
ukraść ➢ kraść
ulica [ulˌitsa] Straße
uliczka [ulˌiʧka] Gasse

ulubieniec [ulubjɛɲɛts] Liebling
ułożyć ➢ układać
umawiać (się)/umówić (się) [umavjatɕ (ɕɛ̃)/umuv͵itɕ (ɕɛ̃)] vereinbaren
umieć [umjɛtɕ] können; gelernt haben
umowa [umɔva] Vertrag; Verabredung
umówić (się) ➢ umawiać (się)
umywalka [umɨvalka] Handwaschbecken
umywalnia [umɨvalɲa] Waschraum
uniwersytet [uɲivɛrsɨtɛt] Universität
upadać/upaść [upadatɕ/upaɕtɕ] fallen; stürzen
upał [upaw] Hitze
upaść ➢ upadać
uprawiać jogging [upravjatɕ jɔgɟiŋg] joggen
uprawiać windsurfing [upravjatɕ wintɛrfiŋg] windsurfen
uprzednie zgłoszenie [upʃɛdɲɛ zgwɔʃɛɲɛ] Voranmeldung
uprzejmie [upʃɛjmjɛ] liebenswürdig
uprzejmy [upʃɛjmɨ] höflich
urlop [urlɔp] Urlaub
urodziny [urɔʥinɨ] *(Plural)* Geburtstag
urodzony [urodzɔnɨ] geboren
urząd [uʒɔnt] Amt; Behörde; Verwaltung
uspokajać się/uspokoić się [uspɔkajatɕ ɕɛ̃/uspɔkɔitɕ ɕɛ̃] sich beruhigen
usta [usta] *(Plural)* Mund
uszkadzać/uszkodzić [uʃkaʥatɕ/uʃkɔʥitɕ] beschädigen
uszkodzenie [uʃkɔdzɛɲɛ] Schaden
uszyć ➢ szyć
utarty [utartɨ] gebräuchlich
utrata przytomności [utrata pʃitɔmnɔɕtɕi] Ohnmacht
utrwalacz fryzury [utrfalatʃ frɨzurɨ] Haarfestiger
uwaga! [uvaga] Achtung!; Vorsicht!
uważać (na) [uvaʒatɕ (na)] aufpassen (auf); beachten
użądlić ➢ żądlić
używać/użyć [uʒɨvatɕ/uʒɨtɕ] benutzen

V

variétés [varjɛtɛ] *nt* Varietee

W

w [v] in *(Frage: wo?)*
waciki do uszu [vatɕici dɔ uʃu] Wattestäbchen
waga [vaga] Gewicht; Waage
wagon bez przedziałów [vagɔn bɛs pʃɛdʑawuf] Großraumwagen
wagon dla osób na wózku inwalidzkim [vagɔn dla ɔsup na vusku invalitscim] rollstuhlgängiger Wagen *(Zug)*
wagon restauracyjny [vagɔn rɛstawratsɨjnɨ] Speisewagen
wagon sypialny [vagɔn sɨpjalnɨ] Schlafwagen
wagon z miejscami do leżenia [vagɔn z‿mjɛjstsam͵i dɔ lɛʒɛɲa] Liegewagen
wakacje [vakatsjɛ] Ferien
walizka [val͵iska] Koffer
waluta [valuta] Währung
wam [vam] euch *(Dativ)*
wanna [vanna] Badewanne
warga [varga] Lippe
warsztat naprawczy [varʃtat napraftʃɨ] Werkstatt
wartość [vartɔɕtɕ] *f* Wert; Bedeutung
warzywa [vaʒɨva] *(Plural)* Gemüse
was [vas] euch *(Akkusativ)*
wasz [vaʃ] euer
wata [vata] Watte
waza [vaza] Vase
ważny [vaʒnɨ] wichtig; gültig
wąski [vɔ̃sci] schmal
wątroba [vɔntrɔba] Leber
wątrobianka [vɔntrɔbjanka] Leberpastete
wątróbka [vɔntrupka] Leber
wąwóz [vɔ̃vus] Schlucht; Pass *(im Gebirge)*
wąż [vɔ̃ʃ] Schlange *(Tier)*
wchodzić/wejść [fxodʑitɕ/vejɕtɕ] hereinkommen
wcześnie [ftʃɛɕɲɛ] früh
wcześniej [ftʃɛɕɲɛj] früher; eher
wczoraj [ftʃɔraj] gestern
wdowiec (wdowa) [vdɔvjɛts/vdɔva] verwitwet
według [vɛdwuk] nach; gemäß
wegeteriańskie [vegtarjaɲscɛ] vegetarisch
wejście [vɛjɕtɕɛ] Eingang; Eintritt
wejściówka na kemping [vɛjɕtɕufka na kɛmp͵iŋk] Campingausweis
wejść [vɛjɕtɕ] hereinkommen
wełna [vɛwna] Wolle
wentylator [vɛntɨlatɔr] Ventilator
wersja oryginalna [vɛrsja ɔrɨɟinalna] Originalfassung
wesele [vɛsɛlɛ] Hochzeit
wesołe miasteczko [vɛsɔwɛ mjastɛtʃkɔ] Vergnügungspark; Kirmes
wesoły [vɛsɔwɨ] heiter; fröhlich; lustig
western [wɛstɛrn] Western

wewnątrz [vɛvnɔ̃tʃ] drin; drinnen

weża [vjɛʒa] Turm

wędka [vɛntka] Angel

wędkować [vɛntkɔvatɕ] angeln

wędlina [vɛndlˌina] Wurst

wędrować/powędrować [vɛndrɔvatɕ/pɔvɛndrɔvatɕ] wandern

wędrowanie [wɛndrɔvaɲɛ] Wandern

wędzony [vɛ̃dʑɔnɨ] geräuchert

węgiel drzewny [vɛ̃ɟɛl dʒɛvnɨ] Grillkohle

węgorz [vɛŋgɔʃ] Aal

wgniecenie [vgɲɛtsɛɲɛ] Delle

wiadomość [vjadɔmɔɕtɕ] *f* Nachricht; Mitteilung

wiatr [vjatr] Wind

wiązania narciarskie [vjɔ̃zaɲa nartɕarscɛ] *(Plural)* Skibindung

wichura [vˌixura] Sturm

widelec [vˌidɛlɛts] Gabel

widok [vˌidɔk] Blick; Aussicht

widokówka [vˌidɔkufka] Ansichtskarte

widz [vˌits] Zuschauer(in)

widzieć/zobaczyć [vˌidʑɛtɕ/zɔbatʃɨtɕ] sehen

wieczorem [vjɛtʃɔrɛm] abends

wieczór [vjɛtʃur] Abend

wieczór folklorystyczny [vjɛtʃur fɔlklɔrɨstɨtʃnɨ] Folkloreabend

wieczór sylwestrowy [vjɛtʃur sɨlvɛstrɔvɨ] Silvester

wiedzieć [vjɛdʑɛtɕ] wissen

wiek [vjɛk] Alter; Jahrhundert

Wielkanoc [vjɛlkanɔts] *f* Ostern

wielki [vjɛlci] groß

Wielkopolska [vjɛlkɔpɔlska] Großpolen

wielkość [vjɛlkɔɕtɕ] *f* Größe

wieprzowina [vjɛpʃɔvˌina] Schweinefleisch

wierzyć [vjɛʒɨtɕ] glauben

wieszak [vjɛʃak] Haken; Kleiderbügel

wieś [vjɛɕ] *f* Dorf

wieś górska [vjɛɕ gurska] *f* Bergdorf

wieża kościoła [vjɛʒa kɔɕtɕɔwa] Kirchturm

więc [vjɛnts] also

więcej [vjɛntsɛj] mehr

więzienie [vjɛɲʑɛɲɛ] Gefängnis

Wi-Fi [vi fi] WLAN

Wigilia [vˌiɟilja] Heiliger Abend

wilgotny [vˌilgɔtnɨ] feucht; nass

willa [vˌilla] Villa

wina [vˌina] Schuld

winda [vˌinda] Fahrstuhl

windsurfing: uprawiać ~ [upravjatɕ wintɛrfiŋg] windsurfen

wino [vˌinɔ] Wein

wino białe [vˌinɔ bjawɛ] Weißwein

wino czerwone [vˌinɔ tʃɛrvɔnɛ] Rotwein

wino różowe [vˌinɔ ruʒɔvɛ] Rosé

winogrona [vˌinɔgrɔna] Weintrauben

wiosło [vjɔswɔ] Ruder

wiosłować [vjɔswɔvatɕ] rudern

wiosna [vjɔsna] Frühling

wirus [vˌirus] Virus

wisiorek [vˌiɕɔrɛk] Anhänger

Wisła [vˌiswa] Weichsel

wiśnie [vˌiɕɲɛ] Kirschen

witać/powitać [vˌitatɕ/pɔvˌitatɕ] begrüßen

witam! [vˌitam] willkommen!

witryna [vˌitrɨna] Schaufenster

wiza [vˌiza] Visum

wizyta [vˌizɨta] Besuch; Termin *(Arzt~)*

wjazd [vjast] Einreise; Einfahrt

wkład do lodówki turystycznej [fkwad dɔ lɔdufki turɨstɨtʃnɛj] Kühlelement

wkładki higieniczne [fkwatci çiɟɛɲitʃnɛ] Slipeinlagen

wkrótce [fkruttsɛ] bald

włamywać się/włamać się [vwamɨvatɕ ɕɛ̃/vwamatɕ ɕɛ̃] aufbrechen

własny [vwasnɨ] eigen

właściciel(ka) [vwaɕtɕitɕɛl(ka)] Besitzer(in) Eigentümer(in)

właściciel(ka) domu [vwaɕtɕitɕɛl(ka) dɔmu] Hausbesitzer(in)

właściwie [vwaɕtɕivjɛ] *(Adverb)* eigentlich

właściwy [vwaɕtɕivɨ] eigen; für jemanden typisch; zuständig

włączać/włączyć [vwɔ̃tʃatɕ/vwɔ̃tʃɨtɕ] einschalten

włosy [vwɔsɨ] *(Plural)* Haar

włosy suche [vwɔsɨ suxɛ] trockenes Haar

wnęka kuchenna [vnɛ̃ka kuxɛnna] Kochnische

wnuk (wnuczka) [vnuk/vnutʃka] Enkel(in)

woda [vɔda] Wasser

woda mineralna [vɔda mˌinɛralna] Mineralwasser

woda pitna [vɔda pˌitna] Trinkwasser

woda po goleniu [vɔda pɔ gɔlɛɲu] Rasierwasser

wodolot [vɔdɔlɔt] Tragflügelboot

wodoodporne [vɔdɔɔpɔrnɛ] wasserdicht

wodospad [vɔdɔspat] Wasserfall

wolny [vɔlnɨ] frei

wołowina [vɔwɔvˌina] Rindfleisch

woreczek żółciowy [vɔrɛtʃɛk ʒuwtɕɔvɨ] Gallenblase

worek na śmieci [vɔrɛk na ɕmjɛtɕi] Abfallbeutel
wózek bagażowy [vuzek bagaʒɔvɨ] Gepäckwagen
wózek inwalidzki [vuzɛk invalitsci] Rollstuhl
wprost [fprɔst] *(Adverb)* direkt
wracać/wrócić [vratsatɕ/vrutɕitɕ] zurückkehren; zurückfahren; wiederkommen
wrotki [vrɔtci] *(Plural)* Rollschuh
wrócić ➢ wracać
wrzesień [vʒɛɕɛɲ] September
wrzosowisko [vʒɔsɔvˌiskɔ] Heide
wrzód [vʒut] Geschwür
wschód [fsxut] Osten
wschód: na ~ od [na fsxut ɔt] östlich von
wsiadać/wsiąść [fɕadatɕ/fɕɔ̃ɕtɕ] einsteigen
wspaniały [fspaɲawɨ] ausgezeichnet
wspinaczka wysokogórska [fspˌinatʃka vɨsɔkɔgurska] Bergsteigen
wspólnie [fspulɲɛ] *(Adverb)* gemeinsam
wspólny [fspulnɨ] *(Adjektiv)* gemeinsam
współczynnik ochrony przeciwsłonecznej [fspuwtʃɨɲɲik ɔxrɔnɨ pʃetɕifswɔnɛtʃnej] Lichtschutzfaktor
wstać ➢ wstawać
wstawać/wstać [fstavatɕ/fstatɕ] aufstehen
wstecz [fstɛtʃ] *(Adverb)* rückwärts
wsteczny bieg [fstɛtʃnɨ bjɛg] Rückwärtsgang
wstęp [fstɛmp] Eintritt
wstrząs mózgu [fstʃɔ̃s muzgu] Gehirnerschütterung
wszędzie [fʃɛɲdʑɛ] überall
wszy głowowe [fʃɨ gwɔvɔvɛ] *(fpl)* Läuse
wszyscy [fʃɨstsɨ] alle
wszystko [fʃɨstkɔ] alles
wściekły [fɕtɕɛkwɨ] wütend
wtedy [ftɛdɨ] damals; dann; da
wtorek [ftɔrɛk] Dienstag
wtyczka [ftɨtʃka] Stecker
wulkan [vulkan] Vulkan
wy [vɨ] ihr *(Personalpersonen)*
wybierać/wybrać [vɨbjɛratɕ/vɨbratɕ] wählen
wybór [vɨbur] Auswahl
wybrać ➢ wybierać
wybrzeże [vɨbʒɛʒɛ] Küste
wychodzić/wyjść [vɨxɔdʑitɕ/vɨjɕtɕ] ausgehen
wyciąg dla dzieci [vɨtɕɔŋk dla dʑɛtɕi] Babylift
wyciąg krzesełkowy [vɨtɕɔŋk kʃɛsɛwkɔvɨ] Sessellift
wyciąg orczykowy [vɨtɕɔŋk ɔrtʃɨkɔvɨ] Schlepplift
wycieczka [vɨtɕɛtʃka] Ausflug; Rundfahrt; Tour; Reisegesellschaft
wycieczka jednodniowa [vɨtɕɛtʃka jɛdnɔdɲɔva] Tagesausflug; Tagestour
wycieczka na ląd [vɨtɕɛtʃka na lɔnt] Landausflug
wycieczka po mieście [vɨtɕɛtʃka pɔ mjɛɕtɕɛ] Stadtrundfahrt
wycieczka po wyspie [vɨtɕɛtʃka pɔ vɨspjɛ] Inselrundfahrt
wycieczka rowerowa [vɨtɕɛtʃka rɔvɛrɔva] Radtour
wycieńczony [vɨtɕɛɲtʃonɨ] erschöpft
wycieraczka szyby [vɨtɕeratʃka ʃɨbɨ] Scheibenwischer
wyczerpujący [vɨtʃɛrpujɔ̃tsɨ] anstrengend
wydatki [ɨdatci] Unkosten
wydawać/wydać [vɨdavatɕ/vɨdatɕ] ausgeben
wydawanie bagażu [vɨdavaɲɛ bagaʒu] Gepäckausgabe
wydział komunikacji [vɨdʑaw kɔmuɲikatsi] Verkehrsamt
wygodny [vɨgɔdnɨ] bequem
wygrana [vɨgrana] Gewinn
wygrywać/wygrać [vɨgrɨvatɕ/vɨgratɕ] gewinnen
wyjatkowy [vɨjɔntkɔvɨ] außergewöhnlich
wyjazd [vɨjast] Ausreise; Ausfahrt
wyjazd z autostrady [vɨjast s‿awtɔstradɨ] Autobahnausfahrt
wyjeżdżać/wyjechać (w podróż) [vɨjɛʒdʑatɕ/vɨjɛxatɕ (f‿pɔdruʃ)] verreisen
opróżnianie (listów) [opruʒɲaɲɛ (lˌistuf)] Leerung
wyjście [vɨjɕtɕɛ] Ausgang
wyjście do samolotu [vɨjɕtɕɛ dɔ samɔlɔtu] Flugsteig
wyjście zapasowe [vɨjɕtɕɛ zapasɔvɛ] Notausgang
wyjść ➢ wychodzić
wyjść za mąż [vɨjɕtɕ za mɔ̃ʃ] heiraten *(einen Mann)*
wykałaczka [vɨkawatʃka] Zahnstocher
wykopaliska [vɨkɔpalˌiska] Ausgrabungen
wykształcenie [vɨkʃtawtʃɛɲɛ] Ausbildung
wylew krwi do mózgu [vɨlɛf krfˌi dɔ muzgu] Gehirnschlag
wyliczyć [vɨlˌitʃitɕ] berechnen
wymagający pielęgnowania [vɨmagajɔntsɨ pjɛleŋgnɔvaɲa] pflegebedürftig
wymawiać/wymówić [vɨmavjatɕ/vɨmuvˌitɕ] aussprechen

wymiana [vɨmjana] Austausch
wymiana oleju [vɨmjana ɔlɛju] Ölwechsel
wymiana pieniędzy [vɨmjana pjɛɲɛndʑɨ] Geldwechsel
wymieniać/wymienić [vɨmɛɲatɕ/vɨmɛɲitɕ] austauschen; umtauschen
wynajmować/wynająć [vɨnajmɔvatɕ/vɨnajɔntɕ] mieten; vermieten
wyobrażenie [vɨɔbraʒɛɲɛ] Vorstellung *(Gedanke)*
wypadek [vɨpadɛk] Unfall
wypełniać/wypełnić [vɨpɛwɲatɕ/vɨpɛwɲitɕ] ausfüllen
wypłacać/wypłacić [vɨpwatsatɕ/vɨpwatɕitɕ] auszahlen
wypoczywać/wypocząć [vɨpɔtʃɨvatɕ/vɨpɔtʃɔ̃tɕ] sich erholen; sich ausruhen
wypożyczać/wypożyczyć [vɨpɔʒɨtʃatɕ/vɨpɔʒɨtʃɨtɕ] vermieten *(Auto etc.)*
wyprać ➢ prać
wyprawa żeglarska [vɨprava ʒɛglarska] Segeltörn
wyprzedaż [vɨpʃɛdaʃ] *f* Ausverkauf
wyprzedzać/wyprzedzić [vɨpʃɛdzatɕ/vɨpʃɛdʑitɕ] überholen
wyraźnie [vɨraʑɲɛ] *(Adverb)* deutlich
wyraźny [vɨraʑnɨ] *(Adjektiv)* klar; deutlich; ausdrücklich
wyrażenie [vɨraʒɛɲɛ] Ausdruck
wyroby garncarskie [vɨrɔby garntsarscɛ] Töpferwaren
wyroby skórzane [vɨrɔbɨ skuʒanɛ] Lederwaren
wyrób ręczny [vɨrup rɛ̃tʃnɨ] handgemacht
wyrób własny [vɨrup vwasnɨ] hausgemacht
wyrywać/wyrwać [vɨrɨvatɕ/vɨrvatɕ] ziehen *(Zahn)*
wyschnąć ➢ schnąć
wysiadać/wysiąść [vɨɕadatɕ/vɨɕɔ̃ɕtɕ] aussteigen
wysmażony [vɨsmaʒɔnɨ] durchgebraten
wysoki [vɨsɔci] hoch
wysokie napięcie [vɨsɔcɛ napjɛɲtɕɛ] Hochspannung
wysokość [vɨsɔkɔɕtɕ] *f* Höhe
wyspa [vɨspa] Insel
wystawa [vɨstava] Ausstellung; Schaufenster
wysuszyć ➢ suszyć
wysypka [vɨsɨpka] Ausschlag
wyszukać [vɨʃukatɕ] aussuchen
wyścig [vɨɕtɕik] Rennen
wyścigi [vɨɕtɕiɟi] *(Plural)* Rennen
wytrawne [vɨtravnɛ] trocken *(Wein)*
wywieszka [vɨvjɛʃka] Schild
wywołać [vɨvɔwatɕ] entwickeln *(einen Film)*
wyzwalacz [vɨzvalatʃ] Auslöser
wyżywienie [vɨʒɨvjɛɲɛ] Verpflegung
wzbronione [vzbrɔɲɔnɛ] verboten
wzdęcia [vzdɛɲtɕa] Blähungen
wzgórze [vzguʒɛ] Hügel
wziąć ➢ brać
wzniesienie [vzɲɛɕɛɲɛ] Steigung

Z

z [z] aus *(Richtung, Material)* von *(räumlich)*
z [z] *(+ Instr)* mit
z beczki [z‿bɛtʃci] vom Fass
z góry [z‿gurɨ] im Voraus
z grilla [z‿grila] vom Grill
z powodu [s‿pɔvɔdu] wegen
z powrotem [s‿pɔvrɔtɛm] zurück; rückwärts
z przodu [s‿pʃɔdu] vorn
z rusztu [z‿ruʃtu] vom Grill
z tyłu [s‿tɨwu] hinten
z uszkodzeniem słuchu [z‿uʃkɔdʑɛɲɛm swuxu] hörgeschädigt
z wyglądu [z‿vɨglɔndu] äußerlich
za [za] hinter; nach *(Reihenfolge)*
za darmo [za darmɔ] kostenlos; gratis
za tydzień [za tɨdʑɛɲ] in einer Woche
zaaklimatyzować ➢ aklimatyzować
zabandażować [zabandaʒɔvatɕ] verbinden
zabawa [zabava] Unterhaltung *(Vergnügen)*
zabawki [zabafci] Spielsachen
zabezpieczenie [zabɛspjɛtʃɛɲɛ] Sicherung
zabieg [zabjɛk] Behandlung
zabierać ze sobą/zabrać ze sobą [zabjɛratɕ zɛ sɔbɔ̃/zabratɕ zɛ sɔbɔ̃] mitnehmen
zabłąkać się [zabwɔŋkatɕ ɕɛ̃] sich verirren
zabrać ze sobą ➢ zabierać ze sobą
zaburzenia trawienia [zabuʒɛɲa travjɛɲa] *(Plural)* Verdauungsstörung
zaburzenie krążenia [zabuʒɛɲa krɔ̃ʒɛɲa] Kreislaufstörung
zabytek [zabɨtɛk] Denkmal
zachód [zaxut] Westen
zachód: na ~ od [na zaxut ɔt] westlich von
zachwycająco [zaxvɨtsajɔntsɔ] *(Adverb)* beeindruckend
zachwycający [zaxfɨtsajɔntsɨ] *(Adjektiv)* entzückend
zachwycony (kimś, czymś) [zaxfɨtsɔnɨ (cimɕ, tʃɨmɕ)] begeistert (von)

zacząć ➢ zaczynać
zaczepiać [zatʃɛpjatɕ] belästigen
zaczynać/zacząć [zatʃinatɕ/zatʃɔ̃tɕ] anfangen
zadowolony [zadɔvɔlɔnɨ] froh; erfreut; zufrieden
zadzwonić ➢ dzwonić
zagranica [zagraɲitsa] Ausland
zagraniczny [zagraɲitʃnɨ] ausländisch
gospodarstwo rolne [gospodarstfo rolne] Bauernhof
zajazd [zajazt] Raststätte
zajęty [zajɛntɨ] besetzt
zakazane [zakazanɛ] verboten
zakaźny [zakaʑnɨ] ansteckend
zakład [zakwat] Firma; Betrieb
zakon [zakɔn] Orden *(Kirche)*
zakończyć [zakɔɲtʃɨtɕ] beenden
zakręt [zakrɛnt] Kurve
zakwaterowanie [zakfaterɔvaɲɛ] Unterkunft
załatwić [zawatfˌitɕ] besorgen
zaliczka [zalitʃka] Anzahlung
zamek [zamɛk] Burg; Schloss *(an Tür; Bau)*
zamek z piasku [zamɛk s̯pjasku] Sandburg
zameldować [zamɛldɔvatɕ] anmelden
zameldowanie [zamɛldɔvaɲɛ] Anmeldung
zamężna [zamɛ̃ʒna] verheiratet *(Frau)*
zamiast [zamjast] anstatt
zamknąć ➢ zamykać
zamknięty [zamkɲɛntɨ] geschlossen
zamówienie [zamuvjɛɲɛ] Bestellung
zamykać/zamknąć [zamɨkatɕ/zamknɔɲtɕ] verschließen; abschließen
zaniepokoić się [zaɲɛpɔkɔitɕ ɕɛ̃] sich beunruhigen
zanieść [zaɲɛɕtɕ] (weg)bringen
zanim [zaɲim] bevor
zanotować [zanɔtɔvatɕ] aufschreiben
zaoferować ➢ oferować
zapach [zapax] Geruch
zapakować [zapakɔvatɕ] einpacken
zapalać/zapalić [zapalatɕ/zapalˌitɕ] anzünden
zapalenie [zapalɛɲɛ] Entzündung
zapalenie migdałków [zapalɛɲɛ mˌigdawkuf] Mandelentzündung
zapalenie mózgu [zapalɛɲɛ muzgu] Hirnhautentzündung
zapalenie nerek [zapalɛɲɛ nɛrɛk] Nierenentzündung
zapalenie płuc [zapalɛɲɛ pwuts] Lungenentzündung
zapalenie przyusznicy [zapalɛɲɛ pʃiuʃɲitsɨ] Mumps
zapalenie spojówek [zapalɛɲɛ spɔjuvɛk] Bindehautentzündung
zapalenie ucha środkowego [zapalɛɲɛ uxa ɕrɔtkɔvɛgɔ] Mittelohrentzündung
zapalenie wyrostka robaczkowego [zapalɛɲɛ vɨrɔstka rɔbatʃkɔvɛgɔ] Blinddarmentzündung
zapalenie zatok czołowych [zapalɛɲɛ zatɔk tʃɔwɔvɨx] Stirnhöhlenentzündung
zapałka [zapawka] Streichholz
zaparkować ➢ parkować
zapas [zapas] Vorrat
zapiekany [zapjɛkanɨ] überbacken
zapisać [zapˌisatɕ] aufschreiben zapisywać
zapisywać/zapisać [zapˌisɨvatɕ/zapˌisatɕ] notieren; aufschreiben; anmelden
zapłacić ➢ płacić
zapłon [zapwɔn] Zündung
zapominać/zapomnieć [zapɔmˌinatɕ/zapɔmɲɛtɕ] vergessen
zapraszać/zaprosić [zapraʃatɕ/zaprɔɕitɕ] einladen
zaraz [zaras] gleich; sofort
zareklamować ➢ reklamować
zarezerwować [zarɛzɛrvɔvatɕ] buchen
zaserwować ➢ serwować
zasięgać/zasięgnąć informacji [zaɕɛ̃gatɕ/zaɕɛ̃gnɔ̃tɕ infɔrmatsi] sich informieren
zastaw [zastaf] Pfand
zastąpić ➢ zastępować
zastępować/zastąpić [zastɛmpɔvatɕ/zastɔmpˌitɕ] ersetzen
zastrzyk [zastʃɨk] Spritze
zaśpiewać ➢ śpiewać
zaświadczać/zaświadczyć [zaɕfjattʃatɕ/zaɕfjattʃɨtɕ] bescheinigen
zaświadczenie [zaɕfjattʃɛɲɛ] Bescheinigung; Attest
zatankować ➢ tankować
zatańczyć ➢ tańczyć
zatelefonować ➢ telefonować
zatoka [zatɔka] Bucht
zatrucie [zatrutɕɛ] Vergiftung
zatrucie krwi [zatrutɕɛ krfˌi] Blutvergiftung
zatrucie pokarmowe [zatrutɕɛ pɔkarmɔvɛ] Lebensmittelvergiftung
zatrzymywać się/zatrzymać się [zatʃɨmɨvatɕ ɕɛ̃/zatʃɨmatɕ ɕɛ̃] halten; stehen bleiben
zatrzymywać/zatrzymać [zatʃɨmɨvatɕ/zatʃɨmatɕ] behalten; anhalten

zatwardzenie [zatfardʑɛɲɛ] Verstopfung
zatyczki do uszu [zatɨtʃki dɔ uʃu] Ohropax®
zaufanie [zaufaɲɛ] Vertrauen
zauważyć [zauvaʒɨtɕ] bemerken
zawał serca [zavaw sɛrtsa] Herzinfarkt
zawartość [zavartɔɕtɕ] *f* Inhalt
zawarty [zavartɨ] inbegriffen
zawiadamiać/zawiadomić [zavjadamjatɕ/zavjadɔmˌitɕ] benachrichtigen
zawody [zavɔdɨ] *(Plural)* Wettkampf
zawód [zavut] Beruf
zawracać/zawrócić [zavratsatɕ/zavrutɕitɕ] umkehren
zawrót głowy [zavrut gwɔvɨ] Schwindel
zawsze [zafʃɛ] immer
ząb [zɔmp] Zahn
ząb mądrości [zɔmp mɔ̃drɔɕtɕi] Weisheitszahn
zbierać [zbjɛratɕ] sammeln
zbłądzić [zbwɔɲʥitɕ] sich verirren
zdanie [zdaɲɛ] Satz; Meinung
zdążyć (na) [zdɔ̃ʒɨtɕ (na)] erreichen *(den Zug)*
zdecydować [zdɛtsɨdɔvatɕ] beschließen
zdemoralizowany [zdɛmɔralˌizɔvanɨ] verdorben *(moralisch)*
zdeponować [zdɛpɔnɔvtɕ] hinterlegen
zderzak [zdɛʒak] Stoßstange
zderzenie [zdɛʒɛɲɛ] Zusammenstoß
zdjęcie [zdjɛɲtɕɛ] Bild; Foto
zdrowy [zdrɔvɨ] gesund
ze [zɛ] *(+ gen)* aus *(Richtung, Material)*
ze względu na mnie [zɛ‿wzglɛndu na mɲɛ] meinetwegen
zegarek na rękę [zɛgarɛk na rɛŋkɛ] Armbanduhr
zegarmistrz [zɛgarmˌistʃ] Uhrmacher
zepsuć ➢ psuć
zepsuty [zɛpsutɨ] kaputt; verdorben *(Essen)*
zespół muzyczny [zɛspuw muzɨtʃnɨ] Band
zeszłego poniedziałku [zɛʃwɛgɔ pɔɲɛʥawku] letzten Montag
zewnątrz [zɛvnɔ̃tʃ] außen
zewnątrz: na ~ [na zɛvnɔ̃tʃ] außen
zewnętrznie [zɛvnɛtʃɲɛ] äußerlich
zgaga [zgaga] Sodbrennen
zgłaszać/zgłosić [zgwaʃatɕ/zwɔɕitɕ] anzeigen
zgłosić ➢ zgłaszać
zgubić ➢ gubić
zielona karta [ʑɛlɔna karta] grüne Versicherungskarte
Zielone Świątki [ʑɛlɔnɛ ɕfjɔntci] Pfingsten
zielony [ʑɛlɔnɨ] grün
ziemia [ʑɛmja] Erde; Boden
ziemniaki [ʑɛmɲaci] Kartoffeln
zima [ʑima] Winter
zimna woda [ʑimna vɔda] kaltes Wasser
zimno [ʑimnɔ] kalt
zioła [ʑɔwa] Kräuter
ziomek [ʑɔmɛk] Landsmann
zjazd ➢ dojazd
zlewozmywak [zlɛvɔzmɨvak] Geschirrspülbecken
złamanie kości [zwamaɲɛ kɔɕtɕi] Knochenbruch
złamany [zwamanɨ] gebrochen
złocisty [zwɔtɕistɨ] goldfarben
złodziej [zwɔʥɛj] Dieb
złodziej kieszonkowy [zwɔdʑɛj cɛʃɔnkɔvɨ] Taschendieb
złościć się (na) [zwɔɕtɕitɕ ɕɛ̃ (na)] sich ärgern über
złotnictwo [zwɔtɲitstfɔ] Goldschmiedekunst
złoto [zwɔtɔ] Gold
złowić ➢ łowić
zły [zwɨ] *(Adjektiv)* böse; schlecht
zmęczony [zmɛ̃tʃɔnɨ] müde; erschöpft
zmiana [zmjana] Wechsel
zmiana warty [zmjana vartɨ] Wachablösung
zmienić rezerwację [zmjɛɲitɕ rɛzɛrvatsjɛ̃] umbuchen
zmiennie [zmjɛnɲɛ] wechselhaft
zmywacz do paznokci [zmɨvatʃ dɔ paznɔktɕi] Nagellackentferner
zmywarka do naczyń [zmɨvarka dɔ natʃɨɲ] Geschirrspülmaschine
znaczek okolicznościowy [znatʃɛk ɔkɔlˌitʃnɔɕtɕɔvɨ] Sondermarke
znaczek pocztowy [znatʃɛk pɔtʃtɔvɨ] Briefmarke
znaczenie [znatʃɛɲɛ] Bedeutung
znaczyć [znatʃitɕ] heißen; bedeuten
znać [znatɕ] kennen
znajdować się [znajdɔvatɕ ɕɛ̃] stehen; sich befinden
znajdować się/znaleźć się [znajdɔvatɕ ɕɛ̃/znalɛɕtɕ ɕɛ̃] sich befinden
znajomość [znajɔmɔɕtɕ] *f* Bekanntschaft
znajom-y (-a) [znajɔm-ɨ/a] der/die Bekannte
znak [znak] Zeichen
znak rozpoznawczy państwa [znak rɔspɔznaftʃɨ paɲstfa] Nationalitätskennzeichen

znakomity [znakɔmˌitɨ] ausgezeichnet
znalezisko [znalɛʑiskɔ] Funde
znaleźć [znalɛɕtɕ] finden
znaleźć się ➢ znajdować się
znany [znanɨ] bekannt
znieczulenie [zɲɛtʃulɛɲɛ] Narkose
zniżka [zɲiʃka] Ermäßigung
zniżka dla dzieci [zɲiʃka dla dʑɛtɕi] Kinderermäßigung
znowu [znɔvu] wieder
znów [znuf] wieder
zobaczyć ➢ widzieć
zoo [zɔɔ] Zoo
zostać [zɔstatɕ] bleiben; werden
zrobić ➢ robić
zrozumieć ➢ rozumieć
zupa [zupa] Suppe
zużycie wody [zuʒɨtɕɛ vɔdɨ] Wasserverbrauch
zwarcie [zvartɕɛ] Kurzschluss
zwariowany [zvarjɔvanɨ] verrückt
zwiedzać/zwiedzić [zvjɛdzatɕ/zvjɛdʑitɕ] besichtigen
zwiedzanie [zvjɛdzaɲɛ] Besichtigung
zwierzę [zvjɛʒɛ̃] Tier
zwierzęta domowe [zvjɛʒɛnta dɔmɔvɛ] Haustiere
zwierzyniec [zvjɛʒɨɲɛts] Wildpark
zwracać/zwrócić [zvratsatɕ/zvrutɕitɕ] zurückbringen
zwrócić [zvrutɕitɕ] ersetzen *(Unkosten)* zwracać
zwyczajny [zvɨtʃajnɨ] gewöhnlich
zwykle [zvɨklɛ] normalerweise
zwykły [zvɨkwɨ] üblich
zysk [zɨsk] Gewinn

Ź

źle [ʑlɛ] *(Adverb)* schlecht
źródło [ʑrudwɔ] Quelle; Ursprung

Ż

żaden [ʒadɛn] kein
żaglówka [ʒaglufka] Segelboot
żakiet [ʒacɛt] Jacke *(für Frauen)*
żałować [ʒawɔvatɕ] bedauern
żarówka [ʒarufka] Glühbirne
żart [ʒart] Witz; Spaß
żądlić/użądlić [ʒɔ̃dlˌitɕ/uʒɔ̃dlˌitɕ] stechen *(Wespe)*
że [ʒɛ] dass
żeby [ʒɛbɨ] damit; dass
żeglować [ʒɛglɔvatɕ] segeln
żegnać się/pożegnać się [ʒɛgnatɕ ɕɛ̃/pɔʒɛgnatɕ ɕɛ̃] sich verabschieden
żel do kąpieli [ʒɛl dɔ kɔmpjɛlˌi] Duschgel
żel do włosów [ʒɛl dɔ vwɔsuf] Haargel
żołądek [ʒɔwɔndɛk] Magen
żona [ʒɔna] Ehefrau
żonaty [zɔnatɨ] verheiratet *(Mann)*
żółty [ʒuwtɨ] gelb
życie [ʒɨtɕɛ] Leben
życzenia [ʒɨtʃɛɲa] Glückwunsch
życzyć [zɨtʃitɕ] wünschen
żyć [ʒɨtɕ] leben
żylasty [ʒɨlastɨ] zäh
żyletki do golenia [ʒɨlɛtci dɔ gɔlɛɲa] Rasierklingen
żywy [ʒɨvɨ] lebhaft

Wörterbuch Deutsch – Polnisch

A

Aal węgorz [vɛŋgɔʃ]
ab od [ɔt]; ~ **und zu** od czasu do czasu [ɔt tʃasu dɔ tʃasu]
Abblendlicht światła krótkie *(Plural)* [ɕfjatwa krutkje]
Abend wieczór [vjɛtʃur]
Abendessen kolacja [kɔlatsja]
Abendgarderobe strój wieczorowy [struj vjɛtʃɔrɔvɨ]
abends wieczorem [vjɛtʃɔrɛm]
aber ale [alɛ]
abfahren (von) odjeżdżać/odjechać (z) [ɔdjɛʒdʒatɕ/ɔdjɛxatɕ (z)]
Abfahrt odjazd [ɔdjast]
Abfahrtszeit czas odjazdu [tʃas ɔdjazdu]
Abfall odpadki *(Plural)* [ɔtpatci], śmieci *(Plural)* [ɕmjɛtɕi]
Abfallbeutel worek na śmieci [vɔrɛk na ɕmjɛtɕi]
Abflug odlot [ɔdlɔt]
Abführmittel środek na przeczyszczenie [ɕrɔdɛk na pʃɛtʃɨʃtʃɛɲɛ]
abgeben oddawać/oddać [ɔddavatɕ/ɔddatɕ]
abgelaufen nieważny [ɲɛvaʒnɨ]
abholen iść po coś/po kogoś [iɕtɕ pɔ tsɔɕ/pɔ kɔgɔɕ]
Abkürzung skrót [skrut]
ablehnen odmawiać/odmówić [ɔdmavjatɕ/ɔdmuvˌitɕ]
abreisen (nach) odjeżdżać/odjechać (do + gen) [ɔdjɛʒdʑatɕ/ɔdjɛxatɕ (dɔ)]
Absatz obcas [ɔptsas]
Abschleppdienst pomoc drogowa *(f)* [pɔmɔts drɔgɔva]
abschleppen odholować [ɔtxɔlɔvatɕ]
Abschleppseil linka holownicza [lˌiŋka xɔlɔvɲitʃa]
Abschleppwagen samochód holujący [samɔxut xɔlujɔ̃tsɨ]
abschließen zamykać/zamknąć [zamɨkatɕ/zamknɔ̃tɕ]
abseits spalony [spalɔnɨ]
Absender nadawca *(m)* [nadaftsa]
Abszess ropień [rɔpjɛɲ]
Abtei opactwo [ɔpatstfɔ]
Abteil przedział [pʃɛdʑaw]
Achtung! uwaga! [uvaga]
Actionfilm film akcji [fˌilm aktsi]
Adapter adapter [adaptɛr], łącznik [wɔntʃɲik]
Adresse adres [adrɛs]
Aerobic aerobik [aɛrɔbˌik]
Agentur agencja [agɛntsja]
ähnlich podobny [pɔdɔbnɨ]
akklimatisieren: sich ~ aklimatyzować/zaaklimatyzować się [aklˌimatɨzɔvatʃ/ zaaklˌimatɨzɔvatɕ sɛ̃]
Akt akt [akt]
Aktzeichnen rysowanie aktów [rɨsɔvaɲɛ aktuf]
Akupunktur akupunktura [akupunktura]
Alarmanlage system alarmowy [sɨstɛm alarmɔvɨ]
alkoholfrei bezalkoholowy [bɛzalkɔxɔlɔvɨ]
alkoholfreies Bier piwo bezalkoholowe [pˌivɔ bɛsalkɔxɔlɔvɛ]
alle wszyscy [fʃɨstsɨ]
allein sam [sam]
Allergie alergia [alɛrɟja]
Allergiker(in) alergikiem (alergiczką) [alɛrɟcɛm/alɛrɟtʃkɔ̃]
alles wszystko [fʃɨstkɔ]
als *(zeitlich)* kiedy [cɛdɨ], gdy [gdɨ], *(beim Komparativ)* niż [ɲiʃ]
also więc [vjɛnts]
alt stary [starɨ]
Altar ołtarz [ɔwtaʃ]
Alter wiek [vjɛk]
Altstadt stare miasto [starɛ mjastɔ]
Alufolie folia aluminiowa [fɔlja alumˌiɲɔva]
am Sonntag w niedzielę [v ɲɛdʑɛlɛ̃]
am Wochenende w weekend [f wɨkent]
Ampel światła *(Plural)* [ɕfˌjatwa]
Amphitheater amfiteatr [amfˌitɛatr]
Amt urząd [uʒɔnt]
amüsieren: sich ~ bawić się [bavˌitɕ ɕɛ̃]
an na [na], przy [pʃɨ]
Ananas ananas [ananas]
andere: der/die/das ~ inn-y/a/e [inn-ɨ/a/ɛ]
anders inaczej [inatʃɛj]
anderswo gdzie indziej [gdʑɛ indʑɛj]
Anfang początek [pɔtʃɔntɛk]
anfangen zaczynać/zacząć [zatʃɨnatɕ/zatʃɔ̃tɕ]
Angabe *(des Namens, der Adresse)* podanie [pɔdaɲɛ]
Angel wędka [vɛntka]
angeln wędkować [vɛntkɔvatɕ]
Angelschein karta wędkarska [karta vɛntkarska]
angenehm *(als Adverb)* przyjemnie [pʃɨjɛmɲɛ]

Angina angina [anɟina]
anhalten zatrzymywać/zatrzymać [zatʃɨmɨvatɕ/zatʃɨmatɕ]
Anhänger wisiorek [vˌiɕɔrɛk], przyczepa [pʃɨtʃɛpa]
ankommen przybywać/przybyć [pʃɨbɨvatɕ/pʃɨbɨtɕ]
Ankunft przyjazd [pʃɨjast], przylot [pʃɨlɔt]
Ankunftszeit czas przyjazdu/przylotu [tʃas pʃɨjazdu/pʃɨlɔtu]
Anlasser rozrusznik [rɔzruʃɲik]
anlegen in przybić do [pʃɨbˌitɕ dɔ]
anmelden zameldować [zamɛldɔvatɕ]
Anmeldung zameldowanie [zamɛldɔvaɲɛ]
Anorak kurtka [kurtka]
Anreisetag dzień przyjazdu [dʑɛɲ pʃɨjazdu]
Anruf telefon [tɛlɛfɔn]
Anrufbeantworter automatyczna sekretarka [awtɔmatɨtʃna sɛkrɛtarka]
anrufen dzwonić/zadzwonić [ʥvɔɲitɕ/zaʥvɔɲitɕ]
Anschluss połączenie [pɔwɔntʃɛɲɛ]
ansehen oglądać [ɔglɔ̃datɕ], przyjrzeć się [pʃɨjʒɛtɕ ɕɛ̃]
Ansichtskarte widokówka [vˌidɔkufka]
anstatt zamiast [zamˌiast]
ansteckend zakaźny [zakaʑnɨ]
anstrengend wyczerpujący [vɨtʃɛrpujɔ̃tsɨ]
Antibabypille tabletka antykoncepcyjna [tablɛtka antɨkɔntsɛptsɨjna]
Antibiotika antybiotyki [antɨbjɔtiki]
Antibiotikum antybiotyk [antɨbjɔtik]
antik antyczny [antɨtʃnɨ], starożytny [starɔʒɨtnɨ]
Antiquitätengeschäft antykwariat [antɨkfarjat]
antworten odpowiadać/odpowiedzieć [ɔtpɔvˌjadatɕ/ɔtpɔvˌjɛʥɛtɕ]
Anzahlung zaliczka [zaˌlitʃka]
anzeigen zgłaszać/zgłosić [zgwaʃatɕ/zwɔɕitɕ]
anziehen *(Magnet, auch fig.)* przyciągać/przyciągnąć [pʃɨtɕɔ̃gatɕ/pʃɨtɕɔ̃gnɔ̃tɕ], *(Kleidung)* ubierać/ubrać [ubˌɛratɕ/ubratɕ]
Anzug garnitur [garɲitur]
anzünden zapalać/zapalić [zapalatɕ/zapal,itɕ]
Apartment apartament [apartamɛnt]
Äpfel jabłka [japka]
Apfelsinen pomarańcze [pɔmaraɲtʃɛ]
Apotheke apteka [aptɛka]
Apparat aparat [aparat]
Appetit apetyt [apɛtɨt]
Aprikosen morele [mɔrɛlɛ]
April kwiecień [kfjɛtɕɛɲ]
Aqua-Jogging aqua-jogging [akua- tʃɔgiɲk]
Aquarell akwarela [akfarɛla]
Aquarellmalen malowanie akwarelami [malɔvaɲɛ akfarɛlamˌi]
Arbeit praca [pratsa]
arbeiten pracować [pratsɔvatɕ]
arbeitslos bezrobotny [bɛzrɔbɔtnɨ]
Archäologie archeologia [arxɛɔlɔɟja]
Architekt architekt [arçitɛkt]
Architektur architektura [arçitɛktura]
Arena arena [arɛna]
ärgern: sich ~ (über) złościć się (na + acc) [zwɔɕtɕitɕ ɕɛ̃ (na)]
arm biedny [bˌɛdnɨ]
Arm ramię *(nt)* [ramjɛ̃], ręka [rɛŋka]
Armband branzoletka [branzɔlɛtka]
Armbanduhr zegarek na rękę [zɛgarɛk na rɛŋkɛ̃], *(für Damen/ für Herren)* damski/męski [damsci/mɛnsci]
Ärmel rękawy [rɛ̃kavɨ]
Aromabad kąpiel aromatyczna [kɔ̃pjɛl arɔmatɨtʃna]
Art rodzaj [rɔʥaj]
Artischocken karczochy [kartʃɔxɨ]
Aschenbecher popielniczka [pɔpjɛlɲitʃka]
Aspirin aspiryna [aspˌirɨna]
Asthma astma [astma]
Atembeschwerden trudności w oddychaniu [trudnɔɕtɕi v͜ɔddɨxaɲu]
atmen oddychać [ɔddɨxatɕ]
Attest atest [atɛst], zaświadczenie [zaɕfˌjattʃɛɲɛ]
Auberginen bakłażan [bakwaʒan]
auch też [tɛʃ]
Auf-/Abfahrt dojazd/zjazd [dɔjast/ zjast]
auf na [na], *(offen)* otwarty [ɔtfartɨ]; **~ Polnisch** po polsku [pɔ pɔlsku]
aufbewahren przechowywać/ przechować [pʃɛxɔvɨvatɕ/ pʃɛxɔvatɕ]
aufbrechen włamywać się/włamać się [vwamɨvatɕ ɕɛ̃/vwamatɕ ɕɛ̃]
Aufenthalt pobyt [pɔbɨt]
Aufenthaltsraum świetlica [ɕfjɛtlˌitsa]
Auffahrtrampe rampa wjazdowa [rampa vˌjazdɔva]
Aufführung przedstawienie [pʃɛtstavjɛɲɛ]

aufhalten: sich ~ przebywać [pʃɛbɨvatɕ]
aufhören przestawać/przestać [pʃɛstavatɕ/pʃɛstatɕ]
aufpassen (auf) uważać (na + Akusativ) [uvaʒatɕ (na)]
Aufschnitt: Wurst~ pokrojona wędlina różnego rodzaju [pɔkrɔjɔna vɛndlˌina ruʒnɛgɔ rɔʥaju]
aufschreiben zapisać [zapˌisatɕ], zanotować [zanɔtɔvatɕ]
aufstehen wstawać/wstać [fstavatɕ/fstatɕ]
aufwachen obudzić się [ɔbuʥitɕ ɕɛ̃]
aufwärts w górę [v͜ gurɛ̃]
Aufzug winda [vˌinda]
Augen oczy [ɔtʃɨ]
Augenblick moment [mɔmɛnt]
Augentropfen krople do oczu *(Plural)* [krɔplɛ dɔ ɔtʃu]
August sierpień [ɕɛrpjɛɲ]
aus *(Richtung, Material)* z [z], ze *(+ Genitiv)* [zɛ]
Ausbildung wykształcenie [vikʃtawtʃɛɲɛ]
Ausdruck wyrażenie [vɨraʒɛɲɛ]
ausdrücklich wyraźny [vɨraʑnɨ], jasny [jasnɨ]
Ausfahrt wyjazd [vɨjazt]
Ausflug wycieczka [vɨtɕɛtʃka]
ausfüllen wypełniać/wypełnić [vɨpɛwɲatɕ/vɨpɛwɲitɕ]
Ausgang wyjście [vɨjɕtɕɛ]
ausgeben wydawać/wydać [vɨdavatɕ/vɨdatɕ]
ausgehen wychodzić/wyjść [vɨxɔʥitɕ/vɨjɕtɕ]
ausgezeichnet wspaniały [fspaɲawɨ], znakomity [znakɔmˌitɨ]
Ausgrabungen wykopaliska [vɨkɔpalˌiska]
Auskunft informacja [infɔrmatsja]
Ausland zagranica [zagraɲitsa]
Ausländer(in) cudzoziem-iec (ka) [tsuʣɔʑɛm-jɛts(ka)]
ausländisch zagraniczny [zagraɲitʃnɨ]
Auslandsflug lot zagraniczny [lɔt zagraɲitʃnɨ]
Auslandsgespräch rozmowa międzynarodowa [rɔzmɔva mjɛnʣɨnarɔdɔva]
Auslöser wyzwalacz [vɨzvalatʃ]
Auspuff(rohr) rura wydechowa [rura vɨdɛxɔva]
Ausreise wyjazd [vɨjast]
Ausritt przejażdżka konna [pʃɛjaʃtʃka kɔnna]
ausruhen: sich ~ wypoczywać [vɨpɔtʃɨvatɕ] odpoczywać/ odpocząć [otpɔtʃɨvatɕ/otpɔtʃɔ̃tɕ]
Ausschlag wysypka [vɨsɨpka]
außen na zewnątrz [na zɛvnɔ̃tʃ], zewnątrz [zɛvnɔ̃tʃ]
außer poza [pɔza]
außerdem poza tym [pɔza tɨm]
außergewöhnlich wyjatkowy [vɨjɔntkɔvi]
außerhalb poza [pɔza]
äußerlich zewnętrznie [zɛvnɛtʃɲɛ], z wyglądu [z͜ vɨglɔ̃du]
Aussicht widok [vˌidɔk]
Aussichtspunkt miejsce widokowe [mjɛjstsɛ vˌidɔkɔvɛ], punkt widokowy [punkt vˌidɔkɔvɨ]
aussprechen wymawiać/wymówić [vɨmavˌ atɕ/vɨmuvˌitɕ]
aussteigen wysiadać/wysiąść [vɨɕadatɕ/vɨɕɔ̃ɕtɕ]
Ausstellung wystawa [vɨstava]
aussuchen wyszukać [vɨʃukatɕ]
austauschen wymieniać/wymienić [vɨmjɛɲatɕ/vɨmɛɲtɕ]
Austern ostrygi [ɔstrɨjɨ]
Ausverkauf wyprzedaż *(f)* [vɨpʃɛdaʃ]
Auswahl wybór [vɨbur]
auszahlen wypłacać/wypłacić [vɨpwatsatɕ/vɨpwatɕitɕ]
Auto samochód [samɔxut], auto [awtɔ]
Autobahn autostrada [awtɔstrada]
Autobahnausfahrt wyjazd z autostrady [vɨjast z͜ awtɔstradɨ]
Automat automat [awtɔmat]
Automatik(getriebe) automatyczna skrzynia biegów [awtɔmatɨtʃna skʃɨɲa bˌjɛguf]
automatisch automatyczny [awtɔmatɨtʃnɨ]
automatische Türöffnung automatyczne otwieranie drzwi [awtɔmatɨtʃnɛ ɔtfjɛraɲɛ ʤvˌi]
Autoradio radio samochodowe [radˌjɔ samɔxɔdɔvɛ]
Autoreisezug pociąg z wagonami na samochody [pɔtɕɔ̃ŋk z͜ vagɔnamˌi na samɔxɔdɨ]
Avocado awokado [avɔkadɔ]
Ayurveda ayurweda [ajurvɛda]

B

Baby niemowlę [ɲemovle]
Babyfon babyfon [bɛjbɨfɔn]
Babylift wyciąg dla dzieci [vɨtɕɔ̃k dla ʥɛtɕi]
Babynahrung jedzenie dla niemowląt [jɛʣɛɲɛ dla ɲɛmɔvlɔnt]
Babyschale *(fürs Auto)* fotelik dla dziecka [fɔtɛl,ik dla ʥɛtska]
Babysitter opiekunka do dzieci [ɔpjɛkunka dɔ ʥɛtɕi]

Bäckerei piekarnia [pjɛkarɲa]
Backofen piekarnik [pjɛkarɲik]
Badeanzug kostium kąpielowy [kɔstjum kɔmpjɛlɔvɨ]
Badehose kąpielówki *(Plural)* [kɔmpjɛlufci]
Bademantel płaszcz kąpielowy [pwaʃtʃ kɔmpjɛlɔvɨ]
Bademeister ratownik [ratɔvɲik]
Badeort kąpielisko [kɔ̃pjɛl,iskɔ]
Badeschuhe klapki kąpielowe [klapci kɔmpjɛlɔvɛ]
Badewanne wanna [vanna]
Badezimmer łazienka [waʑɛŋka]
Badminton badminton [badm,intɔn]
Bahnhof dworzec [dvɔʒɛts]
Bahnsteig peron [pɛrɔn]
bald wkrótce [fkruttsɛ]
Balkon balkon [balkɔn]
Ball piłka [p,iwka], *(Fest)* bal [bal]
Ballett balet [balɛt]
Bananen banany [bananɨ]
Band zespół muzyczny [zɛspuw muzɨtʃnɨ], kapela *(umgangssprachlich)* [kapɛla]
Bänderriss naderwanie ścięgna [nadɛrvaɲɛ ɕtɕɛŋgna]
Bank *(Geldinstitut)* bank [baŋk], *(Sitzbank)* ławka [wafka]
bar zahlen płacić gotówką [pwatɕitɕ gɔtufkɔ̃]
Bar bar [bar]
bar gotówką [gɔtufkɔ̃], w gotówce [v‿gɔtuftsɛ]
Bargeld gotówka [gotufka]
Barock barok [barɔk]
barrierefrei bez barier [bɛs‿barjɛr], bez przeszkód [bes‿pʃɛʃkut]
Barsch okoń [ɔkɔɲ]
Bart broda [brɔda]
Basilikum bazylia [bazɨlja]
Basketball koszykówka [kɔʃɨkufka]
Batterie bateria [batɛrja]
Bauch brzuch [bʒux]
Bauernhof zagroda chłopska [zagrɔda xwɔpska], dospodarstwo agroturystyczne [gɔspɔdarstfɔ agrɔturɨstɨtʃnɛ]; **Urlaub auf dem ~** agroturystyka [agrɔturɨstɨka]
Baum drzewo [dʐɛvɔ]
Baumwolle bawełna [bavɛwna]
Baustelle budowa [budɔva]
Bauwerk budowla [budɔvla]
beachten przestrzegać [pʃɛstʃɛgatɕ], uważać na coś [uvaʒatɕ na tsɔɕ]
Beach-Volleyball siatkówka plażowa [ɕatkufka plaʒɔva]
beantworten odpowiadać/ odpowiedzieć [ɔtpɔvjadatɕ/ ɔtpɔvjɛdʑɛtɕ]

Bearbeitungsgebühr opłata manipulacyjna [ɔpwata maɲipulatsɨjna]
bedauern żałować [ʒawɔvatɕ]
Bedeutung znaczenie [znatʃɛɲɛ]
Bedienung obsługa [ɔpswuga]
beeilen: sich ~ śpieszyć się [ɕpjɛʃɨtɕ ɕɛ̃]
beeindruckend zachwycająco [zaxvɨtsajɔntsɔ]
befinden: sich ~ znajdować się/znaleźć się [znajdɔvatɕ ɕɛ̃/znalɛɕtɕ ɕɛ̃]
befreundet sein być zaprzyjaźnionym [bɨtɕ zapʃijaʑɲɔnɨm]
befürchten obawiać się [ɔbavjatɕ ɕɛ̃]
begegnen spotykać/spotkać [spɔtɨkatɕ/spɔtkatɕ]
begeistert (von) zachwycony (kimś, czymś) [zaxfɨtsɔnɨ (cimɕ, tʃɨmɕ)]
begleiten towarzyszyć [tɔvaʒɨʃɨtɕ]
Begleitperson osoba towarzysząca [ɔsɔba tɔvaʒɨʃɔntsa]
begrüßen (po)witać [(pɔ)v,itatɕ]
behalten zatrzymywać/zatrzymać [zatʃɨmɨvatɕ/zatʃɨmatɕ]
Behälter pojemnik [pɔjɛmɲik]
behandeln traktować [traktɔvatɕ], *(ärztlich)* leczyć [lɛtʃɨtɕ]
Behandlung zabieg [zabjɛk]
behaupten twierdzić [tfjɛrdʑitɕ]
Behindertenausweis legitymacja inwalidzka [lɛɟitɨmatsja invalitska]
behindertengerecht przystosowany dla niepełnosprawnych [pʃɨstɔsɔvanɨ dla ɲɛpɛwnɔspravnɨx]
Behindertenparkplatz miejsce parkingowe dla niepełnosprawnych [mjɛjstsɛ parciŋgɔvɛ dla ɲɛpɛwnɔspravnɨx]
Behindertentoilette toaleta dla niepełnosprawnych [tɔalɛta dla ɲɛpɛwnɔspravnɨx]
Behörde urząd [uʒɔnt], instytucja [institutsja]
bei *(in der Nähe)* w pobliżu [f pɔbl,iʒu], *(räumlich)* u [u]
beide obaj/obie/oboje [ɔbaj/ɔb,jɛ/ɔbɔjɛ]
Beifall oklaski [ɔklasci]
beige beżowy [bɛʒɔvɨ]
Bein noga [nɔga]
Beispiel przykład [pʃɨkwat]
beißen gryźć [griɕtɕ]
bekannt znany [znanɨ]
Bekannte/r znajom-y/a [znajɔm-ɨ/a]
Bekanntschaft znajomość *(f)* [znajɔmɔɕtɕ]
beklagen: sich ~ (über) skarżyć się/ poskarżyć się (na) [skarʒɨtɕ ɕɛ̃/ pɔskarʒɨtɕ ɕɛ̃ (na)]

bekommen otrzymywać/otrzymać [ɔtsɨmɨvatɕ/ɔtʃɨmatɕ], dostawać/dostać [dɔstavatɕ/dɔstatɕ]
belästigen napastować [napastɔvatɕ], zaczać *(+ Akkusativ)* [zatʃɛpjatɕ], naprzykrzać się *(+ Dativ)* [napʃɨkʃatɕ ɕɛ̃]
belegtes Brötchen kanapka [kanapka]
Beleidigung obraza [ɔbraza]
Belichtungsmesser światłomierz [ɕfjatwɔmjɛʃ]
Belohnung nagroda [nagrɔda]
bemerken zauważyć [zauvaʒɨtɕ]
bemühen: sich ~ starać się [staratɕ ɕɛ̃]
benachrichtigen zawiadamiać/zawiadomić [zavjadamjatɕ/zavjadɔmitɕ]
benutzen używać/użyć [uʒɨvatɕ/uʒɨtɕ]
Benzinkanister kanister na benzynę [kaɲistɛr na bɛnzɨnɛ̃]
Benzinpumpe pompa benzynowa [pɔmpa bɛnzɨnɔva]
bequem wygodny [vɨgɔdnɨ]
berechnen policzyć [pɔlitʃɨtɕ], wyliczyć [vɨlitʃɨtɕ]
bereits już [juʃ]
Berg góra [gura]
Bergdorf wieś górska *(f)* [vjɛɕ gurska]
Bergsteigen wspinaczka wysokogórska [fspinatʃka vɨsɔkɔgurska]
Bernstein bursztyn [burʃtɨn]
Beruf zawód [zavut]
beruhigen: sich ~ uspokajać się/uspokoić się [uspɔkajatɕ ɕɛ̃/uspɔkɔitɕ ɕɛ̃]
Beruhigungsmittel środek uspokajający [ɕrɔdɛk uspɔkajajɔntsɨ]
berühmt sławny [swavnɨ]
berühren dotykać/dotknąć [dɔtɨkatɕ/dɔtknɔ̃tɕ]
beschädigen uszkadzać/uszkodzić [uʃkadzatɕ/uʃkɔdʑitɕ], psuć/zepsuć [psutɕ/zɛpsutɕ]
bescheinigen zaświadczać/zaświadczyć [zaɕfjattʃatɕ/zaɕfjattʃɨtɕ]
Bescheinigung zaświadczenie [zaɕfjattʃɛɲɛ]
beschlagnahmen skonfiskować [skɔnfiskɔvatɕ]
beschließen zdecydować [zdɛtsɨdɔvatɕ], zakończyć [zakɔɲtʃɨtɕ]
beschreiben opisywać/opisać [ɔpisɨvatɕ/ɔpisatɕ]
beschweren: sich ~ (über) skarżyć się/poskarżyć się (na) [skarʒɨtɕ ɕɛ̃/pɔskarʒɨtɕ ɕɛ̃ (na)] *(+ Akkusativ)*
Besen miotła [mjɔtwa]
besetzt zajęty [zajɛntɨ]
besichtigen zwiedzać/zwiedzić [zvjɛdzatɕ/zvjɛdʑitɕ]
Besichtigung zwiedzanie [zvjɛdzaɲɛ]
Besitzer(in) właściciel(ka) [vwaɕtɕitɕɛl/ka]
besonders specjalnie [spɛtsjalɲɛ], szczególnie [ʃtʃɛgulɲɛ]
besorgen starać się/postarać się [staratɕ ɕɛ̃/pɔstaratɕ ɕɛ̃], załatwić [zawatfitɕ]
besser *(als Adjektiv)* lepszy [lɛpʃɨ], *(als Adverb)* lepiej [lɛpjɛj]
bestätigen potwierdzać/potwierdzić [pɔtfjɛrdzatɕ/pɔtfjɛrdʑitɕ]
beste(r, -s) najlepsz-a(y /e) [najlɛpʃ-a/ɨ/ɛ]
Besteck sztućce *(Plural)* [ʃtutɕtsɛ]
bestehen aus składać się z [skwadatɕ ɕɛ z]
Bestellung zamówienie [zamuvjɛɲɛ]
bestimmt *(als Adjektiv)* pewny [pɛvnɨ], *(als Adverb)* na pewno [na pɛvnɔ]
Besuch odwiedziny *(Plural)* [ɔdvjɛdʑinɨ], wizyta [vizɨta]
besuchen: jemanden ~ odwiedzać/odwiedzić kogoś [ɔdvjɛdzatɕ/ɔdvjɛdʑitɕ kɔgɔɕ]
Besuchszeit godziny wizyt *(Plural)* [gɔdʑinɨ vizɨt]
beten modlić się [mɔdlitɕ ɕɛ̃]
Betrag kwota [kfɔta], suma [suma]
Betrug oszustwo [ɔʃustfɔ]
betrunken pijany [pijanɨ]
Bett łóżko [wuʃkɔ]
Bettdecke kołdra [kɔwdra]
Bettwäsche pościel *(f)* [pɔɕtɕɛl]
beunruhigen: sich ~ zaniepokoić się [zaɲɛpɔkɔitɕ ɕɛ̃]
bevor zanim [zaɲim]
bewölkt pochmurnie [pɔxmurɲɛ]
bewusstlos nieprzytomny [ɲɛpʃɨtɔmnɨ]
bezahlen płacić/zapłacić [pwatɕitɕ/zapwatɕitɕ]
bezaubernd czarujący [tʃarujɔ̃tsɨ]
BH biustonosz [bjustɔnɔʃ], stanik [staɲik]
Biene pszczoła [pʃtʃɔwa]
Bier piwo [pivɔ]
bieten oferować/zaoferować [ɔfɛrɔvatɕ/zaɔfɛrɔvatɕ]
Bikini bikini *(nt)* [biciɲi]
Bild obraz [ɔbras], *(Foto)* zdjęcie [zdjɛɲtɕɛ]

Bildhauer rzeźbiarz [ʒɛʑbˌjaʃ]
billig *(als Adjektiv)* tani [taɲi], *(als Adverb)* tanio [taɲɔ]
Bindehautentzündung zapalenie spojówek [zapalɛɲɛ spɔjuvɛk]
Bindfaden sznurek [ʃnurɛk]
Bioladen sklep ze zdrową żywnością [sklɛp zɛ zdrɔvɔ̃ ʒɨvnɔɕtɕɔ̃]
Birnen gruszki [gruʃci]
bis do [dɔ]
bisschen: ein ~ trochę [trɔxɛ̃] troszeczkę [trɔʃɛtʃkɛ̃]
Bitte prośba [prɔʑba]
bitten: jemanden um etwas ~ kogoś o coś prosić/poprosić [kɔgɔɕ ɔ tsɔɕ prɔɕitɕ/pɔprɔɕiɕ]
bitter gorzki [gɔʃci]
Blähungen wzdęcia [vzdɛɲtɕa]
Blase pęcherz [pɛ̃xɛʃ], *(Harnblase)* pęcherz moczowy [pɛ̃xɛʃ mɔtʃɔvɨ], *(Hautblase)* pęcherz skórny [pɛ̃xɛʃ skurnɨ]
Blatt liść [lˌiɕtɕ], *(Papier)* kartka [kartka]
blau niebieski [ɲɛbjɛsci]
Blazer blezer [blɛzɛr]
bleiben (po)zostać [(pɔ)zɔstatɕ]
Blick spojrzenie [spɔjʒɛɲɛ], rzut oka [ʒut ɔka], *(Aussicht)* widok [vˌidɔk]
blind niewidomy [ɲɛvˌidɔmɨ]
Blinddarmentzündung zapalenie wyrostka robaczkowego [zapalɛɲɛ vɨrɔstka rɔbatʃkɔvɛgɔ]
Blinde/r niewidom-a (y) [ɲɛvˌidɔma/ɨ]
Blindenhund pies przewodnik [pjɛs pʃɛvɔdɲik]
Blinker kierunkowskaz [cɛrunkɔfskas]
Blitz błyskawica [bwɨskavitsa]
Blitzer fotoradar [fotoradar]
Blitzgerät lampa błyskowa [lampa bwɨskɔva]
blöd głupi [gwupˌi]
Blues blues [blus]
Blume kwiat [kfjat]
Blumengeschäft kwiaciarnia [kfjatɕarɲa]
Blumenkohl kalafior [kalafjɔr]
Bluse bluzka [bluska]
Blut krew *(f)* [krɛf]
Blutdruck ciśnienie krwi [tɕiɕɲɛɲɛ krfˌi]
bluten krwawić [krfavˌitɕ]
Blutgruppe grupa krwi [grupa krfˌi]
Blutung krwawienie [krfavjɛɲɛ]
Blutvergiftung zatrucie krwi [zatrutɕɛ krfˌi]
Bö porywisty wicher [pɔrɨvˌistɨ vˌixɛr]
Boden ziemia [ʑˈɛmja], grunt [grunt], *(Fußboden)* podłoga [pɔdwɔga]
Bodybuilding kulturystyka [kulturɨstɨka]
Bogen łuk [wuk]
Bohnen fasola [fasɔla]
Bonbons cukierki [tsucɛrci]
Bootsführerschein patent żeglarski [patɛnt ʒɛglarsci]
Bordkarte karta pokładowa [karta pɔkwadɔva]
Bordrollstuhl pokładowy wózek inwalidzki [pɔkwadɔvɨ vuzɛk invalitsci]
Borreliose borelioza [bɔrɛlˌiɔza]
böse zły [zwɨ]
botanischer Garten ogród botaniczny [ɔgrut bɔtaɲitʃnɨ]
Botschaft wiadomość *(f)* [vjadɔmɔɕtɕ], *(dipl. Vertretung)* ambasada [ambasada]
Boulespiel gra w bule [gra v‿bulɛ], petanka [pɛtaŋka]
Bowling bowling [bɔwliŋ]
Braille Braille [brajl]
Brandsalbe maść na oparzenia [maɕtɕ na ɔpaʒɛɲa]
Bräter garnek do pieczenia [garnɛk dɔ pjɛtʃɛɲa]
brauchen potrzebować [pɔtʃɛbɔvatɕ]
braun brązowy [brɔ̃zovɨ]
Brechreiz mdłości *(Plural)* [mdwɔɕtɕi]
breit szeroki [ʃɛroci]
Breite szerokość *(f)* [ʃɛrɔkɔɕtɕ]
Bremse hamulec [xamulɛts]
Bremsflüssigkeit płyn hamulcowy [pwɨn xamultsɔvɨ]
Bremslichter światła hamulcowe *(Plural)* [ɕfˌjatwa xamultsɔvɛ]
Brennspiritus spirytus do maszynki spirytusowej [spˌirɨtus dɔ maʃɨnci spˌirɨtusɔvɛj]
Brief list [lˌist]
Briefkasten skrzynka pocztowa [skʃɨŋka pɔtʃtɔva]
Briefmarke znaczek pocztowy [znatʃɛk pɔtʃtɔvɨ]
Briefpapier papier listowy [papjɛr lˌistɔvɨ]
Brieftasche portfel [pɔrtfɛl]
Briefumschlag koperta [kɔpɛrta]
bringen *(herbringen)* przynieść [pʃɨɲɛɕtɕ], *(wegbringen)* zanieść [zaɲɛɕtɕ]
Brombeeren jeżyny [jɛʒɨnɨ]
Bronchien oskrzela [ɔskʃɛla]
Bronchitis bronchit [brɔnxˌit]
Bronze brąz [brɔ̃s]
Brosche broszka [brɔʃka]
Brot chleb [xlɛp]
Brötchen bułka [buwka]
Bruch złamanie [zwamaɲɛ]
Brücke most [mɔst]

Bruder brat [brat]
Brunnen studnia [studɲa], fontanna [fontanna]
Brust pierś *(f)* [pjɛrɕ]
Buch książka [kɕɔʃka]
buchen zarezerwować [zarɛzɛrvɔvatɕ]
Buchhandlung księgarnia [kɕɛ̃garɲa]
buchstabieren literować/ przeliterować [lˌitɛrɔvatɕ/pʃɛlˌitɛrɔvatɕ]
Bucht zatoka [zatɔka]
Buchung rezerwacja [rɛzɛrvatsja]
bügeln prasować [prasɔvatɕ]
Bügeleisen żelazko [ʒɛlaskɔ]
Bungalow bungalow [bungalɔw]
Bungeejumping skoki na bungee [skɔci na bandʑi]
bunt kolorowy [kɔlɔrɔvɨ]
Burg zamek [zamɛk]
Büro biuro [bˌurɔ]
Bürste szczotka [ʃtʃɔtka], szczoteczka [ʃtʃɔtɛtʃka]
Bus autobus [awtɔbus]
Busbahnhof dworzec autobusowy [dvɔʒɛts awtɔbusɔvɨ]
Bußgeld mandat [mandat]
Butter masło [maswɔ]
Buttermilch maślanka [maɕlaŋka]
Bypass bypass [bajpas]
byzantinisch bizantyjski [bˌizantɨjsci]

C

Café kawiarnia [kavjarɲa]
Camcorder kamkorder [kamkɔrdɛr]
Camping kemping [kɛmpˌiŋk]
Campingausweis wejściówka na kemping [vɛjɕtɕufka na kɛmpˌiŋk]
Campingführer przewodnik po kempingach [pʃɛvɔdɲik pɔ kɛmpˌiŋgax]
Campingplatz pole kempingowe [pɔlɛ kɛmpˌiŋgɔvɛ]
Cent cent [tsɛnt]
Champagner szampan [ʃampan]
Chef szef [ʃɛf]
chemisch reinigen czyścić chemicznie [tʃɨɕtɕitɕ xɛmˌitʃɲɛ]
Chicoree cykoria [tsɨkɔrja]
Chipkarte karta chipowa [karta tʃipɔva]
Chirurg(in) chirurg (-) [çirurg]
Cholera cholera [xɔlɛra]
Chor chór [xur]
Christentum chrześcijaństwo [xʃɛɕtɕijaɲstfɔ]
Clubhaus budynek klubowy [budɨnɛk klubɔvɨ]
Computerfachgeschäft sklep komputerowy [sklɛp kɔmputɛrɔvɨ]
Cornflakes płatki śniadaniowe [pwatci ɕɲadaɲɔvɛ]
Cousin(e) kuzyn(ka) [kuzɨn(ka)]
Creme krem [krɛm]
Curling curling [karlˌiɲ]

D

da *(dort)* tam [tam], *(hier)* tu [tu], tutaj [tutaj], *(dann)* wtedy [ftɛdɨ], *(weil)* ponieważ [pɔɲɛvaʃ]
Dach dach [dax]
dafür sein być za [bɨtɕ za]
dagegen sein być przeciwko [bɨtɕ pʃɛtɕifkɔ]
daheim w domu [v dɔmu]
damals wtedy [ftɛdɨ]
Dame pani [paɲi]
Damenbinden podpaski higieniczne [pɔtpasci xˌiɟɛɲitʃnɛ]
Dampfer parowiec [parɔvjɛts]
danach potem [pɔtɛm]
danken dziękować/podziękować [dʑɛŋkɔvatɕ/pɔdʑɛŋkɔvatɕ]
dann potem [pɔtɛm]
Darm jelito [jɛlˌitɔ]
dass że [ʒɛ], *(damit)* aby [abɨ], żeby [ʒɛbɨ]
dasselbe to samo [tɔ samɔ]
Datteln daktyle [daktɨlɛ]
Datum data [data]
dauern trwać [trfatɕ]
Dauerwelle trwała ondulacja [trfawa ɔndulatsja]
Deck pokład [pɔkwat]
Decke sufit [sufˌit]
Defekt defekt [dɛfɛkt]
Deich grobla [grɔbla]
dein(e) twój/twoja/twoje [tfuj/tfɔja/tfɔjɛ]
Delle wgniecenie [vgɲɛtsɛɲɛ]
denken an myśleć/pomyśleć o [mɨɕlɛtɕ/pɔmɨɕlɛtɕ ɔ]
Denkmal zabytek [zabɨtɛk]
Denkmalschutz ochrona zabytków [ɔxrɔna zabɨtkuf]
denn ponieważ [pɔɲɛvaʃ], gdyż [gdɨʃ]
Deo(dorant) dezodorant [dɛzɔdɔrant]
deshalb ponieważ [pɔɲɛvaʃ], gdyż [gdɨʃ]
Desinfektionsmittel środek dezynfekujący [ɕrɔdɛk dɛzɨnfɛkujɔntsɨ]
desinfizieren dezynfekować [dɛzɨnfɛkɔvatɕ]
deutlich *(als Adverb)* wyraźnie [vɨraʑɲɛ]

deutsch niemiecki [ɲɛmjɛtʃci]
Deutsche/r Niemiec (Niemka) [ɲɛmjɛts/ɲɛmka]
Deutschland Niemcy *(Plural)* [ɲɛmtsɨ]
Devisen dewizy [dɛvˌizɨ]
Dezember grudzień [grudʑɛɲ]
Diabetes cukrzyca [tsukʃɨtsa]
Diabetiker diabetyk [djabɛtɨk]
Diagnose diagnoza [djagnɔza]
Diät dieta [djɛta]
dich cię [tɕɛ̃], ciebie [tɕɛbjɛ]
dick gruby [grubɨ]
Dieb złodziej [zwɔdʑɛj]
Diebstahl kradzież *(f)* [kradʑɛʃ]
Dienstag wtorek [ftɔrɛk]
diese(r, -s) ta (ten, to) [ta, tɛn, tɔ]
Digitalkamera aparat cyfrowy [aparat tsɨfrɔvɨ]
Ding rzecz *(f)* [ʒɛtʃ]
Diphtherie dyfteryt [dɨftɛrɨt], błonica [bwɔɲitsa]
dir tobie [tɔbjɛ]
direkt *(als Adjektiv)* bezpośredni [bɛspɔɕrɛdɲi], *(als Adverb)* bezpośrdnio [bɛspɔɕrɛdɲɔ], wprost [fprɔst]
Direktion dyrekcja [dɨrɛktsja]
Dirigent(in) dyrygent(ka) [dɨrɨgent(ka)]
Diskothek dyskoteka [dɨskɔtɛka]
doch ależ tak [alɛʃ tak], *(trotzdem)* jednak [jɛdnak]
Dokumentarfilm film dokumentalny [fˌilm dɔkumɛntalnɨ]
Dom katedra [katɛdra]
Donnerstag czwartek [tʃfartɛk]
Doppel gra podwójna [gra pɔdvujna], debel [dɛbɛl]
doppelt podwójny [pɔdvujnɨ]
Dorf wieś *(f)* [vjɛɕ]
dort tam [tam]
Dose puszka [puʃka]
Dosenöffner otwieracz do puszek [otfjɛratʃ dɔ puʃɛk]
Drachenfliegen latanie lotnią [lataɲɛ lɔtɲɔ̃]
Draht drut [drut]
Drama dramat [dramat]
draußen *(außerhalb eines Raumes, Gebäudes)* na dworze [na dvɔʒɛ]
Dressing sos do sałaty [sɔs dɔ sawatɨ]
drin w środku [f‿ɕrɔtku], wewnątrz [vɛvnɔ̃tʃ]
dringend pilnie [pˌilɲɛ]
drinnen w środku [f‿ɕrɔtku], wewnątrz [vɛvnɔ̃tʃ]
dritte(r, -s) trze-cia(ci/cie) [tʃɛ-tɕa/tɕi/tɕɛ]
Drogerie drogeria [drɔgɛrˌja]
Drogerieartikel artykuły drogeryjne [artɨkuwɨ drɔgɛrɨjnɛ]
Drucker drukarka [drukarka]
du ty [tɨ]
dumm głupi [gwupˌi]
dunkel *(als Adjektiv)* ciemny [tɕɛmnɨ], *(als Adverb)* ciemno [tɕɛmnɔ]
dunkelblau/dunkelgrün ciemnoniebieski/ciemnozielony [tɕɛmnɔɲɛbjɛsci/tɕɛmnɔʑɛlɔnɨ]
dünn cienki [tɕɛnci], *(schlank)* szczupły [ʃtʃupwɨ]
durch *(räumlich, auch Mittel, Ursache)* przez [pʃɛs]
Durchfall biegunka [bjɛguŋka]
durchgebraten wysmażony [vɨsmaʒɔnɨ]
Durchreise: auf der ~ przejazdem [pʃɛjazdɛm]
durchschnittlich *(als Adjektiv)* przeciętny [pʃɛtɕɛ̃tnɨ], *(als Adverb)* przeciętnie [pʃɛtɕɛ̃tɲɛ]
dürfen móc [muts]
durstig spragniony [spragɲɔnɨ]
Dusche prysznic [prɨʃɲits]
Duschgel żel do kąpieli [ʒɛl dɔ kɔmpjɛlˌi]
Duschsitz krzesło do prysznica [kʃɛswɔ dɔ prɨʃɲitsa]
Dynastie dynastia [dɨnastja]

E

Ebbe odpływ (morza) [ɔdpwɨf (mɔʒa)]
Ebene równina [ruvɲina]
ebenerdig bezprogowy [bɛsprɔgɔvɨ]
echt *(als Adjektiv)* prawdziwy [pravdʑivɨ], *(als Adverb)* na prawdę [na‿pravdɛ̃]
Ecke róg [ruk]
Ehefrau żona [ʒɔna], małżonka [mawʒɔnka]
Ehemann mąż [mɔ̃ʃ], małżonek [mawʒɔnɛk]
Ei jajko [jajkɔ]
Eierbecher kieliszek do jaj [cɛlˌiʃɛk dɔ jaj]
eigen własny [vwasnɨ], *(für jemanden typisch)* właściwy [vwaɕtɕivɨ]
eigentlich *(als Adverb)* właściwie [vwaɕtɕivjɛ]
Eigentümer(in) właściciel(ka) [vwaɕtɕitɕɛl(ka)]
Eilbrief list ekspresowy [lˌist ɛksprɛsɔvɨ]
eilig *(als Adverb)* pośpiesznie [pɔɕpjɛʃnɛ]
Eimer wiadro [vjadrɔ]
ein(e) jeden/jedno (jedna) [jɛdɛn/jɛdnɔ (jɛdna)]

einchecken zgłaszać się do odprawy [zgwaʃatɕ ɕɛ̃ do ɔtpravɨ]
einfach *(als Adjektiv)* prosty [prɔstɨ], łatwy [watfɨ], *(als Adverb)* po prostu [pɔ prɔstu]
Einfahrt wjazd [vjast]
einfarbig jednokolorowy [jɛdnɔkɔlɔrɔvɨ]
Eingang wejście [vɛjɕtɕɛ]
einheimisch tutejszy [tutɛjʃɨ], miejscowy [mjɛjstsɔvɨ], rodzimy [rɔdʑimɨ]
einige kilka [cilka], niektórzy [ɲɛktuʒɨ]
einkaufen robić zakupy [rɔbitɕ zakupɨ], kupować [kupɔvatɕ]
einladen zapraszać/zaprosić [zapraʃatɕ/zaprɔɕitɕ]
einmal raz [ras]
einpacken zapakować [zapakɔvatɕ]
Einreise wjazd [vjast]
einsam samotny [samɔtnɨ]
einschalten włączać/włączyć [vwɔ̃tʃatɕ/vwɔ̃tʃɨtɕ]
Einschreibebrief list polecony [lˌist pɔlɛtsɔnɨ]
einsteigen wsiadać [fɕadatɕ]
Eintritt wstęp [fstɛmp], wejście [vɛjɕtɕɛ]
Eintrittskarte bilet wstępu [bˌilɛt fstɛmpu]
Eintrittspreis cena za wstęp [tsɛna za fstɛmp]
Einwohner(in) mieszkaniec (mieszkanka) [mjɛʃkaɲɛts/mjɛʃkaŋka]
Einzel gra pojedyncza [gra pɔjɛdɨntʃa]
einzig jedyny [jɛdɨnɨ]
Eis lód [lut], lody *(Plural)* [lɔdɨ]
Eisbahn tor lodowy [tɔr lɔdɔvɨ]
Eishockey hokej na lodzie [hɔkɛj na lɔdʑɛ]
Eislauf jazda na łyżwach [jazda na wɨʒvax]
Eiter ropa [rɔpa]
Elastikbinde bandaż elastyczny [bandaʃ ɛlastɨtʃnɨ]
elektrisch elektryczny [ɛlɛktrɨtʃnɨ]
Elektrohandlung sklep z artykułami elektrycznymi [sklɛp zˌartɨkuwamˌi ɛlɛktrɨtʃnɨmˌi]
Elektroherd kuchenka elektryczna [kuxɛnka ɛlɛktrɨtʃna]
Elektrolytlösung roztwór elektrolitu [rɔstfur ɛlɛktrɔl,itu]
Elektrorollstuhl elektryczy wózek inwalidzki [ɛlɛktrɨtʃnɨ vuzɛk invalitsci]
Eltern rodzice [rɔdʑitsɛ]
empfangen przyjmować/przyjąć [pʃɨjmɔvatɕ/pʃɨjɔ̃tɕ]
Empfänger odbiorca *(m)* [ɔdbjɔrtsa]
Empfangshalle hol [xɔl]
empfehlen polecać/polecić [pɔlɛtsatɕ/pɔlɛtɕitɕ]
Ende koniec [kɔɲɛts]
endgültig ostateczny [ɔstatɛtʃnɨ]
endlich nareszcie [narɛʃtɕɛ]
Endreinigung sprzątanie końcowe [spʃɔ̃taɲɛ kɔɲtsɔvɛ]
Endstation stacja końcowa [statsja kɔɲtsɔva]
eng ciasny [tɕasnɨ]
englisch angielski [aŋɟɛlsci]
Enkel(in) wnuk (wnuczka) [vnuk/vnutʃka]
entdecken odkrywać/odkryć [ɔtkrɨvatɕ/ɔtkrɨtɕ]
Entfernung odległość *(f)* [ɔdlɛgwɔɕtɕ], dystans [dɨstans]
entgegengesetzt przeciwstawny [pʃɛtɕifstavnɨ]
entgiften oczyszczać organizm [ɔtʃɨʃtʃatɕ ɔrgaɲzm]
entscheiden rozstrzygać/rozstrzygnąć [rɔstʃɨgatɕ/rɔstʃɨgnɔ̃tɕ]
entschlacken oczyszczać organizm [ɔtʃiʃtʃatɕ ɔrgaɲzm]
entschuldigen: sich ~ przepraszać/przeprosić [pʃɛpraʃatɕ/pʃɛprɔɕitɕ]
Entschuldigung przeprosiny *(Plural)* [pʃɛprɔɕinɨ]
enttäuscht rozczarowany [rɔstʃarɔvanɨ]
entweder ... oder albo... albo [albɔ albɔ]
entwerten skasować [skasɔvatɕ]
entwickeln *(einen Film)* wywołać [vɨvɔwatɕ]
entzückend zachwycający [zaxfɨtsajɔ̃tsɨ]
Entzündung zapalenie [zapalɛɲɛ]
Epilepsie epilepsja [ɛpˌilɛpsja], padaczka [padatʃka]
Epileptiker(in) epileptykiem (epileptyczką) [ɛpˌilɛptɨcɛm/ɛpˌilɛptɨtʃkɔ̃]
Epoche epoka [ɛpɔka]
er on [ɔn]
Erbsen groch [grɔx]
Erdbeeren truskawki [truskafci]
Erde ziemia [ʑɛmja]
Erdgas-/Elektrotankstelle autogaz/stacja do ładowania samochodów elektrycznych [awtɔgas/statsja dɔ wadɔvaɲa samɔxɔduf ɛlɛktrɨtʃnɨx]
Erdgeschoss parter [partɛr]
erfahren dowiadywać się/dowiedzieć się [dɔvjadɨvatɕ ɕɛ̃/dɔvjɛdʑɛtɕ ɕɛ̃], *(als Adjektiv)* doświadczony [dɔɕfjattʃɔnɨ]

erfreut (über) ucieszony (z) [utɕɛʃɔnɨ (z)]
Erfrischung orzeźwienie [ɔʒɛʑvjɛɲɛ], ochłoda [ɔxwɔda]
erhalten otrzymywać/otrzymać [ɔtʃɨmɨvatɕ/ɔtʃɨmatɕ]
erholen: sich ~ wypoczywać/ wypocząć [vɨpɔtʃɨvatɕ/vɨpɔtʃɔ̃tɕ]
erinnern przypominać/przypomnieć [pʃɨpɔmˌinatɕ/pʃɨpɔmɲɛtɕ]
Erkältung przeziębienie [pʃɛʑɛmbjɛɲɛ]
Ermäßigung zniżka [zɲiʃka]
ernst *(als Adjektiv)* poważny [pɔvaʒnɨ], *(als Adverb)* poważnie [pɔvaʒɲɛ], na serio [na sɛriɔ]
erreichen docierać/dotrzeć (do) [dɔtɕɛratɕ/dɔtʃɛtɕ (dɔ)], osiągnąć [ɔɕɔ̃gnɔɲtɕ], *(den Zug)* zdążyć (na) [zdɔ̃ʒɨtɕ (na)]
Ersatz surogat [surɔgat], *(Schadenersatz)* odszkodowanie [ɔtʃkɔdɔvaɲɛ]
Ersatzrad koło zapasowe [kɔwɔ zapasovɛ]
erschöpft zmęczony [zmɛ̃tʃonɨ], wycieńczony [vɨtɕɛɲtʃonɨ]
erschrecken przestraszyć (się) [pʃɛstraʃɨtɕ (sɛ̃)]
ersetzen zastępować/zastąpić [zastɛmpɔvatɕ/zastɔmpˌitɕ], *(Unkosten)* zwrócić [zvrutɕitɕ]
erst *(zuerst)* najpierw [najpjɛrf], *(nicht früher als)* dopiero [dɔpjɛrɔ]
erste(r, -s) pierwsza(pierwsz-y/e) [pjɛrfʃa(pjɛrfʃ-ɨ/ɛ)]
erster Gang *(im Auto)* pierwszy bieg [pjɛrfʃɨ bjɛk], *(Essen)* pierwsze danie [pjɛrfʃɛ daɲɛ]
Erwachsene/r dorosł-a/y [dɔrɔsw-a/ɨ]
erwarten *(warten auf)* czekać na [tʃɛkatɕ na], *(rechnen mit)* oczekiwać [ɔtʃɛcivatɕ]
erzählen opowiadać/opowiedzieć [ɔpɔvjadatɕ/ɔpɔvjɛdʑɛtɕ]
essbar jadalny [jadalnɨ]
Essen jedzenie [jɛdzɛɲɛ]
essen jeść [jɛɕtɕ]
Essig ocet [ɔtsɛt]
Etage piętro [pjɛ̃trɔ]
Etagenbett łóżko piętrowe [wuʃkɔ pjɛntrɔvɛ]
etwa około [ɔkɔwɔ]
etwas coś [tsɔɕ], *(ein wenig)* trochę [trɔxɛ̃]
EU-Bürger obywatel Unii Europejskiej [ɔbɨvatɛl uɲi ɛwrɔpɛjscɛj]
euch *(Akkusativ)* was [vas], *(Dativ)* wam [vam]
euer wasz [vaʃ]
Euro euro [ɛwrɔ]
Europa Europa [ɛwrɔpa]
Europäer(in) Europejczyk (Europejka) [ɛwrɔpɛjtʃɨk/ɛwrɔpɛjka]
europäisch europejski [ɛwrɔpɛjsci]
Exponat eksponat [ɛkspɔnat]
Expressionismus ekspresjonizm [ɛksprɛsjoɲizm]
extra ekstra [ɛkstra]

F

Fabrik fabryka [fabrɨka]
Facharzt(ärztin) specjalista (specjalistka) [spetsjalista/spɛtsjalistka]
Faden nitka [ɲitka]
Fahrdienst przewóz osób [pʃɛvus ɔsup]
Fähre prom [prɔm]
fahren jechać/jeździć [jɛxatɕ/jɛʑdʑitɕ]
Fahrer(in) kierowca *(m)* [cɛrɔftsa]
Fahrgast pasażer [pasaʒɛr]
Fahrkarte bilet [bˌilɛt]
Fahrkartenautomat automat biletowy [awtɔmat bˌilɛtɔvɨ]
Fahrkartenschalter okienko biletowe [ɔcɛŋkɔ bˌilɛtɔvɛ]
Fahrplan rozkład jazdy [rɔskwat jazdɨ]
Fahrpreis cena przejazdu [tsɛna pʃɛjazdu]
Fahrrad rower [rɔvɛr]
Fahrradhelm kask [kask]
Fahrradweg ścieżka rowerowa [ɕtɕɛʃka rɔvɛrɔva]
Fahrschein bilet [bˌilɛt]
Fahrscheinentwerter kasownik [kasɔvɲik]
Fahrstuhl winda [vˌinda]
Fahrt jazda [jazda]
fair fair [fɛr], uczciwy [utʃtɕivɨ]
fallen upadać/upaść [upadatɕ/upaɕtɕ]
falls jeśli [jɛɕlˌi]
Fallschirmspringen skoki spadochronowe *(Plural)* [skɔci spadɔxrɔnɔvɛ]
falsch *(unrichtig)* błędny [bwɛndnɨ], *(betrügerisch)* fałszywy [fawʃɨvɨ]
Faltrollstuhl składany wózek inwalidzki [skwadanɨ vuzɛk invalitsci]
Familie rodzina [rɔdʑina]
Familienname nazwisko [nazvˌiskɔ]
fangen chwytać/schwytać [xfɨtatɕ/ sxfɨtatɕ], *(Fische)* łowić/złowić [wɔvˌitɕ/zwɔvˌitɕ]
Fango fango [fangɔ]
färben farbować [farbɔvatɕ]
farbig kolorowy [kɔlɔrɔvɨ]

Farbstift kredka [krɛtka]
Fassade fasada [fasada]
fast prawie [pravjɛ]
Fasten post [pɔst]
faul leniwy [lɛɲivɨ]
faulenzen leniuchować [lɛɲuxɔvatɕ]
Fax faks [faks]
Faxgerät faks [faks]
Februar luty *(m)* [lutɨ]
Federball *(Ball)* lotka [lɔtka], *(Spiel)* kometka [kmɛtka]
fehlen brakować [brakɔvatɕ]
Fehler *(den man macht)* błąd [bwɔnt], *(den man hat)* brak [brak]
Fehlgeburt poronienie [pɔrɔɲɛɲɛ]
Feigen figi [fˌiɟi]
fein *(dünn, zart)* drobny [drɔbnɨ], delikatny [dɛlikatnɨ]
Feinkostgeschäft delikatesy *(Plural)* [dɛlˌikatɛsɨ]
Feld pole [pɔlɛ]
Fell sierść *(f)* [ɕɛrɕtɕ]
Fels skała [skawa]
Felswand ściana skalna [ɕtɕana skalna]
Fenchel koper włoski [kɔpɛr vwɔsci], fenkuł [fɛnkuw]
Fenster okno [ɔknɔ]
Fensterplatz miejsce przy oknie [mjɛjstsɛ pʃɨ ɔkɲɛ]
Ferien wakacje [vakatsjɛ]
Ferienanlage ośrodek wypoczynkowy [ɔɕrɔdɛk vɨpɔtʃɨnkɔvɨ]
Ferienhaus dom wczasowy [dɔm ftʃasɔvɨ]
Ferngespräch rozmowa międzymiastowa [rɔzmɔva mjɛndʑɨmˌjastɔva]
Fernlicht światła drogowe *(Plural)* [ɕfˌjatwa drɔgɔvɛ]
Fernseher telewizor [tɛlɛvˌizɔr]
Fernsehraum sala telewizyjna [sala tɛlɛvˌizɨjna]
fertig gotowy [gɔtɔvɨ]
Fest święto [ɕfjɛntɔ]
Festival festiwal [fɛstˌival]
Festland ląd [lɔnt]
Festung twierdza [tfjɛrdza]
fett tłusty [twustɨ]
fettarm niskotłuszczowy [ɲiskɔtwuʃtʃɔvɨ]
fettarme Milch mleko odtłuszczone [mlɛkɔ ɔttwuʃtʃɔnɛ]
feucht wilgotny [vˌilgɔtnɨ]
Feuer ogień [ɔɟɛɲ]
feuergefährlich łatwopalny [watvɔpalnɨ]
Feuerlöscher gaśnica [gaɕɲitsa]
Feuermelder sygnalizator pożarowy [sɨgnal,izatɔr pɔʒarɔvɨ]
Feuerwehr straż pożarna *(f)* [straʃ pɔʒarna]
Feuerwerk fajerwerki *(Plural)* [fajɛrvɛrci], sztuczne ognie *(Plural)* [ʃtutʃnɛ ɔgɲɛ]
Fieber gorączka [gɔrɔntʃka]
Fieberthermometer termometr [tɛrmɔmɛtr]
Film film [fˌilm]
Filmempfindlichkeit czułość filmu *(f)* [tʃuwɔɕtɕ fˌilmu]
Filmschauspieler(in) aktor/ka filmow-y/a [aktɔr/ka fˌilmɔv-ɨ/a]
finden znaleźć [znalɛɕtɕ]
Finger palec [palɛts]
Firma firma [fˌirma], zakład [zakwat]
Fisch ryba [rɨba]
Fischerort miejscowość rybacka *(f)* [mjɛjstsɔvɔɕtɕ rɨbatska]
Fischgeschäft sklep rybny [sklɛp rɨbnɨ]
Fischhändler sprzedawca ryb *(m)* [spʃɛdaftsa rɨp]
fit w dobrej kondycji [v‿dobrɛj kɔndɨtsi]
Fitnesscenter siłownia [ɕiwɔvɲa], klub kulturystyczny [klup kulturɨstɨtʃnɨ]
FKK-Strand plaża dla nudystów [plaʒa dla nudɨstuf]
flach płytki [pwɨtci]
Fläschchenwärmer podgrzewacz do butelek [pɔdgʒɛvatʃ dɔ butɛlɛk]
Flasche butelka [butɛlka]
Flaschenöffner otwieracz do butelek [ɔtfjɛratʃ dɔ butɛlɛk]
Flaute bezwietrznie [bɛzvjɛtʃɲɛ]
Fleck(en) plama (plamy) [plama (plamɨ)]
Fleisch mięso [mjɛ̃sɔ]
Flickzeug łatki do opon *(Plural)* [watci dɔ ɔpɔn]
fliegen lecieć/polecieć [lɛtɕɛtɕ/pɔlɛtɕɛtɕ]
Flipflops japonki [japɔɲki]
Flohmarkt pchli targ [pxlˌi tark]
Flug lot [lɔt]
Flügel skrzydło [skʃɨdwɔ]
Fluggesellschaft linie lotnicze [lˌiɲɛ lɔtɲitʃɛ]
Flughafen lotnisko [lɔtɲiskɔ]
Flughafenbus autobus lotniskowy [awtɔbus lɔtɲiskɔvɨ]
Flughafengebühr opłata lotniskowa [ɔpwata lɔtɲiskɔva]
Flugsteig wyjście do samolotu [vɨjɕtɕɛ dɔ samɔlɔtu]
Fluss rzeka [ʒɛka]
flüssig płynny [pwɨnnɨ]
Flut przypływ (morza) [pʃɨpwɨf (mɔʒa)]
Föhn suszarka do włosów [suʃarka dɔ vwɔsuf]
föhnen suszyć suszarką [suʃɨtɕ suʃarkɔ̃]

Folklore folklor [fɔlklɔr]
Folkloreabend wieczór folklorystyczny [vjɛtʃur fɔlklɔristɨtʃnɨ]
Form forma [fɔrma], kształt [kʃtawt]
Formular formularz [fɔrmulaʃ]
fort *(er/sie ist fort)* nie ma go/jej [ɲɛ ma gɔ/jɛj]
Foto zdjęcie [zdjɛɲtɕɛ]
Fotoapparat aparat fotograficzny [aparat fɔtɔgrafˌitʃnɨ]
Fotogeschäft sklep z artykułami fotograficznymi [sklɛp s artɨkuwamˌi fɔtɔgrafˌitʃnɨmˌi]
Fotografie fotografia [fɔtɔgrafˌja]
fotografieren fotografować [fɔtɔgrafɔvatɕ], robić zdjęcia [rɔb,itɕ zdjɛɲtɕa]
Fotografieren fotografowanie [fɔtɔgrafɔvaɲɛ]
Frage pytanie [pɨtaɲɛ]
fragen pytać/spytać [pɨtatɕ/spɨtatɕ]
frankieren frankować [frankɔvatɕ], nalepić znaczek [nalɛpˌitɕ znatʃɛk]
Frau pani [paɲi], kobieta [kɔbjɛta]
Fräulein panna [panna]
frei wolny [vɔlnɨ], *(kostenlos)* bezpłatny [bɛspwatnɨ]
Freitag piątek [pjɔntɛk]
Freizeitpark park rozrywki [park rɔzrɨfci]
fremd obcy [ɔptsɨ]
Fremde/r obc-y/a [ɔpts-ɨ/a]
Fremdenführer(in) przewodni-k (czka) [pʃɛvɔdɲi-k/tʃka]
Fremdenverkehrsamt biuro informacji turystycznej [bjuro infɔrmatsji turɨstɨtʃnej]
freuen: sich ~ cieszyć się/ucieszyć się [tɕɛʃɨtɕ ɕɛ̃/utɕɛʃɨtɕ ɕɛ̃]
Freund(in) przyjaciel (przyjaciółka) [pʃɨjatɕɛl/pʃɨjatɕuwka]
freundlich *(als Adjektiv)* miły [mˌiwɨ], *(als Adverb)* miło [mˌiwɔ]
Friedhof cmentarz [tsmɛntaʃ]
frieren marznąć [marznɔɲtɕ]
frisch świeży [ɕfjɛʒɨ]
Frischhaltefolie folia spożywcza [fɔlja spɔʒɨftʃa]
Friseur fryzjer [frɨzjɛr]
frisieren ufryzować [ufrɨzɔvatɕ]
Frisur fryzura [frɨzura]
froh *(heiter)* wesoły [vɛsɔwɨ], *(erfreut, zufrieden)* zadowolony [zadɔvɔlɔnɨ]
Fronleichnam Boże Ciało [bɔʒɛ tɕawɔ]
Frost mróz [mrus]
Frostschutzmittel odmrażacz [ɔdmraʒatʃ]
früh wcześnie [ftʃɛɕɲɛ]
früher *(als Adverb: ehemals)* dawniej [davɲɛj], *(eher)* wcześniej [ftʃɛɕɲɛj]
Frühling wiosna [vjɔsna]
Frühstück śniadanie [ɕɲadaɲɛ]
frühstücken jeść śniadanie [jɛɕtɕ ɕɲadaɲɛ]
Frühstücksbüfett śniadanie w formie bufetu [ɕɲadaɲɛ f‿fɔrmjɛ bufɛtu]
Frühstücksraum jadalnia [jadalɲa]
fühlen czuć [tʃutɕ]
Führer *(Person, Buch)* przewodnik [pʃɛvɔdɲik]
Führerschein prawo jazdy [pravɔ jazdɨ]
Führung oprowadzanie [ɔprɔvadʑaɲɛ]
Fundbüro biuro rzeczy znalezionych [bˌurɔ ʒɛtʃɨ znalɛʑɔnɨx]
Funde znalezisko [znalɛʑiskɔ]
funktionieren funkcjonować [fuŋktsjɔnɔvatɕ]
für *(für jemanden)* dla [dla], *(für etwas)* na [na]
fürchten bać się [batɕ ɕɛ̃]
fürchterlich straszny [straʃnɨ], okropny [ɔkrɔpnɨ]
Fuß stopa [stɔpa]
Fußball piłka nożna [pˌiwka nɔʒna]
Fußballplatz boisko do gry w piłkę nożną [bɔiskɔ dɔ grɨ f‿pˌiwkɛ̃ nɔʒnɔ̃]
Fußballspiel mecz piłki nożnej [mɛtʃ pˌiwci nɔʒnɛj]
Fußgänger(in) piesz-y (a) [pjɛʃ-ɨ/a]
Fußgängerzone strefa dla pieszych [strɛfa dla pjɛʃɨx]
Fuß(reflexzonen)massage masaż (reflektoryczny) stóp [masaʃ (rɛflɛktɔrɨtsnɨ) stup]

G

Gabel widelec [vˌidɛlɛts]
Galerie galeria [galɛrja]
Gallenblase woreczek żółciowy [vɔrɛtʃɛk ʒuwtɕɔvɨ]
Gang *(im Auto)* bieg [bjɛk], *(Essen)* danie [daɲɛ], *(Platz)* przejście [pʃɛjɕtɕɛ]
ganz *(als Adjektiv)* cały [tsawɨ], *(vollständig)* całkowity [tsawkɔvˌitɨ], *(als Adverb)* całkiem [tsawcɛm]
Ganzkörpermassage masaż całego ciała [masaʃ tsawɛgɔ tɕawa]
gar ugotowany [ugɔtɔvanɨ]
Garage garaż [garaʃ]
Garantie gwarancja [gvarantsja]
Garderobe szatnia [ʃatɲa]
Garnelen krewetki [krɛvɛtci]

Garten ogród [ɔgrut]
Gasflasche butla gazowa [butla gazɔva]
Gasherd kuchenka gazowa [kuxɛnka gazɔva]
Gaskartusche jednorazowa butla gazowa [jɛdnɔrazɔva butla gazɔva]
Gaskocher kocher gazowy [kɔxɛr gazɔvɨ]
Gaspedal pedał gazu [pɛdaw gazu]
Gasse uliczka [ul̦itʃka]
Gast gość [gɔɕtɕ]
Gastfreundschaft gościnność *(f)* [gɔɕtɕinnɔɕtɕ]
Gastgeber(in) gospodarz (gospodyni) [gɔspɔdaʃ/gɔspɔdɨɲi]
Gebäck pieczywo [pjɛtʃɨvɔ]
gebacken pieczony [pjɛtʃɔnɨ]
Gebäude budynek [budɨnɛk]
Gebärdenprache język migowy [jeʒɨk m̦igovi]
geben dawać/dać [davatɕ/datɕ]
Gebirge góry *(Plural)* [gurɨ]
geboren urodzony [urɔʤɔnɨ]
gebraten smażony [smaʒɔnɨ]
gebräuchlich utarty [utartɨ], przyjęty [pʃɨjɛntɨ]
gebrochen złamany [zwamanɨ]
Gebühren opłaty [ɔpwatɨ]
Geburtsdatum data urodzenia [data urɔʥɛɲa]
Geburtsname nazwisko panieńskie [nazv̦iskɔ paɲɛɲscɛ]
Geburtsort miejsce urodzenia [mjɛjstsɛ urɔʥɛɲa]
Geburtstag urodziny *(Plural)* [urɔʥinɨ]
gedämpft gotowany na parze [gɔtɔvanɨ na paʒɛ]
Gedeck nakrycie [nakrɨtɕɛ]
Gedenkstätte miejsce pamięci [mjɛjstsɛ pamjɛ̃tɕi]
Geduld cierpliwość *(f)* [tɕɛrpl̦ivɔɕtɕ]
gedünstet duszony [duʃɔnɨ]
Gefahr niebezpieczeństwo [ɲɛbɛspjɛtʃɛɲstfɔ]
gefährlich niebezpieczny [ɲɛbɛspjɛtʃnɨ]
gefallen podobać się [pɔdɔbatɕ ɕɛ̃]
Gefängnis więzienie [vjɛɲʑɛɲɛ]
Gefühl uczucie [utʃutɕɛ]
gefüllt nadziewany [nadʑɛvanɨ]
gegen Mittag około południa [ɔkɔwɔ pɔwudɲa]
gegen przeciw [pʃɛtɕif]
Gegend okolica [ɔkɔl̦itsa]
Gegenstand przedmiot [pʃɛdmjɔt], *(Thema)* temat [tɛmat]
Gegenteil przeciwieństwo [pʃɛtɕivjɛɲstfɔ]
gegenüber naprzeciwko [napʃɛtɕifkɔ]
Geheimzahl numer zastrzeżony [numer zastʃeʒonɨ], PIN [p̦in]
gehen iść [iɕtɕ], pójść [pujɕtɕ]
Gehirn mózg [musk]
Gehirnerschütterung wstrząs mózgu [fstʃɔ̃s muzgu]
Gehirnschlag udar mózgu [udar muzgu], wylew krwi do mózgu [vɨlɛf krf̦i dɔ muzgu]
Gehör słuch [swux]
gehören należeć [nalɛʒɛtɕ]
Gehörlose/r głuch-a (y) [gwux-a/ɨ]
gekocht gotowany [gɔtɔvanɨ]
gekochter Schinken gotowana szynka [gɔtɔvana ʃɨŋka]
Gelände teren [tɛrɛn]
gelb żółty [ʒuwtɨ]
Geld pieniądze *(Plural)* [pjɛɲɔnʥɛ]
Geldanweisung przekaz pieniężny [pʃɛkas pjɛɲɛ̃ʒnɨ]
Geldautomat bankomat [baŋkɔmat]
Geldbeutel portmonetka [pɔrtmɔnɛtka]
Geldkarte karta płatnicza [karta pwatɲitʃa]
Geldschein banknot [baŋknɔt]
Geldwechsel wymiana pieniędzy [vɨm̦jana pjɛɲɛnʥɨ]
gelegentlich *(als Adjektiv)* okazjonalny [ɔkazjɔnalnɨ], *(als Adverb)* od czasu do czasu [ɔt̯ tʃasu dɔ tʃasu]
Gelenk staw [staf]
Gemälde obraz [ɔbras], malowidło [malɔv̦idwɔ]
gemeinsam *(als Adjektiv)* wspólny [fspulnɨ], *(als Adverb)* wspólnie [fspulɲɛ], razem [razɛm]
gemischt mieszany [mjɛʃanɨ]
Gemüse warzywa *(Plural)* [vaʒɨva], jarzyny *(Plural)* [jaʒɨnɨ]
gemütlich przytulny [pʃɨtulnɨ]
genau *(als Adjektiv)* dokładny [dɔkwadnɨ], *(als Adverb)* dokładnie [dɔkwadɲɛ]
genauso ... wie dokładnie tak... jak [dɔkwadɲɛ tak jak]
genießen rozkoszować się [rɔskɔʃɔvatɕ ɕɛ̃]
genug dosyć [dɔsɨtɕ], dość [dɔɕtɕ]
geöffnet otwarty [ɔtfartɨ]
Gepäck bagaż [bagaʃ]
Gepäckabfertigung odprawa bagażu [ɔtprava bagaʒu]
Gepäckaufbewahrung przechowalnia bagażu [pʃɛxɔvalɲa bagaʒu]
Gepäckausgabe wydawanie bagażu [vɨdavaɲɛ bagaʒu]
Gepäckschalter okienko bagażowe [ɔcɛŋkɔ bagaʒɔvɛ]
Gepäckwagen wózek bagażowy [vuzek bagaʒɔv̦ɨ]

gerade prosty [prɔstɨ], *(zeitlich)* akurat [akurat], w tej chwili [ftɛj xvˌilˌi]
geradeaus prosto [prɔstɔ]
geräuchert wędzony [vɛ̃ʤɔnɨ]
Geräusch szmer [ʃmɛr]
Gericht *(Essen)* potrawa [pɔtrava], *(Justiz)* sąd [sɔnt]
gern chętnie [xɛntɲɛ]
geröstet opiekany [ɔpjɛkanɨ]
Geruch zapach [zapax]
Geschenk prezent [prɛzɛnt]
Geschichte historia [çistɔrja]
Geschirr naczynia *(Plural)* [natʃiɲa]
Geschirrspülbecken zlewozmywak [zlɛvɔzmɨvak]
Geschirrspülmaschine zmywarka do naczyń [zmɨvarka dɔ natʃiɲ]
Geschirrtuch ścierka do naczyń [ɕtɕɛrka dɔ natʃiɲ]
geschlossen zamknięty [zamkɲɛ̃tɨ]
Geschmack smak [smak]
geschmort duszony [duʃɔnɨ], smażony [smaʒɔnɨ]
Geschwindigkeit szybkość *(f)* [ʃɨpkɔɕtɕ]
geschwollen spuchnięty [spuxɲɛntɨ]
Geschwulst obrzęk [ɔbʒɛŋk]
Geschwür wrzód [vʒut]
Gesicht twarz *(f)* [tfaʃ]
Gesichtsbehandlung zabieg kosmetyczny twarzy [zabjɛk kɔsmɛtɨtʃnɨ tfaʃɨ]
Gespräch rozmowa [rɔzmɔva]
gestern wczoraj [ftʃɔraj]
gesund zdrowy [zdrɔvɨ]
Getränk napój [napuj]
Getriebe skrzynia biegów [skʃiɲa bjɛguf]
Gewicht waga [vaga]
Gewinn zysk [zɨsk], wygrana [vɨgrana]
gewinnen wygrywać/wygrać [vɨgrɨvatɕ/vɨgratɕ]
Gewitter burza [buʒa]
gewöhnlich zwyczajny [zvɨtʃajnɨ]
gewohnt sein być przyzwyczajonym [bɨtɕ pʃɨzvɨtʃajɔnɨm]
Gewölbe sklepienie [sklɛpjɛɲɛ]
Gewürz przyprawa [pʃiprava]
gibt: es ~ jest/są [jɛst/sɔ̃]
Giebel ściana szczytowa [ɕtɕana ʃtʃitɔva]
Gift trucizna [trutɕizna]
giftig trujący [trujɔntsɨ]
Gipfel szczyt [ʃtʃit]
Glas szklanka [ʃkla ka]]
Glasmalerei malarstwo na szkle [malarstfɔ na ʃklɛ]
Glatteis gołoledź *(f)* [gɔwɔlɛtɕ]
glauben wierzyć [vjɛʒɨtɕ], *(meinen)* sądzić [sɔɲʥitɕ]
gleich równy [ruvnɨ], *(identisch)* taki sam [taci sam], *(sofort)* zaraz [zaras]
gleichzeitig *(als Adjektiv)* równoczesny [ruvnɔtʃɛsnɨ], *(als Adverb)* jednocześnie [jɛdnɔtʃɛɕɲɛ]
Gleis tor [tɔr]
Gleitschirm paralotnia [paralɔtɲa]
Glück szczęście [ʃtʃɛ̃ɕtɕɛ]
glücklich szczęśliwy [ʃtʃɛ̃ɕlˌivɨ]
Glückwunsch życzenia *(Plural)* [ʒɨtʃɛɲa]
Glühbirne żarówka [ʒarufka]
Gold złoto [zwɔtɔ]
goldfarben złocisty [zwɔtɕistɨ]
Goldschmiedekunst złotnictwo [zwɔtɲitstfɔ]
Golf golf [gɔlf]
Golfclub klub golfowy [klup gɔlfɔvɨ]
Golfschläger kij golfowy [cij gɔlfɔvɨ]
Gotik gotyk [gɔtɨk]
Gott Bóg [buk]
Grab grób [grup]
Grabmal nagrobek [nagrɔbɛk], grobowiec [grɔbɔvjɛts]
Grafik grafika [grafˌika]
Gramm gram [gram]
Grapefruit grejpfrut [grɛjfrut]
Gräte ość *(f)* [ɔɕtɕ]
gratis za darmo [za darmɔ]
gratulieren gratulować [gratulɔvatɕ]
grau szary [ʃarɨ]
Grenze granica [graɲitsa]
Grenzübergang przejście graniczne [pʃɛjɕtɕɛ graɲitʃnɛ]
griechisch grecki [grɛtsci]
Grill grill [gril]
Grillanzünder rozpałka do grilla [rɔspawka dɔ grila]
Grillkohle węgiel drzewny [vɛ̃ɟɛl dʒɛvnɨ]
Grippe grypa [grɨpa]
groß duży [duʒɨ], wielki [vjɛlci]
Größe wielkość *(f)* [vjɛlkɔɕtɕ], *(Kleidung)* rozmiar [rɔzmjar]
Großmutter babka [bapka], babcia [baptɕa]
Großpolen Wielkopolska [vjɛlkɔpɔlska]
Großraumwagen wagon bezprzedziałowy [vagɔn bɛs pʃɛʥawovɨ]
Großvater dziadek [ʥadɛk]
Grotte grota [grɔta]
grün zielony [ʑɛlɔnɨ]
Grund powód [pɔvut]
grüne Bohnen fasolka zielona [fasɔlka ʑɛlɔna]
grüne Versicherungskarte polisa ubezpieczeniowa [pɔlˌisa ubɛspjɛtʃɛɲɔva], zielona karta [ʑɛlɔna karta]

Gruppe grupa [grupa]
grüßen pozdrawiać [pɔzdravjatɕ]
gültig ważny [vaʒnɨ], aktualny [aktualnɨ]
Gummistiefel kalosze [kalɔʃɛ]
Gurke ogórek [ɔgurɛk]
Gürtel pasek [pasɛk]
gut *(als Adjektiv)* dobry [dɔbrɨ], *(als Adverb)* dobrze [dɔbʒɛ]
Gutschein bon [bɔn], talon [talɔn]
Gymnastik gimnastyka [ɟimnastɨka]

H

Haar włosy *(Plural)* [vwɔsɨ]
Haarfestiger pianka do włosów [pjanka do vwosuf]
Haargel żel do włosów [ʒɛl dɔ vwɔsuf]
Haargummi gumka do włosów [gumka dɔ vwɔsuf]
Haarklammern klamerka do włosów [klamɛrka dɔ vwɔsuf]
haben mieć [mjɛtɕ]
Hackfleisch mięso mielone [mjɛ̃sɔ mjɛlɔnɛ]
Hafen port [pɔrt]
Haferflocken płatki owsiane [pwatci ɔfɕanɛ]
Hähnchen kurczak [kurtʃak]
Haken hak [xak], wieszak [vjɛʃak]
halb pół [puw]
Halbpension nocleg ze śniadaniem i kolacją [nɔtslɛk zɛ ɕɲadaɲɛm i kɔlatsjɔ̃]
Hälfte połowa [pɔwɔva]
Hals szyja [ʃɨja]
Halsschmerzen ból gardła [bul gardwa]
Halstabletten tabletki na gardło [tablɛtci na gardwɔ]
halt! stop! [stɔp]
haltbar trwały [trfawɨ]
Haltbarkeit przydatność do spożycia [pʃɨdatnɔɕtɕ dɔ spɔʒɨtɕa]
Haltegriff uchwyt [uxfɨt]
halten trzymać [tʃɨmatɕ], *(stehen bleiben)* zatrzymywać się/ zatrzymać się [zatʃɨmɨvatɕ ɕɛ̃/ zatʃɨmatɕ ɕɛ̃]
Haltestelle przystanek [pʃɨstanɛk]
Hammelfleisch baranina [baraɲina]
Hammer młotek [mwɔtɛk]
Hand ręka [rɛŋka]
Handball piłka ręczna [pˌiwka rɛntʃna]
Handbike rower (dwu-, trójkołowy) z napędem ręcznym [rɔvɛr (dvu, trujkɔwɔvɨ) z napɛndɛm rɛntʃnɨm]
Handbremse hamulec ręczny [xamulɛts rɛ̃tʃnɨ]
Handcreme krem do rąk [krɛm dɔ rɔ̃k]
Handgas *(Auto)* ręczny pedał gazu [rɛntʃnɨ pɛdaw gazu]
handgemacht wyrób ręczny [vɨrup rɛ̃tʃnɨ]
Handschuhe rękawiczki [rɛŋkavˌitʃci]
Handtasche torebka [tɔrɛpka]
Handtuch ręcznik [rɛntʃɲik]
Handwaschbecken umywalka [umɨvalka]
Handy telefon komórkowy [tɛlɛfɔn kɔmurkɔvɨ], komórka *(umgangssprachlich)* [kɔmurka]
Handygeschäft sklep sieci telefonii komórkowej [sklɛp ɕɛtɕi tɛlɛfɔɲi kɔmurkɔvɛj]
hart twardy [tfardɨ]
hässlich brzydki [bʒɨtci]
häufig często [tʃɛ̃stɔ]
Hauptbahnhof dworzec główny [dvɔʒɛts gwuvnɨ]
Hauptpostamt poczta główna [pɔtʃta gwuvna]
Hauptrolle rola główna [rɔla gwuvna]
hauptsächlich głównie [gwuvɲɛ], przede wszystkim [pʃɛdɛ fʃɨstcim]
Hauptsaison szczyt sezonu [ʃtʃɨt sɛzɔnu]
Hauptspeise danie główne [daɲɛ gwuvnɛ]
Hauptstadt stolica [stɔlˌitsa]
Hauptstraße główna ulica [gwuvna ulˌitsa]
Haus dom [dɔm]
Hausbesitzer(in) właściciel/ka domu [vwaɕtɕitɕɛl/ka dɔmu]
hausgemacht wyrób własny [vɨrup vwasnɨ]
Haushaltswaren artykuły gospodarstwa domowego [artɨkuwɨ gɔspɔdarstfa dɔmɔvɛgɔ]
Hausnummer numer domu [numɛr dɔmu]
Haustiere zwierzęta domowe [zvˌjɛʒɛnta dɔmɔvɛ]
Haut skóra [skura]
Heide łąka [wɔ̃ka], wrzosowisko [vʒɔsɔvˌiskɔ]
Heilbad kąpiel lecznicza [kɔ̃pjɛl lɛtʃɲtʃa]
Heilfasten kuracja głodowa [kuratsja gwɔdɔva]
heilig święty [ɕfjɛntɨ]
Heiliger Abend Wigilia [vˌiɟilja]
Heimat ojczyzna [ɔjtʃɨzna]
Heimreise podróż do domu [pɔdruʃ dɔ dɔmu]
heiraten *(eine Frau)* ożenić się [ɔʒɛɲitɕ ɕɛ̃], *(einen Mann)* wyjść za mąż [vɨjɕtɕ za mɔ̃ʃ]

heiser ochrypły [ɔxrɨpwɨ]
heiß *(als Adverb)* gorąco [gɔrɔntsɔ]
heißen nazywać się [nazɨvatɕ ɕɛ̃], *(bedeuten)* znaczyć [znatʃɨtɕ]
Heißluftballon balon na gorące powietrze [balɔn na gɔrɔntsɛ pɔvjɛtʃɛ]
Heizung ogrzewanie [ɔgʒɛvaɲɛ]
helfen: jemandem ~ pomagać/pomóc komuś [pɔmagatɕ/pɔmuts kɔmuɕ]
hellblau/hellgrün jasnoniebieski/ jasnozielony [jasnɔɲɛbjɛsci/ jasnɔʑɛlɔnɨ]
Hemd koszula [kɔʃula]
Herbst jesień *(f)* [jɛɕɛɲ]
Herd kuchenka [kuxɛŋka]
herein! proszę wejść! [prɔʃɛ̃ vɛjɕtɕ]
hereinkommen wejść [vɛjɕtɕ], wchodzić [fxɔdʑitɕ]
Hering śledź [ɕlɛtɕ], kołek do namiotu [kɔwɛk dɔ namjɔtu]
Herpes opryszczka [ɔprɨʃtʃka]
Herr pan [pan]
Herren panowie [panɔvjɛ]
herrlich *(als Adverb)* cudownie [tsudɔvɲɛ]
Herz serce [sɛrtsɛ]
Herzanfall atak serca [atak sɛrtsa]
Herzbeschwerden dolegliwości sercowe [dɔlɛgl͏ivɔɕtɕi sɛrtsɔvɛ]
Herzinfarkt zawał serca [zavaw sɛrtsa]
herzlich *(als Adverb)* serdecznie [sɛrdɛtʃɲɛ]
Herzschrittmacher rozrusznik serca [rɔzruʃɲik sɛrtsa]
Heu-Bad kąpiel sienna [kɔ̃pjɛl ɕɛnna]
Heuschnupfen katar sienny [katar ɕɛnnɨ]
heute Morgen/heute Abend dzisiaj rano/dzisiaj wieczorem [dʑiɕaj ranɔ/ dʑiɕaj vjɛtʃɔrɛm]
heute dzisiaj [dʑiɕaj]
Hexenschuss postrzał [pɔstʃaw], lumbago [lumbagɔ]
hier tutaj [tutaj]
Hilfe pomoc *(f)* [pɔmɔts]
Himmel niebo [ɲɛbɔ]
hindern przeszkadzać/przeszkodzić [pʃɛʃkadzatɕ/pʃɛʃkɔdʑitɕ]
hinlegen: sich ~ kłaść się/położyć się [kwaɕtɕ ɕɛ̃/pɔwɔʒɨtɕ ɕɛ̃]
hinten z tyłu [s͜tɨwu], w tyle [f͜tɨlɛ]
hinter za [za]
Hinterland głąb kraju [gwɔmp kraju]
hinterlegen zdeponować [zdɛpɔnɔvtɕ]
hinzufügen dodawać/dodać [dɔdavatɕ/dɔdatɕ]
Hirnhautentzündung zapalenie mózgu [zapalɛɲɛ muzgu]
Hitze upał [upaw]
Hitzewelle fala upałów [fala upawuf]
HIV-positiv HIV pozytywny [ɕif pɔzɨtɨvnɨ]
hoch wysoki [vɨsɔci]
Hochformat duży format [duʒɨ fɔrmat]
Hochspannung wysokie napięcie [vɨsɔcɛ napjɛɲtɕɛ]
höchstens najwyżej [najvɨʒɛj]
Hochzeit wesele [vɛsɛlɛ]
Hof podwórze [pɔdvuʒɛ]
hoffentlich miejmy nadzieję [mjɛjmɨ nadʑɛjɛ̃]
höflich grzeczny [gʒɛtʃnɨ], uprzejmy [upʃɛjmɨ]
Höhe wysokość *(f)* [vɨsɔkɔɕtɕ]
Höhepunkt główny punkt [gwuvnɨ punkt], *(Gipfel)* szczyt [ʃtʃɨt]
Höhle jaskinia [jasciɲa], grota [grɔta]
Holz drzewo [dʒɛvɔ], drewno [drɛvnɔ]
Holzschnitt drzeworyt [dʒɛvɔrɨt]
Honig miód [mjut]
hören słuchać [swuxatɕ], słyszeć [swɨʃɛtɕ]
Hörer słuchawka [swuxafka]
hörgeschädigt z uszkodzeniem słuchu [z͜uʃkɔdzɛɲɛm swuxu]
Hose spodnie *(Plural)* [spɔdɲɛ]
Hublift podnośnik [pɔdnɔɕɲik]
hübsch piękny [pjɛ̃ŋknɨ]
Hüfte biodro [bjɔdrɔ]
Hügel wzgórze [vzguʒɛ]
Hund pies [pjɛs]
hungrig sein być głodnym [bɨtɕ gwɔdnɨm]
Hupe klakson [klaksɔn]
Husten kaszel [kaʃɛl]
Hustensaft syrop na kaszel [sɨrɔp na kaʃɛl]
Hut kapelusz [kapɛluʃ]

I

ich ja [ja]
Idee idea [idɛa], pomysł [pɔmɨsw]
ihr *(Personalpronomen)* wy [vɨ], *(Possessivpronomen: f)* jej [jɛj], *(Possessivpronomen: Plural)* ich [ix]
Illustrierte magazyn ilustrowany [magazɨn ilustrɔvanɨ], czasopismo ilustrowane [tʃasɔp͏ismɔ ilustrɔvanɛ]
Imbiss przekąska [pʃekɔw̃ska]
immer zawsze [zafʃɛ]

Impfpass karta szczepień [karta ʃtʃɛpjɛɲ]
Impfung szczepienie [ʃtʃɛpjɛɲɛ]
Impressionismus impresjonizm [imprɛsjɔɲizm]
in einer Woche za tydzień [za tɨʥɛɲ]
in *(Frage: wo?)* w *(+ Lokativ)* [v], *(Frage: wohin?)* do *(+ Genitiv)* [dɔ]
inbegriffen zawarty [zavartɨ]
Induktionsschleife przewód indukcyjny [pʃɛvut induktsɨnɨ]
Infektion infekcja [infɛktsja]
informieren: sich ~ zasięgać/zasięgnąć informacji [zaɕɛ̃gaʨ/zaɕɛ̃gnɔ̃ʨ infɔrmatsi]
Infusion infuzja [infuzja]
Inhalt zawartość *(f)* [zavartɔɕʨ], treść *(f)* [trɛɕʨ]
Inlandsflug lot krajowy [lɔt krajɔvɨ]
Inliner rolkarz [rɔlkaʃ]
innen w środku [f ɕrɔtku]
Innenhof dziedziniec [ʥɛʥiɲɛts]
Inschrift napis [napˌis]
Insekt insekt [insɛkt]
Insektenmittel środek owadobójczy [ɕrɔdɛk ɔvadɔbujtʃɨ]
Insel wyspa [vɨspa]
Inselrundfahrt wycieczka po wyspie [vɨʨɛtʃka pɔ vɨspˌiɛ]
Insulin insulina [insulˌina]
Inszenierung inscenizacja [instsɛɲizatsja]
interessant ciekawy [ʨɛkavɨ], interesujący [intɛrɛsujɔntsɨ]
interessieren: sich ~ (für) interesować się (czymś/kimś) [intɛrɛsɔvaʨ ɕɛ̃ (tʃɨmɕ/cimɕ)]
international międzynarodowy [mjɛnʥɨnarɔdɔvɨ]
Internetbuchung rezerwacja internetowa [rɛzɛrvatsja intɛrnɛtɔva]
Interrail Interrail [interrajl]
Irrtum pomyłka [pɔmɨwka]
Ischias rwa kulszowa [rva kulʃɔva], ischias [isxjas]

J

Jacke kurtka [kurtka]
Jahr rok [rɔk]
Jahreszeit pora roku [pɔra rɔku]
Jahrhundert wiek [vjɛk], stulecie [stulɛʨɛ]
jährlich *(als Adverb)* rocznie [rɔtʃɲɛ]
Jahrmarkt jarmark [jarmark]
Januar styczeń [stɨtʃɛɲ]
Jazz jazz [ʤɛs]
Jeans jeansy dżinsy *(Plural)* [ʤinsɨ]
jeden Tag każdego dnia [kaʒdɛgɔ dɲa]
jeder każdy [kaʒdɨ]
jemand ktoś [ktɔɕ]
jene(r, -s) tamta (tamten, tamto) [tamta (tamten, tamtɔ)]
jetzt teraz [tɛras]
Jod(tinktur) roztwór jodu [rɔstfur jɔdu]
joggen uprawiać jogging [upravjaʨ jɔgɟiŋg], biegać [bjɛgaʨ]
Jogginghose spodnie od dresu *(Plural)* [spɔdɲɛ ɔd drɛsu]
Joghurt jogurt [jɔgurt]
jucken swędzi(e)ć [sfɛɲʥi(e)tɕ]
Jugendliche/r nastolat-ka/tek [nastɔlat-ka/tɛk]
Jugendstil secesja [sɛtsɛsja]
Juli lipiec [lˌipjɛts]
jung młody [mwɔdɨ]
Junge chłopiec [xwɔpjɛts]
Junggeselle kawaler [kavalɛr]
Juni czerwiec [tʃɛrvjɛts]
Juwelier jubiler [jubˌilɛr]

K

Kabarett kabaret [kabarɛt]
Kabarettist(in) artyst-a/ka kabaretow-y/a [artɨst-a/ka kabarɛtɔv-ɨ/a]
Kabine kabina [kabˌina]
Kaffee kawa [kava]
Kaffeefilter filtr do kawy [fˌiltr dɔ kavɨ]
Kaffeelöffel łyżka do kawy [wɨʃka dɔ kavɨ]
Kaffeemaschine automat do kawy [awtɔmat dɔ kavɨ]
Kai nabrzeże [nabʒɛʒɛ]
Kaiser(in) cesarz (owa) [tsɛsaʃ/tsɛsaʒɔva]
Kalbfleisch cielęcina [ʨɛlɛ̃ʨina]
kalorienarm niskokaloryczny [ɲiskɔkalɔrɨtʃnɨ]
kalt zimno [ʑimnɔ]
kaltes Wasser zimna woda [ʑimna vɔda]
Kamillentee herbata rumiankowa [xɛrbata rumˌjankɔva]
Kamm grzebień [gʒɛbjɛɲ]
kämmen czesać [tʃɛsaʨ]
Kanal kanał [kanaw]
Kaninchen królik [krulˌik]
Kanu kanu *(nt)* [kanu]
Kapelle kaplica [kaplˌitsa]
Kapitän kapitan [kapˌitan]
kaputt zepsuty [zɛpsutɨ]
Karaffe karafka [karafka]
Karneval karnawał [karnavaw]
Karotten marchew *(f)* [marxɛf]
Karpaten Karpaty [karpatɨ]
Kartoffeln ziemniaki [ʑɛmɲaci]

Käse ser [sɛr]
Kasse kasa [kasa]
Kathedrale katedra [katɛdra]
Katze kot [kɔt]
kaufen kupować/kupić [kupɔvatɕ/kupˌitɕ]
Kaufhaus dom towarowy [dɔm tɔvarɔvɨ]
Kaugummi guma do żucia [guma dɔ ʒutɕa]
kaum ledwie [ledvjɛ], z trudem [s̬ trudem]
Kaution kaucja [kawtsja]
Kehrschaufel szufelka [ʃufɛlka]
kein żaden [ʒadɛn]
Kekse ciasteczka [tɕastɛtʃka]
Kellner(in) kelner(ka) [kɛlnɛr/ka]
kennen znać [znatɕ]
Keramik ceramika [tsɛramˌika]
Kerzen świece [ɕfjɛtsɛ]
Ketschup keczup [kɛtʃup]
Kette łańcuch [waɲtsux], łańcuszek [waɲtsuʃɛk]
Keuchhusten koklusz [kɔkluʃ], krztusiec [kʃtuɕɛts]
Kfz-Schein dowód rejestracyjny [dɔvut rɛjɛstratsɨjnɨ], karta wozu *(umgangssprachlich)* [karta vɔzu]
Kichererbsen ciecierzyca [tɕɛtɕɛʒɨtsa]
Kiefer szczęka [ʃtʃɛŋka]
Kilogramm kilogram [cilɔgram]
Kilometer kilometr [cilɔmɛtr]
Kilometerpreis cena za kilometr [tsɛna za cilɔmɛtr]
Kind dziecko [dʑɛtskɔ]
Kinderarzt(ärztin) pediatra (-) [pɛdiatra]
Kinderbecken basen dla dzieci [basɛn dla dʑɛtɕi]
Kinderbetreuung opieka nad dziećmi [ɔpjɛka nat dʑɛtɕmˌi]
Kinderbett łóżeczko dziecięce [wuʒɛtʃkɔ dʑɛtɕɛ̃tsɛ]
Kinderermäßigung zniżka dla dzieci [zɲiʃka dla dʑɛtɕi]
Kinderfahrkarte bilet dla dziecka [bˌilɛt dla dʑɛtska]
Kinderkleidung odzież dla dzieci *(Plural)* [ɔdʑɛʃ dla dʑɛtɕi]
Kinderkrankheit choroba dziecięca [xɔrɔba dʑɛtɕɛ̃tsa]
Kinderlähmung paraliż dziecięcy [paralˌiʃ dʑɛtɕɛntsɨ]
Kindersitz fotelik dla dziecka [fɔtɛl,ik dla dʑɛtska]
Kindersitzkissen *(fürs Auto)* podstawka samochodowa [pɔtstafka samɔxɔdɔva]
Kinderteller porcja dziecięca [pɔrtsja dʑɛtɕɛ̃tsa]
Kino kino [cinɔ]
Kirche kościół [kɔɕtɕuw]
Kirchturm wieża kościoła [vjɛʒa kɔɕtɕɔwa]
Kirmes wesołe miasteczko [vɛsɔwɛ mjastɛtʃkɔ]
Kirschen wiśnie [vˌiɕɲɛ], czereśnie [tʃɛrɛɕɲɛ]
Kiste skrzynia [skʃɨɲa], skrzynka [skʃɨŋka]
kitschig kiczowaty [citʃɔvatɨ]
Kiwi kiwi [civi]
klar *(als Adjektiv)* czysty [tʃɨstɨ], jasny [jasnɨ], *(deutlich)* wyraźny [vɨraʑnɨ], *(als Adverb)* jasne [jasnɛ], oczywiście [ɔtʃɨvˌiɕtɕɛ]
Klasse klasa [klasa], kategoria [katɛgɔrja]
Klassik klasyka [klasɨka]
Klassiker klasyk [klasɨk]
Klassizismus klasycyzm [klasɨtsɨzm]
Kleid sukienka [sucɛŋka]
Kleiderbügel wieszak [vˌjɛʃak]
Kleidung ubranie [ubraɲɛ]
klein mały [mawɨ]
Kleingeld drobne *(Plural)* [drɔbnɛ]
Kleinkunstbühne kabaret [kabarɛt]
Klima klimat [klˌimat]
Klimaanlage klimatyzacja [klˌimatɨzatsja]
Klingel dzwonek [dzvɔnɛk]
Kloster klasztor [klaʃtɔr]
klug mądry [mɔndrɨ]
Kneipe knajpa [knajpa]
Kneippanwendung zabiegi Kneippa [zabjɛgi knajppa]
Knie kolano [kɔlanɔ]
Knoblauch czosnek [tʃɔsnɛk]
Knöchel kostka [kɔstka]
Knochen kość *(f)* [kɔɕtɕ]
Knochenbruch złamanie kości [zwamaɲɛ kɔɕtɕi]
Knopf guzik [guʑik]
Koch(Köchin) kucha-rz (rka) [kuxa-ʃ/rka]
Kochbuch książka kucharska [kɕɔ̃ʃka kuxarska]
kochen gotować [gɔtɔvatɕ]
Kochen gotowanie [gɔtɔvaɲɛ]
Kocher kocher [kɔxɛr], kuchenka [kuxɛŋka]
Kochnische wnęka kuchenna [vnɛ̃ka kuxɛnna]
Koffer walizka [valˌiska]
Kofferraum bagażnik [bagaʒɲik]
Kohl kapusta [kapusta]
Kokosnuss orzech kokosowy [ɔʒɛx kɔkɔsɔvɨ]
Kolik kolka [kɔlka]
Kollege(Kollegin) kolega (koleżanka) [kɔlɛga/kɔlɛʒaŋka]
kommen przychodzić/przyjść [pʃɨxɔdʑitɕ/pʃɨjɕtɕ]
Komödie komedia [kɔmɛdja]

Kompass kompas [kɔmpas]
Komponist(in) kompozytor(ka) [kɔmpɔzɨtɔr/ka]
Konditorei cukiernia [tsucɛrɲa]
Kondom prezerwatywa [prɛzɛrvatɨva], kondom [kɔndɔm]
König(in) król(owa) [krul/ɔva]
können móc [muts], *(gelernt haben)* umieć [umjɛtɕ]
Konserven konserwy [kɔnsɛrvɨ]
Konsulat konsulat [kɔnsulat]
Kontakt kontakt [kɔntakt]
Konto konto [kɔntɔ]
Kontrolleur(in) kontroler(ka) [kɔntrɔlɛrka]
kontrollieren kontrolować [kɔntrɔlɔvatɕ]
Konzert koncert [kɔntsɛrt]
Kopf głowa [gwɔva]
Kopfhörer słuchawki [swuxafci]
Kopfkissen poduszka [pɔduʃka]
Kopfsalat sałata zielona [sawata ʑɛlɔna]
Kopfschmerzen bóle głowy [bulɛ gwɔvɨ]
Kopfschmerztabletten tabletki od bólu głowy [tablɛtci ɔt bulu gwɔvɨ]
Kopie kopia [kɔpja]
Korb kosz [kɔʃ], koszyk [kɔʃɨk]
Korkenzieher korkociąg [kɔrkɔtɕɔŋk]
Körper ciało [tɕawɔ]
Körperbehinderung niepełnosprawność fizyczna *(Plural)* [ɲɛpɛwnɔspravnɔɕtɕ fˌizɨtʃna]
kosten kosztować [kɔʃtɔvatɕ]
kostenlos za darmo [za darmɔ]
Kostüm kostium [kɔstjum]
Kotelett kotlet [kɔtlɛt]
Koteletten bokobrody [bɔkɔbrɔdɨ]
Krabben kraby [krabɨ]
Krampf skurcz [skurtʃ]
krank chory [xɔrɨ]
Krankenhaus szpital [ʃpˌital]
Krankenkasse kasa chorych [kasa xɔrɨx], ubezpieczalnia [ubɛspjɛtʃalɲa]
Krankenpfleger pielęgniarz [pjɛlɛ̃gɲaʃ]
Krankenschein poświadczenie ubezpieczenia na wypadek choroby [pɔɕfjattʃɛɲɛ ubɛspjɛtʃɛɲa na vɨpadɛk xɔrɔbɨ]
Krankenschwester pielęgniarka [pjɛlɛ̃gɲarka], siostra *(umgangssprachlich)* [ɕɔstra]
Krankenwagen karetka pogotowia [karɛtka pɔgɔtɔvja]
Krankheit choroba [xɔrɔba]
Kratzer rysa [rɨsa]
Kräuter zioła [ʑɔwa]
Krawatte krawat [kravat]
kreativ kreatywny [krɛatɨvnɨ]
Krebs rak [rak]
Kreditkarte karta kredytowa [karta krɛdɨtɔva]
Kreislaufmittel środek na krążenie [ɕrɔdɛk na krɔ̃ʒɛɲɛ]
Kreislaufstörung zaburzenie krążenia [zabuʒɛɲa krɔ̃ʒɛɲa]
Kreuz krzyż [kʃɨʃ]
Kreuzfahrt rejs [rejs]
Kreuzgang krużganek [kruʒganɛk]
Kreuzung skrzyżowanie [skʃɨʒɔvaɲɛ]
Kristall kryształ [krɨʃtaw]
Krone korona [kɔrɔna]
Krücke kula [kula]
Küche kuchnia [kuxɲa]
Küchensieb sit(k)o [ɕit(k)ɔ]
Kuchen ciasto [tɕastɔ]
Kugelschreiber długopis [dwugɔpˌis]
kühl chłodny [xwɔdnɨ]
Kühlelement wkład do lodówki turystycznej [fkwad dɔ lɔdufki turɨstɨtʃnɛj]
Kühler chłodnica [xwɔdɲitsa]
Kühlschrank lodówka [lɔdufka]
Kühltasche torba termoizolacyjna [torba termoɨzolacɨjna]
Kühlwasser płyn chłodniczy [pwɨn xwɔdɲitʃɨ]
Kultur kultura [kultura]
Kümmel kminek [kmˌinɛk]
kümmern: sich ~ um troszczyć się o [trɔʃtʃɨtɕ ɕɛ̃ ɔ]
Kunde(Kundin) klient(ka) [kl,iɛnt/ka]
Kunst sztuka [ʃtuka]
Kunstgewerbe sztuka użytkowa [ʃtuka uʒɨtkɔva]
Kunsthändler sprzedawca dzieł sztuki [spʃɛdaftsa dʑɛw ʃtuci]
Kuppel kopuła [kɔpuwa]
Kupplung sprzęgło [spʃɛ̃gwɔ]
Kürbis dynia [dɨɲa]
Kurs kurs [kurs]
Kurtaxe opłata uzdrowiskowa [ɔpwata uzdrɔviskɔva]
Kurve zakręt [zakrɛnt]
kurz *(als Adjektiv)* krótki [krutci], *(als Adverb)* krótko [krutkɔ]
Kurzfilm film krótkometrażowy [fˌilm krutkɔmraʒɔvɨ]
kurzfristig *(als Adverb)* na krótko [na krutkɔ)], krótkoterminowo [krutkɔtɛrmˌinɔvɔ]
kürzlich niedawno [ɲɛdavnɔ]
Kurzschluss zwarcie [zvartɕɛ]
Kuss pocałunek [pɔtsawunɛk]

küssen całować/pocałować [tsawɔvatɕ/pɔtsawɔvatɕ]
Küste wybrzeże [vɨbʒɛʒɛ], brzeg [bʒɛk]

L

lachen śmiać się [ɕmjatɕ ɕɛ̃]
lächerlich śmieszny [ɕmjɛʃnɨ]
Ladegerät ładowarka [wadɔvarka]
Ladekabel kabel do zasilania [kabɛl dɔ zaɕilaɲa]
Lage położenie [pɔwɔʒɛɲɛ]
Lähmung paraliż [paral̩iʃ]
Lammfleisch jagnięcina [jagɲɛɲtɕina]
Lampe lampa [lampa]
Land kraj [kraj]
Landausflug wycieczka na ląd [vɨtɕɛtʃka na lɔ̃t]
Landkarte mapa [mapa]
Landschaft pejzaż [pɛjzaʃ]
Landsmann ziomek [ʑɔmɛk], krajan [krajan]
Landstraße droga lokalna [drɔga lokalna], szosa [ʃɔsa]
Landung lądowanie [lɔndɔvaɲɛ]
lang długi [dwuɟi]
Langlaufski narty biegowe [nartɨ bjɛgɔvɛ], biegówki *(umgangssprachlich)* [bjɛgufci]
langsam *(als Adjektiv)* powolny [pɔvɔlnɨ], *(als Adverb)* powoli [pɔvɔl̩i]
langweilig nudny [nudnɨ]
Laptop laptop [lɛptɔp]
Lärm hałas [xawas]
lästig uciążliwy [utɕɔ̃ʒl̩ivɨ]
Lastwagen samochód ciężarowy [samɔxut tɕɛ̃ʒarɔvɨ]
Lauch por [pɔr]
laufen biegać [bjɛgatɕ], biec [bjɛts]
Läuse wszy głowowe [fʃɨ gwɔvɔvɛ]
laut głośny [gwɔɕnɨ]
Lautsprecher głośnik [gwɔɕɲik]
leben żyć [ʒɨtɕ]
Leben życie [ʒɨtɕɛ]
Lebensmittelgeschäft sklep spożywczy [sklɛp spɔʒɨftʃɨ]
Lebensmittelvergiftung zatrucie pokarmowe [zatrutɕɛ pɔkarmɔvɛ]
Leber wątroba [vɔntrɔba], wątróbka [vɔntrupka]
Leberpastete wątrobianka [vɔntrɔbjanka]
lebhaft żywy [ʒɨvɨ], *(Diskussion)* ożywiony [ɔʒɨvjɔnɨ]
lecker smaczny [smatʃnɨ]
Lederjacke kurtka skórzana [kurtka skuʒana]
Lederwaren wyroby skórzane [vɨrɔbɨ skuʒanɛ]
Lederwarengeschäft sklep z wyrobami ze skóry [sklɛp z‿vɨrɔbam̩i zɛ skurɨ]
ledig stanu wolnego [stanu vɔlnɛgɔ]
leer pusty [pustɨ]
Leerlauf bieg jałowy [bjɛk jawɔvɨ]
Leerung opróżnianie (listów) [ɔpruʒɲaɲɛ (l̩istuf)]
Leggins leginsy [lɛɟinsɨ]
leicht lekki [lɛkci]
Leichtathletik lekkoatletyka [lɛkkɔatlɛtɨka]
leider niestety [ɲɛstɛtɨ]
leihen pożyczać/pożyczyć [pɔʒɨtʃatɕ/pɔʒɨtʃɨtɕ]
Leinen len [lɛn]
leise *(als Adverb)* cicho [tɕixɔ]
Leistenbruch przepuklina [pʃɛpukl̩ina]
Leiter(in) kierowni-k (czka) [cɛrɔvɲi-k/tʃka]
Lenkraddrehknopf *(Auto)* kierownica-gałka [cɛrɔvɲitsa gawka]
lernen uczyć się/nauczyć się [utʃɨtɕ ɕɛ̃/nautʃɨtɕ ɕɛ̃]
lesen czytać [tʃɨtatɕ]
letzte(r, -s) ostatn-ia/i/ie [ɔstatɲ-a/i/ɛ]
letzten Montag zeszłego poniedziałku [zɛʃwɛgɔ pɔɲɛdʑawku]
Leuchtturm latarnia morska [latarɲa mɔrska]
Leute ludzie [ludʑɛ]
Licht światło [ɕfjatwɔ]
Lichtmaschine alternator [altɛrnatɔr]
Lichtschalter kontakt [kɔntakt]
Lichtschutzfaktor współczynnik ochrony przeciwsłonecznej [fspuwtʃɨɲɲik ɔxrɔnɨ pʃɛtɕifswɔnɛtʃnej]
lieb miły [m̩iwɨ]
Liebe miłość *(f)* [m̩iwɔɕtɕ]
lieben kochać [kɔxatɕ]
liebenswürdig uprzejmie [upʃɛjm̩iɛ]
lieblich *(Wein)* słodkie [swɔtcɛ]
Liebling ulubieniec [ulubjɛɲɛts], *(Anrede)* kochanie [kɔxaɲɛ]
Lied piosenka [pjɔsɛŋka]
liegen leżeć [lɛʒɛtɕ]
Liegewagen wagon z miejscami do leżenia [vagɔn z‿mjɛjstsam̩i dɔ lɛʒɛɲa], kuszetka [kuʃɛtka]
Liegewagenplatz miejsce w kuszetce [mjɛjstsɛ f‿kuʃɛttsɛ]
Liegewiese trawnik do leżenia [travɲik dɔ lɛʒɛɲa]
lila liliowy [l̩il̩ɔvɨ]
Limonade lemoniada [lɛmɔɲada]
Linie linia [l̩iɲa]
linke(r, -s) lew-a(y/e) [lɛv-a(ɨ/ɛ)]

links na lewo [na lɛvɔ]
Linse soczewka [sɔʧɛfka]
Linsen soczewica [sɔʧɛvˌitsa]
Lippe warga [varga]
Lippenstift szminka [ʃmˌiŋka]
Liter litr [l,itr]
Livemusik muzyka na żywo [muzɨka na ʒɨvɔ]
Loch dziura [ʥura]
Locken loki [lɔci]
Lockenwickler lokówka [lɔkufka]
Löffel łyżka [wɨʃka]
Loge loża [lɔʒa]
Loipe trasa biegu narciarskiego [trasa bjɛgu nartɕarskjego]
Lorbeer liść laurowy [l,iɕʨ lawrɔvɨ]
Luft powietrze [pɔvjɛtʃɛ]
Luftkissenboot poduszkowiec [pɔduʃkɔvjɛts]
Luftmatratze materac dmuchany [materats dmuxanɨ]
Luftpumpe pompka [pɔmpka]
Lunge płuco [pwutsɔ]
Lungenentzündung zapalenie płuc [zapalɛɲɛ pwuts]
lustig *(fröhlich)* wesoły [vɛsɔwɨ], *(erheiternd)* śmieszny [ɕmjɛʃnɨ]
luxuriös luksusowy [luksusɔvɨ]
Lymphdrainage drenaż limfatyczny [drɛnaʃ lˌimfatɨʧnɨ]

M

machen robić/zrobić [rɔbˌiʨ/ zrɔb,iʨ]
Mädchen dziewczynka [dʑɛfʧɨnka]
Magen żołądek [ʒɔwɔndɛk]
Magenschmerzen ból żołądka [bul ʒɔwɔntka]
mager chudy [xudɨ]
Mahlzeit posiłek [pɔɕiwɛk]
Mai maj [maj]
Mais kukurydza [kukurɨʣa]
Makrele makrela [makrɛla]
malen malować/namalować [malɔvaʨ/namalɔvaʨ]
Malen malowanie [malɔvaɲɛ]
Maler(in) mala-rz (rka) [mala-ʃ/rka]
Malerei malarstwo [malarstfɔ]
manchmal czasem [ʧasɛm]
Mandarinen mandarynki [mandarɨnci]
Mandelentzündung zapalenie migdałków [zapalɛɲɛ mˌigdawkuf]
Mandeln migdały [mˌigdawɨ]
Mango mango [ma gɔ]
Mann mężczyzna [mɛ̃ʃʧɨzna], *(Ehemann)* mąż [mɔ̃ʃ]
Mannschaft drużyna [druʒɨna]
Mantel płaszcz [pwaʃʧ], *(Reifen)* chlapacz [xlapaʧ]
Margarine margaryna [margarɨna]
Markt rynek [rɨnɛk], targ [tark]
Marmelade marmolada [marmɔlada], dżem [ʤɛm]
März marzec [maʒɛts]
Maschine maszyna [maʃɨna]
Masern odra [ɔdra]
Massage masaż [masaʃ]
Masuren Mazury [mazurɨ]
Material materiał [matɛrˌjaw]
Matratze materac [matɛrats]
Mauer mur [mur]
Maut myto [mɨto]
Mayonnaise majonez [majɔnɛs]
Medikament lekarstwo [lɛkarstfɔ]
Meditation medytacja [mɛdɨtatsja]
Meer morze [mɔʒɛ]
Mehl mąka [mɔ̃ka]
mehr więcej [vjɛntsɛj]
Mehrfahrtenkarte karnet [karnɛt]
mein mój [muj]
meinen sądzić [sɔɲʥiʨ], myśleć [miɕlɛʨ], *(sagen)* powiedzieć [pɔvjɛʥɛʨ]
meinetwegen ze względu na mnie [zɛ wzglɛndu na mɲɛ]
Meinung zdanie [zdaɲɛ], pogląd [pɔglɔnt], opinia [ɔpˌiɲa]
Melone melon [mɛlɔn], *(Honigmelone)* melon żółty [mɛlɔn ʒuwtɨ], *(Wassermelone)* arbuz [arbus]
Memorystick karta pamięci [karta pamjɛ̃ʨi]
Mensch człowiek [ʧwɔvjɛk]
Menstruation miesiączka [mjɛɕɔnʧka], menstruacja [mɛnstruatsja]
Menü menu *(nt)* [mɛɲi]
merken zauważyć [zauvaʒɨʨ]
Messe *(Ausstellung)* targi *(Plural)* [tarɟi], *(Kirche)* msza [mʃa]
Messer nóż [nuʃ]
Meter metr [mɛtr]
Metzgerei sklep mięsny [sklɛp mjɛ̃snɨ], rzeźnik *(umgangssprachlich)* [ʒɛʑɲik]
mich *(Akkusativ von ich)* mnie [mɲɛ], *(bei reflexiven Verben)* się [ɕɛ̃]
Miesmuscheln małże [mawʒɛ]
Miete czynsz [ʧɨnʃ]
mieten wynajmować/wynająć [vɨnajmɔvaʨ/vɨnajɔnʨ]
Migräne migrena [mˌigrɛna]
Mikrowelle mikrofalówka [mˌikrɔfalufka]
Milch mleko [mlɛkɔ]
mild łagodny [wagɔdnɨ]
Millimeter milimetr [mˌil,imɛtr]

mindestens co najmniej [tsɔ najmɲɛj], przynajmniej [pʃɨnajmɲɛj]
Mineralwasser woda mineralna [vɔda mˌinɛralna]
Minibar barek [barɛk]
Minigolf minigolf [mˌiɲigɔlf]
Minute minuta [mˌinuta]
mir mnie [mɲɛ], *(Kurzform nach den Verben)* mi [mˌi]
Missverständnis nieporozumienie [ɲɛpɔrɔzumjɛɲɛ]
mit Luftpost pocztą lotniczą [pɔʧtɔ̃ lɔtɲiʧɔ̃]
mit z *(+ Instrumentalis)* [z]
mitbringen *(etwas)* przynosić/ przynieść [pʃɨnɔɕiʨ/pʃɨɲɛɕʨ], *(jemanden)* przyprowadzać/ przyprowadzić [pʃɨprɔvaʤaʨ/ pʃɨprɔvaʥiʨ]
Mitbringsel pamiątka [pamjɔntka]
mitnehmen zabierać ze sobą/zabrać ze sobą [zabjɛraʨ zɛ sɔbɔ̃/zabraʨ zɛ sɔbɔ̃], brać/wziąć [braʨ/vʑɔɲʨ]
Mittag południe [pɔwudɲɛ]
Mittagessen obiad [ɔbjat]
mittags w południe [f pɔwudɲɛ]
Mitte środek [ɕrɔdɛk]
Mitteilung wiadomość *(f)* [vjadɔmɔɕʨ]
Mittel środek [ɕrɔdɛk], *(Medizin)* lekarstwo [lɛkarstfɔ]
Mittelalter średniowiecze [ɕrɛdɲɔvjɛʧɛ]
Mittelohrentzündung zapalenie ucha środkowego [zapalɛɲɛ uxa ɕrɔtkɔvɛgɔ]
Mittwoch środa [ɕrɔda]
Mixer mikser [mˌiksɛr]
Möbel mebel [mɛbɛl]
Mode moda [mɔda]
Modell model [mɔdɛl]
modern nowoczesny [nɔvɔʧɛsnɨ], *(modisch)* modny [mɔdnɨ]
Modeschmuck modna biżuteria [mɔdna bˌiʒutɛrja]
mögen *(gern haben)* lubić [lubˌiʨ], *(wollen)* chcieć [xʨɛʨ]
möglich możliwy [mɔʒlˌivɨ]
Mole molo [mɔlɔ]
Monat miesiąc [mjɛɕɔnts]
monatlich *(als Adjektiv)* miesięczny [mjɛɕɛnʧnɨ], *(als Adverb)* miesięcznie [mjɛɕɛnʧɲɛ]
Mond księżyc [kɕɛ̃ʒɨts]
Montag poniedziałek [pɔɲɛdʑawɛk]
morgen früh/morgen Abend jutro rano/jutro wieczorem [jutrɔ ranɔ/jutrɔ vjɛʧɔrɛm]
morgen jutro [jutrɔ]
Morgen poranek [pɔranɛk], rano [ranɔ]
morgens rankiem [rancɛm]
Mosaik mozaika [mɔzajka]
Motel motel [mɔtɛl]
Motor silnik [ɕilɲik]
Motorboot motorówka [mɔtɔrufka]
Motorhaube maska silnika [maska ɕilɲika]
Mountainbike rower górski [rɔvɛr gursci]
Möwe mewa [mɛva]
MP3 Player MP trójki [ɛmpˌi trujki]
Mücke komar [kɔmar]
Mückenschutz ochrona przeciwkomarowa [ɔxrɔna pʃɛʨifkɔmarowa]
müde zmęczony [zmɛ̃ʧɔnɨ]
Müll śmieci *(Plural)* [ɕmjɛʨi]
Mülltrennung segregacja śmieci [sɛgrɛgatsja ɕmjɛʨi]
Mullbinde gaza [gaza]
Mülltonne pojemnik na śmieci [pɔjɛmɲik na ɕmjɛʨi]
Mumps zapalenie przyusznicy [zapalɛɲɛ pʃɨuʃɲitsɨ], świnka *(umgangssprachlich)* [ɕfˌinka]
Mund usta *(Plural)* [usta]
Mündung ujście [ujɕʨɛ]
Münze moneta [mɔnɛta]
Muschel muszla [muʃla], muszelka [muʃɛlka]
Museum muzeum *(nt)* [muzɛum]
Musical musical [mjuzikal]
Musik hören słuchać muzyki [swuxaʨ muzɨci]
Musik muzyka [muzɨka]
Musikgeschäft sklep muzyczny [sklɛp muzɨʧnɨ]
musizieren muzykować [muzɨkɔwaʨ]
Muskatnuss gałka muszkatołowa [gawka muʃkatɔwɔva]
Muskel mięsień [mjɛ̃ɕɛɲ], muskuł [muskuw]
Müsli musli *(nt)* [muslˌi]
Mutter matka [matka], mama[mama]

N

nach *(in Richtung)* do [dɔ], na [na], *(Reihenfolge)* za [za], *(zeitlich)* po [pɔ], *(gemäß)* według [vɛdwuk]
Nachbar(in) sąsiad(ka) [sɔ̃ɕat/ka]
Nachmittag popołudnie [pɔpɔwudɲɛ]
nachmittags po południu [pɔ pɔwudɲu]
Nachricht wiadomość *(f)* [vˌjadɔmɔɕʨ]
Nachsaison po sezonie [pɔ sɛzɔɲɛ]
nachsenden dosyłać/dosłać [dɔsɨwaʨ/dɔswaʨ]

nächste(r, -s) następn-a(y/e) [nastɛmpn-a(ɨ/ɛ)], *(nächstgelegen)* najbliższ-a(y/e) [najbl͏ˌiʃʃ-a(ɨ/ɛ)]
nächstes Jahr w przyszłym roku [f‿pʃɨʃwɨm rɔku]
Nacht noc *(f)* [nɔts]
Nachtisch deser [dɛsɛr]
Nachtklub klub nocny [klup nɔtsnɨ]
nachts nocą [nɔtsɔ̃]
Nachttisch stolik nocny [stɔlˌik nɔtsnɨ]
Nachttischlampe lampka nocna [lampka nɔtsna]
nackt nagi [naɟi], goły [gɔwɨ]
Nadel igła [igwa]
Nagellack lakier do paznokci [lacɛr dɔ paznɔktɕi]
Nagellackentferner zmywacz do paznokci [zmɨvatʃ dɔ paznɔktɕi]
Nagelschere nożyczki do paznokci *(Plural)* [nɔʒɨtʃci dɔ paznɔktɕi]
nah blisko [blˌiskɔ]
nahe *(als Adjektiv)* niedaleki [ɲɛdalɛci], bliski [blˌisci], *(als Adverb)* niedaleko [ɲɛdalɛkɔ], blisko [blˌiskɔ]
nähen szyć/uszyć [ʃɨtɕ/uʃɨtɕ]
Nahverkehrszug pociąg podmiejski [pɔtɕɔ̃ŋk pɔdmjɛjsci]
Name *(Vorname)* imię [imjɛ̃], *(Nachname)* nazwisko [nazvˌiskɔ], *(Benennung)* nazwa [nazva]
Narbe blizna [blˌizna]
Narkose narkoza [narkɔza], znieczulenie [zɲɛtʃulɛɲɛ]
Nase nos [nɔs]
Nasenbluten krwotok z nosa [krfɔtɔk z nɔsa]
nass mokry [mɔkrɨ], wilgotny [vˌilgɔtnɨ]
Nationalitätskennzeichen znak rozpoznawczy państwa [znak rɔspɔznaftʃɨ paɲstfa]
Nationalpark park narodowy [park narɔdɔvɨ]
Natur natura [natura], przyroda [pʃɨrɔda]
natürlich *(als Adjektiv)* naturalny [naturalnɨ], *(als Adverb)* naturalnie [naturalɲɛ]
Naturschutzgebiet rezerwat przyrody [rɛzɛrvat pʃɨrɔdɨ]
Navigationsgerät nawigacją [navigatʃɨjɔ̃]
Nebel mgła [mgwa]
neben obok [ɔbɔk]
Nebenkosten koszty dodatkowe [kɔʃtɨ dɔdatkɔvɛ]
Nebenstraße droga boczna [drɔga bɔtʃna]
negativ negatywny [nɛgatɨvnɨ]
nehmen brać/wziąć [bratɕ/vʑɔɲtɕ]
Nelken goździki [gɔʑdʑici]
Neoprenanzug kombinezon piankowy [kɔmbˌinɛzɔn pjaŋkɔvɨ], pianka *(umgangssprachlich)* [pjaŋka]
Nerv nerw [nɛrf]
nervös nerwowy [nɛrvɔvɨ]
nett *(als Adjektiv)* miły [mˌiwɨ], *(als Adverb)* miło [mˌiwɔ]
Netz siatka [ɕatka]
neu nowy [nɔvɨ]
neugierig ciekawy [tɕɛkavɨ]
Neujahr Nowy Rok [nɔvɨ rɔk]
nicht nie [ɲɛ]
Nichtraucher niepalący [ɲɛpalɔntsɨ]
Nichtraucherabteil przedział dla niepalących [pʃɛdʑaw dla ɲɛpalɔntsɨx]
nichts nic [ɲits]
nie nigdy [ɲigdɨ]
nieder niski [ɲisci]
Niederschlesien Dolny Śląsk [dɔlnɨ ɕlɔnsk]
niedrig niski [ɲisci]
niemand nikt [ɲikt]
Niere nerka [nɛrka]
Nierenentzündung zapalenie nerek [zapalɛɲɛ nɛrɛk]
Nierengurt pas biodrowy [pas bjɔdrɔvɨ]
Nierenstein kamica nerkowa [kamˌitsa nɛrkɔva]
niesen kichać [cixatɕ]
nirgends nigdzie [ɲigdʑɛ]
noch jeszcze [jɛʃtʃɛ]
Norden północ *(f)* [puwnɔts]
nördlich von na północ od [na puwnɔts ɔt]
normal *(als Adjektiv)* normalny [nɔrmalnɨ], *(als Adverb)* normalnie [nɔrmalɲɛ]
normalerweise normalnie [nɔrmalɲɛ], zwykle [zvɨklɛ]
Notausgang wyjście zapasowe [vɨjɕtɕɛ zapasɔvɛ]
Notbremse hamulec bezpieczeństwa [xamulɛts bɛspjɛtʃɛɲstfa]
Notebook notebook [nɔtbuk]
Notfall nagły przypadek [nagwɨ pʃɨpadɛk]
Notrufsäule telefon pierwszej pomocy na autostradzie [tɛlɛfɔn pjɛrfʃɛj pɔmɔtsɨ na awtɔstradʑɛ]
notwendig konieczny [kɔɲɛtʃnɨ]
November listopad [lˌistɔpat]
nüchtern *(nicht betrunken)* trzeźwy [tʃɛʑvɨ], *(mit leerem Magen)* być na czczo
Nudeln makaron [makarɔn]
Nummer numer [numɛr]
Nummernschild tablica rejestracyjna [tablˌitsa rɛjɛstratsɨjna]

nur tylko [tɨlkɔ]
Nüsse orzechy [ɔʒɛxɨ]

O

ob czy [tʃɨ]
oben na górze [na guʒɛ]
Ober kelner [kɛlnɛr]
Objektiv objektyw [ɔbjɛktɨf]
Obst- und Gemüsehändler sklep warzywniczy [sklɛp vaʒɨvɲitʃɨ]
Obst owoce *(Plural)* [ɔvɔtsɛ]
obwohl chociaż [xɔtɕaʃ]
oder albo [albɔ]
Oder Odra [ɔdra]
offen otwarty [ɔtfartɨ]
öffentlich publiczny [publ,itʃnɨ]
offiziell oficjalny [ɔf,itsjalnɨ]
öffnen otwierać/otworzyć [ɔtfjɛratɕ/ɔtfɔʒɨtɕ]
Öffnungszeiten godziny otwarcia [gɔdʑinɨ ɔtfartɕa]
oft często [tʃɛ̃stɔ]
ohne bez [bɛs]
Ohnmacht utrata przytomności [utrata pʃitɔmnɔɕtɕi], omdlenie [ɔmdlɛɲɛ]
Ohr ucho [uxɔ]
Ohropax zatyczki do uszu [zatɨtʃki dɔ uʃu]
Ohrentropfen krople do uszu [krɔplɛ dɔ uʃu]
Ohrringe kolczyki [kɔltʃɨci]
Oktober październik [paʑdʑɛrɲik]
Öl olej [ɔlɛj]
Oliven oliwki [ɔl,ifci]
Olivenöl oliwa z oliwek [ɔl,iva s ɔl,ivɛk]
Ölmalerei malarstwo olejne [malarstfɔ ɔlɛjnɛ]
Ölwechsel wymiana oleju [vɨm,jana ɔlɛju]
Oper opera [ɔpɛra]
Operation operacja [ɔpɛratsja]
Operette operetka [ɔpɛrɛtka]
Optiker optyk [ɔptɨk]
Orange pomarańcza [pɔmaraɲtʃa]
orange pomarańczowy [pɔmaraɲtʃɔvɨ]
Orangensaft sok pomarańczowy [sɔk pɔmaraɲtʃɔvɨ]
Orchester orkiestra [ɔrcɛstra]
Orden order [ɔrdɛr], *(Kirche)* zakon [zakɔn]
Original oryginał [ɔriɟinaw]
Originalfassung wersja oryginalna [vɛrsja ɔriɟinalna]
Ort miejsce [mjɛjstsɛ], *(Ortschaft)* miejscowość *(f)* [mjɛjstsɔvɔɕtɕ]
Ortschaft miejscowość *(f)* [mjɛjstsɔvɔɕtɕ]
Ortsgespräch rozmowa miejscowa [rɔzmɔva mjɛjstsɔva]
Osten wschód [fsxut]
Ostereier pisanki [p,isaŋci]
Ostermontag Poniedziałek Wielkanocny [pɔɲɛdʑawɛk vjɛlkanɔtsnɨ]
Ostern Wielkanoc *(f)* [vjɛlkanɔts]
Österreich Austria [awstrja]
Österreicher(in) Austriak (Austriaczka) [awstrjak/awstrjatʃka]
östlich von na wschód od [na fsxut ɔt]
Ostsee Morze Bałtyckie [mɔʒɛ bawtɨtscɛ], Bałtyk [bawtɨk]

P

paar: ein ~ kilka [cilka]
Paar para [para]
Päckchen paczuszka [patʃuʃka]
Paddelboot kajak [kajak]
paddeln pływać kajakiem [pwɨvatɕ kajacɛm]
Paket paczka [patʃka]
Palast pałac [pawats]
Panne awaria [avarja]
Pannendienst służba drogowa [swuʒba drɔgɔva]
Pannenhilfe pomoc drogowa *(f)* [pɔmɔts drɔgɔva]
Papier papier [papjɛr]
Papiere dokumenty [dɔkumɛntɨ]
Papiertaschentücher chusteczki higieniczne [xustɛtʃci çiɟɛɲitʃnɛ]
Paprika(schote) papryka [paprɨka]
Parfüm perfumy *(Plural)* [pɛrfumɨ]
Parfümerie perfumeria [pɛrfumɛrja]
Park park [park]
parken parkować/zaparkować [parkɔvatɕ/zaparkɔvatɕ]
Parkett parkiet [parkjet]
Parkplatz parking [parciŋg]
Party party *(nt)* [partɨ], impreza [imprɛza]
Pass paszport [paʃpɔrt], *(Sport)* podanie [pɔdaɲɛ], *(im Gebirge)* wąwóz [vɔ̃vus], przełęcz *(f)* [pʃɛwɛntʃ]
Passagier pasażer [pasaʒɛr]
passen pasować [pasɔvatɕ]
Passkontrolle kontrola paszportowa [kɔntrɔla paʃpɔrtɔva]
Pauschalpreis cena umowna [tsɛna umɔvna], ryczałt [rɨtʃawt]
Pause przerwa [pʃɛrva]
Pension pensjonat [pɛnsjɔnat]
Perle perła [pɛrwa]
Person osoba [ɔsɔba]
Personalausweis dowód osobisty [dɔvut ɔsɔb,istɨ]

Personalien dane osobowe [danɛ ɔsɔbɔvɛ]
persönlich *(als Adjektiv)* osobisty [ɔsɔb,istɨ], *(als Adverb)* osobiście [ɔsɔb,içtçɛ]
Perücke peruka [pɛruka]
Petersilie pietruszka [pjɛtruʃka]
Petroleum nafta [nafta]
Pfand kaucja [kawtsja], zastaw [zastaf]
Pfanne patelnia [patɛlɲa]
Pfannengericht danie z patelni [daɲɛ s‿patɛlɲi]
Pfeffer pieprz [pjɛpʃ]
Pferd koń [kɔɲ]
Pfingsten Zielone Świątki [ʑɛlɔnɛ çfjɔntci]
Pfingstmontag Poniedziałek Zielonoświątkowy [pɔɲɛdʑawɛk ʑɛlɔnɔçfjɔntkɔvɨ]
Pfirsich brzoskwinia [bʒɔskf,iɲa]
Pflanze roślina [rɔçl,ina]
Pflaster plaster [plastɛr]
Pflaumen śliwki [çl,ifci]
pflegebedürftig obłożnie chory [ɔbwɔʒɲɛ xɔrɨ], wymagający pielęgnowania [wɨmagajɔntsɨ p,jɛlɛŋgnɔvaɲa]
Pfund funt [funt]
Pille danach pigułka „po“ [p,iguwka pɔ]
Pilot(in) pilot- [p,ilɔt]
Pilz grzyb [gʒɨp]
Pilzinfektion grzybica [gʒɨbitsa]
Pinzette pincetka [p,intsɛtka]
Plakat plakat [plakat]
Plastik plastyka [plastɨka]
Plastikbeutel torebka plastikowa [tɔrɛpka plastikɔva]
Platten przebita opona [pʃɛb,ita ɔpɔna]
Platz miejsce [mjɛjstsɛ], *(in Stadt)* plac [plats]
Platzkarte miejscówka [mjɛjstsufka]
Plombe plomba [plɔmba]
plötzlich *(als Adjektiv)* nagły [nagwɨ], *(als Adverb)* nagle [naglɛ]
Pole Polak [pɔlak]
Polen Polska [pɔlska]
Polin Polka [pɔlka]
Polizei policja [pɔl,itsja]
polnisch polski [pɔlsci]
Polizeiwagen samochód/radiowóz policyjny [samɔxut/radjɔvus pɔl,itsɨjnɨ]
Polizist(in) policjant(ka) [pɔl,itsjant/ka]
Pommern Pomorze [pɔmɔʒɛ]
Pony *(Haare)* grzywka [gʒɨfka], *(Pferd)* kucyk [kutsɨk]
Portal portal [pɔrtal]
Portier portier [pɔrt,jɛr]
Portion porcja [pɔrtsja]
Porto porto [pɔrtɔ], opłata [ɔpwata]
Porträt portret [pɔrtrɛt]
Porzellan porcelana [pɔrtsɛlana]
Postamt poczta [pɔtʃta]
Postkarte pocztówka [pɔtʃtufka]
Postlagernd do odbioru na poczcie [dɔ ɔdb,ɔru na pɔtʃtçɛ]
Postleitzahl kod pocztowy [kɔt pɔtʃtɔvɨ]
praktisch praktyczny [praktɨtʃnɨ]
Präservativ prezerwatywa [prɛzɛrvatɨva], kondom [kɔndɔm]
Preis cena [tsɛna]
Prellung stłuczenie [stwutʃɛɲɛ], kontuzja [kɔntuzja]
Premiere premiera [prɛmjɛra]
Priester ksiądz [kçɔnts], duchowny [duxɔvnɨ]
privat prywatny [prɨvatnɨ]
Probe próba [pruba], *(zum Testen)* próbka [prupka]
Problem problem [prɔblɛm]
Produkt produkt [prɔdukt]
Programm program [prɔgram]
Programmheft program [prɔgram]
Promillegrenze dopuszczalne stężenie alkoholu we krwi [dɔpuʃtʃalnɛ stɛ̃ʒɛɲɛ alkɔxɔlu wɛ krf,i]
Prospekt prospekt [prɔspɛkt]
Prothese proteza [prɔtɛza]
provisorisch prowizoryczny [prɔv,izɔrɨtʃnɨ]
Prozent procent [prɔtsɛnt]
Prozession procesja [prɔtsɛsja]
Puder puder [pudɛr]
Pullover sweter [sfɛtɛr], pulower [pulɔvɛr]
Puls puls [puls]
Pulverschnee puszysty śnieg [puʃɨstɨ çɲɛk]
pünktlich *(als Adjektiv)* punktualny [punktualnɨ], *(als Adverb)* punktualnie [punktualɲɛ]
putzen sprzątać/posprzątać [spʃɔntatç/pɔspʃɔntatç]

Q

Quadratmeter metr kwadratowy [mɛtr kvadratɔvɨ]
Qualität jakość *(f)* [jakɔçtç]
Qualle meduza [mɛduza]
Quark twarożek [tfarɔʒɛk]
Quelle źródło [ʑrudwɔ]
quer durch w poprzek [f‿pɔpʃɛk]
Querformat format poziomy [fɔrmat pɔʒɔmɨ]

querschnittsgelähmt z porażeniem poprzecznym [s‿pɔraʒenjem pɔpʃetʃɲɨm]
Quittung kwit [kfˌit], pokwitowanie [pɔkfˌitɔvaɲɛ]

R

Rabatt rabat [rabat]
Rachen gardło [gardwɔ]
Rad fahren jeździć na rowerze [jɛʑdʑitɕ na rɔvɛʒɛ]
Rad koło [kɔwɔ]
Radarkontrolle kontrola radarowa [kɔntrɔla radarɔva]
Radierung sztych [ʃtɨx], akwaforta [akfafɔrta]
Radio radio [radjɔ]
Radsport kolarstwo [kɔlarstfɔ]
Radtour wycieczka rowerowa [vɨtɕɛtʃka rɔvɛrɔva]
Rampe rampa [rampa]
Rasen trawnik [travɲik]
Rasierapparat golarka [gɔlarka]
Rasierklingen żyletki do golenia [ʒɨlɛtci dɔ gɔlɛɲa]
Rasierpinsel pędzel do golenia [pɛndʑɛl dɔ gɔlɛɲa]
Rasierschaum pianka do golenia [pjaŋka do gɔlɛɲa]
Rasierwasser woda po goleniu [vɔda pɔ gɔlɛɲu]
Rastplatz parking [parciŋ]
Raststätte zajazd [zajazt]
Rathaus ratusz [ratuʃ]
rauchen dymić [dɨmˌitɕ], *(Zigaretten)* palić [palˌitɕ]
Raucher palacz [palatʃ], palący (papierosy) [palɔntsɨ (papjɛrɔsɨ)]
Raum pomieszczenie [pɔmjɛʃtʃɛɲɛ], miejsce [mjɛjstsɛ]
Rechnung rachunek [raxunɛk]
rechte(r, -s) praw-a/y/e [prav-a/ɨ/ɛ]
rechts na prawo [na pravɔ]
Rechtsanwalt(anwältin) adwokat(ka) [advɔkat/ka]
rechtzeitig w porę [f‿pɔrɛ̃], na czas [na tʃas]
reden mówić/powiedzieć [muvˌitɕ/pɔvjɛdʑɛtɕ], rozmawiać [rɔzmavjatɕ]
Reformhaus sklep ze zdrową żywnością [sklɛp zɛ zdrɔvɔ̃ ʒɨvnoɕtɕɔ̃]
regelmäßig *(als Adjektiv)* regularny [rɛgularnɨ], *(als Adverb)* regularnie [rɛgularɲɛ]
Regen deszcz [dɛʃtʃ]
Regenmantel płaszcz przeciwdeszczowy [pwaʃtʃ pʃɛtɕifdɛʃtʃɔvɨ]
Regenschauer przelotny deszcz [pʃɛlɔtnɨ dɛʃtʃ]
Regie reżyseria [rɛʒɨsɛˌja]
Regierung rząd [ʒɔnt]
Region region [rɛɟɔn]
regnerisch deszczowy [dɛʃtʃɔvɨ]
Reibe tartka [tartka]
reich bogaty [bɔgatɨ]
reif dojrzały [dɔjʒawɨ]
Reifen opona [ɔpɔna]
reinigen czyścić/oczyścić [tʃɨɕtɕitɕ/ɔtʃɨɕtɕitɕ], sprzątać [spʃɔ̃tatɕ]
Reinigung pralnia chemiczna [pralɲa, xɛmˌitʃna], sprzątanie [spʃɔ̃taɲɛ]
Reis ryż [rɨʃ]
Reise podróż *(f)* [pɔdruʃ]
Reisebüro biuro podróży [bˌurɔ pɔdruʒɨ]
Reiseführer przewodnik [pʃɛvɔdɲik]
Reisegesellschaft uczestnicy wycieczki *(Plural)* [utʃɛstɲitsɨ vɨtɕɛtʃci], wycieczka *(umgangssprachlich)* [vɨtɕɛtʃka]
reisen podróżować [pɔdruʒɔvatɕ]
Reisepass paszport [paʃpɔrt]
Reisescheck czek podróżny [tʃɛk pɔdruʒnɨ]
Reisetasche torba podróżna [tɔrba pɔdruʒna]
reiten jeździć konno [jɛʑdʑitɕ kɔnnɔ]
Reitschule szkółka jeździecka [ʃkuwka jɛʑdʑɛtska]
reklamieren reklamować/zareklamować [rɛklamɔvatɕ/zarɛklamɔvatɕ]
Religion religia [rɛlˌiɟja]
Renaissance renesans [rɛnɛsans]
rennen biec [bˌjɛts]
Rennen wyścig [vɨɕtɕik], wyścigi *(Plural)* [vɨɕtɕiɟi]
Rennrad rower wyścigowy [rɔvɛr vɨɕtɕigɔvɨ]
reparieren naprawiać/naprawić [napravjatɕ/napravˌitɕ]
reservieren rezerwować/zarezerwować [rɛzɛrvɔvatɕ/zarɛzɛrvɔvatɕ]
Reservierung rezerwacja [rɛzɛrvatsja]
Restaurant restauracja [rɛstawratsja]
Rettungsboot łódka ratownicza [wutka ratɔvɲitʃa]
Rettungsring koło ratunkowe [kɔwɔ ratunkɔvɛ]
Rezept recepta [rɛtsɛpta]
Rezeption recepcja [rɛtsɛptsja]
R-Gespräch rozmowa R-ka [rɔzmɔva ɛrka]
Rheuma reumatyzm [rɛwmatɨzm], gościec [gɔɕtɕɛts]

Richter(in) sędzia (sędzina) [sɛnʥa/sɛnʥina]
richtig *(als Adjektiv)* prawidłowy [prav,idwɔvɨ], odpowiedni [ɔtpɔvjɛdɲi], *(als Adverb)* prawidłowo [prav,idwɔvɔ], odpowiednio [ɔtpɔvjɛdɲɔ]
Richtung kierunek [cjɛrunɛk]
riechen *(gut)* pachnieć [paxɲɛʨ], *(übel)* śmierdzieć [ɕmjɛrʥɛʨ]
Riesengebirge Karkonosze *(Plural)* [karkɔnɔʃɛ]
Rindfleisch wołowina [vɔwɔv,ina]
Ring pierścionek [pjɛrɕʨɔnɛk]
Rock spódnica [spudɲitsa], rock [rɔk]
roh surowy [surɔvɨ]
roher Schinken surowa szynka wędzona [surɔva ʃiŋka vɛnʣɔna]
Rohling puste dyski kompaktowe [pustɛ dɨsci kɔmpaktɔvɛ]
Roller hulajnoga [xulajnɔga]
Rollschuh wrotki *(Plural)* [vrɔtci]
Rollstuhl wózek inwalidzki [vuzɛk invalitsci]
Rollstuhlfahrer(in) niepełnosprawny/a na wózku inwalidzkim [ɲɛpɛwnɔspravn-ɨ/a na vusku invalitscim]
rollstuhlgängiger Wagen *(Zug)* wagon dla osób na wózku inwalidzkim [vagɔn dla ɔsup na vusku invalitscim]
rollstuhlgerecht przystosowany do wózka inwalidzkiego [pʃɨstɔsɔvanɨ dɔ vuska inval,itscɛgɔ]
Rollstuhlkabine *(Schiff)* kabina przystosowana do wózka inwalidzkiego [kab,ina pʃɨstɔsɔvana dɔ vuska inval,itscɛgɔ]
Roman powieść *(f)* [pɔvjɛɕʨ]
röntgen prześwietlać/prześwietlić [pʃɛɕfjɛtlaʨ/pʃɛɕfjɛtl,iʨ]
Röntgenaufnahme prześwietlenie [pʃɛɕfjɛtlɛɲɛ]
rosa różowy [ruʒɔvɨ]
Rosé wino różowe [v,inɔ ruʒɔvɛ]
Rosmarin rozmaryn [rɔzmarɨn]
rot czerwony [ʧɛrvɔnɨ]
Röteln różyczka [ruʒɨʧka]
Rotwein wino czerwone [v,inɔ ʧɛrvɔnɛ]
Route trasa [trasa], szlak [ʃlak]
Rücken plecy *(Plural)* [plɛtsɨ]
Rückenschmerzen bóle pleców [bulɛ plɛtsuf]
Rückfahrkarte bilet powrotny [b,ilɛt pɔvrɔtnɨ]
Rückfahrt powrót [pɔvrut], podróż powrotna [pɔdruʃ pɔvrɔtna]
Rücklicht światła tylne (wsteczne) *(pl)* [ɕfjatwa tɨlnɛ (fstɛʧnɛ)]
Rucksack plecak [plɛtsak]
Rückspiegel lusterko wsteczne [lustɛrkɔ fstɛʧnɛ]
rückwärts *(als Adverb)* wstecz [fstɛʧ], z powrotem [s͜pɔwrɔtɛm], do tyłu [dɔ tɨwu]
Rückwärtsgang wsteczny bieg [fstɛʧnɨ b,jɛg]
Ruder wiosło [vjɔswɔ]
Ruderboot łódź z wiosłami *(f)* [wuʨ z͜vjɔswam,i]
rudern wiosłować [vjɔswɔvaʨ]
Ruhe *(Stille)* cisza [ʨiʃa], *(Erholung)* odpoczynek [ɔtpɔʧɨnɛk]
Rührlöffel łyżka do mieszania [wiʃka dɔ m,jɛʃaɲja]
ruhig spokojny [spɔkɔjnɨ], cichy [ʨixɨ]
Ruine ruina [ruina]
rund *(als Adjektiv)* okrągły [ɔkrɔ̃gwɨ], *(als Adverb)* około [ɔkɔwɔ]
Rundfahrt wycieczka [vɨʨɛʧka]

S

Saal sala [sala]
Sache rzecz *(f)* [ʒɛʧ], *(Angelegenheit)* sprawa [sprava], *(Frage, Thema)* problem [prɔblɛm]
Safe sejf [sɛjf]
Safran szafran [ʃafran]
saftig soczysty [sɔʧɨstɨ]
sagen mówić/powiedzieć [muv,iʨ/pɔvjɛʥɛʨ]
Sahne śmietana [ɕmjɛtana]
Saison sezon [sɛzɔn]
Salami salami *(nt)* [salam,i]
Salat sałata [sawata]
Salatbüfett bufet sałatkowy [bufɛt sawatkɔvɨ]
Salbe maść *(f)* [maɕʨ]
Salbei szałwia [ʃawvja]
Salmonellen salmonelle [salmɔnɛllɛ]
Salmonellenvergiftung salmonelloza [salmɔnɛllɔza]
Salz sól *(f)* [sul]
Salzstreuer solniczka [sɔlɲiʧka]
sammeln zbierać [zbjɛraʨ]
Samstag sobota [sɔbɔta]
Sandalen sandały [sandawɨ]
Sandburg zamek z piasku [zamɛk s͜p,jasku]
Sandkasten piaskownica [pjaskɔvɲ,itsa]
Sänger(in) piosenka-rz (rka) [p,iɔsɛnka-ʃ/rka]
satt najedzony [najɛʣɔnɨ], syty [sɨtɨ]
Satz zdanie [zdaɲɛ]
sauber *(als Adjektiv)* czysty [ʧɨstɨ], *(als Adverb)* czysto [ʧɨstɔ]

sauer kwaśny [kvaɕnɨ]
Sauerstoffgerät butla z tlenem [butla s̯tlɛnɛm]
Sauger smoczek [smɔtʃɛk]
Saugflasche butelka ze smoczkiem [butɛlka zɛ smɔtʃcɛm]
Säugling niemowlę [ɲɛmɔvlɛ̃]
Säule kolumna [kɔlumna]
Sauna sauna [sawna]
saure Sahne kwaśna śmietana [kfaɕna ɕmjɛtana]
S-Bahn kolejka miejska [kɔlɛjka mjɛjska]
schade! szkoda! [ʃkɔda]
Schaden szkoda [ʃkɔda], uszkodzenie [uʃkɔʥɛɲɛ]
Schaffner(in) konduktor(ka) [kɔnduktɔr/ka]
Schafskäse ser owczy [sɛr ɔftʃɨ]
Schal szal [ʃal]
scharf ostry [ɔstrɨ]
Schatten cień [tɕɛɲ]
schauen patrzeć [patʃɛtɕ]
Schaufenster witryna [v̩itrɨna], wystawa [vɨstava]
Schauspieler(in) aktor(ka) [aktɔr/ka]
Scheibe *(Wurst)* plasterek [plastɛrɛk], *(Brot)* kromka [krɔmka], *(Fenster)* szyba [ʃɨba]
Scheibenwischer wycieraczka szyby [vɨtɕɛratʃka ʃɨbɨ]
Scheinwerfer reflektor [rɛflɛktɔr]
Scheitel przedziałek [pʃɛʥawɛk]
schenken podarować [pɔdarɔvatɕ], dać *(umgangssprachlich)* [datɕ]
Schere nożyce *(Plural)* [nɔʒɨtsɛ], nożyczki [nɔʒɨtʃci]
schicken posyłać/posłać [pɔsɨwatɕ/pɔswatɕ]
Schiebedach dach odsuwany [dax ɔtsuvanɨ], szyberdach *(umgangssprachlich)* [ʃɨbɛrdax]
Schienbein kość piszczelowa *(f)* [kɔɕtɕ p̩iʃtʃɛlɔva]
Schiene szyna [ʃɨna]
Schild szyld [ʃɨlt], tablica [tabl̩itsa], wywieszka [vɨv̩jɛʃka]
Schinken szynka [ʃɨŋka]
Schirm parasol [parasɔl]
Schlafcouch tapczan [taptʃan]
schlafen spać [spatɕ]
Schlaflosigkeit bezsenność *(f)* [bɛssɛnnɔɕtɕ]
Schlaftabletten tabletki nasenne [tablɛtci nasɛnnɛ]
Schlafwagen wagon sypialny [vagɔn sɨpjalnɨ]
Schlafzimmer sypialnia [sɨpjalɲa]
Schlaganfall udar mózgu [udar muzgu]
Schläger rakietka [racɛtka]
Schlagsahne bita śmietana [b̩ita ɕmjɛtana]
Schlange *(Tier)* wąż [võʃ], *(Warteschlange)* kolejka [kɔlɛjka]
schlank szczupły [ʃtʃupwɨ]
Schlauch *(Reifen)* dętka [dɛntka]
Schlauchboot ponton [pɔntɔn]
schlecht *(als Adjektiv)* zły [zwɨ], *(als Adverb)* źle [ʑlɛ], niedobrze [ɲɛdɔbʒɛ]
Schlepplift wyciąg orczykowy [vɨtɕɔŋg̯ ɔrtʃɨkɔvɨ]
Schlesien Śląsk [ɕlɔnsk]
Schließfach skrytka na bagaż [skrɨtka na bagaʃ]
Schlitten sanki *(Plural)* [sanci]
Schlittschuhe łyżwy [wɨʒvɨ]
Schloss *(an Tür; Bau)* zamek [zamɛk]
Schlucht wąwóz [võvus]
Schlüssel klucz [klutʃ]
Schlüsselbein obojczyk [ɔbɔjtʃɨk]
Schlüsselübergabe przekazanie kluczy [pʃɛkazaɲɛ klutʃɨ]
schmal wąski [võsci]
schmecken smakować [smakɔvatɕ]
Schmerzen bóle [bulɛ]
schmerzen boleć [bɔlɛtɕ], sprawiać ból [spravjatɕ bul]
Schmerztabletten tabletki przeciwbólowe [tablɛtci pʃɛtɕivbulɔvɛ]
Schmuck biżuteria [b̩iʒutɛr̩ja]
Schmuggel przemyt [pʃɛmɨt], szmugiel [ʃmuɟɛl]
schmutzig *(als Adjektiv)* brudny [brudnɨ], *(als Adverb)* brudno [brudnɔ]
schnarchen chrapać [xrapatɕ]
Schnee śnieg [ɕɲɛk]
Schneebesen trzepaczka [tʃɛpatʃka]
Schneider(in) krawiec (krawcowa) [kravjɛts/kraftsɔva]
Schneidebrett deska do krojenia [dɛska dɔ krɔjɛɲa]
schnell *(als Adjektiv)* szybki [ʃɨpci], *(als Adverb)* szybko [ʃɨpkɔ]
Schnellstraße trasa szybkiego ruchu [trasa ʃɨpcɛgɔ ruxu]
Schnittkäse ser twardy [sɛr tfardɨ]
Schnittwunde rana cięta [rana tɕɛnta]
Schnitzerei snycerstwo [snɨtsɛrstfɔ]
Schnorchel rurka oddechowa [rurka ɔddɛxɔva], fajka *(umgangssprachlich)* [fajka]
schnorcheln nurkować z rurką oddechową [nurkɔvatɕ s̯rurkɔ͂ ɔddɛxɔvɔ͂]
Schnuller smoczek [smɔtʃɛk]
Schnupfen katar [katar]
Schnürsenkel sznurówka [ʃnurufka]
Schokolade czekolada [tʃɛkɔlada]

Schokoriegel baton czekoladowy [batɔn ʧɛkɔladɔvɨ]
schon już [juʃ]
schön *(als Adjektiv)* ładny [wadnɨ], piękny [pjɛŋknɨ], *(als Adverb)* ładnie [wadɲɛ], pięknie [pjɛɲkɲɛ]
Schonkost dieta [dɨjɛta]
Schonzeiten okres ochronny [ɔkrɛs ɔxrɔnnɨ]
Schöpfkelle łyżka wazowa [wɨʃka vazɔva]
Schrank szafa [ʃafa]
Schraube śruba [ɕruba]
schrecklich straszny [straʃnɨ], okropny [ɔkrɔpnɨ]
schreiben pisać/napisać [pˌisaʨ/napˌisaʨ]
Schreibwaren artykuły papiernicze [artɨkuwɨ papjɛrɲiʧɛ]
Schreibwarengeschäft sklep papierniczy [sklɛp papjɛrɲiʧi]
schreien krzyczeć/krzyknąć [kʃɨʧɛʨ/ kʃɨknɔɲʨ]
Schrift pismo [pˌismɔ]
schriftlich pisemny [pˌisɛmnɨ]
schüchtern nieśmiały [ɲɛɕmjawɨ]
Schuh but [but]
Schuhbürste szczotka do butów [ʃʧɔtka dɔ butuf]
Schuhcreme pasta do butów [pasta dɔ butuf]
Schuhgeschäft sklep obuwniczy [sklɛp ɔbuvɲiʧɨ]
Schuhmacher szewc [ʃɛfts]
Schuld wina [vˌina], *(Finanzen)* dług [dwuk]
Schule szkoła [ʃkɔwa]
Schulkinder dzieci w wieku szkolnym [ʥɛʨi v‿vjɛku ʃkɔlnɨm]
Schulter bark [bark], ramię *(nt)* [ramjɛ̃]
Schuppen łupież [wupjɛʃ]
Schüssel miska [mˌiska]
Schüttelfrost dreszcze *(Plural)* [drɛʃʧɛ]
Schutzhütte schronisko [sxrɔɲiskɔ]
schwach słaby [swabɨ]
Schwager (Schwägerin) szwagier(ka) [ʃfaɟɛr/ka]
Schwangerschaft ciąża [ʨɔ̃ʒa]
schwarz czarny [ʧarnɨ]
Schwarzbrot chleb razowy [xlɛp razɔvɨ]
Schweinefleisch wieprzowina [vˌjɛpʃɔvˌina]
Schweiz Szwajcaria [ʃfajtsarja]
Schweizer Franken frank szwajcarski [fraŋk ʃfajtsarsci]
Schweizer(in) Szwajcar(ka) [ʃfajtsar/ka]
Schwellung obrzęk [ɔbʒɛŋk]
schwer ciężki [ʨɛ̃ʃci], *(schwierig)* trudny [trudnɨ]
Schwerbehinderte/r ciężko upośledzon-a (y) [ʨɛ̃ʃkɔ upɔɕlɛʣɔn-a/ɨ]
Schwertfisch ryba miecz [rɨba mjɛʧ]
Schwester siostra [ɕɔstra]
schwierig trudny [trudnɨ]
schwimmen pływać [pwɨvaʨ]
Schwimmer(in) pływa-k (czka) [pwɨva-k/ʧka]
Schwimmflossen płetwy [pwɛtfɨ]
Schwimmflügel motylki [motɨlci]
Schwimmkurs kurs pływania [kurs pwɨvaɲa]
Schwimmring koło ratunkowe [kɔwɔ ratunkɔvɛ]
Schwimmweste kamizelka ratunkowa [kamˌizɛlka ratunkɔva]
Schwindel zawrót głowy [zavrut gwɔvɨ]
schwindlig kręci się w głowie [krɛnʨi ɕɛ̃ v‿gwovjɛ]
schwitzen pocić się [pɔʨiʨ ɕɛ̃]
schwül parno [parnɔ], duszno [duʃno]
See *(Binnengewässer)* jezioro [jɛʑɔrɔ], *(Meer)* morze [mɔʒɛ]
Seegang fala [fala]
seekrank sein mieć chorobę morską [mjɛʨ xɔrɔbɛ̃ mɔrskɔ̃]
Seezunge sola [sɔla]
Segelboot żaglówka [ʒaglufka]
Segelfliegen latać szybowcem [lataʨ ʃibɔftsɛm]
segeln żeglować [ʒɛglɔvaʨ]
Segeltörn wyprawa żeglarska [vɨprava ʒɛglarska]
sehbehindert niewidomy [ɲɛvˌidɔmɨ]
Sehbehinderte/r niewidom-a (y) [ɲɛvˌidɔm-a/ɨ]
sehen widzieć/zobaczyć [vˌiʥɛʨ/zɔbaʧiʨ]
Sehenswürdigkeiten zabytki [zabɨtki], osobliwości [ɔsɔblˌivɔɕʨi]
sehr bardzo [barʣɔ]
Seide jedwab [jɛdvap]
Seidenmalerei malowanie na jedwabiu [malɔvaɲɛ na jɛdvab,u]
Seife mydło [mɨdwɔ]
Seil lina [lˌina]
Seilbahn kolejka linowa [kɔlɛjka lˌinɔva]
sein być [bɨʨ]
seit od [ɔt]
Seite strona [strɔna]
Sekunde sekunda [sɛkunda]
selbst sam [sam], samodzielnie [samɔʥɛlɲɛ]

Selbstauslöser samowyzwalacz [samɔvɨzwalatʃ]
Selbstbedienung samoobsługa [samɔɔpswuga]
Sellerie seler [sɛlɛr]
selten *(als Adjektiv)* rzadki [ʒatci], *(als Adverb)* rzadko [ʒatkɔ]
Senf musztarda [muʃtarda]
September wrzesień [vʒɛɕɛɲ]
servieren podawać/podać [pɔdavatɕ/pɔdatɕ], serwować/zaserwować [sɛrvɔvatɕ/zasɛrvɔvatɕ]
Serviette serwetka [sɛrvɛtka]
Sessel fotel [fɔtɛl]
Sessellift wyciąg krzesełkowy [vɨtɕɔŋk kʃɛsɛwkɔvɨ]
sexuelle Belästigung molestowanie seksualne [mɔlɛstɔvaɲɛ sɛksualnɛ]
Shampoo szampon [ʃampɔn]
Shorts szorty [ʃɔrtɨ]
Show show *(nt)* [ʃɔw]
sicher *(als Adjektiv)* bezpieczny [bɛspjɛtʃnɨ], *(gewiss, zuverlässig)* pewny [pɛvnɨ], *(als Adverb)* bezpiecznie [bɛspjɛtʃɲɛ], na pewno [na pɛvnɔ]
Sicherheitsgebühr security tax [sɛkjuritɨ taks]
Sicherheitsgurt pas bezpieczeństwa [pas bɛspjɛtʃɛɲstfa]
Sicherheitskontrolle kontrola bezpieczeństwa [kɔntrɔla bɛspjɛtʃɛɲstfa]
Sicherheitsnadel agrafka [agrafka]
Sicherung zabezpieczenie [zabɛsp͵jɛtʃɛɲɛ], *(Schutz)* ochrona [ɔxrɔna], *(Elektrizität)* bezpiecznik [bɛspjɛtʃɲik]
sie *(3. Person Singular)* ona [ɔna], *(3. Person Plural)* oni/one [ɔɲi/ɔnɛ]
Sie *(Herr)* pan [pan], *(Frau)* pani [paɲi], *(Herrschaften)* państwo [paɲstfɔ]
Silber srebro [srɛbrɔ]
silberfarben srebrzysty [srɛbʒɨstɨ]
Silvester wieczór sylwestrowy [vjɛtʃur sɨlvɛstrɔvɨ]
Sinfoniekonzert koncert symfoniczny [kɔntsɛrt sɨmfɔɲitʃnɨ]
singen śpiewać/zaśpiewać [ɕpjɛvatɕ/zaɕpjɛvatɕ]
Sitz *(Platz, Sitzfläche)* miejsce [m͵jɛjstsɛ], siedzenie [ɕɛdzɛɲɛ], *(Ort)* siedziba [ɕɛdʑiba]
sitzen siedzieć [ɕɛdʑɛtɕ]
Skateboard deskorolka [dɛskɔrɔlka]
Ski laufen jeździć na nartach [jɛʑdʑitɕ na nartax]
Ski narty *(Plural)* [nartɨ]
Skibindung wiązania narciarskie *(Plural)* [vjɔ̃zaɲa nartɕarscɛ]
Skibrille gogle *(Plural)* [gɔglɛ], okulary *(Plural)* narciarskie [ɔkularɨ nartɕarscɛ]
Skihose spodnie narciarskie *(Plural)* [spɔdɲɛ nartɕarscɛ]
Skikurs kurs narciarski [kurs nartɕarsci]
Skilehrer(in) instruktor/ka narciarstwa [instruktɔr/ka nartɕarstfa]
Skistiefel buty narciarskie [butɨ nartɕarscɛ]
Skistöcke kijki do nart [cijci dɔ nart]
Skulptur rzeźba [ʒɛʑba]
Slip slipy *(Plural)* [sl͵ipɨ]
Slipeinlagen wkładki higieniczne [fkwatci çiɟɛɲitʃnɛ]
Smartphone smartfon [smartfɔn]
Socken skarpety [skarpɛtɨ]
Sodbrennen zgaga [zgaga]
sofort natychmiast [natɨxmjast]
Sofortbildkamera polaroid [pɔlarɔit]
Sohle zelówka [zɛlufka]
Sohn syn [sɨn]
Solarium solarium *(nt)* [sɔlarjum]
Solist(in) solist-a(ka) [sɔl͵ist-a/ka]
sollen powinien *(m)* powinna *(f)* powinno *(nt)* [pɔv͵iɲɛn/ pɔv͵inna/pɔv͵innɔ]
Sommer lato [latɔ]
Sondermarke znaczek okolicznościowy [znatʃɛk ɔkɔl͵itʃnɔɕtɕɔvɨ]
Sonne słońce [swɔɲtsɛ]
Sonnenbrand oparzenie słoneczne [ɔpaʒɛɲɛ swɔnɛtʃnɛ]
Sonnencreme krem do opalania [krɛm dɔ ɔpalaɲa]
Sonnenhut kapelusz słoneczny [kapɛluʃ swɔnɛtʃnɨ]
Sonnenöl olejek do opalania [ɔlɛjɛk dɔ ɔpalaɲa]
Sonnenschutz ochrona przeciwsłoneczna [ɔxrɔna pʃɛtɕifswɔnɛtʃna]
Sonnenstich porażenie słoneczne [pɔraʒɛɲɛ swɔnɛtʃnɛ], udar słoneczny [udar swɔnɛtʃnɨ]
sonnig słoneczny [swɔnɛtʃnɨ]
Sonntag niedziela [ɲɛdʑɛla]
sorgen: sich ~ um troszczyć się o [trɔʃtʃɨtɕ ɕɛ̃ ɔ] martwić się o [martf͵itɕ ɕɛ̃ ɔ]
Sorte rodzaj [rɔdzaj]
Soße sos [sɔs]
Souvenirladen sklep z pamiątkami [sklɛp s͵pam͵iɔntkam͵i]
Sozialstation placówka socjalna [platsufka sɔtsjalna]
Spargel szparagi [ʃparaɟi]
Spaß żart [ʒart], *(Freude)* przyjemność *(f)* [pʃɨjɛmnɔɕtɕ]

spät późno [puʑno]
später później [puʑɲɛj]
Spaziergang spacer [spatsɛr], przechadzka [pʃɛxatska]
Speicherkarte karta pamięci [karta pamjɛ̃tɕi]
Speisekarte jadłospis [jadwɔsp,is], menu [mɛɲi]
Speiseröhre przełyk [pʃɛwɨk]
Speisesaal jadalnia [jadalɲa]
Speisewagen wagon restauracyjny [vagɔn rɛstawratsɨjnɨ]
Spezialität specjalność *(f)* [spɛtsjalnɔɕtɕ]
speziell *(als Adjektiv)* specjalny [spɛtsalnɨ], szczególny [ʃtʃɛgulnɨ], *(als Adverb)* specjalnie [spɛtsjalɲɛ]
Spiegel lustro [lustrɔ]
Spiel mecz [mɛtʃ], gra [gra]
Spielkamerad towarzysz zabaw [tɔvaʒɨʃ zabaf]
Spielkasino kasyno gry [kasɨnɔ grɨ]
Spielplan repertuar [rɛpɛrtuar]
Spielplatz plac zabaw [plats zabaf]
Spielsachen zabawki [zabafci]
Spielwarengeschäft sklep z zabawkami [sklɛp z zabafkam,i]
Spinat szpinak [ʃp,inak]
Spirituosengeschäft sklep monopolowy [sklɛp mɔnɔpɔlɔvɨ]
Sport sport [spɔrt]
Sportartikel artykuły sportowe [artɨkuwɨ spɔrtɔvɛ]
Sportplatz boisko [bɔiskɔ]
Sprache język [jɛ̃zɨk], *(das Sprechen)* mowa [mɔva]
Sprachkurs kurs językowy [kurs jɛ̃zɨkɔvɨ]
sprechen mówić/powiedzieć [muv,itɕ/pɔv,jɛdʑɛtɕ], *(Worte wechseln)* rozmawiać/porozmawiać [rɔzmav,jatɕ/pɔrɔzmav,jatɕ]
Sprechstunde godziny przyjęć *(Plural)* [gɔdʑinɨ pʃɨjɛɲtɕ]
Spritze zastrzyk [zastʃɨk]
Spülbürste szczoteczka do zmywania [ʃtʃɔtɛtʃka dɔ zmɨvaɲa]
Spülmittel płyn do mycia naczyń [pwɨn dɔ mɨtɕa natʃɨɲ]
Spültuch ściereczka [ɕtɕɛrɛtʃka]
Staat państwo [paɲstfɔ]
Staatsangehörigkeit obywatelstwo [ɔbɨvatɛlstfɔ]
Stadion stadion [stadjɔn]
Stadt miasto [mjastɔ]
Stadtbus autobus miejski [awtɔbus mjɛjsci]
Stadtmauer mury miejskie *(Plural)* [murɨ mjɛjscɛ]
Stadtplan plan miasta [plan mjasta]
Stadtrundfahrt wycieczka po mieście [vɨtɕɛtʃka pɔ mjɛɕtɕɛ]
Stadtteil dzielnica miasta [dʑɛlɲitsa m,jasta]
Stadtzentrum centrum miasta [tsɛntrum m,jasta]
stammen (aus) pochodzić z [pɔxɔdʑitɕ z]
Standlicht światła postojowe *(Plural)* [ɕf,jatwa pɔstɔjɔvɛ]
stark silny [ɕilnɨ], mocny [mɔtsnɨ]
Starthilfekabel kabel pomocniczy do rozruchu [kabɛl pɔmɔtsɲitʃɨ dɔ rɔzruxu]
Station *(im Krankenhaus)* oddział [ɔddʑaw], *(Haltestelle)* przystanek [pʃɨstanɛk]
Stativ statyw [statɨf]
stattfinden odbywać się/odbyć się [ɔdbɨvatɕ ɕɛ̃/ɔdbɨtɕ ɕɛ̃]
Statue statua [statua]
Stau korek [kɔrɛk]
Staub kurz [kuʃ]
Staubsauger odkurzacz [ɔtkuʒatʃ]]
stechen *(mit Nadel)* kłuć/ukłuć [kwutɕ/ukwutɕ], *(Mücke)* kąsić/ukąsić [kɔ̃ɕitɕ/ukɔ̃ɕitɕ], *(Wespe)* żądlić/użądlić [ʒɔ̃dl,itɕ/uʒɔ̃dl,itɕ], *(Sonne)* przypiekać/przypiec [pʃɨpjɛkatɕ/pʃɨpjɛts]
Steckdose gniazdko wtykowe [gɲastkɔ ftɨkɔvɛ]
Stecker wtyczka [ftɨtʃka]
Steg *(Brücke)* kładka [kwatka], *(Bootssteg)* przystań *(f)* [pʃɨstaɲ]
stehen stać [statɕ], *(sich befinden)* znajdować się [znajdɔvatɕ ɕɛ̃]
stehlen kraść/ukraść [kraɕtɕ/ukraɕtɕ]
Steigung wzniesienie [vzɲɛɕɛɲɛ]
steil stromy [strɔmɨ], spadzisty [spadʑistɨ]
Stein kamień [kamjɛɲ]
steinig kamienisty [kamjɛɲistɨ]
Stempel stempel [stɛmpɛl], pieczątka [pjɛtʃɔntka]
Stern gwiazda [gvjazda]
Stiefel kozaki [kɔzaci]
Stil styl [stɨl]
still *(als Adjektiv)* cichy [tɕixɨ], spokojny [spɔkɔjnɨ], *(als Adverb)* cicho [tɕixɔ]
Stillleben martwa natura [martfa natura]
stinken śmierdzieć [ɕm,jɛrdʑɛtɕ]
Stirnhöhlenentzündung zapalenie zatok czołowych [zapalɛɲɛ zatɔk tʃɔwɔvɨx]
Stock kij [cij], laska [laska], *(Etage)* piętro [pjɛntrɔ]
Stockwerk piętro [pjɛntrɔ]
Stoff materiał [matɛrjaw]
stören przeszkadzać/przeszkodzić [pʃɛʃkadzatɕ/pʃɛʃkɔdʑitɕ]

stornieren anulować [anulɔvatɕ]
Stoßstange zderzak [zdɛʒak]
Strafe kara [kara]
Strähnchen pasemko [pasɛmkɔ], kosmyk [kɔsmyk]
Strand plaża [plaʒa]
Strandschuhe obuwie plażowe [ɔbuvjɛ plaʒɔvɛ]
Straße ulica [ulˌitsa], *(Landstraße)* droga [drɔga]
Straßenbahn tramwaj [tramvaj]
Straßenkarte mapa drogowa [mapa drɔgɔva]
Strauß *(Blumenstrauß)* bukiet [bucɛt]
Streichholz zapałka [zapawka]
Strickjacke sweter rozpinany (zrobiony na drutach) [sfɛtɛr rɔspˌinanɨ (zrɔbjɔnɨ na drutax)]
Strohhalm *(Trinkhalm)* słomka [swɔmka], *(Getreidehalm)* źdźbło [ʑdʑbwo]
Strom *(Fluss)* rzeka [ʒɛka], *(Elektrizität)* prąd [prɔnt]
Stromanschluss przyłączenie do sieci elektrycznej [pʃiwɔ̃tʃɛɲɛ dɔ ɕɛtɕi ɛlɛktrɨtʃnɛj]
Strompauschale ryczałt za prąd [rɨtʃawt za prɔnt]
Stromspannung napięcie prądu [napjɛɲtɕɛ prɔndu]
Strumpfhose rajstopy *(Plural)* [rajstɔpɨ]
Stück sztuka [ʃtuka], *(Teil)* kawałek [kavawɛk]
studieren studiować [studjɔvatɕ]
Studio studio [studjɔ]
Stufe stopień [stɔpjɛɲ]
stufenloser Zugang dostęp bez stopni [dɔstɛmp bɛs͜ stɔpɲi]
Stuhl krzesło [kʃɛswɔ]
Stuhlgang stolec [stɔlɛts]
stumm niemy [ɲɛmɨ]
Stunde godzina [gɔʥina]
stündlich co godzinę [cɔ gɔʥinɛ̃]
Sturm wichura [vˌixura]
stürzen *(hinfallen)* upadać/upaść [upadatɕ/upaɕtɕ], *(von etwas fallen)* spadać/spaść [spadatɕ/spaɕtɕ]
Sturzhelm kask [kask]
suchen szukać/poszukać [ʃukatɕ/pɔʃukatɕ]
Sucher celownik [tsɛlɔvɲik]
Süden południe [pɔwudɲɛ]
südlich von na południe od [na pɔwudɲɛ ɔt]
Summe suma [suma]
Sumpf bagno [bagnɔ]
Supermarkt supermarket [supɛrmarkɛt]
Suppe zupa [zupa]
Suppenteller talerz do zupy [talɛʃ dɔ zupɨ]
Surfbrett deska do surfowania [dɛska dɔ sɛrfɔvaɲa]
surfen surfować [sɛrfɔvatɕ]
süß słodki [swɔtci]
Süßigkeiten słodycze [swɔdɨtʃɛ]
Süßstoff słodzik [swɔdʑik]
Süßwarengeschäft sklep ze słodyczami [sklɛp zɛ swɔdɨtʃamˌi]
Swimmingpool basen [basɛn]
sympathisch sympatyczny [sɨmpatɨtʃnɨ]

T

Tabak tytoń [tɨtɔɲ]
Tabakladen kiosk z papierosami [kjɔsk s͜ papjɛrɔsamˌi]
Tablette tabletka [tablɛtka], pigułka [pˌiguwka]
Tachometer szybkościomierz [ʃɨpkɔɕtɕɔmjɛʃ]
Tag dzień [dʑɛɲ]
Tagesausflug wycieczka jednodniowa [vɨtɕɛtʃka jɛdnɔdɲɔva]
Tagesgericht danie/potrawa dnia [daɲɛ/pɔtrava dɲa]
Tageskarte bilet całodzienny [bˌilɛt tsawɔdʑɛnnɨ]
Tagestour wycieczka jednodniowa [vɨtɕɛtʃka jɛdnɔdɲɔva]
täglich codziennie [tsɔdʑɛɲɲɛ]
tagsüber w ciągu dnia [f͜ tɕɔŋgu dɲa]
Tal dolina [dɔlˌina]
Tampon tampon [tampɔn]
Tank bak [bak]
tanken tankować/zatankować [tankɔvatɕ/zatankɔvatɕ]
tanzen tańczyć/zatańczyć [taɲtʃɨtɕ/zataɲtʃɨtɕ]
Tänzer(in) tance-rz (rka) [tantsɛ-ʃ/rka]
Tanzkapelle orkiestra taneczna [ɔrcɛstra tanɛtʃna]
Tanztheater teatr tańca [tɛatr taɲtsa]
Tasche torba [tɔrba]
Taschenbuch książka w wydaniu kieszonkowym [kɕɔ̃ʃka v͜ vɨdaɲu cɛʃɔŋkɔvɨm]
Taschendieb złodziej kieszonkowy [zwɔdʑɛj cɛʃɔnkɔvɨ]
Taschenmesser scyzoryk [stsɨzɔrɨk]
Tasse filiżanka [fˌilˌiʒa ka]
Taststock laska dla niewidomych [laska dla ɲɛvˌidɔmɨx]
Tatra Tatry *(Plural)* [tatrɨ]
taub głuchy [gwuxɨ]
taubstumm głochoniemy [gwuxɔɲɛmɨ]

Taubstumme/r głuchoniem-a (y) [gwuxɔɲɛm-a/ɨ]

tauchen nurkować [nurkɔvatɕ]

Taucherausrüstung sprzęt do nurkowania [spʃɛnt dɔ nurkɔvaɲa]

Taucherbrille okulary do nurkowania *(Plural)* [ɔkularɨ dɔ nurkɔvaɲa]

täuschen: sich ~ mylić się/pomylić się [mɨl,itɕ ɕɛ̃/pɔmyl,itɕ ɕɛ̃]

Taxifahrer(in) taksówkarz (-) [taksufkaʃ]

Taxistand postój taksówek [pɔstuj taksuvɛk]

Tee herbata [xɛrbata]

Teebeutel torebka herbaty ekspresowej [tɔrɛpka xɛrbatɨ ɛksprɛsɔvɛj]

Teelöffel łyżeczka do herbaty [wɨʒɛtʃka dɔ xɛrbatɨ]

Teil część *(f)* [tʃɛ̃ɕtɕ], składnik [skwadɲik], element [ɛlɛmɛnt]

Teilkasko kasko z wkładem własnym [kaskɔ s‿fkwadɛm vwasnɨm]

teilnehmen (an) brać udział/wziąć udział w [bratɕ udʑaw/vʑɔɲtɕ udʑaw v]

Telefon telefon [tɛlɛfɔn]

Telefonbuch książka telefoniczna [kɕɔ̃ʃka tɛlɛfɔɲitʃna]

telefonieren telefonować/zatelefonować [tɛlɛfɔnɔvatɕ/zatɛlɛfɔnɔvatɕ], dzwonić/zadzwonić [dzvɔɲitɕ/zadzwɔɲitɕ]

Telefonkarte karta telefoniczna [karta tɛlɛfɔɲitʃna]

Telefonnummer numer telefonu [numɛr tɛlɛfɔnu]

Telefonzelle budka telefoniczna [butka tɛlɛfɔɲitʃna]

Teleobjektiv teleobjektyw [tɛlɛɔbjɛktɨf]

Teller talerz [talɛʃ]

Tempel świątynia [ɕfjɔntɨɲa]

Temperatur temperatura [tɛmpɛratura]

Tennis tenis [tɛɲis]

Tennisschläger rakieta tenisowa [racɛta tɛɲisɔva]

Termin termin [tɛrm,in], *(Arzttermin)* wizyta [v,izɨta]

Terminal terminal [tɛrm,inal]

Terrakotta terakota [tɛrakɔta]

Terrasse taras [taras]

Tetanus tężec [tɛ̃ʒɛts]

teuer *(als Adjektiv)* drogi [drɔɟi], *(als Adverb)* drogo [drɔgɔ]

Theater teatr [tɛatr]

Theatergruppe grupa teatralna [grupa tɛatralna]

Theaterstück sztuka teatralna [ʃtuka tɛatralna]

Therapie terapia [tɛrapja]

Thermalbad kąpiel lecznicza [kɔ̃pjɛl lɛtʃɲitʃa]

Thermosflasche termos [tɛrmɔs]

Thriller thriller [trilɛr]

Thunfisch tuńczyk [tuɲtʃɨk]

Thymian tymianek [tɨmjanɛk]

tief głęboki [gwɛmbɔci], *(niedrig)* niski [ɲisci]

Tier zwierzę [zvjɛʒɛ̃]

Tintenfisch kałamarnica [kawamarɲitsa]

Tipp rada [rada]

Tisch stół [stuw]

Tischtennis tenis stołowy [tɛɲis stɔwɔvɨ]

Tischtuch obrus [ɔbrus], serweta [sɛrvɛta]

Toast *(Brot)* tost [tɔst], grzanka [gʒaŋka], *(Trinkspruch)* toast [tɔast]

Toaster toster [tɔstɛr]

Tochter córka [tsurka]

Toilette toaleta [tɔalɛta]

Toilettenpapier papier toaletowy [papjɛr tɔalɛtɔvɨ]

Tomate pomidor [pɔm,idɔr]

Ton dźwięk [dʑvjɛ̃k], ton [tɔn], *(Lehm)* glina [gl,ina]

tönen farbować [farbɔvatɕ]

Töpferei garncarstwo [garntsarstfɔ]

Töpferwaren wyroby garncarskie [vɨrɔby garntsarscɛ]

Tor brama [brama], *(Schuss)* gol [gɔl], bramka [bramka], *(Pfosten)* bramka [bramka]

Torwart bramkarz [bramkaʃ]

Tour podróż *(f)* [pɔdruʃ], wycieczka [vɨtɕɛtʃka]

Tourist(in) turyst-a (ka) [turɨst-a/ka]

Tracht strój [struj]

tragbarer CD-Spieler przenośny odtwarzacz CD [pʃɛnɔɕɲɨ ɔttfaʒatʃ s,idi]

tragen nosić [nɔɕitɕ]

Tragflügelboot wodolot [vɔdɔlɔt]

Tragödie tragedia [tragɛdja]

trampen podróżować autostopem [pɔdruʒɔvatɕ awtɔstɔpɛm]

Transferbus autobus transferowy [awtɔbus transfɛrɔvɨ]

Traubenzucker glukoza [glukɔza]

Traum *(im Schlaf)* sen [sɛn], *(Wunsch)* marzenie [maʒɛɲɛ]

traurig smutny [smutnɨ]

treffen trafiać/trafić [trafjatɕ/traf,itɕ], *(begegnen)* spotykać/spotkać [spɔtɨkatɕ/spɔtkatɕ]

Trekkingrad rower górski/trekkingowy [rɔvɛr gurski/trɛciŋgɔvɨ]

Treppe schody *(Plural)* [sxɔdɨ]

Tretboot rower wodny [rɔvɛr vɔdnɨ]
trinken pić [pˌitɕ]
Trinkflasche butelka do picia [butɛlka dɔ pˌitɕa]
Trinkgeld napiwek [napˌivɛk]
Trinkwasser woda pitna [vɔda pˌitna]
trocken suchy [suxɨ], *(Wein)* wytrawne [vɨtravnɛ]
trockenes Haar włosy suche [vwɔsɨ suxɛ]
trocknen *(transitiv)* suszyć/wysuszyć [suʃɨtɕ/vɨsuʃɨtɕ], *(intransitiv)* schnąć/wyschnąć [sxnɔɲtɕ/vɨsxnɔɲtɕ]
Trockner suszarka [suʃarka]
Trödler handlarz starzyzną [xandlaʃ staʒɨznɔ̃]
Trommel bębenek [bɛmbɛnɛk]
Tropfen krople [krɔplɛ]
trotzdem mimo to [mˌimɔ tɔ], pomimo to [pɔmˌimɔ tɔ]
T-Shirt koszulka [kɔʃulka], T-Shirt [ti-ʃɛrt]
Tuch chustka [xustka], *(Putztuch)* ścierka [ɕtɕɛrka]
tun robić/zrobić [rɔbˌitɕ/zrɔbˌitɕ]
Tunnel tunel [tunɛl]
Tür drzwi *(Plural)* [dʒvˌi]
Türbreite szerokość drzwi *(f)* [ʃɛrɔkɔɕtɕ ʤvˌi]
Türcode kod otwierający drzwi [kɔt ɔtfjɛrajɔ̃tsɨ dʒvˌi]
türkis turkusowy [turkusɔvɨ]
Turm wieża [vjɛʒa]
Turnschuhe obuwie gimnastyczne [ɔbuvjɛ ɟimnastɨʧnɛ], tenisówki [tɛɲisufci]
Türschwelle próg drzwi [pruk ʤvˌi]
Tüte torebka [tɔrɛpka], reklamówka [rɛklamufka]
Typhus tyfus [tɨfus], dur [dur]
typisch typowy [tɨpɔvɨ]

U

U-Bahn metro [mɛtrɔ]
Übelkeit mdłości *(Plural)* [mdwɔɕtɕi]
üben ćwiczyć [tɕfˌiʧɨtɕ]
über *(räumlich)* nad [nat], ponad [pɔnat], *(quer über, Route)* przez [pʃɛs]
überall wszędzie [fʃɛɲʥɛ]
überbacken zapiekany [zapjɛkanɨ]
Überfall napad [napat]
Übergang przejście [pʃɛjɕtɕɛ]
überholen wyprzedzać/wyprzedzić [vɨpʃɛʣatɕ/vɨpʃɛʥitɕ]
Überlandbus autobus dalekobieżny [awtɔbus dalɛkɔbjɛʒnɨ]
übermorgen pojutrze [pɔjutʃɛ]
übernachten nocować/przenocować [nɔtsɔvatɕ/pʃɛnɔtsɔvatɕ]
Übernachtung nocleg [nɔtslɛg]
Überreste pozostałości [pɔzɔstawɔɕtɕi]
übersetzen tłumaczyć/przetłumaczyć [twumaʧɨtɕ/pʃɛtwumaʧɨtɕ]
Überweisung przekaz [pʃɛkas], przelew [pʃɛlɛf], *(vom Arzt)* skierowanie [scɛrɔvaɲɛ]
üblich zwykły [zvɨkwɨ], normalny [nɔrmalnɨ]
übrig bleiben pozostawać/pozostać [pɔzɔstavatɕ/pɔzɔstatɕ]
Ufer brzeg [bʒɛk]
Uhrmacher zegarmistrz [zɛgarmˌiʃʧ]
um diese Zeit o tej porze [ɔ tɛj pɔʒɛ]
um *(räumlich)* dookoła [dɔɔkɔwa], *(zeitlich)* o [ɔ]
umbuchen zmienić rezerwację [zmjɛɲitɕ rɛzɛrvatsjɛ̃]
Umgebung *(Landschaft)* okolica [ɔkɔlˌitsa]
Umgehungsstraße obwodnica [ɔbvɔdɲitsa]
umgekehrt *(als Adverb)* odwrotnie [ɔdvrɔtɲɛ]
Umhängetasche torebka na ramię [tɔrɛpka na ramjɛ̃]
umkehren zawracać/zawrócić [zavratsatɕ/zavrutɕitɕ]
Umleitung objazd [ɔbjast]
umtauschen wymieniać/wymienić [vɨmjɛɲatɕ/vɨmjɛɲitɕ]
Umweg droga okrężna [drɔga ɔkrɛ̃ʒna]
Umwelt środowisko [ɕrɔdɔvˌiskɔ], otoczenie [ɔtɔʧɛɲɛ]
umziehen: sich ~ przebierać się/przebrać się [pʃɛbˌjɛratɕ ɕɛ̃/pʃɛbratɕ ɕɛ̃]
Umzug pochód [pɔxut]
unangenehm nieprzyjemny [ɲɛpʃɨjɛmnɨ]
unbedingt *(als Adverb)* koniecznie [kɔɲɛʧɲɛ]
und i [i], a [a]
unentschieden nie rozstrzygnięty [ɲɛ‿rɔstʃɨgɲɛntɨ], niepewny [ɲɛpɛvny], *(im Spiel)* remisowy [rɛmˌisɔvɨ]
unerträglich nieznośny [ɲɛznɔɕnɨ]
Unfall wypadek [vɨpadɛk]
ungeeignet nieodpowiedni [ɲɛɔtpɔvˌjɛdɲi]
ungefähr około [ɔkɔwɔ]
ungewöhnlich niezwykły [ɲɛzvɨkwɨ]
unglaublich *(als Adjektiv)* niewiarygodny [ɲɛvjarɨgɔdnɨ], *(als Adverb)* nie do wiary [ɲɛ dɔ vjarɨ]
Unglück nieszczęście [ɲɛʃʧɛɲɕtɕɛ]
Universität uniwersytet [uɲivɛrsɨtɛt]
Unkosten koszty [kɔʃtɨ], wydatki [ɨdatci]

unmöglich niemożliwy [ɲɛmɔʒlˌivɨ]
uns *(Dativ von wir)* nam [nam], *(Akkusativ von wir)* nas [nas], *(bei reflexiven Verben)* się [ɕɛ̃]
unser(e) nasz *(m)* [naʃ], nasze *(nt)* [naʃɛ], nasza *(f)* [naʃa], nasze *(Plural)* [naʃɛ]
unten w dole [v‿dɔlɛ], na dole [na dɔlɛ]
unter pod [pɔt], *(zwischen)* między [m‿jɛnʥɨ]
unterbrechen przerywać/przerwać [pʃɛrɨvaʨ/pʃɛrvaʨ]
Unterführung *(für Fußgänger)* przejście podziemne [pʃɛjɕʨɛ pɔdʑɛmnɛ], *(für Fahrzeuge)* tunel [tunɛl]
unterhalb poniżej [pɔɲiʒɛj], pod [pɔt]
unterhalten: sich ~ *(sprechen)* rozmawiać/porozmawiać [rɔzmavjaʨ/pɔrɔzmavjaʨ] *(sich vergnügen)* bawić się [bavˌiʨ ɕɛ̃]
Unterhaltung *(Gespräch)* rozmowa [rɔzmɔva], *(Vergnügen)* zabawa [zabava]
Unterkunft kwatera [kfatɛra], zakwaterowanie [zakfaterɔvaɲɛ]
Unterleib podbrzusze [pɔdbʒuʃɛ]
unterrichten informować/poinformować [infɔrmɔvaʨ/pɔinfɔrmɔvaʨ], *(in Schule)* uczyć [utʃiʨ]
unterschreiben podpisywać/podpisać [pɔtpˌisɨvaʨ/pɔtpˌisaʨ]
Unterschrift podpis [pɔtpˌis]
Untersuchung badanie [badaɲɛ]
Untersuchungshaft areszt śledczy [arɛʃt ɕlɛttʃɨ]
Untertasse spodek pod filizanke [spɔdɛk pot filiʒanke]
Untertitel napisy *(Plural)* [napˌisɨ]
Unterwäsche bielizna [bjɛl,izna]
Unterwasserkamera aparat do zdjęć podwodnych [aparat dɔ zdjɛɲʨ pɔdvɔdnɨx]
unterwegs w drodze [v‿drɔʣɛ], po drodze [pɔ drɔʣɛ]
unverbindlich niezobowiązujący [ɲɛzɔbɔvjɔ̃zujɔntsɨ]
unverschämt bezczelny [bɛstʃɛlnɨ], bezwstydny [bɛsfstɨdnɨ]
unwahrscheinlich nieprawdopodobny [ɲɛpravdɔpɔdɔbnɨ]
unwichtig nieważny [ɲɛvaʒnɨ]
Urin mocz [mɔtʃ]
Urlaub urlop [urlɔp]

V

Varietee variétés *(nt)* [varjɛtɛ]
Vase waza [vaza]
Vater ojciec [ɔjʨɛts], tato [tatɔ]
vegetarisch wegeteriańskie [vegtarjaɲscɛ]
Ventilator wentylator [vɛntɨlatɔr]
Verabredung *(Treffen)* spotkanie [spɔtkaɲɛ]
verabschieden: sich ~ żegnać się/pożegnać się [ʒɛgnaʨ ɕɛ̃/pɔʒɛgnaʨ ɕɛ̃]
Veranstaltung impreza [imprɛza]
verantwortlich odpowiedzialny [ɔtpɔvjɛʥalnɨ]
Verband opatrunek [ɔpatrunɛk], bandaż [bandaʃ]
Verbandskasten podręczna apteczka [pɔdrɛntʃna aptɛtʃka]
verbinden opatrzeć [ɔpatʃɛʨ], zabandażować [zabandaʒɔvaʨ], *(verknüpfen)* łączyć/połączyć [wɔntʃɨʨ/pɔwɔntʃiʨ]
Verbindung połączenie [pɔwɔ̃tʃɛɲɛ]
verboten zakazane [zakazanɛ], wzbronione [vzbrɔɲɔnɛ]
Verbrechen przestępstwo [pʃɛstɛmpstfɔ]
Verbrennung oparzenie [ɔpaʒɛɲɛ]
Verdauung trawienie [travjɛɲɛ]
Verdauungsstörung zaburzenia trawienia *(Plural)* [zabuʒɛɲa travjɛɲa]
verdorben *(Essen)* zepsuty [zɛpsutɨ], *(moralisch)* zdemoralizowany [zdɛmɔralˌizɔvanɨ]
vereinbaren umawiać (się)/umówić (się) [umavjaʨ (ɕɛ̃)/umuvˌiʨ (ɕɛ̃)]
Vergangenheit przeszłość *(f)* [pʃɛʃwɔɕʨ]
vergessen zapominać/zapomnieć [zapɔmˌinaʨ/zapɔmɲɛʨ]
Vergewaltigung gwałt [gvawt]
Vergiftung zatrucie [zatruʨɛ]
Vergnügen przyjemność *(f)* [pʃɨjɛmnɔɕʨ]
Vergnügungspark park rozrywek [park rɔzrɨvɛk]
verhaften aresztować [arɛʃtɔvaʨ]
verheiratet *(Mann)* żonaty [zɔnatɨ], *(Frau)* zamężna [zamɛ̃ʒna]
Verhütungsmittel środek antykoncepcyjny [ɕrɔdɛk antɨkɔntsɛptsɨjnɨ]
verirren: sich ~ zabłąkać się [zabwɔŋkaʨ ɕɛ̃] zbłądzić [zbwɔɲʥiʨ]
verkaufen sprzedawać/sprzedać [spʃɛdavaʨ/spʃɛdaʨ]
Verkehr *(Straßenverkehr)* ruch [rux], komunikacja [kɔmuɲikatsja]
Verkehrsamt wydział komunikacji [vɨʥaw kɔmuɲikatsji]
verlängern przedłużać/przedłużyć [pʃɛdwuʒaʨ/pʃɛdwuʒɨʨ]

Verlängerungsschnur przedłużacz [pʃɛdwuʒatʃ]
Verlängerungswoche przedłużenie o tydzień [pʃɛdwuʒɛɲɛ ɔ tɨdʑɛɲ]
verlassen opuszczać/opuścić [ɔpuʃtʃatɕ/ɔpuɕtɕitɕ]
verletzen skaleczyć [skalɛtʃɨtɕ]
Verletzte/r rann-y (a) [rann-ɨ/a]
Verletzung skaleczenie [skalɛtʃɛɲɛ]
verlieren gubić/zgubić [gub͵itɕ/zgub͵itɕ], tracić/stracić [tratɕitɕ/stratɕitɕ], *(nicht gewinnen)* przegrywać/przegrać [pʃɛgrɨvatɕ/pʃɛgratɕ]
Verlobte/r narzeczon-y (a) [naʒɛtʃɔn-ɨ/a]
vermieten wynajmować/wynająć [vɨnajmɔvatɕ/vɨnajɔɲtɕ], *(Auto etc.)* wypożyczać/wypożyczyć [vɨpɔʒɨtʃatɕ/vɨpɔʒɨtʃɨtɕ]
Verpackung opakowanie [ɔpakɔvaɲɛ]
verpassen przegapiać/przegapić [pʃɛgapjatɕ/pʃɛgap͵itɕ]
Verpflegung wyżywienie [vɨʒɨvjɛɲɛ]
verrechnen: sich ~ przeliczyć się [pʃɛl͵itʃɨtɕ ɕɛ̃]
verreisen wyjeżdżać/wyjechać (w podróż) [vɨjɛʒdʒatɕ/vɨjɛxatɕ (f͜ pɔdruʃ)]
verrückt zwariowany [zvar͵jɔvanɨ]
verschieben przesuwać/przesunąć [pʃɛsuvatɕ/pʃɛsunɔɲtɕ], przekładać/przełożyć [pʃɛkwadatɕ/pʃɛwɔʒɨtɕ]
verschließen zamykać/zamknąć [zamɨkatɕ/zamknɔɲtɕ]
verschreiben zapisywać/zapisać [zap͵isɨvatɕ/zap͵isatɕ]
Versicherung ubezpieczenie [ubɛspjɛtʃɛɲɛ]
Verspätung spóźnienie [spuʑɲɛɲɛ]
verstaucht skręcony [skrɛntsɔnɨ]
verstehen rozumieć/zrozumieć [rɔzumjɛtɕ/zrɔzumjɛtɕ]
Verstopfung zatwardzenie [zatfardzɛɲɛ]
versuchen próbować/spróbować [prubɔvatɕ/sprubɔvatɕ]
Vertrag umowa [umɔva], układ [ukwat]
Vertrauen zaufanie [zaufaɲɛ]
verunglücken mieć wypadek [mjɛtɕ vɨpadɛk]
verursachen powodować/spowodować [pɔvɔdɔvatɕ/spɔvɔdɔvatɕ]
Verwaltung urząd [uʒɔnt], administracja [adm͵iɲistratsja]
verwandt spokrewniony [spɔkrɛvɲɔnɨ]
verwechseln mylić/pomylić [mɨl͵itɕ/pɔmɨl͵itɕ]
verwitwet wdowiec/wdowa [vdɔvjɛts/vdɔva]
viel dużo [duʒɔ]
vielleicht może [mɔʒɛ]
Villa willa [v͵illa]
violett fioletowy [fɔlɛtɔvɨ]
Virus wirus [v͵irus]
Visum wiza [v͵iza]
Vogel ptak [ptak]
Vogelschutzgebiet rezerwat ptaków [rɛzɛrvat ptakuf]
Volk lud [lut], naród [narut]
Völkerkundemuseum muzeum etnograficzne *(nt)* [muzɛum ɛtnɔgraf͵itʃnɛ]
Volksmusik muzyka ludowa [muzɨka ludɔva]
Volksstück sztuka ludowa [ʃtuka ludɔva]
voll pełny [pɛwnɨ]
Volleyball siatkówka [ɕatkufka]
Vollkasko autokasko [awtɔkaskɔ]
Vollkornbrot chleb pełnoziarnisty [xlɛp pɛwnɔʑarɲistɨ]
Vollpension całodzienne wyżywienie [tsawɔdʑɛnnɛ vɨʒɨv͵ɛɲɛ]
vom Fass z beczki [z͜ bɛtʃci]
vom Grill z rusztu/grilla [z͜ ruʃtu/grila]
von *(zeitlich; von jemandem)* od [ɔt], *(räumlich)* z [z]
vor przed [pʃɛt]
vor zehn Minuten przed dziesięcioma minutami [pʃɛt dʑɛɕɛɲtɕɔma m͵inutam͵i]
Voranmeldung uprzednie zgłoszenie [upʃɛdɲɛ zgwɔʃɛɲɛ]
Voraus: im ~ z góry [z͜ gurɨ]
vorbereiten przygotowywać/przygotować [pʃɨgɔtɔvɨvatɕ/pʃɨgɔtɔvatɕ]
Vordruck formularz [fɔrmulaʃ]
vorgestern przedwczoraj [pʃɛtftʃɔraj]
vorher przedtem [pʃɛttɛm]
vorletzte(r, -s) przedostatnia przedostatni przedostatnie [pʃɛdɔstatɲa, pʃɛdɔstatɲi, pʃɛdɔstatɲɛ]
Vormittag przedpołudnie [pʃɛtpɔwudɲɛ]
vormittags przed południem [pʃɛt pɔwudɲɛm]
vorn na przodzie [na pʃɔdʑɛ], z przodu [s͜ pʃɔdu]
Vorname imię [imjɛ̃]
vornehm elegancki [ɛlɛgantsci]
Vorort przedmieście [pʃɛdmjɛɕtɕɛ]
Vorrat zapas [zapas]
Vorsaison przed sezonem [pʃɛt sɛzɔnɛm]
Vorschlag propozycja [prɔpɔzɨtsja]

Vorschrift przepis [pʃɛpˌis], *(Anweisung)* instrukcja [instruktsja]
Vorsicht! uwaga! [uvaga]
vorsichtig *(als Adverb)* ostrożnie [ɔstrɔʒɲɛ]
Vorspeise przystawka [pʃɨtstafka]
Vorstellung *(Bekanntmachen)* prezentacja [prɛzɛntatsja], *(im Theater)* przedstawienie [pʃɛtstavjɛɲɛ], *(Gedanke)* wyobrażenie [vɨɔbraʒɛɲɛ]
Vorteil korzyść *(f)* [kɔʒɨɕtɕ]
Vorverkauf przedsprzedaż *(f)* [pʃɛtspʃɛdaʃ]
Vorwahlnummer numer kierunkowy [numɛr cɛrunkɔvɨ]
vorwärts naprzód [napʃut]
Vulkan wulkan [vulkan]

W

wach obudzony [ɔbuʥɔnɨ], czujny [tʃujnɨ]
Wachablösung zmiana warty [zmˌiana vartɨ]
Wagenheber lewarek do samochodu [lɛvarɛk dɔ samɔxɔdu]
Wagennummer numer wagonu [numɛr vagɔnu]
wählen wybierać/wybrać [vɨbˌjɛratɕ/vɨbratɕ]
wahr prawdziwy [pravdʑivɨ]
während podczas [pɔttʃas]
wahrscheinlich *(als Adjektiv)* prawdopodobny [pravdɔpɔdɔbnɨ], *(als Adverb)* prawdopodobnie [pravdɔpɔdɔbɲɛ]
Währung waluta [valuta]
Wahrzeichen godło [gɔdwɔ], symbol [sɨmbɔl]
Wald las [las]
Wallfahrtsort miejsce pielgrzymkowe [mjɛjstsɛ pjɛlgʒɨmkɔvɛ]
Wand ściana [ɕtɕana]
Wanderkarte mapa turystyczna [mapa turɨstɨtʃna]
wandern wędrować/powędrować [vɛndrɔvatɕ/pɔvɛndrɔvatɕ]
Wandern wędrowanie [wɛndrɔvaɲɛ]
Wander-/Trekkingschuh buty do wędrówki/buty trekingowe [butɨ dɔ vɛndrufki/butɨ trɛcingɔvɛ]
Wanderweg szlak turystyczny [ʃlak turɨstɨ tʃnɨ]
warm *(als Adjektiv)* ciepły [tɕɛpwɨ], *(als Adverb)* ciepło [tɕɛpwɔ]
warmes Wasser ciepła woda [tɕɛpwa vɔda]
Warnblinkanlage światła awaryjne *(Plural)* [ɕfjatwa avarɨjnɛ]
Warndreieck trójkąt ostrzegawczy [trujkɔnt ɔstʃɛgaftʃɨ]
warten czekać/poczekać [tʃɛkatɕ/pɔtʃɛkatɕ]
Wartesaal poczekalnia [pɔtʃɛkalɲa]
Wartezimmer poczekalnia [pɔtʃɛkalɲa]
was co [tsɔ]
Waschbecken umywalka [umɨvalka]
Wäsche pranie [praɲɛ]
Wäscheklammern spinacze do bielizny [spˌinatʃɛ dɔ bjɛlˌiznɨ]
Wäscheleine sznur do bielizny [ʃnur dɔ bjɛlˌiznɨ]
waschen praćw/yprać [pratɕ/vɨpratɕ]
Wäscherei pralnia [pralɲa]
Wäschetrockner suszarka do bielizny [suʃarka dɔ bjɛlˌiznɨ]
Waschlappen myjka [mɨjka]
Waschmaschine pralka [pralka]
Waschmittel środek do prania [ɕrɔdɛk dɔ praɲa]
Waschraum umywalnia [umɨvalɲa]
Waschsalon salon pralniczy [salɔn pralɲitʃɨ]
Wasser woda [vɔda]
wasserdicht wodoodporne [vɔdɔɔpɔrnɛ]
Wasserfall wodospad [vɔdɔspat]
Wasserglas szklanka (do) wody [ʃklaŋka (dɔ) vɔdɨ]
Wasserhahn kran [kran]
Wasserkanister kanister na wodę [kaɲistɛr na vɔdɛ̃]
Wasserkocher czajnik elektryczny [tʃajɲik ɛlɛktritʃnɨ]
Wasserski narty wodne [nartɨ vɔdnɛ]
Wasserspülung spłuczka [spwutʃka]
Wasserverbrauch zużycie wody [zuʒɨtɕɛ vɔdɨ]
Watte wata [vata]
Wattestäbchen waciki do uszu [vatɕici dɔ uʃu]
Wechsel zmiana [zmjana], *(Geldwechsel)* wymiana [vɨmjana]
Wechselgeld drobne *(Plural)* [drɔbnɛ]
wechselhaft *(als Adverb)* zmiennie [zmjɛɲɲɛ]
Wechselkurs kurs wymiany [kurs vɨmjanɨ]
Wechselstube kantor [kantɔr]
wecken budzić/obudzić [buʥitɕ/ɔbuʥitɕ]
weg precz [prɛtʃ]
wegen z powodu [s̬ pɔvɔdu]
weggehen iść/pójść [iɕtɕ/pujɕtɕ]
Wegweiser drogowskaz [drɔgɔfskas]
wehtun boleć [bɔlɛtɕ]
weich miękki [mjɛ̃kci]
Weichkäse miękki ser [mjɛ̃kci sɛr]

Weichsel Wisła [vˈiswa]
Weihnachten Boże Narodzenie [bɔʒɛ narɔʥɛɲɛ]
weil ponieważ [pɔɲɛvaʃ], bo [bɔ]
Wein wino [vˈinɔ]
weinen płakać [pwakaʨ]
Weinglas kieliszek do wina [cɛlˈiʃɛk dɔ vˈina]
Weinhandlung sklep z winem [sklɛp z‿vˈinɛm]
Weintrauben winogrona [vˈinɔgrɔna]
Weisheitszahn ząb mądrości [zɔmp mɔ̃drɔɕʨi]
weiß biały [bjawɨ]
Weißbrot chleb pszenny [xlɛp pʃɛnnɨ]
Weißwein wino białe [vˈinɔ bˌjawɛ]
weit *(Weg ...)* daleko [dalɛkɔ], *(Gegenteil von eng)* luźny [luʑnɨ]
Wellenbad basen ze falami [basɛn ze falamˈi]
Welt świat [ɕfjat]
wenig mało [mawɔ]
wenigstens co najmniej [tsɔ najmɲɛj], chociaż [xɔʨaʃ]
wenn jeżeli [jɛʒɛlˈi], jeśli [jɛɕlˈi], gdy [gdɨ]
werden stać się [staʨ ɕɛ̃], zostać [zɔstaʨ]
Werkstatt warsztat naprawczy [varʃtat napraftʃɨ]
Werktag dzień roboczy [ʥɛɲ rɔbɔtʃɨ]
Werkzeug narzędzia *(Plural)* [naʒɛɲʥa]
Wertangabe wartość *(f)* [vartɔɕʨ]
wertlos bezwartościowy [bɛzvartɔɕʨɔvɨ]
Wertsachen rzeczy wartościowe [ʒɛtʃɨ vartɔɕʨɔvɛ]
Wespe osa [ɔsa]
Weste kamizelka [kamˈizɛlka]
Western western [wɛstɛrn]
westlich von na zachód od [na zaxut ɔt]
Wetterbericht komunikat meteorologiczny [kɔmuɲikat mɛtɛɔrɔlɔɟitʃnɨ]
Wettervorhersage prognoza pogody [prɔgnɔza pɔgɔdɨ]
Wettkampf zawody *(Plural)* [zavɔdɨ], mecz [mɛtʃ]
wichtig ważny [vaʒnɨ]
Wickeltisch stół do przewijania [stuw dɔ pʃɛvˈijaɲa]
wie jak [jak]
wieder znowu [znɔvu], znów [znuf]
wiederholen powtarzać/powtórzyć [pɔftaʒaʨ/pɔftuʒɨʨ]
wiederkommen wracać/wrócić [vratsaʨ/vruʨiʨ]
Wiese łąka [wɔ̃ka]
wild dziki [ʥici]
Wildpark zwierzyniec [zvjɛʒɨɲɛts]
willkommen! witam! [vˈitam]
Wimperntusche tusz do rzęs [tuʃ dɔ ʒɛ̃s]
Wind wiatr [vjatr]
Windeln pieluchy [pjɛluxɨ]
Windpocken ospa wietrzna [ɔspa vjɛtʃna]
Windrichtung kierunek wiatru [cɛrunɛk vjatru]
Windschutzscheibe przednia szyba [pʃɛdɲa ʃɨba]
Windstärke siła wiatru [ɕiwa vjatru]
windsurfen uprawiać windsurfing [upravjaʨ wintɛrfiŋg]
Winter zima [ʑima]
Winterreifen opona zimowa [ɔpɔna ʑimɔva]
wir my [mɨ]
Wirbelsäule kręgosłup [krɛŋgɔswup]
wirklich *(als Adverb)* naprawdę [napravdɛ̃], rzeczywiście [ʒɛtʃɨvˈiɕʨɛ]
Wischmopp mop [mɔp]
wissen wiedzieć [vˌjɛʥɛʨ]
Witz żart [ʒart], dowcip [dɔfʨip], kawał *(umgangssprachlich)* [kavaw]
WLAN Wi-Fi [vi fi]
Woche tydzień [tɨʥɛɲ]
Wochenendpauschale ryczałt weekendowy [rɨtʃawt w,ikɛndɔvɨ]
Wochenkarte bilet tygodniowy [bˈilɛt tɨgɔdɲɔvɨ]
wochentags w dni powszednie [v‿dɲi pɔfʃɛdɲɛ]
wöchentlich *(als Adjektiv)* tygodniowy [tɨgɔdɲɔvɨ], *(als Adverb)* tygodniowo [tɨgɔdɲɔvɔ]
wohnen mieszkać [mjɛʃkaʨ]
Wohnmobil samochód kempingowy [samɔxut kɛmpˈiŋgɔvɨ]
Wohnort miejsce zamieszkania [mjɛjstsɛ zamjɛʃkaɲa]
Wohnung mieszkanie [mˌjɛʃkaɲɛ]
Wohnwagen przyczepa kempingowa [pʃɨtʃɛpa kɛmpˈiŋgɔva]
Wohnzimmer pokój stołowy [pɔkuj stɔwɔvɨ]
Wolke chmura [xmura]
Wolldecke kołdra wełniana [kɔwdra vɛwɲana]
Wolle wełna [vɛwna]
Wort słowo [swɔvɔ]
Wunde rana [rana]
wunderbar cudowny [tsudɔvnɨ]
wundern: sich ~ (über) dziwić się (czemuś) [ʥivˈiʨ ɕɛ̃ (tʃɛmuɕ)]
wünschen życzyć [ʐɨtʃɨʨ]
Wurm robak [rɔbak]

Wurst wędlina [vɛndl̦ina], kiełbasa [cɛwbasa]
Würstchen kiełbaski *(Plural)* [cɛwbasci]
würzen przyprawić [pʃɨprav̦itɕ]
wütend wściekły [fɕtɕɛkwɨ]

Y

Yoga joga [jɔga]

Z

zäh żylasty [ʒɨlastɨ]
Zahl liczba [l̦itʃba]
zählen liczyć/policzyć [l̦itʃɨtɕ/pɔl̦itʃɨtɕ]
zahlen płacić/zapłacić [pwatɕitɕ/zapwatɕitɕ]
Zahlung opłata [ɔpwata], płatność *(f)* [pwatnɔɕtɕ]
Zahn ząb [zɔmp]
Zahnbürste szczoteczka do zębów [ʃtʃɔtɛtʃka dɔ zɛmbuf]
Zahnfleisch dziąsło [dʑɔ̃swɔ]
Zahnpasta pasta do zębów [pasta dɔ zɛmbuf]
Zahnradbahn kolejka zębata [kɔlɛjka zɛmbata]
Zahnschmerzen bóle zęba [bule zɛmba]
Zahnstocher wykałaczka [vɨkawatʃka]
Zäpfchen czopki *(Plural)* [tʃɔpci]
zart delikatny [dɛl̦ikatnɨ]
zärtlich czuły [tʃuwɨ]
Zecke kleszcz [klɛʃtʃ]
Zehe paluch [palux]
Zeichen znak [znak]
Zeichensprache język migowy [jɛ̃zɨk m̦igɔvɨ]
Zeichentrickfilm film animowany [f̦ilm aɲimɔvanɨ]
zeichnen rysować/narysować [rɨsɔvatɕ/narɨsɔvatɕ]
Zeichnung rysunek [rɨsunɛk]
zeigen pokazywać/pokazać [pɔkazɨvatɕ/pɔkazatɕ]
Zeit czas [tʃas]
Zeitschrift czasopismo [tʃasɔp̦ismɔ]
Zeitung gazeta [gazɛta]
Zeitungshändler sprzedawca gazet [spʃɛdaftsa gazɛt]
Zelt namiot [namjɔt]
zelten mieszkać w namiocie [mjɛʃkatɕ v‿namjɔtɕɛ]
Zeltschnur sznur od namiotu [ʃnur ɔt‿namjɔtu]
Zeltstange podpora namiotu [pɔtpɔra namjɔtu]
Zentimeter centymetr [tsɛntɨmɛtr]
zentral centralny [tsɛntralnɨ]
Zentralheizung ogrzewanie centralne [ɔgʒɛvaɲɛ tsɛntralnɛ]
Zentrum centrum *(nt)* [tsɛntrum]
Zerrung nadwyrężenie [nadvɨrɛ̃ʒɛɲɛ]
Zeuge(Zeugin) świadek (-) [ɕfjadɛk]
Ziegenkäse ser kozi [sɛr kɔʑi]
ziehen ciągnąć [tɕɔŋgnɔɲtɕ], *(Zahn)* wyrywać/wyrwać [vɨrɨvatɕ/vɨrvatɕ]
Ziel cel [tsɛl]
ziemlich dość [dɔɕtɕ]
Zigarette papieros [papjɛrɔs]
Zigarillo cygaretka [tsɨgarɛtka]
Zigarre cygaro [tsɨgarɔ]
Zimmer pokój [pɔkuj]
Zimmermädchen pokojówka [pɔkɔjufka]
Zimmertelefon telefon pokojowy [tɛlɛfɔn pɔkɔjɔvɨ]
Zirkus cyrk [tsɨrk]
Zitronen cytryny [tsɨtrɨnɨ]
Zoll cło [tswɔ]
Zollerklärung deklaracja celna [dɛklaratsja tsɛlna]
zollfrei bez cła [bɛs tswa]
zollfreier Laden sklep wolnocłowy [sklɛp vɔlnɔtswɔvɨ]
Zollgebühren opłata celna [ɔpwata tsɛlna]
zollpflichtig podlegający ocleniu [pɔdlɛgajɔ̃tsɨ ɔtslɛɲu]
Zoo ogród zoologiczny [ɔgrut zɔɔlɔɟitʃnɨ], zoo [zɔɔ]
zu *(Richtung)* do [dɔ]
zubereiten przygotowywać/przygotować [pʃɨgɔtɔvɨvatɕ/pʃɨgɔtɔvatɕ]
Zucker cukier [tsucɛr]
Zucchini cukinia [tsuciɲa]
zuerst najpierw [najp̦jɛrf]
zufällig przypadkowo [pʃɨpatkɔvɔ]
zufrieden zadowolony [zadɔvɔlɔnɨ]
Zug pociąg [pɔtɕɔ̃ŋk]
Zugänglichkeit dostępność *(f)* [dɔstɛmpnɔɕtɕ]
zuhören: jemandem ~ słuchać (kogoś) [swuxatɕ (kɔgɔɕ)]
Zukunft przyszłość *(f)* [pʃɨʃwɔɕtɕ]
zukünftig *(als Adjektiv)* przyszły [pʃɨʃwɨ], *(als Adverb)* w przyszłości [f‿pʃɨʃwɔɕtɕi]
zulässig dopuszczalny [dɔpuʃtʃalnɨ]
zuletzt *(am Schluss)* na koniec [na kɔɲɛts], *(zum letzten Mal)* ostatni raz [ɔstatɲi ras]
Zündkerze świeca zapłonowa [ɕfjɛtsa zapwɔnɔva]
Zündschlüssel kluczyk zapłonowy [klutʃɨk zapwɔnɔvɨ]

Zündung zapłon [zapwɔn]
Zunge język [jɛ̃zɨk]
zurück z powrotem [s͜pɔvrɔtɛm]
zurückbringen zwracać/zwrócić [zvratsatɕ/zvrutɕitɕ]
zurückfahren wracać/wrócić [vratsatɕ/vrutɕitɕ], jechać z powrotem [jɛxatɕ s͜pɔvrɔtɛm]
zurückgeben oddawać/oddać [ɔddavatɕ/ɔddatɕ]
zurückkehren wracać/wrócić [vratsatɕ/vrutɕitɕ]
zusagen obiecywać/obiecać [ɔb͜jɛtsɨvatɕ/ɔb͜jɛtsatɕ], *(Einladung)* potwierdzać/ potwierdzić [pɔtfjɛrdzatɕ/ pɔtfjɛrdʑitɕ]
zusammen razem [razɛm]
zusammenschlagen bić/pobić [bˌitɕ/pobitɕ]
Zusammenstoß zderzenie [zdɛʒɛɲɛ]
zusätzlich dodatkowy [dɔdatkɔvɨ]
zuschauen przyglądać się/przyjrzeć się [pʃɨglɔndatɕ ɕɛ̃/pʃɨjʒɛtɕ ɕɛ̃], patrzeć [patʃɛtɕ]
Zuschauer(in) widz (-) [vˌits]
Zuschlag dopłata [dɔpwata]
zuständig kompetentny [kɔmpɛtɛntnɨ], właściwy [vwaɕtɕivɨ]
zweite(r, -s) druga drugi drugie [druga, druɟi, druɟɛ]
zweitens po drugie [pɔ druɟɛ]
Zwiebel cebula [tsɛbula]
zwischen między [mjɛndzɨ]
Zwischenfall incydent [intsɨdɛnt]
Zwischenlandung międzylądowanie [mjɛndzɨlɔndɔvaɲɛ]
Zwischenstecker rozgałęźnik [rosgawɛ̃ʑɲik]
Zyste cysta [tsɨsta]

Bildquellen

Umschlagfotos: Thinkstock/Anna Gontarek-Janicka; Thinkstock/Dariusz Kuzminski
12/13: istock/itar; **22/23:** shutterstock/Pawel Kazmierczak; **28/29:** fotolia/Alexey Protasov; **30:** shutterstock/Nightman1965; **35:** © Mariusz Prusaczyk/Fotolia.com; **47:** shutterstock/Andrea Obzerova ; **50/51:w** © Kalim/Fotolia.com; **52:** istock/MACIEJ NOSKOWSKI; **56:** © Ewa Brozek/Fotolia.com; **64:** fotolia.com/makoto-garage.com; **66:** fotolia.com/Bombaert Partick; **78:** istock/Maciej Bledowski; **82/83:** fotolia.de/Fırat; **84:** shutterstock/Elzbieta Sekowska; **96/97:** © fotek/Fotolia.com; **98:** istock/Teresa Kasprzycka; **99:** shutterstock/Kapa1966; **105:** istock/MorePixels; **111:** Fotolia/margo555; **115:** fotolia.com/azureus70; **116:** fotolia/gtranquillity; **122/123:** shutterstock/majeczka; **133:** shutterstock/Aleksey Stemmer; **138/139:** shutterstock/puchan; **140:** shutterstock/majeczka; **152/153:** shutterstock/Magdalenawd; **155:** © Gina Sanders/Fotolia.com; **174:** shutterstock/Anastasia Petrova; **178/179:** shutterstock/majeczka

Zeigebilder (v. l. n. r.):
118: fotolia/Giuseppe Lancia; Fotolia/Jiri Hera ; Fotolia/roobcio; fotolia/Andrey Starostin; fotolia/Rémy MASSEGLIA; Dreamstime/Wksp; Fotolia/Andrei Nekrassov ; fotolia/dulsita; fotolia/Dani Vincek; fotolia/HelleM; Thinkstock/Hemera ; fotolia/BSANI; fotolia/felinda; fotolia/Dionisvera; iStockphoto LP/malerapaso; fotolia/pedrolieb; fotolia/o.meerson; fotolia/ExQuisine; fotolia/Dalmatin.o; fotolia/Picture Partners; fotolia/SGV; Dreamstime/Wksp; Fotolia/lunamarina; Dreamstime.com/Witoldkr1
119 Dreamstime/Givaga; fotolia/yamix; fotolia/sspice; fotolia/Sergejs Rahunoks; fotolia/Andreas F.; fotolia/Sergii Moscaliuk; fotolia/Corinna Gissemann; fotolia/Viktor; fotolia/Picture Partners; fotolia/IrisArt; fotolia/BeTa-Artworks; fotolia/Marius Graf; fotolia/Peredniankina; © Boris Ryzhkov/fotolia.com; fotolia/Viktor; fotolia/ExQuisine; fotolia/Piovanello; Shutterstock Inc./Aleksandr Sulga; fotolia/gtranquillity; Dreamstime/Travelling-light
120: Fotolia/by-studio; Fotolia/valeriy555; Fotolia/Anna Kucherova; Fotolia/Tomboy2290; Fotolia/Irochka; iStockphoto LP./Libby Chapman; 7-11: Fotolia/valeriy555; Fotolia/Marc Dietrich; Fotolia/salade; Fotolia/Malyshchyts Viktar; iStockphoto LP./coloroftime; 16-19: Fotolia/valeriy555; Creativ Collection; 21; 22: Fotolia/margo555; iStockphoto LP./Sandra Caldwell; Fotolia/valeriy555
121: Fotolia/Oleksiy Ilyashenko; 2-5: Fotolia/valeriy555; Fotolia/Popova Olga; Fotolia/valeriy555; Fotolia/Malyshchyts Viktar; Fotolia/valeriy555; Fotolia/Popova Olga; 10-12: Fotolia/valeriy555; Fotolia/Popova Olga; Fotolia/valeriy555; MDB; Fotolia/marilyn barbone; 17; 18: Fotolia/valeriy555; Fotolia/Malyshchyts Viktar; 19; 20: Fotolia/valeriy555; 23; 24: Fotolia/valeriy555
177: fotolia/cristi180884; fotolia/by-studio; fotolia/Tharakorn; fotolia/NilsZ; fotolia/byggarn.se; fotolia/picsfive; fotolia/Nazzu; fotolia/picsfive; fotolia/DOC RABE Media; fotolia/picsfive; fotolia/ksena32; fotolia/picsfive; fotolia/bpstocks; fotolia/Jiri Hera; fotolia/Foto-Ruhrgebiet; fotolia/NilsZ; fotolia/jlcst; fotolia/Gresei; Ingram Publ.; fotolia/wiedzma